Sparta · Geschichte und Kultur

J. T. Hooker

Sparta

Geschichte und Kultur

Mit 22 Textabbildungen,
35 Tafeln und 2 Karten

Aus dem Englischen übersetzt
von Erich Bayer

Philipp Reclam jun. Stuttgart

Titel der Originalausgabe:
The Ancient Spartans

CIP-Kurztitelaufnahme der Deutschen Bibliothek

Hooker, J. T.:
Sparta: Geschichte u. Kultur / J. T. Hooker.
Aus d. Engl. übers. von Erich Bayer. –
Stuttgart: Reclam, 1982.
Einheitssacht.: The ancient Spartans <dt.>
ISBN 3-15-010314-2

Umschlagentwurf: Hanns Lohrer, Stuttgart
Karten- und Planzeichnungen: Theodor Schwarz, Urbach
Gesamtherstellung: Reclam, Ditzingen. Printed in Germany 1982
ISBN 3-15-010314-2

Inhalt

Vorwort zur deutschen Ausgabe

Vor dem Beginn des 20. Jahrhunderts beruhte unsere Kenntnis des antiken Sparta weitgehend auf den Aussagen griechischer Autoren, und auch heute noch müssen wir uns fast ausschließlich auf sie verlassen, wenn wir uns über spartanische Einrichtungen und den Verlauf der spartanischen Geschichte informieren wollen. Doch unser Spartabild hat durch die Ausgrabungen auf dem Boden der antiken Stadt und ihrer Umgebung eine neue Dimension erhalten, vor allem durch die der deutschen und griechischen Archäologen im Amyklaion, die der britischen im Menelaion, im Heiligtum der Artemis Orthia und auf der Akropolis sowie die der Griechen in dem Gebiet südlich der Akropolis. Die zahlreichen Kunstgegenstände, die diese Ausgrabungen ans Licht gebracht haben, zeigen uns, daß sich die Spartaner der archaischen Zeit (um 700–500 v. Chr.) von ihren Nachkommen im 5. und 4. Jahrhundert stark unterschieden. Die archaischen Spartaner befanden sich durchaus im Strom der griechischen Kultur. Nicht nur Griechenland selbst hat den Nachweis für ihre weitgespannten Interessen erbracht: Entdeckungen in entfernten Teilen der Mittelmeerwelt, von Mittelfrankreich bis hin zum Nildelta, beweisen, daß die Erzeugnisse der spartanischen Werkstätten verbreitete Nachfrage fanden.
Erst in der klassischen Zeit wurden die spartanischen Bürger, die Spartiaten, zu jener militaristischen, fremdenfeindlichen, engstirnigen Gemeinschaft, die viele antike Quellen beschreiben. Erst in dieser Zeit ihres politischen und militärischen Aufstiegs entwickelten sie jene charakteristischen Besonderheiten, die wir, freilich nicht gerade mit Sympathie, als typisch »spartanisch« ansehen.
In diesem Buch habe ich eine knappe Darstellung des antiken Sparta nach dem gegenwärtigen Stand der Forschung versucht, wobei ich die Berichte der griechischen Autoren und die Entdeckungen im Verlauf der modernen Ausgrabungen gleichermaßen herangezogen habe. Das Thema ist zu umfänglich, als daß es auf dem zur Verfügung stehenden Raum angemessen behandelt werden könnte. Ich hoffe daher, daß die beigegebene Bibliographie den Leser zu weiteren Quellen der Information zu führen vermag.

University College, London,
im März 1982

J. T. Hooker

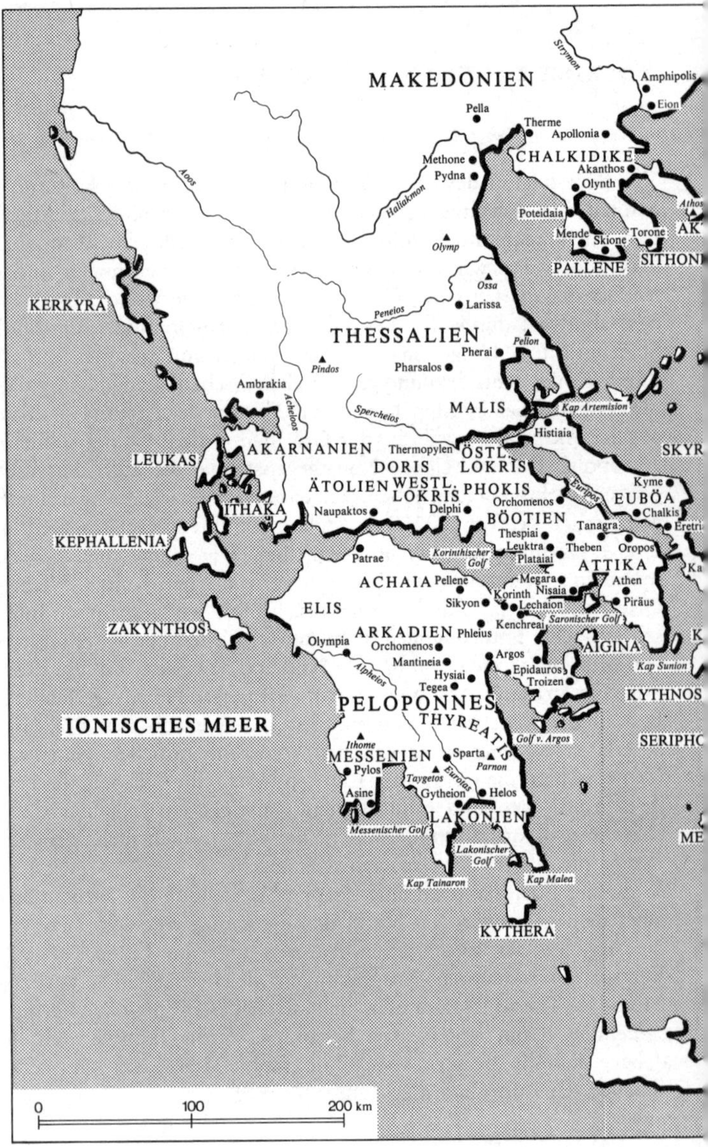

Karte 1. Griechenland und Ägäis

(nach der Vorlage der Originalausgabe).

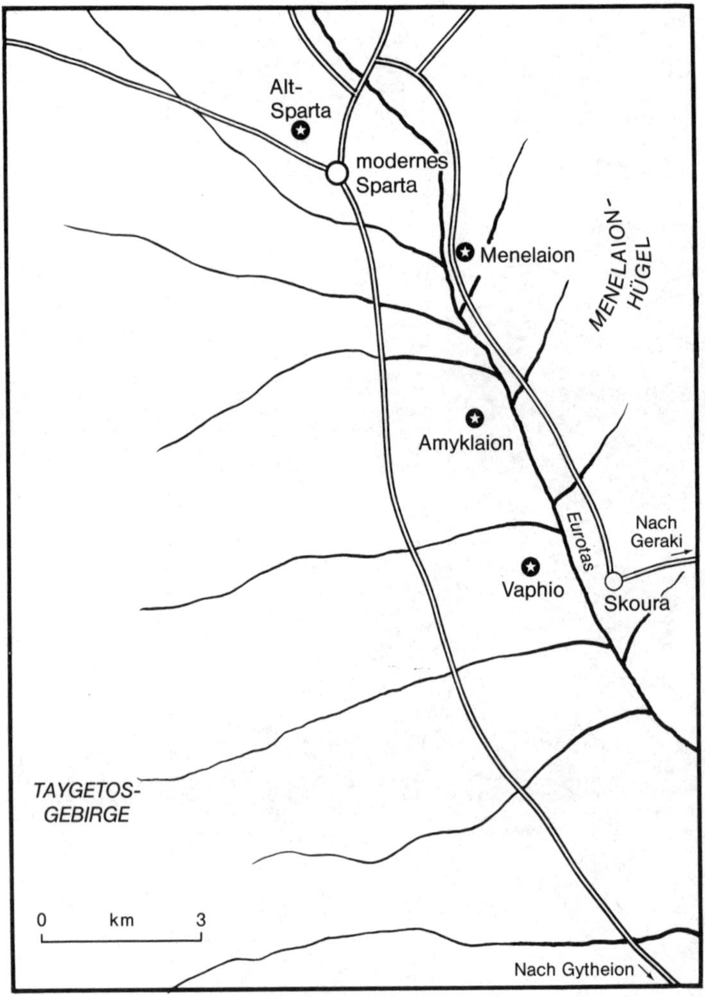

Karte 2. Sparta und Umgebung (nach J. T. Hooker).

Erstes Kapitel

Die Entdeckung Spartas

Südgriechenland ist eine große Halbinsel, die im Altertum die »Insel des Pelops« hieß, die Peloponnes. So ist es auch heute wieder, aber im Mittelalter bis hin in die jüngste Zeit war sie oft unter dem Namen Morea bekannt. Sie treibt drei schmale, felsige Vorgebirge tief in das Mittelmeer vor, von denen die beiden östlichen, Tainaron und Malea, die weiten, geschützten Gewässer des Lakonischen Golfs umschließen. Landeinwärts erstreckt sich ein Gebiet, die heutige Provinz Lakonien, dessen Kernstück die Stromlandschaft des Eurotas ist, eines Flusses, dessen Quellen mehr als 80 Kilometer nordwestlich liegen. Er durchfließt eine breite, fruchtbare Ebene und mündet schließlich bei der kleinen Stadt Helos in den Lakonischen Golf.
Die Grenzen Lakoniens sind eindeutig durch die Natur bestimmt: im Süden das Meer, im Norden der Schutzschild einer Reihe steiler Felsen, die heute noch, mit Ausnahme einiger schmaler, gewundener Straßen, den Zugang erschweren; im Osten zieht sich das Parnongebirge über mehr als 50 Kilometer in nordwest-südöstlicher Richtung hin, während im Westen ein noch eindrucksvolleres Gebirge liegt, der Taygetos, der fast genau nord-südlich verläuft und mit seiner höchsten Erhebung – der höchsten der ganzen Peloponnes – mehr als 2400 Meter erreicht.
Lakonien ist also von natürlichen Barrieren umschlossen. Ihre Überwindung mußte äußeren Feinden in der Tat fast unmöglich erscheinen, solange die Moral der Bewohner ungeschwächt blieb. Man könnte von einer Festung sprechen, aus der die Lakonier der alten Zeit hervorstießen, um die Messenier zu überwältigen, die jenseits des Taygetos im Westen lebten, und ebenso die Arkader im Norden und Westen jenseits des Parnon. Später war auch die übrige Peloponnes weitgehend den Lakoniern untertan oder zumindest mit ihnen verbündet.
Die Hauptstadt des heutigen Lakonien ist Sparta, eine Stadt mit etwa 11 000 Einwohnern, die dicht am Eurotas liegt, etwas mehr als 40 Kilometer vom Haupthafen Gytheion entfernt, dem römischen Gytheum, an der Westseite des Lakonischen Golfs. Stärker als jede andere griechische Stadt beeindruckt Sparta durch die Gunst seiner Lage, tief unten im Schatten des Taygetosgebirges, das in etwa 10

Kilometer Entfernung emporragt. Vor dem scharfen Grat der eigentlichen Taygetoskette ziehen sich niedrigere, sanfte Hügel hin. Der Blick nach Süden erschließt eine baumbestandene Ebene, die durch zahlreiche Nebenflüsse des Eurotas bewässert wird, welche aus dem Taygetos kommen. Die Fruchtbarkeit dieser Ebene war im Altertum berühmt. Es überrascht daher nicht, daß die Bevölkerung dieses Landes in der griechischen Geschichte eine so bedeutende Rolle spielte: Sie lebte ihr eigenes, unbeeinflußtes Leben in einem autarken, praktisch unzugänglichen Lande.

Die alten Griechen kannten das Wort Lakonien nicht, es ist eine Prägung, die uns zuerst beim Älteren Plinius begegnet, der Gesamtstaat hieß *Lakonike*, öfter *Lakedaimon*, aber in der offiziellen Sprache blieb dieser Terminus der Hauptstadt und ihrer unmittelbaren Umgebung vorbehalten. Der übliche Name der Stadt war jedoch Sparte oder, im lokalen Dialekt, Sparta. Es dürfte das Verständnis fördern, wenn wir an bestimmten Bezeichnungen festhalten, mögen sie auch formal nicht völlig korrekt sein: Der Staat soll Lakonien heißen, die Stadt selbst Sparta, die Bewohner heißen Spartaner, es sei denn, wir müssen auf die spartanischen Vollbürger verweisen; dann folgen wir dem antiken Vorbild und nennen sie Spartiaten.

Nach dem 6. Jahrhundert hüllten sich die Spartaner, was ihr Selbstverständnis betrifft, fast völlig in Schweigen. Da sie nicht direkt zu uns sprechen, sieht sich der Erforscher Spartas gezwungen, anderes Material zu verwenden, hauptsächlich Aussagen zeitgenössischer Griechen, sowie Beobachtungen und Ausgrabungen aus neuerer und neuester Zeit. Selbstverständlich sind alle diese Materialien unbefriedigend und bruchstückhaft. Jene Griechen, die Augenzeugen des Aufstiegs Spartas waren, konnten sich wohl kaum zu völliger Objektivität durchringen, selbst wenn sie das wollten, denn die Entwicklung ihrer eigenen Städte, vor allem die Athens, war zu eng mit der Spartas verbunden, als daß sie sich da hätten heraushalten und den Gang der Dinge mit akademischer Distanz hätten beobachten können. Es ist jedoch bemerkenswert, daß jene drei antiken Autoren, die sich am ausführlichsten mit Sparta befassen, keineswegs gegen diese Stadt voreingenommen sind; eher das Gegenteil ist der Fall. Herodot stellt die politischen Erfolge Spartas mit denen Athens auf eine Stufe, aber er war schließlich ein Grieche aus Kleinasien, stammte aus Ionien und konnte so die Entwicklung auf dem griechischen Festland unvoreingenommen betrachten. Thukydides war zwar Athener, doch nach Meinung seiner Stadt hatte er in einem entscheidenden Gefecht ihres großen Krieges gegen Sparta versagt, so daß er wegen seines militärischen Mißerfolgs für zwanzig Jahre in die Verbannung gehen mußte. Wo er diese Zeit verbrachte, wissen wir nicht, aber nach seiner eigenen Äußerung ermöglichte es ihm diese Verbannung, Einblick in die Grundhaltung und in die Politik beider Seiten zu gewinnen, vor allem in die der Spartaner; daher ist es wahrscheinlich, daß er zumindest einige Zeit in Sparta selbst verbracht hat. Auch Xenophon war athenischer Bürger, und auch er wurde verbannt. Er lebte in Sparta und schrieb Bücher voll unverhüllter Bewunderung für die Lebensform Spartas und sein politisches System, wie seine Schrift über die *Verfassung der Spartaner* und seine Lebensbeschreibung des Spartanerkönigs Agesilaos bezeugen. Seine *Hellenika* setzen die Darstellung des Peloponnesischen Krieges fort, die Thukydides begonnen hatte, und führen die griechische Geschichte bis 362 v. Chr. weiter. Daneben besitzen wir die *Hellenika Oxyrhynchia*, ein anonymes Papyrusfragment, das von einigen Ereignissen des Jahres 396 berichtet. Im 4. Jahrhundert machte sich Ephoros mit einer Universalgeschichte in 30 Büchern einen Namen, die von der Rückkehr der Herakliden bis zum Jahre 340 reichte; als eigenständige Leistung hatte sie offenbar nur geringen Wert, aber spätere Autoren, vor allem Diodor von Sizilien, haben sie herangezogen.

In den Werken der Athener Platon und Isokrates schreitet die Idealisierung Spartas, der Xenophon den Weg geebnet hatte, weiter fort, aber es ist angebracht, die Erörterung dieser Frage auf das Schlußkapitel zu verschieben. In der *Politik* des Aristoteles besitzen wir dann jedoch einen meisterlichen Überblick über die griechische Staatenwelt, und dieses Buch bietet auch die beste antike Untersuchung über das Funktionieren der spartanischen Verfassung. Die Position des Aristoteles ist keineswegs die eines Idealisten, der sich eifrig darum bemüht, den politischen Mechanismus zu begreifen, der eine solch legendäre Größe ermöglichte; sie ist vielmehr die eines Mannes der nüchternen Wissenschaft, der berichtet, was er tatsächlich vorfindet, und seine Beobachtungen in den allgemeinen Rahmen seiner Darstellung der griechischen Poliswelt einfügt.

Aristoteles lebte am Beginn einer Zeit, da die Städte des klassischen Griechenlands in weitaus größeren politischen Gruppierungen aufgehen sollten. Zwar ist das Erlöschen ihrer Unabhängigkeit ein Thema, das auf den folgenden Seiten nicht weiter behandelt wird, aber zumindest der Name Polybios darf nicht unerwähnt bleiben. Gegenstand seines Geschichtswerks, das im 2. Jahrhundert v. Chr. entstand, ist der

Aufstieg Roms zur Vormacht in der Mittelmeerwelt. Wie spätere Autoren, so entdeckt auch Polybios viele Ähnlichkeiten zwischen der spartanischen und der römischen Verfassung; Cicero zieht in *De re publica* denselben Vergleich, nur daß er natürlich der römischen Verfassung qualitative Überlegenheit zubilligt. Doch lassen wir die politische Theorie beiseite: Polybios' Werk enthält einige wertvolle Angaben zur Topographie Lakoniens, und von einigem, wenn auch nicht bedeutendem Nutzen im Hinblick auf topographische Fragen ist auch das 8. Buch der *Geographie* des Strabon, die etwa zu Beginn unserer Zeitrechnung entstand; Strabon läßt nur eine geringe persönliche Kenntis des Landes Lakonien erkennen, aber er hat uns viel interessantes antiquarisches Material erhalten, das älteren Autoren entnommen ist.

Es wird noch Gelegenheit sein, auf einige der zahlreichen Werke des Plutarch zu verweisen, dessen Blütezeit im ersten nachchristlichen Jahrhundert lag. Er war ein Schriftsteller ohne Originalität – einen derartigen Anspruch erhob er nicht –, aber wie Strabon benützte er bei seinen vielschichtigen Forschungen in reichem Maße wertvolle Quellen, die ohne ihn vollständig verloren wären. Seine *Moralia* umfassen Untersuchungen über Philosophie, Religion, Ethik, Erziehung und anderes. Doch die Abhandlung »Über die Musik«, die uns wertvolle Information über die Frühgeschichte der Musik in Griechenland bietet, stammt nicht von ihm selbst, wenn sie auch in den mittelalterlichen Handschriften der *Moralia* enthalten ist. Dagegen sind andere Sammlungen der *Moralia* eindeutig plutarchisch, darunter »Aussprüche der Spartaner«, »Aussprüche spartanischer Frauen« und »Sitten der Spartaner«. Ihr historischer Wert weist starke Schwankungen auf, aber sie alle zeugen von Plutarchs Vorliebe für die pointierte Anekdote und für die leichte Hand, mit der er in treffenden Worten einen Charakter zeichnet. Beides kommt auch seinen Biographien zugute, die zumeist paarweise angeordnet sind: Ein berühmter Grieche wird mit einem berühmten Römer verglichen. Unter diesen Biographien ist die Lebensbeschreibung des halblegendären spartanischen Gesetzgebers Lykurg – sie bildet mit der des ebenfalls halblegendären römischen Gesetzgebers Numa Pompilius ein Paar – für jeden Spartaforscher eine Quelle von unersetzlichem Wert, obgleich ihre Interpretation zum Teil sehr schwierig ist.

Hier sei noch das umfängliche Werk des Athenaios erwähnt, die 15 Bücher *Deipnosophistai* (das »Gelehrtenbankett«), deren Wert in den überreichen Zitaten liegt, die jeder Teilnehmer zur Stützung seiner

Auffassung vorbringt. Wie wir sehen werden, wäre unsere Kenntnis von den spartanischen Kulten und von der Dichtung des Alkman noch viel lückenhafter, hätte sich das Werk des Athenaios nicht erhalten; und diese Themen sind nur zwei von den vielen, die hier erörtert werden.

Dem zweiten nachchristlichen Jahrhundert gehört der älteste und bei weitem wichtigste aller jener Besucher Lakoniens an, die einen Reisebericht hinterlassen haben: Pausanias, der Verfasser der *Beschreibung Griechenlands.* Seine Bedeutung ergibt sich daraus, daß er die Orte, die er schildert, persönlich in Augenschein nahm und daß er den achtbaren Versuch machte, seine Beobachtungen in den Rahmen der Geschichte und Sage einzuordnen; wenn er dabei nicht immer Geschichte und Sage sauber zu trennen weiß, so ist das ein methodischer Fehler, der auch den größten griechischen Autoren, einschließlich Thukydides, unterlaufen ist. Pausanias beschreibt Lakonien im 3. Buch. Die Stadt Sparta hatte unter römischer Herrschaft beträchtlichen Wohlstand gewonnen, sie bot dem Wissensdurst des Reisenden noch so manches Kunstwerk aus der Zeit ihrer Hochblüte. Die Heiligtümer Spartas und seiner Vorstädte waren weithin berühmt, und noch größeren Ruhm besaß das Amyklaion, das nur wenige Kilometer außerhalb der Stadt lag. Diesem Amyklaion widmete Pausanias eine lange Beschreibung, die es uns gestattet, bei der Rekonstruktion dieser bedeutenden Fundstätte einen gewaltigen Schritt voranzukommen.

Wie die anderen griechischen Teile des Römischen Reiches fiel auch Lakonien am Ende des 4. Jahrhunderts n. Chr. in die Hand barbarischer Eindringlinge. Alarich durchstreifte die Peloponnes auf seinem siegreichen Westzug, der zur Eroberung Roms führen sollte. Nach Claudian, dem letzten Dichter des alten Rom, brannte Alarich in Sparta die Akropolis nieder und verschleppte die Frauen in die Sklaverei. Mag auch die Zuverlässigkeit Claudians nicht ganz der Farbigkeit seiner Schilderung entsprechen, so war doch jetzt die Zeit eindeutig vorbei, da Sparta als Ort von einiger Bedeutung gelten konnte. Später wurde es in bescheidenem Umfang als byzantinische Kleinstadt wieder aufgebaut, von der Teile der Ummauerung heute noch stehen. Auch im Mittelalter blieb Sparta immer unbedeutend, es stand völlig im Schatten der großen Burg von Mistra (oder Misitra oder Mizehtra), die die normannischen Eroberer der Morea wenige Kilometer westlich in den Vorbergen des Taygetos errichteten. Diese Burg wurde im Lauf der Zeit zur eindrucksvollsten Stadt auf der gesamten Peloponnes. Nach zwei Jahrhunderten einer glanzvollen Geschichte, in denen die kaiserliche Regierung zu Konstantinopel die Kontrolle über die Morea wiedergewann, wurde Mistra im Jahr 1460 von den Türken eingenommen. Abgesehen von einem kurzen Zwischenspiel venezianischer Herrschaft blieb die Morea bis zur griechischen Unabhängigkeitserklärung von 1830 in türkischer Hand. Mit der Erringung der Unabhängigkeit wurde nun Mistra seinerseits aufgegeben, das neue Sparta in der Ebene südlich der neuen Stadt gegründet.

Obwohl das Idealbild Spartas die Menschen des Westens unablässig faszinierte, haben in Wirklichkeit vor der großen Zeit der Ausgrabungen, die in der zweiten Hälfte des 19. Jahrhunderts begann, nicht viele Europäer das Eurotastal bereist, und wenn sie es taten, so haben doch nur ganz wenige ihre Erlebnisse beschrieben. Bernard Randolph kam im späten 17. Jahrhundert nach Mistra; er schreibt ziemlich schwerfällig von diesem seinem Besuch in der kurzen Abhandlung, die er nach seiner Rückkehr veröffentlichte:

> »Die Stadt ist weiträumig, sie gilt, was die Ausmaße betrifft, als die zweite in der ganzen *Morea*, nur *Patras* hat mehr Häuser. Die Ruinen rundherum sind sehr groß, nach Süden reichen sie über mehr als vier Meilen, wobei es an einigen Stellen Fundamente einer dicken Mauer gibt, von der die Leute sagen, das seien die Mauern *Spartas*. [...] Die Ebene ist sehr anmutig, voll kleiner Dörfer, Öl- und Maulbeerbäume [...].«

Gegen Ende der langen Nacht türkischer Herrschaft stellten in Mistra und auch in den Ruinen von Sparta, die nur einen bequemen Tagesritt von Mistra entfernt lagen, zwei begabte Engländer, William Martin Leake, ein Offizier der britischen Armee, und Sir William Gell, interessante Beobachtungen an. Sie sind die ersten Reisenden neuerer Zeit, von denen wir wissen, daß sie die Lage des antiken Sparta systematisch erkundeten und die Möglichkeit von Ausgrabungen erwogen. Gell zeigte sich beeindruckt von den Ausmaßen des hellenistischen Theaters und von der Dürftigkeit der anderen Überreste:

> »Während Athen die Schatzkammer der Architektur und der Schönen Künste bleibt, besitzt Sparta kaum etwas, das mit Sicherheit als Überrest aus der eigentlichen Stadt des Lykurg anzusprechen wäre. Das Theater, das wir zuerst besuchten, ist zu einem Teil aus einem kleinen Hügel herausgegraben, der in späterer Zeit eine Art Zitadelle gebildet haben mag. [...] Es muß für die Unterhaltung einer

> sehr starken Bevölkerung bestimmt gewesen sein. [...] Vom Theater aus erstreckt sich eine lange Mauer nach Süden hin, die kein sehr hohes Alter verrät, in irgendeiner Zeit hat sie der Verteidigung jenes Teils von Lakedaimon gedient, den man die Zitadelle nennen könnte, und sie ist mit dem Theater verbunden. [...] Es gibt kaum noch etwas Sehenswertes in dieser Erhebung, außer einigen Überresten, die zweifellos von einem kleinen Tempel oder einem anderen sehr alten Gebäude stammen, dessen Grundriß sich vielleicht noch rekonstruieren läßt. [...] Das sind fast die einzigen Überreste des antiken Sparta, und es scheint, sie könnten uns eine Menge wissenswerter Information bieten, vielleicht sogar Inschriften und Skulpturen, falls jemand Ausgrabungen durchführen wollte, sobald eine solche Arbeit wieder möglich wird. Den Theaterhügel, der der größte ist, hat man für die Zitadelle Spartas gehalten; die Erhebung im Norden, die noch größer ist, scheint mit Sicherheit nicht in die Stadt einbezogen gewesen zu sein.«

Das ist tatsächlich eine sehr genaue Analyse des Bildes, das Sparta und seine Akropolis im frühen 19. Jahrhundert geboten haben müssen. Lediglich mit einer einzigen Vermutung hat sich Gell ernsthaft geirrt; denn die Verwendung des bescheidenen Hügels als Akropolis ist in Wahrheit viele Jahrhunderte älter als der Theaterbau an seiner Südseite. Leake hebt ebenfalls das Theater hervor sowie einige wenige Reste auf der Akropolis, »die einzige bemerkenswerte Hinterlassenschaft hellenischer Baukunst«. Bei ihm finden sich höchst interessante Bemerkungen zur Bestimmung der Lage des Amyklaions, das Pausanias auf einem Hügel im Südosten Spartas lokalisiert hatte. In der Zeit Leakes war diese Lokalisierung umstritten, und der Streit ging tatsächlich noch 80 Jahre weiter, aber Leake war in der Lage, ein Stück epigraphischen Materials zur Stützung seiner These anzuführen:

> »Ich kann hier [in Agia Kyriaki] feststellen, daß die Höhen im äußersten Nordosten der Ebene, auf der einst Sparta stand, ein Teil der niedrigen Hügelkette sind, die in der ganzen Länge der Ebene von Mistrá den Lauf des Eurotas begleitet und diese von dem tiefer liegenden Eurotastal trennt, wobei sie Durchbrüche für die Flüsse offenhält, die vom Taygetos herab dem Eurotas zuströmen. Agia Kyriaki und eine weitere Erhebung weiter südlich sind in dieser kleinen Kette, die nur schwer von der entgegengesetzten Seite der Ebene zu unterscheiden ist, die einzigen beachtenswerten Höhen-

punkte. Auf Agia Kyriaki sieht man lediglich zwei fragmentarische Inschriften. Bei einer folgen auf den Namen DEXIMACHOU die Buchstaben AMY, so daß kaum ein Zweifel besteht, daß das unvollständige Wort AMYKLAIOU gelautet haben muß. Aufgrund dieses Befundes hat also St. Kyriaki ebenso starken Anspruch, als Amyklai zu gelten, wie Sklavokhóri.«

Beachtliche geographische Genauigkeit erreichten zwei französische Gesamtdarstellungen der Morea, die in den Jahren nach 1830 erschienen. Es ist ein Vergnügen, diese prächtigen Bücher zu Rate zu ziehen, aber man kann nicht behaupten, daß sie viel dazu beitragen, die antiken Verhältnisse des Landes aus dem noch vorhandenen Beobachtungsmaterial herauszuarbeiten; immerhin sind sie genau das, was sie sein wollen: sorgfältig gearbeitete Bestandsaufnahmen. Vielleicht haben sie die Grundlage für zwei deutsche Untersuchungen gebildet, die in den darauffolgenden Jahren erschienen: *Reisen durch Griechenland* von Ludwig Ross und *Peloponnesos: eine historisch-geographische Beschreibung der Halbinsel* von Ernst Curtius, wissenschaftliche Werke, die sich der Lösung von Spezialproblemen widmen. Ross ist eifrig darum bemüht, die Beschreibungen antiker Autoren mit dem in Einklang zu bringen, was er an Ort und Stelle in Augenschein nimmt. Da er, gemessen an dieser frühen Zeit, beachtliche Kenntnisse des altgriechischen lakonischen Dialekts besitzt, befähigt ihn die Linguistik in Verbindung mit seiner erstklassigen Methodik zu einer Identifizierung von erstrangiger Bedeutung. Er veröffentlicht eine Inschrift mit einer Weihung an ORTHIAI ARTEMIDI, wobei er zu Recht behauptet, sie müsse zum Heiligtum der Artemis Orthia gehören, das Pausanias im sogenannten Limnaibezirk Spartas gesehen hat. Als das Heiligtum schließlich in den ersten Jahren unseres Jahrhunderts ausgegraben wurde, fanden sich Kunstwerke in einer Anzahl und Qualität, die an anderen Fundstätten Spartas nicht ihresgleichen haben. Ross sah sich nicht in der Lage, die Ausgrabung des Orthiaheiligtums selbst durchzuführen, aber es verdient Beachtung, daß er auf dem Hügel im Osten Spartas, der bei den antiken Autoren »Menelaion« oder »Therapne« heißt, bedeutende Oberflächenfunde machte. Curtius untersuchte hingegen die topographischen Beziehungen zwischen dem alten und dem neuen Sparta und vertrat die Meinung, Ausgrabungen würden wertvolle Resultate erbringen, da Sparta nie zerstört worden sei; offensichtlich schenkte er also dem schwülstigen Bericht des Claudian von der Heimsuchung durch Alarich keinen Glauben.

Doch wenn Curtius vermutete, die Heiligtümer würden noch ihre antiken Schätze enthalten, so haben sich seine Hoffnungen, mit der einzigen großen Ausnahme der Funde bei der Artemis Orthia, nicht erfüllt.
Ein Edelmann aus alter schottischer Familie, William Mure of Caldwell, begann im Jahre 1838 eine ausgedehnte Griechenlandreise, deren Ergebnisse er in einem zweibändigen Werk zusammenfaßte. Es ist etwas sentenzenreich, von oben herab geschrieben, enthält jedoch einige sehr genaue Beobachtungen. Von besonderem Interesse ist die Beschreibung des Tholosgrabes von Vaphio, das mehr als 40 Jahre nach seinem Besuch von Tsountas ausgegraben worden ist:

> »Der Name Baphió war auf meiner Karte verzeichnet, und so hatte ich keine große Schwierigkeit, die Lage des ›Schatzhauses‹, etwa eine Meile südlich des Turms, ausfindig zu machen. Es ist wie das von Mykene ein Tumulus mit einem Innengewölbe, mit einer Türöffnung auf der einen Seite, zu der ein Zugang durch die Schräge des Hügels vorgetrieben worden ist. Die Lage an der Spitze einer fast kegelförmigen Kuppe läßt den Tumulus größer erscheinen und steigert den starken Gesamteindruck, die erhabene Wirkung. Die Decke des Gewölbes ist heute mit dem größten Teil des Materials verschwunden, ihre Form ergibt sich aus einer runden Höhlung, eine Art Krater, an der Spitze. Graf Capo d'Istria darf die Ehre für sich in Anspruch nehmen, den Tumulus zerstört zu haben. Der Torweg ist noch erhalten, er ist an seiner oberen, schmaleren Seite 6 Fuß breit. Der steinerne Türsturz mißt 15 Fuß in der Länge, das Gewölbe selbst hatte wahrscheinlich 30 bis 40 Fuß Durchmesser. Menelaos soll in Amyklai bestattet worden sein. Daher mag es sich hier um das königliche Grabgewölbe des spartanischen Zweigs der Atridenfamilie handeln wie bei dem ›Schatzhaus‹ in Mykene um den des argivischen Zweiges.«

Wir sind heute in der Lage, Mures Chronologie zu berichtigen, aber er befand sich, wie wir im nächsten Kapitel sehen werden, mit seiner Spekulation keineswegs völlig auf dem Holzweg.
Als letzter in der Reihe der Spartareisenden viktorianischer Zeit sei William George Clark erwähnt. Für seine zusammenhängende Darstellung des mittelalterlichen Mistra (ein Thema, von dem Leake anscheinend keinerlei Kenntnis hatte) und der Gründung des modernen Sparta verdient er Anerkennung. Außerdem trägt er eine weitere

Beobachtung zu der bemerkenswerten Ruine bei, die sich im Norden der modernen Stadt findet:

»In dem Tal nahe dem Zentrum der alten Stadt befindet sich ein hellenischer Bau, der das ›Grab des Leonidas‹ genannt wird, aber er liegt zu weit vom Theater entfernt, als daß er den leisesten Anspruch auf diese Bezeichnung hätte. Es handelt sich in Wirklichkeit um einen Tempel oder ein Heroon, etwa 30 Fuß lang, und ist, nach den enormen Ausmaßen der Umfassungssteine zu schließen, von hoher Altertümlichkeit.«

Über das sogenannte Leonidasgrab wissen wir nicht mehr als einst Clark, wobei wir mit ihm darin übereinstimmen können, daß es sich nicht um das Grab des Leonidas handelt. Die riesigen Steinblöcke, die er richtig beobachtet hat, entsprechen nicht den Ausmaßen eines Tempels; die ganze Anlage ist vielleicht nur ein massiver Altar wie jener andere, jüngere, der im Bett des Eurotas ausgegraben worden ist (vgl. S. 56). Die Frage der Datierung ist noch immer ungelöst, wie sie es auch für Clark war: es läßt sich nicht genau sagen, was er mit seiner Formulierung »von hoher Altertümlichkeit« meinte.
Aller Scharfsinn, den die Reisenden des 19. Jahrhunderts für ihre Spartastudien aufwandten (und der Scharfsinn eines Leake oder eines Ross war sehr beachtlich) konnte keinen wirklichen Fortschritt bringen, bevor nicht die Fundplätze genau markiert, Stichgräben gezogen und die Oberflächenschichten abgeräumt waren. Damit stehen wir an der Schwelle des Zeitalters der großen Ausgrabungen. Bevor wir sie überschreiten, sollten wir die amüsante Episode einer Ausgrabung erwähnen, die *nicht* stattgefunden hat. Heinrich Schliemann setzte nach seinen epochemachenden Kampagnen in Troja, Mykene und Tiryns seine regelmäßigen Besuche Griechenlands fort. Am 9. Dezember 1888 schrieb er aus Athen an seinen Freund Rudolf Virchow über seine jüngste Reise nach Messenien und Lakonien – und wir lesen mit Erstaunen seine Worte:

»Mit großen Hoffnungen kam ich nach Sparta, um so mehr, als die Höhen auf der Nordostseite des Eurotas die Menelaischen Berge genannt und dort Menelaos und Helena vereint in einem Tempel verehrt wurden. Aber außer einem kleinen runden Bau aus der klassischen Zeit fand ich auf diesen Höhen keine Spur von Alterthümern. Die Baustelle des alten Sparta ist zwar mit Topfscherben aus klassischer und späterer Zeit übersät, aber durch eine Ironie des Schicksals sind dort alle Anhöhen, auf denen man die Baustelle eines vorhistorischen Königspalastes vermuthen könnte, fast ohne jegliche Schuttanhäufung und ist nirgends die geringste Spur von prähistorischen Topfscherben oder Bausteinen.«

Der Glaube an die antiken Quellen, der ihn in der Argolis und in Asien zu den bekannten, vielbeneideten Triumphen geführt hatte, ließ Schliemann hier völlig im Stich; denn in Wirklichkeit war da das Menelaion zu finden, und obwohl weder Sparta noch irgendein anderer Platz in Lakonien bis heute die Überreste eines »vorhistorischen Königspalastes« freigegeben hat, hat der Spaten doch alle wichtigen heiligen Stätten bloßgelegt, die einst Pausanias in Sparta und seiner Umgebung gesehen hatte.

Christos Tsountas war der erste, der, in den achtziger und neunziger Jahren des vergangenen Jahrhunderts, in Lakonien systematische Ausgrabungen vornahm. Sein Ruf gründet sich hauptsächlich auf Arbeiten an verschiedenen bronzezeitlichen Fundstätten in Griechenland, vor allem in Mykene, er ist der Verfasser eines wertvollen Buches über das mykenische Griechenland. Zu seinen Verdiensten zählt die Ausgrabung der von Mure beschriebenen Tholos in Vaphio. Außerdem unternahm Tsountas den entscheidenden Schritt zur Untersuchung des Hügels, den Ross und andere als Platz des großen Apollonheiligtums, des Amyklaion, bezeichnet hatten, und bewies eindeutig, daß dieser Hügel korrekt identifiziert worden war. In der Folge gelang es ihm jedoch nicht, diese Aufgabe vollständig zu lösen, er konnte auch nie die Basis der Apollonstatue freilegen. Dieses Werk brachte erst der große deutsche Archäologe Adolf Furtwängler zu einem erfolgreichen Abschluß, dessen Methoden jedoch (zumindest wie sich bei seiner Ausgrabung des Amyklaion zeigte) mehr als einen Hauch von Skrupellosigkeit verrieten.
Die drei anderen besonders bemerkenswerten Fundstätten in der spartanischen Ebene – die Akropolis von Sparta, das Heiligtum der Artemis Orthia und das Menelaion – waren lange Jahre hindurch die Domäne der British School in Athen. Eine sehr begabte Arbeitsgruppe beschäftigte sich in der Zeit vor dem Ersten Weltkrieg mit dem Athenetempel auf der Akropolis, den Heiligtümern und Gräbern in der Stadt, den mykenischen und den jüngeren Schichten auf dem Menelaionhügel und vor allem mit dem Orthiaheiligtum. Die wichtig-

sten Mitglieder dieses Teams waren Bosanquet, Dawkins, Dickins und Wace. Ihnen allen gelang es später, an anderen Stätten unschätzbare Arbeit zu leisten, mit Ausnahme von Dickins, der im Krieg gefallen ist: Er verbrachte die meiste Zeit seines kurzen Lebens mit Ausgrabungen in Sparta und mit der Klärung von dessen früher Geschichte. Wenige Jahre später kehrten Mitglieder der British School zum Menelaion zurück, um hier unter der Leitung von H. W. Catling die Arbeiten fortzusetzen, vor allem die Ausgrabung des mykenischen Hauses, die Dawkins begonnen hatte.

Seit Tsountas konzentrierte sich die Initiative der Griechen hauptsächlich auf das Amyklaion und seine Umgebung, wobei Skias und neuerdings Christou zu nennen sind. Letzterer hat auch im Gebiet der antiken Stadt gegraben.

Dies sind die Hauptphasen der Entdeckung Spartas in neuerer Zeit, aber es darf als beinahe sicher gelten, daß die Geschichte dieser Entdeckung noch nicht zu Ende ist. Ganz abgesehen von Zufallsfunden können wir die begründete Hoffnung hegen, daß wiederaufgenommene Ausgrabungen am Menelaion und auf anderen Hügeln noch mehr Material aus archaischer Zeit und auch mykenische Überreste in Sparta ans Licht bringen werden.

Zweites Kapitel

Von der Bronzezeit zur Eisenzeit

Jeder Leser des Thukydides ist von seiner Gegenüberstellung der beiden Hauptgegner im Peleponnesischen Krieg beeindruckt: »Würde die Stadt der Lakedaimonier veröden, würden nur die Tempel und die Fundamente der Gebäude übrigbleiben, so meine ich, die Menschen späterer Generationen würden nicht glauben, daß die Stadt so mächtig gewesen sei, wie ihr Ruhm kündet. [...] wenn dagegen die Athener dasselbe Schicksal erlitten, würden sie nach dem äußeren Bild der Stadt vermuten, daß ihre Macht doppelt so groß gewesen sei, als sie es tatsächlich ist« (1,10,2). Heute, da das klassische Sparta tatsächlich verödet ist, erkennen wir, wie genau diese Bemerkung des Thukydides die Wahrheit trifft. Wer heute auf die Akropolis von Athen blickt, braucht seine Phantasie nicht sehr anzustrengen, um zu erkennen, daß sie einst das Kronjuwel eines mächtigen Staates war. An ihr gemessen ist dagegen die Akropolis in Sparta nur ein bescheidener Hügel in einer unbedeutenden Kleinstadt. Und doch zeigen uns Ausgrabungen, vor allem die am Heiligtum der Artemis Orthia, daß Sparta in archaischer Zeit, d.h. im 8. und 7. Jahrhundert v. Chr., über großen Reichtum verfügte, daß es damals zu den Hauptzentren der griechischen Kunstentwicklung unmittelbare, ertragreiche Verbindungen hatte und daß es sich die Dienste hochqualifizierter Künstler auf Dauer zu sichern wußte. Zu dieser glanzvollen Epoche gehört auch die Dichtkunst eines Terpandros und Alkman. Weder die großen Leistungen noch auch nur der Ruf des archaischen Sparta finden auf den Seiten des Thukydides ihren Niederschlag, wobei man allerdings berücksichtigen muß, daß Sparta in seiner Zeit fast das genaue Gegenteil von dem darstellte, was es früher gewesen war.

Aber wenn Thukydides von der archaischen Zeit nichts weiß oder zumindest nichts sagt, so findet sich doch in seinem Geschichtswerk eine Anzahl von Hinweisen auf eine viel weiter zurückliegende Epoche. Er gibt ihr nirgendwo einen Namen. In seinen Augen umfaßt sie die Zeit der großen Meerbeherrscher Minos und Agamemnon, des Trojanischen Krieges und der unmittelbar darauffolgenden Generationen. Diese gesamte Epoche, die etwa von 1550 bis 1150 reicht, heißt heute die Spätbronzezeit. Die Bezeichnung meint natürlich die vorherrschende Verwendung von Bronze für Waffen und Werkzeuge; Eisen fehlte nicht völlig, aber es war viel seltener und, so dürfen wir annehmen, kostbarer als später. Die Verwendung der Bronze galt im Altertum nicht als das kennzeichnende Merkmal der gesamten Epoche, aber von Interesse ist doch die Bemerkung des Pausanias 3,3,8, daß einige Waffen, die er als Weihgaben in Tempeln fand, aus Bronze gefertigt seien und daß dies mit der Beschreibung von Speeren und Schwertern der Helden bei Homer übereinstimme. Und Homer ist von entscheidender Bedeutung, da die systematischen Ausgrabungen bronzezeitlicher Fundstätten in Griechenland ihre ersten Impulse direkt durch die Hinweise Homers auf Griechenland und andere Teile der Mittelmeerwelt in heroischer Zeit erhielten. Bekanntlich finden sich in den homerischen Epen auch Einflüsse nachbronzezeitlicher Quellen, aber – positiv ausgedrückt – die Grundstukturen der griechischen oder »achäischen« Königreiche, wie Homer sie sah, wurden doch durch die Ausgrabungsbefunde bestätigt, während umgekehrt die Staaten des eisenzeitlichen Griechenlands ein völlig anderes Bild bieten.

Wenn Homer die Belagerung Trojas durch die Achäer und die Heimkehr des Odysseus auf seine Insel Ithaka nach der Zerstörung der Stadt schildert, spricht er von diesen Ereignissen, als lägen sie in einer fernen Vergangenheit, in einem Zeitalter der Heroen, da die Menschen im Vergleich zum Heute noch stärker und edler waren. Aber *Ilias* und *Odyssee* sind nicht rein literarische Schöpfungen. Neben mythischen Elementen und Motiven aus der Volkstradition bieten diese Epen Beschreibungen von Orten und gegenständlichen Dingen, denen moderne Ausgräber ein gewisses, wenn auch unterschiedliches Maß an Genauigkeit bescheinigen konnten. Doch obwohl die homerischen Epen den Anschein erwecken, als behandelten sie einen Stoff, der, wie wir heute sagen, der Spätbronzezeit zugehört, passen nicht alle ihre Beschreibungen in die Bronzezeit, wie sie sich anhand des archäologischen Materials erschließen läßt. Einige Details, wie etwa der Turmschild des Großen Ajax, können nur aus einer ungebrochenen Erinnerung an das bronzezeitliche Griechenland entstanden sein, andere dagegen, unter ihnen die Beschreibung der schwerbewaffneten Truppen, der Hopliten, können erst lange nach dem Beginn der Eisenzeit in die epische Tradition Eingang gefunden haben.

Stellen wir diese Tatsachen nebeneinander, so dürfen wir den vermutlichen Verlauf des Hergangs in folgenden Grundzügen rekonstruieren: Die Griechen der Bronzezeit besaßen eine eigene Überlieferung von ihren Heroen, eine Überlieferung, die vielleicht in poetischer Form gestaltet war. Sie gelangte nach dem Ende der Bronzezeit durch griechische Auswanderer in die Kolonien Kleinasiens, wo sie einem Prozeß der Anreicherung, der Modifizierung, der Vermehrung um spätere Episoden und, wie wir wohl hinzufügen dürfen, in gewissem Ausmaß auch der Verfälschung unterworfen wurde. Dieser Prozeß dauerte mehrere Jahrhunderte und mündete in die beiden in Ionien gestalteten Epen, die vielleicht schon ungefähr die Form hatten, in der sie uns überliefert sind. Der wahrscheinlichste Annäherungswert für die Datierung der Schlußredaktion beider Epen ist 700 v. Chr.

Für Sparta hegt Homer besonderes Interesse, denn aus Sparta wurde Helena, die Gattin des Menelaos, entführt, und dies war die Ursache für den Konflikt zwischen Achäern und Trojanern. Die *Ilias* erzählt uns, daß zunächst Gesandte nach Troja geschickt wurden, um Genugtuung zu fordern. Als diese Forderung abgelehnt wurde, vereinigten sich unter dem Befehl des Agamemnon, des Bruders des Menelaos, Schiffe aus vielen achäischen Königreichen und fuhren gegen Troja aus. Der sogenannte Schiffskatalog im zweiten Buch der *Ilias* gibt eine kurze Beschreibung jedes einzelnen dieser achäischen Kontingente, erwähnt die Namen der Anführer, die wichtigsten Orte in ihren Reichen und die Anzahl der Schiffe, die sie nach Troja führten. Das Königreich des Menelaos wird das »zerklüftete Lakedaimon« genannt (*Ilias* 2,581), und das ist eine gute Kennzeichnung des Eurotastals, das zwischen den Gebirgszügen des Taygetos im Westen und des Parnon im Osten liegt. Bekannte Namen für Städte im Reich des Menelaos sind Sparta, Amyklai und Helos, sie alle im Eurotastal, zusammen mit Laas und Oitylos im Süden. Offenbar hat der Verfasser des Schiffskatalogs die Vorstellung, daß nur ein sehr begrenztes Gebiet die Oberherrschaft des Menelaos anerkennt, nämlich das Eurotastal bis Sparta im Norden, mit einer gewissen Ausdehnung nach Süden hin in Richtung Kap Tainaron. Man sollte indes nicht daran Anstoß nehmen, daß Menelaos, einer der wichtigsten achäischen Helden, nur mit einem so winzigen Machtbereich ausgestattet ist. Die Schwierigkeiten, den Schiffskatalog, vor allem sein Verhältnis zum Gesamtwerk der *Ilias* zu interpretieren, sind bekannt, und es darf als sicher gelten, daß bei einer Anzahl achäischer Reiche nur eine Art topographischer Skizze, keinesfalls eine vollständige Aufzählung aller wichtigen Städte vorliegt.

Bei aller Unzulänglichkeit vermittelt der Schiffskatalog Informationen, die zumindest zu einem Teil aus der Bronzezeit stammen müssen, da sie mit dem bronzezeitlichen Griechenland vereinbar sind, nicht aber mit irgendeiner späteren Epoche seiner Geschichte. Dies läßt jedoch keineswegs den zwingenden Schluß zu, daß sich dieselbe Gewähr für Authentizität auf alle bedeutenden Gestalten der homerischen Sagenwelt erstreckt. Einige können theoretisch tatsächlich in der Bronzezeit gelebt haben, während andere ihren Platz im Epos wohl der freien Erfindung der Dichter verdanken. Wenn wir diese Frage im besonderen für Menelaos und Helena aufwerfen, stehen wir vor einem interessanten, aber schwierigen Problem.

In den homerischen Epen haben Menelaos und Helena, vor allem Helena, etwas Geheimnisvolles, ja sogar Magisches an sich, in das sie spätere Zeiten gehüllt haben. Wenn Helena im 3. Buch der *Ilias* auf die Zinnen Trojas steigt, hat ihre Schönheit für die Greise, die am Tore sitzen, nichts Menschliches an sich, sie ist von der Art, wie sie die unsterblichen Götter besitzen (3,158). Und wenn in der *Odyssee* 4,250 Telemachos den Palast von Sparta besucht, deutet Helena die unheimlichen Fähigkeiten an, die sie einstmals gezeigt hatte, als sie Odysseus bei seinem Eindringen in Troja erkannte; es ist auch nicht ohne Bedeutung, daß an dieser Stelle ihre Abstammung von Zeus betont wird. Diese Verbindung mit Zeus wird im selben Buch der *Odyssee* an späterer Stelle wichtig. Um seine jungen Gäste angenehm und interessant zu unterhalten, berichtet Menelaos in einer vorbereitenden Parallele zu den Erzählungen des Odysseus am Hofe des Alkinoos von den Abenteuern, die er auf der Heimfahrt von Troja zu bestehen hatte. Er sagt, er habe von Proteus eine Prophezeiung erhalten, des Inhalts, es sei ihm nicht bestimmt, wie gewöhnliche Menschen zu sterben und in das Haus der Schatten einzugehen; dank seiner bevorzugten Stellung als Schwiegersohn des Zeus werde er in die Elysischen Gefilde entsandt werden, die sich in der Beschreibung des Proteus als eine Art Paradies darstellen. So erhalten wir in *Ilias* und *Odyssee* gleichermaßen deutliche Hinweise darauf, daß Helena und Menelaos Wesen sind, die normale Maßstäbe übersteigen, Wesen, für die eine besondere Zukunft vorgesehen ist.

Von den Heiligtümern und Kulten des Menelaos und der Helena, die während der Eisenzeit in der Umgebung Spartas Ansehen genossen, soll im nächsten Kapitel die Rede sein. Hier sei nur bemerkt, daß griechische Autoren die Tatsache betonen, daß beide nicht als Heroen, sondern als Götter verehrt wurden. Wenn man auch der homerischen Dichtung hinreichend Einfluß und Ansehen zutrauen darf, die Einrichtung von Heroenkulten an jenen Stätten bewirkt zu haben, an denen die Helden lebten oder begraben waren, so bedeutet es doch viel mehr, anzunehmen, homerische Helden könnten in den Rang von Göttern des üblichen Kultdienstes erhoben worden sein, es sei denn, es lägen zwingende politische Motive vor. Bei Menelaos und Helena zwingt indes anscheinend nichts zu der Annahme, daß so auffällige Schritte unternommen worden sind, denn einerseits läßt es sich nachweisen, daß Helena und ihre Brüder, die Dioskuren, anderwärts in der indoeuropäischen Mythologie starke Entsprechungen haben, und andererseits enthält der Helenakult in Sparta, wie er von griechischen Autoren beschrieben wird, Elemente, die nicht aus Homer stammen, sondern den Eindruck erwecken, es handle sich um lokale Traditionen. Zumindest Helena war also im lakonischen Kult seit langer Zeit Gegenstand der Verehrung, vielleicht seit der Bronzezeit, aber dafür gibt es noch keinen eindeutigen Beweis. Es war das sterbliche Gegenstück zu dieser Helena – sterblich, doch mit manchen Zügen einer Göttin ausgestattet –, das seinen Weg in die epische Tradition fand. Die *Ilias* sieht Menelaos als einen der großen achäischen Helden, die an der Belagerung Trojas teilnahmen, während er in der *Odyssee* König einer reichen, fruchtbaren Domäne ist, ein großzügiger Gastgeber von betonter Höflichkeit. Wir haben uns nun zu fragen, in welchem Umfang das homerische Bild von Menelaos und seinem Reich durch die Ergebnisse moderner Ausgrabungen bestätigt wird, ob Homer hier tatsächlich historische Gegebenheiten widerspiegelt, wie es zweifellos der Fall ist, wenn er die Herrschersitze des Agamemnon in Mykene oder des Nestor in Pylos beschreibt.

Was wir heute die mykenische Kultur nennen, umfaßt eine große Anzahl äußerer Kennzeichen, denen wir auf den Fundstätten des bronzezeitlichen Griechenlands wiederholt begegnen. Diese Kultur entstand aus einer Verschmelzung der alten »helladischen« Kultur des griechischen Festlands mit der »minoischen« Kretas. Obwohl Kreta seit langem mit dem Festland Kontakt hatte, übten die Minoer erst im 16. Jahrhundert einen entscheidenden Einfluß auf Griechenland aus, vor allem in der Fertigung und im Dekor von Kunstgegenständen. Die beiden Kreise der Schachtgräber in Mykene enthielten Beigaben von überwältigender Pracht, und viele verraten die Hand minoischer Handwerker oder von Festlandsleuten, die von Minoern ausgebildet waren. Wir kennen die Ursachen für das Auftreten verschwenderischen Reichtums in Mykene und für die Einführung minoischer Stilarten nicht, doch welches auch immer die Gründe für die Bereicherung und für die Entdeckung materieller Hilfsquellen außerhalb Griechenlands gewesen sein mögen, Mykene wurde jetzt, um 1550, für mehr als drei Jahrhunderte zum wichtigsten Ort der Argolis, wahrscheinlich auch des gesamten griechischen Festlands. Lange Zeit hat man geglaubt, die Ausbreitung der mykenischen Kultur über Südgriechenland lasse sich als ein einfacher Prozeß der Ausstrahlung aus dem Mittelpunkt Mykene erklären. Aber Ausgrabungen in Messenien haben reiche Grabbeigaben erbracht und auch das Auftreten eines minoischen Einflusses gezeigt, der mit dem im jüngeren Gräberrund von Mykene etwa gleichzeitig ist. Wenn man sich auf dieses neue Material stützt, empfiehlt sich die Annahme, daß die Impulse zur Entwicklung einer besonders geprägten Kultur des bronzezeitlichen Griechenlands sowohl vom Osten als auch vom Westen der Peloponnes ausgegangen sind. Daher sind wir nur wenig überrascht, daß Lakonien, das zwischen Messenien und der Argolis liegt, schon früh ein Nutznießer (oder vielleicht sollten wir sagen: ein frühes Opfer) dieser jungen Kulturschöpfung geworden ist.

Die mykenische Kultur weist deutliche Unterschiede zur helladischen und zur minoischen auf, zu jenen beiden, aus denen sie hervorging, doch manchmal, vor allem bei den frühen Phasen der Spätbronzezeit, findet man mykenische Gegenstände Seite an Seite mit minoischen Importen und älterem Gut aus helladischer Zeit. Ein ausgezeichnetes Beispiel für dieses kulturelle Nebeneinander bietet das Vaphiograb in Mittellakonien, auf das wir unten näher eingehen wollen. Ein charakteristischer »mykenischer« Stil zeigt sich in einer breiten Palette reichlicher Funde an einer Vielzahl von Stätten in der Argolis, Messenien, Korinth, Attika und Böotien, darunter Keramik, Terrakottafiguren, Goldringe, Siegelsteine, geschnitzte Elfenbeinfiguren, Fresken, Statuetten, Waffen sowie Tontafeln mit eingeritzten Aufzeichnungen in Linear-B-Schrift.

Unter den mykenischen Kunstgegenständen besitzt die Keramik hohen Erkenntniswert, denn die große Zahl der Ausgrabungen auf dem griechischen Festland und an mykenischen Fundstätten außerhalb ermöglichte es, chronologische Abfolgen von Gefäßformen und Dekorationsmotiven zu erarbeiten. Die älteste Phase mykenischer Keramik zeugt von dem schüchternen Versuch der Festländer, minoisches Dekor helladischen Formen anzupassen; später, während des 15. Jahrhunderts, ist dieser Versuch viel erfolgreicher und mündet schließlich in einen Keramikstil eigener Prägung. Im 14. Jahrhundert wird die mykenische Ware, wenn auch noch oft in guter Qualität, zur Massenproduktion. Gleichzeitig standardisiert sich das Dekor: Meeres- und Pflanzenmotive haben den Kontakt mit den Originalen verloren und sind zu Wellen, Schneckenlinien und Spiralen »entartet«. Einen entscheidenden Bruch mit der minoischen Tradition sieht man in der Einführung von Stieren, Menschen und Wagen als Schmuckmotive. Während der beiden letzten Jahrhunderte der mykenischen Zeit ist die Keramik in einem weiten Gebiet bemerkenswert homogen, und der Zerfall in lokale Spielarten während des 12. Jahrhunderts ist eines der sichersten Anzeichen für die Aufsplitterung der mykenischen Kultur. Nicht weniger typisch sind die kleinen Terrakottafiguren von Frauen und Tieren, die man auf mykenischen Fundstätten in ungeheuren Mengen entdeckt hat. Goldringe und Siegel waren Beigaben in den Schachtgräbern, und von da an ist ihr Vorkommen in mykenischen Grabanlagen ein weiteres Anzeichen dieser Kultur. Diese Kleinkunst zeigt starken minoischen Einfluß, vor allem bei der Schilderung von Kultszenen, aber gleichzeitig setzt sich eine einheimische Beimischung fort mit Pflanzen- und Tiermotiven, die in einer Art heraldischer Stellung angeordnet sind. Die Formalisierung schreitet auch in der Elfenbeinschnitzerei voran, die gelegentlich zur Schöpfung herrlicher Meisterwerke fähig ist. Die Schwerter, die wir aus den Anfängen der mykenischen Zeit kennen, haben kretische Vorbilder; sie sind lang und etwas plump. Später wurden auf dem Festland kürzere, leichtere Formen entwickelt und ebenso, der neuen Kampfweise angepaßt, für die diese Kurzschwerter gedacht waren, ein leichter runder Schild, dem man vor dem hohen, körperdeckenden Schild den Vorzug gab, der früher in mykenischer Zeit Mode war.

In der Zeit, die auf die Schachtgräber folgte, wurden in Mykene für bedeutende Persönlichkeiten Grabanlagen gebaut, die als Tholoi bekannt sind. Hier, doch an anderen Orten nicht immer, wurden Tholoi in den Hang eines Hügels vorgetrieben. Die runde Grabkammer, die eigentliche Tholos, wurde in der Weise gebaut, daß jede Steinlage die darunterliegende überkragte, so lange, bis eine leicht zugespitzte Kuppel geschaffen war. Die Tholos erreichte man durch einen langen Zugang, der Einlaß war durch Türen verschlossen. Wiewohl offenbar in Mykene die Tholos für die bedeutendsten Bestattungen Nachfolgerin des Schachtgrabes war, waren Tholoi kleineren Ausmaßes in Messenien viel früher üblich. Aber gleichzeitig mit dem ersten Auftreten der Tholoi finden sich in Mykene auch die ältesten Kammergräber. In der Folge, bis hin zur Zeit der Zerstörung um 1200 und später, wurden sie zur Hauptbestattungsart im mykenischen Griechenland und oft mehrfach benutzt. Ganze Friedhöfe von Kammergräbern sind von zahlreichen Ausgrabungsstätten bekannt. Das Kammergrab besteht aus einem einfachen Gewölbe, das in primitiver Weise aus dem Hang eines Hügels herausgeschnitten und mit Steinen verschlossen ist; wie die Tholos hat es gewöhnlich einen abgeschrägten Zugang.

Das mykenische Haus ist rund um einen inneren Kern gebaut, der sich dem helladischen Vorbild ohne deutlichen Bruch anschließt. Dieser Kern umfaßt gewöhnlich einen rechteckigen Raum mit einer Vorhalle, manchmal ist auch ein dritter Raum an der Rückseite zugefügt, zum Beispiel in dem mykenischen Haus beim Menelaion. Diese Anordnung der Räume nimmt das Megaron der jüngeren mykenischen Paläste in Mykene und Tiryns (Argolis) und in Pylos (Messenien) vorweg. Das Megaron liegt im Mittelpunkt eines Gebäudekomplexes. Vorhof und Vorhalle führen zu einem großen, fast quadratischen Raum, in dessen Mitte ein runder Herd auf dem Estrich gemauert ist, während das Dach des Megarons von vier Pfeilern gestützt wird. Die drei genannten Paläste bestanden, wie auch andere in Mittelgriechenland, aus einer umfänglichen Anhäufung von Gebäuden, darunter Räume für Staatsakte, Heiligtümer, Wohngemächer, Lager und Verwaltungstrakte. Zahlreiche Fresken, die einer minoischen Tradition der Wandmalerei entstammten, schmückten das Innere. Für die Paläste und die größeren Siedlungen wurde ein steiler Hügel oder zumindest eine Höhenposition gewählt. Während der mykenischen Zeit wurden diese Paläste außerdem durch einen starken Mauerring gesichert, nur Pylos scheint unter den größeren Palastanlagen unbefestigt geblieben zu sein.

Die Archive der Linear-B-Tafeln, die man in einigen jüngeren Palästen fand, geben zwar einige Hinweise auf die komplexe Wirtschafts- und Gesellschaftsstruktur, aber sie sagen sehr wenig über die Motive für die mannigfaltigen, weitgespannten Tätigkeiten der Mykener aus. Wie die Minoer vor ihnen hatten auch sie eine deutliche Tendenz zur Ausweitung, sowohl in den Westen, als auch ganz besonders in den Osten der Mittelmeerwelt. Bedeutende mykenische Siedlungen wurden auf Rhodos und in Kleinasien gegründet, während das Vorkommen reicher Depots mykenischer Kunstgegenstände auf Zypern und in der Levante zeigt, daß diese Gebiete einen lebhaften Handel mit dem griechischen Festland unterhielten.

Während des unruhigen Jahrhunderts etwa zwischen 1250 und 1150 erlitt die mykenische Einheitskultur, die sich über die Peloponnes verbreitet, im Osten Attika und im Norden sogar Thessalien erreicht hatte, einen jähen Bruch. Die Zerstörung der wichtigsten mykenischen Paläste war von einer Desintegration des spezifischen mykenischen Stils begleitet, wie er sich in der ganzen Palette der künstlerischen Erzeugnisse offenbart hatte. Den Beweis für diesen Bruch sieht man im Keramikdekor, das oft ein guter Gradmesser für die Schnelligkeit und die Art kultureller Veränderungen ist, und nicht minder darin, daß viele Lebensformen aufgegeben wurden, die für die mykenische Kultur in der Zeit ihres Aufblühens kennzeichnend waren. Das Tholosgrab zum Beispiel kam völlig außer Gebrauch. Die bislang übliche Verbindung von Festung und Palast in Gestalt einer gut geschützten Höhenburg verschwand. Verglichen mit der mykenischen Hochblüte gab es jetzt nur wenige Steinbauten, und die Häuser, die errichtet wurden, hatten oft eine völlig andere Anlage als ihre mykenischen Vorgänger. Die Linear-B-Schrift, die in den Palastzentren zur Buchführung verwendet worden war, verschwand in der Zeit der großen Wirren ebenfalls, so daß das griechische Festland bis ins 8. Jahrhundert, bis zur Einführung des Alphabets aus dem Osten, praktisch ohne Schrift blieb. Schließlich beeinflußten zwei weitere entscheidende Veränderungen die Lebensweise der Griechen, doch diese kamen nicht plötzlich und hatten auch keine einheitliche Wirkung auf das gesamte Griechenland. In einigen Gebieten schrittweise, in anderen schneller wurde der mykenische Brauch, die Toten in Grabbauten beizusetzen, zugunsten der Feuerbestattung aufgegeben. Der Grund für diese Veränderung ist völlig unbekannt, aber es ist wahrscheinlich, daß es sich hier nicht um eine einzige Ursache handelt. Ebensowenig haben wir eine einleuchtende Erklärung für die zweite wichtige Veränderung, daß nämlich die Bronze als vorherrschendes Gebrauchsmetall durch das Eisen ersetzt wurde.

Die Zerstörung so vieler mykenischer Zentren führte natürlicherweise zu umfänglichen Bevölkerungsbewegungen. Die Bewohnerzahl Griechenlands sank, die Menschen neigten dazu, in weiter verstreuten Siedlungen zu leben. Ein anderes Ergebnis der Verheerungen war die griechische Ostwanderung zur Gründung von Kolonien an der kleinasiatischen Westküste. Diese Wanderungen hatten wohl schon im 11. Jahrhundert begonnen, sie setzten sich eine unbestimmbare Zeit lang fort. Im 7. Jahrhundert treten diese Kolonisten ins Licht der Geschichte, sie erscheinen jetzt in zwei großen Gebieten, der Äolis im Norden, die die Insel Lesbos und die benachbarten Küsten des asiatischen Festlands umfaßt, und in Ionien im Süden. Diese Gruppierungen von Kolonien, vor allem die ionischen, wurden im Lauf der Zeit für wichtige Fortschritte in der Weltgeschichte des Geistes und der künstlerischen Schöpfungen verantwortlich.

Wir haben nun die Frage zu stellen, wie die mykenische Kultur in Lakonien und vor allem in der engeren Umgebung Spartas in Erscheinung tritt. Vorweg ist zu sagen, daß in Lakonien bislang noch kein mykenischer Palast entdeckt worden ist. Uns fehlt völlig ein großer Fürstensitz, auf den wir verweisen könnten und sagen: Das ist, wenn auch mit noch so großem Abstand, das Vorbild für den Palast, in dem in der *Odyssee* Menelaos und Helena ihre Gastlichkeit erweisen. Dieses Fehlen eines überzeugenden Vorbilds nötigt uns, eine von zwei möglichen Erklärungen anzunehmen. Die eine ist: in Lakonien hat es nie einen mykenischen Palast gegeben, und das bescheidene mykenische Haus in der Nähe des Menelaion wurde im Lauf der Entwicklung der epischen Tradition der Griechen stark überzeichnet. Diese Erklärung ist möglich, aber sie ist nicht sehr befriedigend; denn man fragt sich in diesem Fall verwundert, was denn eigentlich jemals irgendjemandem den Gedanken hätte eingeben können, Lakonien sei in heroischer Zeit einem mächtigen Herrscher untertan gewesen, dem Bruder des größten Königs und Gatten der Zeustochter. Die Alternative wäre, daß es in Lakonien tatsächlich einen mykenischen Palast gegeben hat, daß er aber niemals entdeckt worden ist. So sehr es uns widerstreben mag, diese Erklärung gelten zu lassen, sie ist immer noch besser als die andere. Gegenwärtig haben wir also mit einer bedeutsamen Lücke in den archäologischen Zeugnissen zu rechnen, und wir würden nicht einmal erkennen, daß es da eine Lücke gibt, wären da nicht bei Homer die Anspielungen auf Menelaos und sein Königreich.
Die Fundstätten des archaischen und klassischen Sparta selbst haben sehr wenig mykenisches Material erbracht, auch mykenische Bauten wurden hier nicht gefunden. Es ist einleuchtend, daß die wichtigen bronzezeitlichen Siedlungen anderswo lagen, auf Höhen, die bessere Verteidigungsmöglichkeiten boten. Drei solcher Hügel ragen nach Süden hin aus der Ebene um Sparta heraus, die alle ihren Beitrag zu unserer Kenntnis von der Bronzezeit in diesem Teil Griechenlands geleistet haben. Amyklai, Palaiopyrgos, Agios Vasilios, sie alle waren in mykenischer Zeit besiedelt, sie alle stimmen zu der Gewohnheit der Mykener, verteidigungsfähige Höhen für ihre Siedlungen zu wählen. Möglicherweise waren alle drei Plätze ummauert, aber ein eindeutiger Nachweis für eine mykenische Mauer findet sich nur auf Agios Vasilios. Sonst ist über diesen Platz wenig bekannt, doch große

Mengen mykenischer Keramik, Ausbeute von Oberflächengrabungen am Hang, legen die Vermutung nahe, daß es sich hier, vor allem in spätmykenischer Zeit, um einen Ort von beachtlicher Bedeutung handelte.

Amyklai ist hauptsächlich durch sein großes Apollonheiligtum bekannt, das Amyklaion, das in der Eisenzeit erbaut wurde. Zwar hat sich die Aufmerksamkeit der Ausgräber des 19. und 20. Jahrhunderts auf dieses Heiligtum konzentriert, aber die drei größeren Kampagnen, die hier durchgeführt wurden, haben durch Zufall auch einige interessante mykenische Gegenstände erbracht. Eine Menge vormykenischer Keramik weist darauf hin, daß der Platz schon in der Frühbronzezeit besiedelt war, doch die bedeutendsten Funde sind der mykenischen Epoche zuzurechnen. Bemerkenswert sind die Terrakottafiguren, einige wenige Tierformen und 75 Frauengestalten. Die Ausgräber schlossen aus dem Vorhandensein dieser Figuren, daß auf dem Amyklaionhügel in mykenischer Zeit ein Heiligtum oder ein heiliger Bezirk vorhanden war, aber sie stützten diese Schlußfolgerung auf Beweisgründe, die nicht ganz zufriedenstellend sind. Es ist bedauerlich, daß der Zweck dieser mykenischen Figuren unbekannt bleibt. Man hat sich weithin an die Annahme gewöhnt, daß es sich um Votivgaben handle, die irgendwelche Personen, vermutlich Frauen, in Gräber gelegt haben; da aber solche Figuren inzwischen ebenso in Wohnsiedlungen ans Licht gekommen sind, ist diese Annahme nicht mehr so leicht zu halten. Möglicherweise hat der Umstand, daß an dieser Stelle ein jüngeres Heiligtum lag, bei den Ausgräbern den Ausschlag gegeben. Wir werden jedoch noch sehen, daß es beim Amyklaion unmöglich ist, eine Kontinuität des Kults von der mykenischen Epoche bis in spätere Zeiten mit Sicherheit nachzuweisen. Im übrigen gibt es keinen Hinweis darauf, daß die Mykener, die hier lebten, unter der Verheerung zu leiden hatten, die viele bronzezeitliche Stätten in Griechenland heimsuchte.

Der Hügel südlich von Amyklai hat zwei Erhebungen, von denen die nördliche heute unter dem Namen Vaphio bekannt ist, der südliche als Palaiopyrgos. An den Hängen des Palaiopyrgos ist nie systematisch gegraben worden, aber die Oberflächenuntersuchung zeigt das Vorkommen von mykenischen, vor allem spätmykenischen Tonscherben in großen Mengen, während hie und da Überreste zu sehen sind, bei denen es sich vielleicht um mykenische Häuser und Mauern handelt. In enger Verbindung mit dieser Siedlung steht die berühmte Tholos von Vaphio. Als das Grabmal noch unversehrt stand, muß es ein

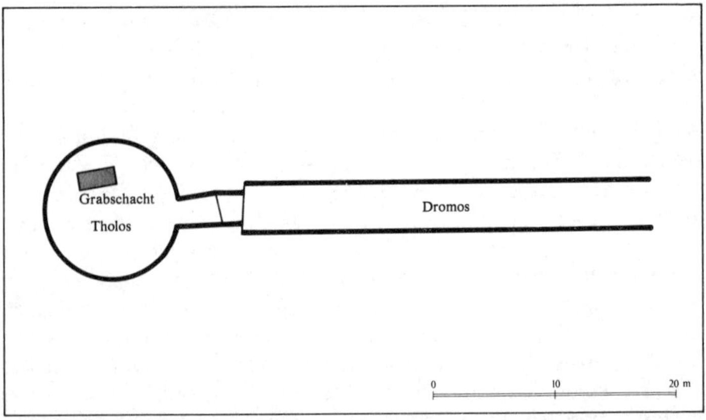

Abb. 1. Plan der Tholos von Vaphio (nach J. T. Hooker).

beherrschender Punkt in der Landschaft gewesen sein, denn es ist auf der höchsten Stelle des Hügels errichtet. Jedenfalls wird es bei mehreren Reisenden erwähnt, die im 19. Jahrhundert diesen Teil Lakoniens erforscht haben. In diesem Jahrhundert verschlechterte sich der Erhaltungszustand, bis Tsountas im Jahre 1888 seine Ausgrabungen vornahm. Der lange Zugang, der Dromos, mißt mehr als 27 Meter von einem Ende zum andern, er führt zu einem runden Gewölbebau, dessen oberer Teil eingestürzt ist. In diesem Zugang fanden sich eine oder zwei Spuren verkohlten Materials, bei denen es sich offensichtlich um verbrannte Weihgaben handelt, die aus der Zeit der Bestattungen stammen oder jünger sind. Solche Opfergaben sind in mykenischen Tholoi und Kammergräbern gut bezeugt; die eindrucksvollsten unter den bisher entdeckten sind die Skelette zweier Pferde, die in der Marathontholos ans Licht kamen, einem Grab, das zeitlich nicht sehr weit von der Vaphiotholos entfernt ist. Einige Goldblättchen, einen Klumpen Bernstein und Scherben mykenischer Keramik hatte man während der Opferhandlungen in dem Zugang niedergelegt, sie waren vermutlich für den Toten oder irgendeine Gottheit gedacht. Tsountas fand im Dromos keine nachmykenische Keramik und zog daraus den Schluß, daß das Grab nicht geöffnet und wiederverwendet wurde. Am Eingang zum Rundgewölbe gab es weder Mauer noch Tür, aber eine große Menge Steine war auf den Boden gefallen, so daß Tsountas zu

der Auffassung gelangte, sie seien ursprünglich aufgeschichtet gewesen, um den Zugang zu verwehren. Der Boden war uneben, ein Umstand, den Tsountas auf die – heute in mykenischen Gräbern als üblich erwiesene – Praxis zurückführte, ein Grab wiederholt für Bestattungen zu verwenden und ältere Reste, die den für die neue Beisetzung erforderlichen Raum blockierten, beiseite zu räumen. Der Boden war mit einem Gemisch aus schwarzer Erde und verkohlten Knochen bedeckt. Es ließ sich jedoch nicht mit Sicherheit bestimmen, ob letztere die Überreste von Menschen oder Tieren waren.
Sehr wenige mykenische Tholoi sind der Aufmerksamkeit der Grabräuber entgangen, und die Vaphiotholos bildet da keine Ausnahme. Aber in Vaphio verrichteten die Räuber ihre Arbeit nicht so sorgfältig wie an anderen Stätten. Sie übersahen eine Anzahl von Kleingegenständen, die man über den Boden verstreut vorfand – oder hatten sie keine Zeit, sie mitzunehmen? Der Fund umfaßte 12 gravierte Siegelsteine, zwei goldene Ringe, einige Schmuckstücke aus Gold und Silber, Bruchstücke von Steingefäßen, sowie bronzene Nägel. Diese Funde, so dürftig sie auch sind, reichen aus, um zu zeigen, daß die frühmykenische Sitte, den Toten mit Beigaben zu bestatten, auch in Vaphio beachtet wurde. Diese Grabbeigaben schließen einerseits Gegenstände zum Schmuck des Verstorbenen ein, so die Pretiosen, andererseits Geräte für den reinen Hausgebrauch. Mit einiger Berechtigung läßt sich daraus schließen, daß in einem mykenischen Grab der Tote sowohl mit persönlichem Eigentum als auch mit Alltagsdingen ausgestattet werden mußte, damit er sie zumindest in der Zeit bis zur Verwesung des Körpers zur Verfügung habe. Aber die ganze Frage des mykenischen Glaubens an ein Weiterleben nach dem Tode ist heftig umstritten, das soeben Gesagte stellt nur eine von mehreren Möglichkeiten dar.
Diese Funde auf dem Fußboden hätten, für sich gesehen, der Vaphiotholos niemals das einzigartige Ansehen verliehen, das sie seit der Ausgrabung genießt. Doch Tsountas fand im Rundgewölbe etwas seitlich einen rechteckigen Schacht, der in einer Tiefe von etwa 90 cm in den Boden getrieben worden war. In dem Grab befand sich ein männliches Skelett, es gab keine Anzeichen von Verbrennung. Es ist klar, daß dieses Grab den Räubern völlig entgangen ist; es gab keine Anzeichen eines Eindringens, und die verschiedenen Anhäufungen von Beigaben befanden sich noch ungefähr an den Stellen, an denen sie hingelegt worden waren. Die erste Anhäufung lag rund um den Kopf des Leichnams, Gebrauchsgegenstände aus Bronze, Silber, Alabaster

und Ton, zusammen mit Waffen: zwei Speerspitzen und ein etwa ein Meter langes Schwert mit drei breiten, goldenen Nägeln, in der Art, wie sie uns aus den berühmten Schachtgräbern bekannt ist. In der Hals- und Brustpartie hatten etwa 20 Amethyste ein doppelt geschlungenes Halsband gebildet. An der linken Seite des Leichnams befanden sich zwei mit Gold belegte Dolchklingen. Hier lagen auch goldener

Abb. 2. Projektionszeichnungen der Goldbecher von Vaphio. *Athen, Nationalmuseum.*

Schmuck, goldene Nägel und eine fein gearbeitete Silberscheide mit goldener Umrandung. Bei den Händen des Mannes fand Tsountas gravierte Siegelsteine, einen goldenen Ring, einen Bronzering, einen eisernen Ring und zwei Goldbecher. Diese Becher zählen zu den vollendetsten Kunstwerken, die aus der griechischen Bronzezeit auf uns gekommen sind, sogar unter den Meisterwerken, die im mykenischen Saal des Nationalmuseums in Athen ausgestellt sind, kommt ihnen ein besonderer Rang zu (Abb. 2). Ihr äußerer Eindruck ist etwas schwer und gedrungen, aber sie haben, gezeichnet und ausgeführt von einer sicheren Hand, nichts von schwer erträglicher Plumpheit an sich.

Die hier angewandte Technik ist heute als *respoussé* bekannt: Die erforderlichen Partien werden durch Einhämmern der Rückseite ins Relief gebracht. Jeder Becher hat eine dreigliedrige Komposition, die die Zähmung von Stieren schildert. Die Wahl des Themas legt unwillkürlich die Vermutung nahe, daß die Becher auf Kreta gefertigt wurden, wo das Kräftemessen mit Stieren in Praxis und Darstellung eine lange Tradition hatte. Die Anregung für diese Art künstlerischer Darstellung muß aus Kreta gekommen sein, doch das bedeutet nicht notwendig, daß die Becher auch wirklich dort hergestellt wurden, denn es liegt außerhalb unserer Möglichkeiten, genau zwischen Kunstgegenständen aus Kreta und anderen zu unterscheiden, die auf dem Festland unter starkem kretischem Einfluß entstanden sind.

Abb. 3. Goldring von Vaphio. Kultszene im Freien. *Athen, Nationalmuseum.*

In ähnlicher Verlegenheit befinden wir uns sehr oft bei den Siegeln und Ringen, die im Grabschacht und in der Tholos selbst so reich vertreten sind. In der Kunst des Siegelschneidens waren die Mykener wie in so vielen anderen Künsten die Schüler Kretas, aber es wäre doch befremdlich, wenn damals nicht wenigstens einige Festländer Siegel aus eigenem Vermögen hätten herstellen können. So sind wir abermals außerstande, auch nur bei einem einzigen Siegel oder Ring aus Vaphio eine endgültige Entscheidung über seine Herkunft zu treffen. Der in Abb. 3 wiedergegebene Goldring zeigt eine Kultszene minoischer Art unter freiem Himmel. Alle Elemente dieser Komposition haben in

Abb. 4. Lentoid (linsenförmiger Stein) aus Vaphio. Priester, einen Greifen führend. *Athen, Nationalmuseum.*

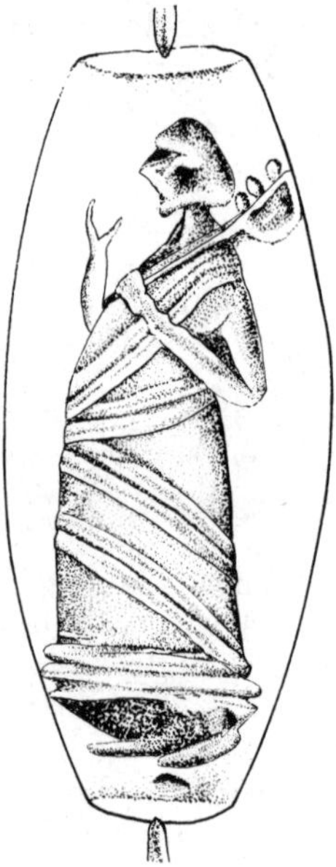

Abb. 5. Amygdaloid (mandelförmiger Stein) aus Vaphio. Priester mit Axt. *Athen, Nationalmuseum.*

Abb. 6. Lentoid aus Vaphio. Kultszene mit Dämonen. *Athen, National-museum.*

Abb. 7. Lentoid aus Vaphio. Löwe, rückwärts schauend. *Athen, National-museum.*

der kretischen Kunst enge Entsprechungen: eine Gestalt, die sich hochreckt, als wollte sie den Baum berühren, der ekstatische Tanz einer barbrüstigen, langberockten Frau und auch religiöse Symbole, besonders die Doppelaxt (rechts oben) und der »heilige Knoten« (rechts unten). Abb. 4 gibt einen hervorragend gearbeiteten Lentoid wieder, auf dem eine priesterliche Erscheinung einen Greifen führt. Das Motiv ist eigentlich syrisch, es war über das minoische Kreta nach Griechenland gekommen. Eng verbunden damit ist das Thema der Abb. 5: Wieder ist ein Priester beteiligt, der diesmal eine Axt trägt, die syrische Herkunft verrät. Ein interessantes Siegel zeigt Abb. 6: zwei »Dämonen« in spiegelbildlicher Darstellung. Der »Dämon« ist ein Geschöpf, das aufrecht geht, eine Art Rückenpanzer trägt und sich an Kulthandlungen beteiligt. Hier halten die Dämonen Krüge von einer Form, wie sie sich im sakralen Bereich oft findet. Zwischen ihnen befindet sich unten eines der häufigsten und bezeichnendsten Objekte minoischer Religion, die »Kulthörner«. Ein weiterer Lentoid, Abb. 7, ist ohne sakrale Bedeutung, ein schönes Beispiel für ein minoisches Tiermotiv, ein Löwe, der rückwärts blickt.

Viele Funde der Vaphiotholos zeigen also unübersehbare Beziehungen zu Kreta. Wenn wir es als wahrscheinlich annehmen, daß das ganze Grab für die Bestattung des Mannes im rechteckigen Schacht erbaut wurde, so können wir uns kaum der Folgerung entziehen, daß es sich hier um einen Edelmann von beachtlichem Reichtum und Einfluß handelte und, so dürfen wir hinzufügen, um einen bedeutenden Kunstkenner, der wohl in der Lage war, die hohen künstlerischen Leistungen, zu denen das Zeitalter befähigt schien, in Auftrag zu geben und zu würdigen. Dieses Zeitalter war eines der internationalen Verbindungen, der engen Bande zwischen dem minoischen Kreta und dem griechischen Festland, vor allem seinem südlichen Teil. Viele Jahre hindurch blieb die Tholos von Vaphio in der Mittelpeloponnes ein vereinzeltes Beispiel für das frühe Erblühen der mykenischen Kultur mit den sie begleitenden Verbindungen zu Kreta. Neuere Ausgrabungen haben jedoch in verstreuten Teilen Lakoniens weitere Beispiele für mykenische Besiedlung und mykenischen Grabbau ans Licht gebracht. Im Norden, auf halbem Wege zwischen Sparta und Tegea, hat eine große Tholos in Analipsis gute mykenische Keramik aus jener Epoche geliefert, der auch das Vaphiograb angehört. In der Nähe der Südküste liegt die Siedlung von Agios Stephanos, die in der letzten mykenischen Epoche ummauert war, aber schon in der Zeit der Errichtung der Vaphiotholos eine Periode beachtlichen Wohlstands genoß. Der gegenwärtige Zustand unserer Überlieferung läßt eine wichtige Frage offen: Deuten die Tholoi von Vaphio und Analipsis und die Blüte von Agios Stephanos auf voneinander unabhängige mykenische Einfälle nach Lakonien hin, oder sind sie Zeugnisse für eine gut geleitete, organisierte Bewegung, die das gesamte Gebiet erfaßte und es von dem großen Zentrum aus kontrollierte, dessen Existenz wir oben angenommen haben?

Bevor wir näher auf den letzten der großen Hügel eingehen, der hier zu erwähnen ist, müssen wir noch ein Wort über den kleinen Friedhof von Kammergräbern verlieren, die in Melathria, in der Nähe des Dorfes Skoura, aufgedeckt worden sind. Die Keramik dieser Gräber legt die Benützung dieses Friedhofs auf die Zeit von 1400 bis 1200 fest, er entstand also etwa eine Generation später als die Tholos von Vaphio. Die Melathriagräber enthalten nur wenige interessante Funde: einen Eisenring (der zweite aus Lakonien bekannte, nach dem ersten aus Vaphio), Schmuckgegenstände, drei Frauenfiguren und Keramik. Aus letzterer sei ein Krug hervorgehoben, dessen Form sich an Metallgefäße anlehnt. Sein Dekor hat in dieser Zeit und in dieser Gegend Griechenlands nicht seinesgleichen: Die Hauptfläche ist durch gekrümmte Vertikalbänder in sieben Felder geteilt, und in einem dieser Felder hat der Maler einen Krieger skizziert, der offenbar einen Brustpanzer trägt und eine Waffe in der Hand hält (Taf. 21). Der Ausgräber bemerkt dazu, daß die Gestalt möglicherweise durch ein Vorbild in Metall angeregt ist; in der Tat waren zumindest ein Jahrhundert vor der Zeit des Melathria-Kruges in Mykene Metallgefäße mit Schlachtszenen geschmückt.

Nördlich von Melathria zieht sich, ebenfalls östlich des Eurotas, ein langer Höhenrücken hin, der die Reste zweier wichtiger Gebäude trägt, auf dem Südwestende der archaische Bau, der als Menelaion bekannt ist, und im Nordosten ein mykenisches Haus (Taf. 3). Dieses Haus hat die British School in zwei Kampagnen ausgegraben, die zeitlich mehr als sechzig Jahre auseinanderliegen. Zwar fand man auf der gesamten Grundfläche des Hauses helladische und frühmykenische Keramik, aber von einem Gebäude vor dem späten 15. Jahrhundert (einer Zeit, die der Errichtung der Vaphiotholos nahe ist) hat sich keine Spur erhalten. Daher liegt die Annahme nahe, daß diese Epoche, die den Höhepunkt des kretischen Einflusses auf dem Festland bedeutet, in der spartanischen Ebene auch eine Zeit ausgesprochenen Wohlstands war.

Bei dem mykenischen Bauwerk im Nordosten des Menelaionrückens lassen sich drei deutlich voneinander abgegrenzte Phasen unterscheiden. Das erste Haus, das vermutlich in den Zeitraum 1450–1400 gehört, ist für seine Zeit recht gediegen. Lediglich die Grundmauern sind erhalten, doch es ist wahrscheinlich, daß das Haus ursprünglich zwei Stockwerke hatte. Der Kern besteht wie gewöhnlich aus einer rechteckigen Halle mit einer Vorhalle vorn und einem weiteren Raum hinten. Dieser Kern ist durch Korridore mit Reihen kleinerer Räume an den beiden Längsseiten verbunden. Nicht lange nach der Errichtung wurde dieses Haus zerstört und nach einem etwas abgeänderten Plan wiederaufgebaut. Die Orientierung des »Kerns« wurde geändert, er wurde auf einen erhöhten Grund gestellt, wobei die Gruppen kleiner Räume jetzt tiefer lagen und durch steile Stufen mit dem »Kern« verbunden wurden. Dieses Haus wurde nur kurze Zeit bewohnt. Es wurde nicht zerstört, sondern blieb etwa ein Jahrhundert lang unbenutzt. Schließlich wurde es an einem nicht genau zu bestimmenden Zeitpunkt im 13. Jahrhundert erneut bezogen, wobei man keine baulichen Veränderungen vornahm. Der »Kern« blieb dabei im Zustand der Verlassenheit, nur die kleinen Räume waren zur Bewohnung eingerichtet. Dieses dritte Haus wurde etwa 1200 durch einen schweren Brand vernichtet, es wurde dann in der Bronzezeit nicht wieder verwendet.

Dies, und nicht mehr, hat die Ausgrabung erbracht. Aber die beobachtete Ereignisfolge ist so bemerkenswert, daß sie nach einem Versuch verlangt, sie in der Sprache des Historikers zu erklären. Der Bau des ursprünglichen Hauses im 15. Jahrhundert ist unschwer zu verstehen, denn das war genau die Zeit, in der die mykenische Kultur, die noch immer in engem Kontakt zum minoischen Kreta stand, tief in viele Gebiete der Peloponnes eindrang. In diesem Zusammenhang ist es kaum ungewöhnlich, wenn sich irgendein Mächtiger eine Parzelle herausschnitt und seinen Wohnsitz auf einem steilen Hügel errichtete. Weniger einsichtig ist der Grund für das Verlassen des Gebäudes nach so kurzer Benutzung, doch es läßt sich dazu wenigstens eine Analogie aus der Entwicklung Messeniens anführen. In den beiden ersten Jahrhunderten der mykenischen Zeit erlebte Messenien das Aufblühen einer Anzahl kleiner Siedlungen, zum Teil mit Tholosgräbern. Aber mit der Zeit erlitten die meisten einen Niedergang, im Lauf des 13. Jahrhunderts wurden sie in ihrer Bedeutung durch die große Palastsiedlung von Pylos in den Schatten gestellt, die anscheinend die Kontrolle über große Teile Messeniens ausübte. Das mag auch das Grundmuster für die Ereignisse in Lakonien gewesen sein, nur eines ist hier anders: Wenn wirklich am Ende der spätmykenischen Zeit ein großes Zentrum errichtet wurde, das die politische Kontrolle über die spartanische Ebene an sich zog, so ist dieses Zentrum bis jetzt noch nicht gefunden worden.

Ein weiteres Problem ergibt sich aus der Wiederbenützung des Hauses im 13. Jahrhundert. Die näheren Umstände deuten darauf hin, daß in dem Haus »Squatter«[1] wohnten – wenn wir berechtigt sind, hier jene Bezeichnung anzuwenden, die Sir Arthur Evans für die neuen Bewohner des Palastes von Knossos nach der Brandkatastrophe gebraucht hat. Diese waren wohl Leute, die nicht willens oder nicht in der Lage waren, das Haus in dem vergleichsweise geräumigen Umfang der ersten und zweiten Phase wiederaufzubauen, und sich damit begnügten, nur die kleineren Räume zu benützen. Diese begrenzte, bescheidene Besetzung läßt folgende Erklärung zu: Es ist hinlänglich bekannt, daß sich aus der Zeit nach der Zerstörung der großen Fundstätten in der Argolis und anderswo mykenische Gräber in Teilen Griechenlands fanden, wo sie vorher nicht nennenswert in Erscheinung getreten waren. Solche Gebiete sind Achaia, die nördliche Peloponnes, die Insel Kephallenia im Westen und Perati in Attika. Diese Plätze werden gewöhnlich, und mit Recht, als Fliehburgen angesehen für jene Menschen, die durch die Umwälzungen in Südgriechenland vertrieben wurden. Doch es sei daran erinnert, daß die Ära der Zerstörungen sehr lange dauerte und so die Möglichkeit mit einschloß, daß einige Bevölkerungsteile lange vor dem Ende des 13. Jahrhunderts entwurzelt worden sind. Wenn kleine Gruppen solcher Flüchtlinge ihren Weg westwärts nach Lakonien nahmen, könnten sie in dem verlassenen Haus auf dem Menelaionrücken eine Befriedigung ihrer bescheidenen Bedürfnisse gefunden haben.

Weder in Lakonien noch im übrigen Griechenland kam das mykenische Zeitalter zu einem jähen Ende. Einige Fundstätten, zum Beispiel das Amyklaion, zeigen keinerlei Anzeichen von Zerstörung, so daß wir annehmen dürfen, an solchen Orten habe eine Besiedlungskontinuität bestanden, die der mykenischen Kultur allmählich den Weg zu dem freigab, was wir heute submykenisch nennen. Andere, wie Mykene und Tiryns, wurden von furchtbaren Verheerungen heimgesucht, aber auch hier ging das Leben weiter, wenn auch auf einem erheblich niedrigeren Niveau; während die mykenische Kultur viel

1 Die Squatter (»Hocker«) sind in der Geschichte der USA Exponenten einer nicht legalisierten Landnahme; die deutsche Gegenwart gewöhnt sich für den Sachverhalt z. Z. an Vokabeln wie »Hausbesetzer« oder »Instandbesetzer«. [Anm. d. Übers.]

von ihrer Verfeinerung und alles von ihrem üppigen Wohlstand verlor, blieb sie doch deutlich mykenisch und wandelte sich nur in langsamen Schritten zu neuen Formen. Noch andere Siedlungen wurden nach dem Beispiel von Pylos und dem Haus auf dem Menelaionrücken niedergebrannt und nicht wieder belegt. In diesen Fällen haben wir zweifellos mit einer Verstreuung der Bevölkerung zu rechnen, doch immerhin einer Bevölkerung, die ihre Erinnerungen an die mykenische Epoche in ihre neuen Heimstätten mitnahm und auch einige von den Fertigkeiten, auf die sie sich früher verstanden hatte. Die Ursachen und Auswirkungen dieser großen Zahl von Verheerungen sind jetzt näher zu prüfen.

Die klassischen griechischen Autoren, angefangen mit Herodot und Thukydides, verraten einige Kenntnisse von den Umwälzungen, die im archäologischen Befund der spätmykenischen Zeit so reichen Niederschlag gefunden haben. Vor allem Thukydides ist hier zu nennen, der sich in der Lage sieht, den Verlauf der Ereignisse in ein festes chronologisches Schema einzuordnen. In seiner Darstellung folgt auf den Trojanischen Krieg eine lange Zeit der Unruhe in den griechischen Staaten. Das furchtbarste Ereignis, das Thukydides 1,12,2 f. verzeichnet, ist die Besetzung der Peloponnes durch die Dorier im Verein mit den Söhnen des Herakles, 80 Jahre nach Beendigung des Trojanischen Krieges. Diese Völkerbewegung wird auch von mehreren anderen griechischen Autoren berichtet, oft mit großer Anreicherung im Detail. Sie ist in moderner Zeit einfach als »Dorische Einwanderung« bekannt, während die Griechen selbst von der »Rückkehr der Herakliden« sprachen. Diese Wanderung ist eng mit der Geschichte der Peloponnes in der Eisenzeit verknüpft, vor allem aber mit der Geschichte Spartas, denn Sparta betrachtete sich in historischer Zeit als die dorische Stadt schlechthin, und auch in den Augen der anderen Griechen war es nicht anders.

Die Dorier unterschieden sich von den übrigen hellenischen Stämmen in drei wichtigen Bereichen: in ihren politischen Einrichtungen, in ihrer Sprache und in der Überlieferung über ihre Herkunft. Das Politische wird unsere Aufmerksamkeit später beanspruchen. Was die Sprache betrifft, so wurden die dorischen Dialekte in der ganzen Peloponnes mit Ausnahme des in der Mitte liegenden Arkadien gesprochen, auf den Inseln Kreta, Thera und Rhodos sowie in den dorischen Kolonien Italiens und Siziliens. Diese Dialekte, die durch Inschriften gut bezeugt sind, jedoch weniger gut durch Überreste in der Literatur, bieten eine größere Anzahl archaischer Züge als die Sprache, die in den weiter nördlich und östlich gelegenen Teilen Griechenlands gesprochen wurde. Im Hinblick auf ihre Herkunft waren die Dorier, so scheint es, noch selbstbewußter als die übrigen Griechen. Die spartanischen Könige zum Beispiel leiteten ihre Abstammung in direkter Folge von Herakles her. Leonidas, jener Spartanerkönig, der das griechische Heer in den Thermopylen befehligte, wird von Herodot 7,204 mit einem Stammbaum ausgestattet, der über 700 Jahre bis auf Hyllos, den Sohn des Herakles, zurückreicht. Herakles war in Wirklichkeit ein panhellenischer Held, der Sohn des Zeus, der zu seinen Lebzeiten Städte von Heimsuchungen und Unterdrückungen befreite und nach seinem Tode unter die Götter versetzt wurde; aber die dorischen Stämme verehrten ihn als ihren besonderen Ahnherrn, denn es waren schließlich seine Söhne, die die Peloponnes zurückgewannen, aus der er selbst zu Unrecht vertrieben worden war.

Herodot und Thukydides sprechen beide von der Doris, einer kleinen Landschaft zwischen Lokris und Phokis in Mittelgriechenland, als dem Herkunftsland des dorischen Gesamtstamms (vgl. S. 214). Von hier aus seien, so die Annahme, die Söhne des Herakles zu ihrem Zug nach Süden aufgebrochen. Die Berichte vom tatsächlichen Verlauf der Invasion, die uns Herodot und spätere Autoren geben, weisen starke Unterschiede im Detail auf, doch haben sie auch bestimmte Punkte gemeinsam. So ist man sich darüber einig, daß der erste Versuch eines Eindringens in die Peloponnes auf dem Isthmos von Korinth fehlschlug; erst ein späterer Versuch, unterschiedlich 50 oder etwa 100 Jahre nach dem ersten datiert, hatte Erfolg. Diesmal, so heißt es, seien die Eindringlinge übers Meer in die Peloponnes eingefallen, wobei sie bei Rhion in Achaia an Land gingen. Nach der Eroberung der Peloponnes hätten die Anführer des Zuges um den Besitz der drei wichtigsten Städte das Los geworfen: Messene im Westen, Sparta in der Mitte und Argos im Osten.

Diese Berichte griechischer Autoren galten in neuerer Zeit nicht weniger als im Altertum als zureichende Grundlage für eine Erklärung der bemerkenswerten Verschiedenheiten zwischen den Doriern und den anderen Griechen. Selbstverständlich müssen die Dorier bei ihrem Eindringen in die Peloponnes einen neuen Dialekt mitgebracht haben, der die Sprechweise unterdrückte, die früher hier üblich war. Auch die Tatsache, daß die Arkader einen nichtdorischen Dialekt sprachen, war aufgrund dieser Hypothese leicht zu erklären, denn man durfte annehmen, daß die eindringenden Dorier zwar die Küstengebiete der Peloponnes erobern, doch nie das Innere erreichen konnten. Ebenso wurden wohl die politischen Einrichtungen der Dorier den Küstenstaaten aufgezwungen.

Nur einige wenige Stimmen warnten davor, die antiken Berichte ungeprüft hinzunehmen. Vor allem im letzten Jahrhundert waren es ein oder zwei Historiker, die gegenüber all den Geschichten, die sich die Griechen über ihre eigene Vergangenheit erzählten, eine skeptische Haltung einnahmen. In England wies George Grote auf den verdächtigen Umstand hin, daß die jüngeren, ausführlicheren Beschreibungen der Rückkehr der Herakliden so gestaltet sind, als wollten sie eine Erklärung für die wichtigeren dorischen Einrichtungen und für das frühe Bündnis zwischen den Doriern und Elis nachliefern. Aber vor allem, so fährt Grote fort, brächten die Berichte über die Rückkehr der Herakliden den dorischen Königshäusern in der Peloponnes die Legitimität und einen starken Rechtsanspruch auf die Herrschaft über Argos, Sparta und Messene. Grote scheint zu glauben, daß hinter der Erzählung von der Rückkehr in Wirklichkeit auf Seiten der Dorier ein Gefühl des Unbehagens steckt, das sich zu seinem Schuldbewußtsein steigerte, weil die Ahnen ihre Macht in der Peloponnes gewaltsam, ohne irgendeinen Rechtstitel errichtet hätten. Infolgedessen hielten sie es für nötig, bis auf die Zeit ihrer Machtergreifung zurückzugehen und achtbare Motive für sie zu finden. Der deutsche Forscher Karl Julius Beloch bestritt jegliche Historizität der Rückkehr, doch aus etwas allgemeiner gehaltenen Gründen. Homer wisse nichts von der Rückkehr, sagt er, man sollte ihr nicht mehr historisches Gewicht beimessen als dem Glauben der Athener, daß sie immer in Attika gewohnt hätten, oder an den der Römer, daß sie von Aeneas abstammen.

Aber Grote und Beloch schwammen gegen den Strom, denn die überwältigende Mehrheit all jener, die sich mit diesem Problem beschäftigten, übernahm allen Ernstes die Erzählung von der Rückkehr zumindest in dem Umfang, daß sie glaubten, die dorische Einwanderung in die Peloponnes sei ein historisches Ereignis. Diese Annahme schien noch in dem Zeugnis der mykenischen und nachmykenischen Siedlungen eine Stütze zu erhalten. Als die Ausgrabungen voranschritten, wurde es nämlich klar, daß viele mykenische Stätten in der Peloponnes in der Ära der allgemeinen Verheerung gewaltsam zerstört oder zumindest verlassen worden waren. War diese Verheerung nicht das Werk der Dorier? Und bestätigte nicht die große Lücke zwischen der griechischen Bronze- und Eisenzeit die antike Lehrmei-

nung, daß die Dorier jenen Teilen Griechenlands, die sie sich unterwarfen, ihre Lebensform aufgezwungen hatten?
So könnte es auf den ersten Blick scheinen, aber wenn man die Sache sorgfältig prüft, zeigen sich tatsächlich Schwächen. Zunächst kann man es sich nur schwer vorstellen, wie es die Eindringlinge je hätten zustande bringen sollen, die mächtigen mykenischen Burgen in der Argolis und anderswo zu bezwingen: Die Mauern und Türme waren für den Schutz vor einem direkten Ansturm mehr als ausreichend, während bei einem längeren Verlauf der Belagerung die Eingeschlossenen innerhalb des Mauerrings sicheren Zugang zum Wasser hatten. Unsere Verlegenheit verstärkt sich noch, wenn wir bei einigen Autoren unserer Zeit lesen, die vermuteten dorischen Eroberer hätten auf einer niedrigeren Kulturstufe gestanden als die Mykener, während sie doch zur Vollbringung der Heldentaten, die man ihnen zuschreibt, eine fortgeschrittenere hätten haben müssen, zumindest was Organisation und technische Fertigkeit betrifft. Man kann also nicht zwingend folgern, daß die Verheerung der mykenischen Stätten die Vorstellung von einer dorischen Einwanderung stützt. An zweiter Stelle ist die Tatsache zu nennen, daß man noch nie Kunstgegenstände näher bestimmt hat, die sich direkt den Doriern zuschreiben ließen. Auch waren die Dorier keineswegs für die beiden tiefgreifenden kulturellen Veränderungen im Leben der Griechen verantwortlich, die Ersetzung der Bronze durch das Eisen und die Übernahme der Feuerbestattung. Die Verwendung des Eisens wurde aller Wahrscheinlichkeit nach aus dem Osten in die Mittelmeerwelt gebracht, nicht aus den nördlichen Grenzbereichen der griechischen Welt; jedenfalls taucht Eisen bei den Mykenern schon vor ihrem endgültigen Niedergang auf. Das Verfahren der Feuerbestattung ist, wie oben erwähnt, unbekannter Herkunft, doch zumindest läßt es sich von den Doriern trennen; denn die Gebiete, in denen es sich durchsetzte, sind nicht dieselben wie der vermutete dorische Herrschaftsbereich. So brauchte etwa die Feuerbestattung in Mykene, einem Teil Griechenlands, von dem man behauptet, er sei den Eindringlingen völlig anheimgefallen, viel länger, um die Erdbestattung zu verdrängen, als in Athen, das nach allgemeiner Übereinkunft nie von den Doriern erobert worden ist. Das sprachliche Material schließlich versetzt der Theorie von der dorischen Einwanderung einen weiteren Rückschlag. Das sprachliche Grundmuster der Peloponnes in historischer Zeit könnte zugegebenermaßen mit einer Invasion der Küstenstaaten vereinbar sein – einer Invasion, die sich nie bis ins Innere der Peloponnes oder in die östlichen Teile Griechenlands

ausweitete –, aber eine Tatsache, die vielleicht zu wenig beachtet worden ist, steht dieser naheliegenden Erklärung entgegen: So verschieden die dorischen Dialekte vom Arkadischen einerseits und vom Ionischen und Äolischen andererseits auch waren, die Unterschiede waren niemals so groß, als daß sie die Kommunikation zwischen den Sprachbereichen verhindert hätten. Wie konnte das geschehen, wenn die Dorier mehrere Jahrhunderte lang von den übrigen Griechen getrennt lebten und keinerlei Kontakt mit ihnen hatten?

Das sind beachtliche Schwierigkeiten, und sie können zu der verwunderten Frage führen, ob denn nicht archäologischer Befund und griechische literarische Tradition, wenn man sie zusammensieht, geradezu nach einer neuen Theorie schreien, die ihnen beiden Rechnung trägt. Denn es ist eine armselige Methode, Sage und Überlieferung miteinander zu verwerfen, wie es Beloch versuchte, lediglich aus dem Grund, weil sie einige Züge enthalten, gegen die sich Einwände erheben lassen. Das Ziel des Prähistorikers muß eher sein, archäologische und literarische Überlieferung in Einklang zu bringen und dabei aus der letzteren lediglich jene Elemente auszuschalten, die mit dem archäologischen Befund unvereinbar sind. Wir können uns die Dorier jedenfalls nicht wegwünschen: Am Beginn der historischen Zeit sind sie da, in der Peloponnes fest etabliert, mit ihrem eigenen Dialekt und in freiem Verkehr mit den anderen Griechen. Daß sie durch die von der Überlieferung postulierten Ereigniszusammenhänge nie so weit hätten kommen können, ist oben gezeigt worden. Doch nichts hindert uns, eine ganz andere Position einzunehmen, nämlich daß *sie immer da gewesen sind*, daß sie in der Zeit des mykenischen Aufstiegs eine Unterschicht bildeten, die im Gegensatz zum »Achäisch« ihrer Herren ihr Dorisch sprach. Was die Überlieferung als Rückkehr der Herakliden darstellt, wäre dann nicht als Eindringen eines neuen Stammes, sondern als Aufstand eines unterdrückten Teils der Bevölkerung zu sehen. Diese neue Betrachtungsweise, der hier das Wort geredet wird, würde die Umkehrung des Verhältnisses von Ursache und Wirkung bedeuten, wie man es allgemein verstanden hat. Während bis jetzt die Dorier als Urheber des wirtschaftlichen Niedergangs des mykenischen Griechenland galten, sollte man sie besser als Stammesangehörige betrachten, die den mörderischen inneren Konflikt, der sich bereits in den mykenischen Staaten erhoben hatte, zum eigenen Vorteil nutzten. Man erinnert sich in diesem Zusammenhang an die Anspielung des Thukydides auf den politischen Hader, der Griechenland in der Zeit nach dem Trojanischen Krieg heimsuchte.

Etwa in dieser Weise könnte man versuchen, die literarischen Berichte von der Rückkehr mit den Ergebnissen der Archäologie in Einklang zu bringen, die für gewalttätige Eindringlinge, die in der Folge in den von ihnen unterworfenen Gebieten siedelten, überhaupt keinen Raum lassen. Es kann kaum ein Zweifel daran bestehen, daß die literarischen Berichte manipuliert und umgearbeitet sind, und zwar genau zu dem Zweck, den Grote genannt hat: um einem Akt des Unrechts Legitimität zu verschaffen. Doch es ist viel eher wahrscheinlich, daß dieser Akt eine Machtergreifung im Innern war als eine Eroberung von außen. Nachdem wir den wahren Charakter dessen betrachtet haben, was als »Dorische Wanderung« beinahe sakrosankt geworden ist, wollen wir jetzt darangehen, das dorische Sparta selbst zu untersuchen.

Drittes Kapitel

Kulte und Kultstätten

Ein dunkles Zeitalter von mehr als drei Jahrhunderten trennt den endgültigen Zusammenbruch der mykenischen Kultur um 1100 vom Beginn der archaischen Zeit. Der Begriff »Dunkles Zeitalter« gibt ebensogut wie irgendein anderer unsere Unwissenheit wieder, doch in Griechenland war es allgemein, mit der Ausnahme Athen, wirklich eine dunkle Zeit, die zur mykenischen Epoche und zu den späteren des archaischen und klassischen Griechenlands in scharfem Gegensatz stand: Die Siedlungen waren klein, armselig und rückständig, sie hatten wenig Verbindung miteinander.
Außerhalb Athens bewahrten sich die Griechen nur weniges aus der mykenischen Zeit, aber sie bewahrten sich doch etwas, und dieses Etwas kann man nur ein unausrottbares Gefühl für nationale und blutgemäße Identität nennen. Wie stark sich auch die Griechen voneinander unterschieden, sie unterschieden sich, zumindest in ihrer Selbsteinschätzung, noch grundlegender von den »Barbaren« oder Nichtgriechen. Wenn bei Herodot 8,144,2 die Athener den spartanischen Gesandten versichern, sie würden sich auf keine Verständigung mit dem Perserkönig einlassen, sprechen sie die starken Bande an, die alle Hellenen einen: »Die Griechen haben das gleiche Blut und die gleiche Sprache, sie besitzen die gleichen Heiligtümer und Opfer, haben gleichgeartete Lebensform.« Obwohl Herodot von einer Zeit spricht, die einige Jahrhunderte jünger ist als der Wiederaufstieg der Städte in Griechenland nach dem Dunklen Zeitalter, gelten seine Worte für jede Epoche der griechischen Geschichte, deren Anschauungen und Handlungsweisen uns bekannt sind. Wenn wir die Frage des »gemeinsamen Blutes« beiseite lassen (obwohl für die Griechen bei diesem Begriff – im Gegensatz zu heute – keine aggressiven Untertöne mitschwangen), sehen wir zwei unabdingbare Merkmale des Griechentums, die als Wesensunterschiede zwischen einer hellenischen und einer barbarischen Stadt galten: Die Einwohner hatten die griechische Sprache zu sprechen, und sie hatten die griechischen Götter in der überkommenen Weise zu verehren. Doch die Griechen verdammten keineswegs die Verehrung fremder Götter oder gar die Identifizierung hellenischer Gottheiten mit denen anderer Völker, noch weniger versuchten sie,

dem Einzelnen ein spezifisches System von Glaubensvorstellungen aufzuzwingen. Es handelte sich um nichts anderes, als daß die Stadt als Ganzes und die offiziellen Einrichtungen der Städte, die Volks- und Ratsversammlungen daheim und die Heere im Feld, den Göttern opferten, ihren Heiligtümern Gaben darbrachten und an den religiösen Pflichten teilhatten. Die Heiligtümer wurden von Priestern und Priesterinnen verwaltet, aber diese befaßten sich lediglich mit der Instandhaltung der heiligen Stätten, sie waren keinesfalls Lehrer oder Hüter der Rechtgläubigkeit. Theologie und Dogma fehlten völlig, doch auf die äußerliche Beachtung des religiösen Brauchtums legte man großes Gewicht. Unter solchen Voraussetzungen konnte sich unschwer ein Synkretismus griechischer Kulte entwickeln, in denen auch die Verehrung vorhellenischer Gottheiten weiterlebte. Es ist also durchaus verständlich, daß die Kultpraxis der einzelnen Städte eine beachtliche Vielfalt aufwies und daß die Verschiedenheiten zwischen dorischen und nichtdorischen Städten besonders deutlich hervortraten. Zwei Heiligtümer nahmen eine Sonderstellung ein, der Tempel des Zeus in Olympia und der Apollontempel in Delphi: Sie überwanden die lokalen Bindungen und galten als gemeinsamer Besitz aller hellenischen Völker. Ihre überragende Bedeutung als Kultzentren wurde noch durch die Einrichtung der panhellenischen Spiele in Olympia, die natürlich unter der Schirmherrschaft des Zeus standen, und die des Orakels in Delphi verstärkt. Von diesen beiden Ausnahmen abgesehen muß jede Stadt für sich behandelt werden, denn jede besaß Kulte und Einrichtungen, die nur ihr zugehörten. Auch wenn eine Gottheit dem olympischen Pantheon angehörte, wurde sie oft mit Kultnamen rein lokaler Bedeutung ausgestattet, weil sie eine besondere Bindung an den Ort hatte oder weil hier eine bestimmte Seite ihres Wesens verehrt wurde. Neben dem Kult der Göttergestalten blühte an manchen Orten ein Heroenkult, der sich am Grabe eines Helden der Sage, eines alten Königs oder Gesetzgebers entwickelte, dem als Dank für die Wohltaten, die er der Stadt erwiesen hatte, göttliche Ehren zuerkannt wurden.

Die meisten griechischen Städte besaßen eine *akropolis*, eine ummauerte Burg in erhöhter Lage, die der Bevölkerung in Kriegszeiten Zuflucht gewährte und den Tempel der obersten Stadtgottheit barg. Die Akropolis Spartas entsprach durchaus nicht dem üblichen Typ. Sie lag auf einem niedrigen, in Ost-West-Richtung verlaufenden Hügel etwas nördlich der modernen Stadt, in einer Gegend, die heute von

Olivenhainen bedeckt ist. Von der antiken Stadt freilich sind bis jetzt weder Marktplatz noch Häuser durch Ausgrabungen ans Licht gebracht worden. Außerdem ist es eine bemerkenswerte Tatsache, auf die die Spartaner sehr stolz waren, daß die Stadt in klassischer Zeit keine Mauern hatte. Eine Stadtmauer wurde hier erst im 3. Jahrhundert v. Chr. gebaut, von der sich vor allem im Osten entlang dem Eurotas beachtliche Reste gefunden haben. Römische und byzantinische Mauern befanden sich näher an der Akropolis.

Im Westen der Akropolis fand man oberhalb des hellenistischen Theaters Ruinen eines Tempels. Sie und die zugehörigen Fundgegenstände, so knapp sie auch ausfielen, reichten doch zu, die Stätte als das Hauptheiligtum der spartanischen Metropole zu identifizieren, das der Athene als Beschützerin der Stadt geweiht war. Wie in Attika sahen auch in Lakonien mehrere Städte in Athene ihre Schutzgottheit, und ihre bekannte Rolle als Kriegsgöttin läßt sie besonders dafür geeignet erscheinen, die spartanische Akropolis zu beschirmen. In der griechischen Literatur hat sie für Sparta die Beinamen *Poliouchos*, »Wächterin der Stadt«, was keiner Erläuterung bedarf, und *Chalkioikos*, »die vom Bronzehaus«. Euripides und Aristophanes erwähnen beide die Göttin vom Bronzehaus, wobei Euripides noch ein anderes Epitheton verwendet, *Chalkopylos*, »die vom Bronzetor«. Thukydides gibt uns eine anschauliche Schilderung, wie der spartanische Regent Pausanias, als er um sein Leben bangte, in den heiligen Bezirk eilte und in einem »kleinen, zum Tempel« der Chalkioikos »gehörenden Gebäude« Asyl fand (vgl. S. 210). Plutarch, *Agis* 16,3, berichtet, daß ein Spartanerkönig einer späteren Generation, Agis IV., ebenfalls im Athenetempel Zuflucht suchte. Aber nach der Beseitigung des Agis im Jahre 241 war die Heiligkeit des Ortes verletzt. Nach Polybios 4,35,2 »mußte bei einem altherkömmlichen Opfer die junge Mannschaft unter Waffen in einer Prozession zum Tempel der Athene Chalkioikos ziehen, während sich die Ephoren im Heiligtum aufhielten und die Opfer verrichteten«. Bei dieser Gelegenheit fielen die Bewaffneten in den Tempel ein und erschlugen die Ephoren ohne Rücksicht auf die Unverletzlichkeit der Stätte und den festlichen Anlaß. Keine andere Quelle erwähnt dieses »altherkömmliche Opfer«, so daß es möglich erscheint, daß Polybios die religiöse Bedeutung des Tempels mit seiner Funktion als Sammelpunkt der bewaffneten Mannschaft in Notzeiten (4,22,8) verwechselt hat. Eine Marmorinschrift, von der sich Bruchstücke in den Ruinen des Chalkioikostempels fanden, verzeichnet die Siege eines Mannes namens Damonon und seines Sohnes bei den Lakonischen

Spielen, von denen einige zu Ehren des *Gaiawochos* (»Erdumfasser«, ein Beiname des Poseidon), andere zu Ehren der Athene selbst abgehalten wurden, in derem heiligen Bezirk die Familie die Tafel errichtete. Pausanias gibt uns eine ausführliche Beschreibung des Tempels. Die Bronzemauern, so sagt er 3,17,2, tragen Reliefschmuck mit vielen Szenen aus der Sagenwelt, darunter solchen, die die Arbeiten des Herakles schildern; aber er macht auch deutlich, daß die Bronzemauern lediglich der letzten Baustufe angehören, daß es ältere, primitivere Phasen gab. Von den Namen, die Pausanias der Göttin beilegt, ist möglicherweise der eine, *Poliouchos*, mit einem älteren Heiligtum verbunden, während das Epitheton *Chalkioikos* erst verwendet wurde, als der spätere Tempel mit seinen Bronzereliefs errichtet war.

Für den oder die antiken Tempel haben die Ausgrabungen nur wenig erbracht. Eine in ostwestlicher Richtung verlaufende Stützmauer markiert das eine Ende des heiligen Bezirks. Nördlich dieser Mauer fanden sich protogeometrische und geometrische Scherben, wahrscheinlich der Schutt aus der ersten Phase des Heiligtums, die im 8. Jahrhundert begann. Eine jüngere Schicht enthält Material von der klassischen bis zur römischen Zeit. Gegenstände aus dieser jüngeren Schicht, einschließlich gestempelter Ziegel, tragen zuweilen die Wörter DAMOSIOS ATHANAS, ein Hinweis darauf, daß dieser Kult der Göttin weitgehend im Interesse der Gemeinde (des *damos*) aufrecht erhalten wurde. Der Boden innerhalb der Stützmauer enthielt einige hervorragende Kleinbronzen, eine Athene und eine Aphrodite im archaischen Stil und eine Männerfigur klassischer Zeit, in der der Ausgräber einen Trompeter erkannte (vgl. S. 105). Hier gab es auch Fragmente mehrerer panathenäischer Amphoren, die den Siegern bei den wichtigsten Wettbewerben in Athen als Preise zugesprochen wurden. Für gewöhnlich behielten die Sieger diese Preise, die dann später den Toten beigegeben wurden, doch anscheinend war es spartanischer Brauch, daß ein Sieger, der seinen Preis in die Heimatstadt brachte, ihn im Athenetempel als Weihgabe aufstellte.

In dem Gebiet zwischen der Akropolis und der modernen Stadt sind zwei Begräbnisstätten zutage gekommen. Es ist weithin bekannt, daß die Griechen im allgemeinen die Bestattung innerhalb der Bannmeile ihrer Städte nicht erlaubten, doch von dieser Regel gab es zwei bemerkenswerte Ausnahmen, Sparta und die spartanische Kolonie Tarent (Plutarch, *Lykurgos* 27,1, bzw. Polybios 8,28,6). Plutarchs Aussage wird durch die Aufdeckung einer Gruppe von vier Gräbern

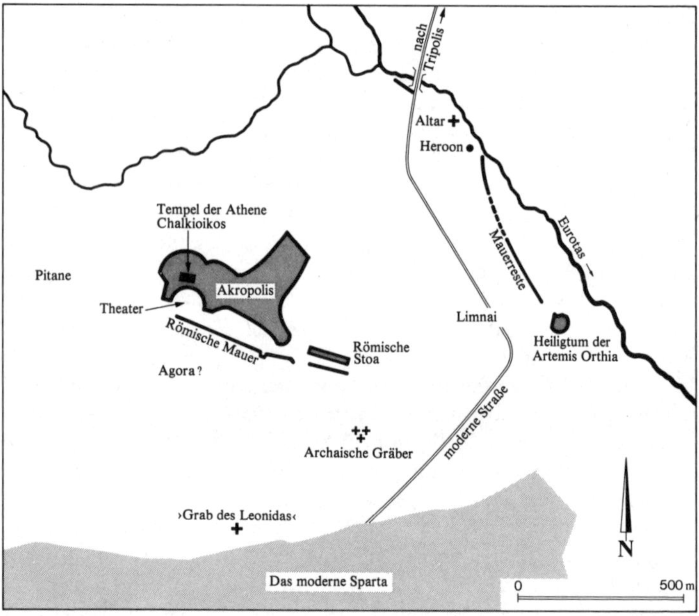

Abb. 8. Plan des antiken Sparta (nach J. T. Hooker).

gestützt, die in einer Art heiligem Bezirk mit niedriger Umfassungsmauer angeordnet sind. Die Mauer umschloß auch eine Aufschüttung aus Asche, Tierknochen, einem Ofen, vielen Ziegeln und Scherben und einer eindrucksvollen Reliefamphore aus der Zeit um 600 (vgl. S. 100 und Taf. 17). Diese Amphore wurde wie jene andere aus dem Heroon (vgl. S. 99) nicht bei der Bestattung verwendet, sie diente vielmehr als Gabe für den Toten; vielleicht wurde sie hier von den Nachkommen der Familie aufgestellt, die in den Gräbern bestattet war. Der Bezirk selbst scheint in gewissem Sinne unserer Vorstellung von einer Familiengruft zu entsprechen. In welchem Ausmaß er wirklich eine Kultstätte war, muß ungewiß bleiben, aber die Errichtung einer Mauer und die Hinterlegung von Verbrennungsrückständen im Inneren legen die Vermutung nahe, daß es sich um dauernde Pflege von einer Generation zur anderen handelt, nicht nur um Opfergaben anläßlich der Bestattungen. Eine andere Gräbergruppe nordwestlich

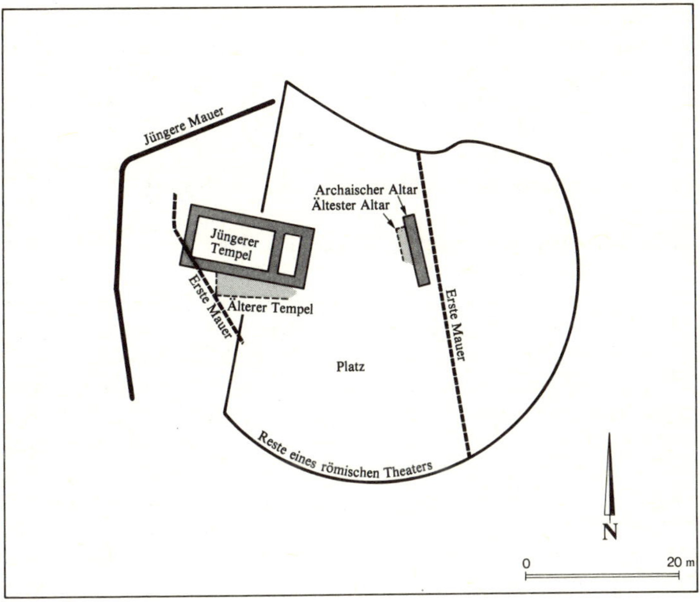

Abb. 9. Plan des Heiligtums der Artemis Orthia (nach J. T. Hooker).

der soeben beschriebenen beweist, daß der Brauch der Bestattung innerhalb der Stadt in Sparta bis in hellenistische Zeit, wenn nicht länger, fortdauerte.

Wenn wir uns von der Akropolis nach Norden wenden, stoßen wir auf ein kleines Heiligtum östlich der Straße nach Megalopolis. Mehrere Tausend kleiner Gefäße und einige Kleinplastiken wurden in einem ummauerten Bezirk entdeckt, ein Depotfund, der die Benützung für die Zeit vom 7. bis zum 3. Jahrhundert v. Chr. beweist. Eine eindeutige Identifizierung ist nicht möglich, aber das Heiligtum kann das des Achilleus sein, das Pausanias 3,20,8 erwähnt. Er sagt, es liege »an der Straße nach Arkadien«, junge Männer würden dem Achilleus dort opfern, ehe sie an den lakonischen Wettkämpfen teilnehmen. Ob nun unser Heiligtum wirklich das von Pausanias beschriebene ist oder nicht, jedenfalls ist es nicht zu bestreiten, daß der Achilleuskult in Lakonien weithin bezeugt ist. Diese Tatsache ist allerdings nicht leicht zu erklären, da Achilleus schließlich aus Thessalien stammte. Das Vorhandensein seines Kults in Lakonien mag sich einfach aus einer »Wanderung« von Sagengestalten ergeben haben, für die sich in der Geschichte der Griechen vielfältige Parallelen finden; jedenfalls hat Pausanias selbst den Versuch einiger Lakonier, den großen Helden mit dem eigenen Lande mit dem Hinweis zu verbinden, daß er einer der Freier der Helena war, 3,24,10f. als widersprüchliches Machwerk verworfen.

Östlich der Akropolis wurden in der Nähe des Eurotas, doch innerhalb des Mauerrings der antiken Stadt die Überreste zweier Kultstätten ausgegraben. Die erste ist der Bezirk irgendeines Heroenkults, der eine gute Fundschichtung von der geometrischen Epoche bis zur hellenistischen Zeit brachte. Dieses Heroon enthielt rund 100 Heroenreliefs, kleine Terrakottastücke, mit einer roh gestalteten Szene, in der einem sitzenden Heros etwas Wein gereicht wird. In der Nähe des Heroon steht ein riesiger Altar, an die zwei Meter hoch, mit einem Grundriß in den Maßen 11,5 × 4 m. Dieser Altar wurde, mit großen Vorbehalten, als der des Lykurg angesprochen. Die Zeit seiner Errichtung ist unbekannt, die Inschriften, die in der Nähe gefunden wurden, sind zu fragmentarisch, als daß sie uns verraten könnten, wer der Empfänger der Gaben war.

Stromabwärts befindet sich das Heiligtum der Artemis Orthia (Abb. 9), das vor dem Ersten Weltkrieg ausgegraben worden ist. Es liegt sehr nahe am Westufer des Eurotas in jener Vorstadt Spartas, die aus guten Gründen als Limnai (»Sümpfe«) bekannt ist, denn man kann kaum daran zweifeln, daß der Platz bei einer Überschwemmung von Überflutung bedroht wurde. Die hohen Maßstäbe, die die Ausgräber ihrer Arbeit setzten, gestatten es uns, mit hinreichender Deutlichkeit drei Phasen in der Geschichte des Heiligtums bis zum 3. Jahrhundert v. Chr. zu unterscheiden, wiewohl es weiterhin bis in römische und sogar byzantinische Zeit frequentiert wurde. Der Besucher von heute findet die heilige Stätte vernachlässigt.

Die erste Phase beginnt nicht lange, wenn überhaupt, vor 800 v. Chr. und endet etwa um 700. Sie wird durch den in nord-südlicher Richtung orientierten »ältesten Altar« repräsentiert, der in einem kleinen, nicht ummauerten Bezirk liegt, der an die 35 Meter von Ost nach West und noch etwas mehr in der anderen Richtung mißt. Von diesem Altar ist nur eine Schicht unbehauener Steine geblieben, in der Nähe befanden sich Verbrennungsrückstände mit Tierknochen und geometrischen Scherben. Ein zugehöriger Tempel ist nicht zum Vorschein gekommen, aber man kann sich nur schwer vorstellen, daß dieses Heiligtum keinen Tempel gehabt hätte, so primitiv er auch gewesen sein mag. Der Tempel, wenn es ihn je gab, wird wohl wie die späteren im Westen des Heiligtums gelegen haben und abgegangen sein, als die jüngeren Tempel hier errichtet wurden. Irgendwann in dieser ersten Phase wurde das Heiligtum ummauert und mit Kieseln aus dem Flußbett gepflastert.

Die zweite Phase des Orthiaheiligtums ist durch die Errichtung zweier Bauten gekennzeichnet, eines gut erhaltenen Altars unmittelbar neben dem »ältesten Altar«, und eines Tempels, von dem lediglich einige Grundmauern geblieben sind. Dieser zweite Altar, als der »archaische« bekannt, ist lang und schmal, etwa 9 × 1,75 m, und steht etwa einen Meter außerhalb der alten Grundierung. Der Boden westlich des Altars war reich an Weihgaben, die an diese Stelle gebracht und von Zeit zu Zeit beiseite geräumt wurden. Noch reicher waren die Depots, die zum älteren Tempel gehören, der im Westen des Heiligtums stand. Der Bau selbst wurde in der dritten Phase weitgehend zerstört, um Platz für seinen Nachfolger zu schaffen, der an ihn angrenzt. Die spärlichen Überreste gestatten es zusammen mit Analogien von anderen frühen Tempeln in Griechenland, gewisse Einzelheiten mit einiger Sicherheit zu erschließen. Die Abmessungen der Grundmauern weisen auf ein Gebäude von 12,35 m Länge und 2,3 m Breite hin, Ausdehnungen, die im Vergleich zum archaischen Altar ziemlich bescheiden sind. Vertikale Baumstämme bildeten die Außenmauern (sie waren wohl mit Lehmziegeln aufgefüllt), und eine Säulenreihe stand mitten in der Längsachse, wobei die Säulen das Dach stützten und das Innere in zwei lange, schmale Schiffe teilten. In Plan und Bauweise war dieses Gebäude eine Art vereinfachte Version des Heratempels in Olympia (um 600).

Die dritte Phase, die um 570 begann, sah eine durchgreifende Veränderung des gesamten Bereichs. Auf dem Boden des heiligen Bezirks wurde eine Lage Sand aufgeschüttet, die die Weihgaben der archaischen Zeit, die hier hinterlegt waren, wirkungsvoll umschloß und in stratigraphischer Ordnung bewahrte. Um eine größere Fläche als zuvor zu umgrenzen, wurde eine neue Mauer gebaut, von der sich im Westen und im Süden Abschnitte erhalten haben. Der ältere Tempel wurde zerstört und durch den jüngeren ersetzt, von dem freilich nur wenig stehen blieb, mit Ausnahme der Grundmauern, auf denen in römischer Zeit noch ein weiterer Tempel errichtet wurde. Auf der einen Seite des Tempels fand sich im Boden ein bemaltes Steinfragment, gekerbt, um eine Löwenmähne darzustellen, eine Entdeckung, die die Vermutung nahegelegt hat, der Giebel des Baus sei mit einer Löwengruppe geschmückt gewesen. Der Sand deckte den archaischen Altar völlig zu; obwohl dieser einen unmittelbaren Nachfolger gehabt haben muß, kam ein solcher im Verlauf der Ausgrabungen nicht zutage. Der nächste von dieser Stelle bekannte Altar stammt aus dem 5. Jahrhundert, seine Blöcke wurden später wiederverwendet, um die Basis eines römischen Altars zu bilden. Weitere vollendete Bauwerke gehören in hellenistische Zeit: Das 3. Jahrhundert sah die Errichtung von Häusern östlich des Altars, eine Stadtmauer und einen breiten Abzugsgraben. In römischer Zeit wurde die Stätte in ein kreisförmiges Theater umgewandelt, dessen Arena zwischen den Sitzreihen und dem jüngeren Tempel lag (3. Jahrhundert n. Chr.).

Der Platz läßt sich eindeutig als das Limnaion identifizieren, das nach Pausanias das Heiligtum der Artemis Orthia enthielt. Nicht nur die Altäre, Tempel und Votivgaben weisen ihn als eine Kultstätte aus, die viele Jahrhunderte lang benützt wurde, auch die hier gefundenen Inschriften beziehen sich speziell auf Artemis Orthia. Die älteste reicht bis in die Anfänge des 6. Jahrhunderts v. Chr. zurück, sie ist in das Kalksteinrelief eines Pferdes geritzt (Taf. 24) und berichtet, daß das Pferd von einem Manne namens Epanidas »der Jungfrau Wortheia« geweiht wurde. Spätere Inschriften aus diesem Heiligtum erwähnen die Artemis Orthia regelmäßig, wenn auch bei der Buchstabierung des zweiten Wortes eine wirre Vielfalt herrscht.

Artemis zählt zu den erhabensten Gestalten unter den olympischen Göttern. In Dichtung und Malerei wird sie vor allem als Herrin der wilden Tiere verherrlicht, als jungfräuliche, mit Pfeil und Bogen bewehrte Jägerin, die ihre Beute in der Einsamkeit aufspürt. Sie verkörpert den lebenspendenden und den zerstörerischen Aspekt der unbezwungenen Natur zugleich: Sie wacht über die Geburt der Kinder, doch wie ihr Bruder Apollon tötet sie auch mit ihren Pfeilen Mensch und Tier. In vielen Teilen Griechenlands sind ihre Kulte zahlreich, allein in Lakonien geben ihr die antiken Autoren nicht weniger als 37 Kultnamen. Pausanias merkt an, daß Bilder von Artemis, Apollon und ihrer Mutter Leto auf dem Marktplatz von Sparta standen, und Artemis ist auch mit der Apollonverehrung in Amyklai verbunden. Doch während viele Kultnamen der Artemis leicht zu verstehen sind, weil sie sich auf bekannte Wesenszüge der Göttin oder auf Orte beziehen, an denen sie verehrt wurde, macht uns das Epitheton »Orthia« einige Schwierigkeiten. Wie schon erwähnt, wird es in einer Vielzahl von Formen verwendet: *Borsea, Borthea, Ortheia, Orthosia, Wortheia, Wrothasia* und so fort. Einige dieser Varianten, wenn auch nicht alle, lassen sich als Ergebnis von Lautwandlungen erklären, die dem lakonischen Dialekt eigen sind. Ein besonderes Problem stellt uns die Ableitung des Wortes. Die Griechen selbst brachten es gemeinhin mit *orthos* (»gerade«, »aufrecht«) in Verbindung und erklärten es als »die Göttin, die die Frauen nach der Geburt wieder aufrichtet und sie sicher durchbringt«. Diese Erklärung beruht anscheinend auf reiner Mutmaßung, von einer Art, wie sie uns bei antiken Etymologisierungsversuchen durchaus vertraut ist. Plausibler ist die Vermutung, daß *orthos* das Kultbild der Göttin meint, mit anderen Worten, daß das Bild im Orthia-Heiligtum eine stehende, nicht eine sitzende Gottheit darstellte. Das ist an sich ziemlich wahrscheinlich, doch es trägt nur wenig dazu bei, die Vielfalt der Namensformen zu erklären. Warum finden wir nicht einfach eine *Artemis Ortha*, entsprechend dem *Dionysos Orthos*, der in Athen, oder dem *Asklepios Orthos*, der in Epidauros einen Kult hatte? Einigen dieser Schwierigkeiten kann man durch eine Hypothese über die Natur der Artemis begegnen: daß »Orthia« nicht ein echtes, ursprüngliches Epitheton der Artemis ist, sondern daß, wie es in Amyklai mit Apollon geschah, die Verehrung einer älteren Gottheit in der einer olympischen aufgegangen ist. Diese Auffassung findet in einigen Gegenständen ihre Stütze, die bei den Ausgrabungen ans Licht gekommen sind. So nennen die im Heiligtum gefundenen Inschriften entweder Artemis Orthia oder Orthia, aber niemals Artemis. Daraus läßt sich der einfache Schluß ziehen, daß zunächst und vielleicht auch noch lange Zeit nachher Artemis und Orthia als zwei verschiedene Gottheiten empfunden wurden, ohne Rücksicht darauf, wie stark ihre Kulte angeglichen waren. Es ist sogar möglich, für diese Angleichung eine annähernde Datierung zu geben. Ein bevorzugter Typ der Weihgaben in diesem wie in anderen lakonischen Heiligtümern ist eine kleine Bleifigur (vgl. S. 110), und hier erscheint im 6. Jahrhundert ein neuer Tiertyp, der einen Hirsch darstellt, ein Geschöpf, das besonders eng mit Artemis verbunden ist. Da etwa zur selben Zeit auch andere Veränderungen im Kult Platz griffen, mag dies der Zeitraum sein, in dem die Verehrung der Artemis die der Orthia überlagerte. Letztere hatte wahrscheinlich eine Anzahl Attribute mit Artemis gemeinsam; die vielen unterschiedlichen Namensformen könnten auf eine vorhelleni-

sche Gottheit hinweisen, deren Namen in griechischen Ohren verschieden klang.
Bei der ungeheuren Menge von Weihgaben, die sich im Heiligtum der Artemis Orthia fanden, handelt es sich um Dankspenden oder Geschenke an die Göttin. Man kann sich leicht vorstellen, daß die Mehrzahl von schwangeren oder unfruchtbaren Frauen dargebracht wurde, oder von solchen, die ihre Niederkunft heil überstanden hatten. Doch wie dem auch sei, das Heiligtum diente später ganz anderen Zwecken. Eine Reihe beschrifteter Tafeln, die bis ins 2. Jahrhundert n. Chr. reichen, wurde hier von Siegern in Knabenagonen aufgestellt. Das eigentliche Wesen dieser Agone ist unklar, aber sie scheinen musikalische Wettbewerbe und Ringkämpfe mit umfaßt zu haben (vgl. S. 286 f.). Daß die Sieger in diesen Wettkämpfen, die vermutlich in der Arena stattfanden, Steine der Göttin des Ortes darbrachten, ist durchaus natürlich. Weniger klar ist der Grund für die Weihung des Gegenstandes, der mit einigen dieser Steine verbunden war, denn der stellte sich als eine eiserne Sichel heraus. Wie unwahrscheinlich uns das auch anmuten mag, es kann sich kaum um etwas anderes handeln als um den Preis, den der fromme Sieger zusammen mit dem Stein geweiht hat.

Das Gebäude am Südwestende des Menelaionhügels ist ein einfacher, massiver Baukörper aus der Zeit um 500 oder ein wenig später. Eine rechteckige Mauer von breiten, sorgfältig gearbeiteten Steinblöcken läuft um die Hügelspitze, und diese Mauer ruht ihrerseits auf Steinlagen (Taf. 4). Marmorstücke aus der nächsten Umgebung deuten darauf hin, daß sie ursprünglich mit einem schön gearbeiteten Schmuckfries gekrönt war. Der Raum zwischen ihren Innenseiten war aufgefüllt, so daß sich eine ebene Fläche von 23,75 × 16,5 m ergab. Ein ansteigender Pfad, einst gepflastert, gewährt Zugang von der Westseite. Auf der ebenen Fläche haben sich die Grundmauern eines kleinen Gebäudes erhalten, 8,5 × 5,5 m, offenbar das Heiligtum, der Tempel, der einst den Mittelpunkt der heiligen Stätte bildete. Die Maueranlage mit diesem rechteckigen Heiligtum war lediglich das jüngste Bauwerk, das hier errichtet wurde. Ein früheres Stadium repräsentiert ein kleiner, gegiebelter Tempel aus der Zeit um 600, der das »alte Menelaion« heißt. Wir wissen nicht, wo er gestanden hat, nur einzelne Blöcke und andere Fragmente haben sich über die Fundstätte verstreut gefunden. Aber der Platz ist auch schon vor der Errichtung des alten Menelaion als Heiligtum verwendet worden. Gut geschichtete Bodenfunde nordöstlich der Mauern zeigen, daß er, mehr oder weniger ununterbrochen, mindestens seit dem 8. Jahrhundert benutzt wurde. Kleinfiguren aus Blei, Terrakotta und Bronze lagen in diesen Depots mitten zwischen der Keramik. Da kein entsprechendes Gebäude bekannt ist, darf es als wahrscheinlich gelten, daß zu Anfang die Opfer an einem einfachen Altar dargebracht wurden.

Die jüngste Konstruktion ist ein imposantes Bauwerk, das von einer reichen Vergangenheit zeugt. Doch was berechtigt uns hier zu der Bezeichnung »Menelaion«? Keine einzige der Figuren könnte Helena oder Menelaos darstellen. Aber die literarischen Quellen sind aufschlußreicher. Herodot ist der älteste Autor, der von einem Helena-Heiligtum in der Nähe Spartas spricht. Er berichtet, wie in einer vornehmen spartanischen Familie ein häßliches Mädchen geboren wurde. Die Amme des Kindes entsetzte sich über sein unvorteilhaftes Äußeres und brachte es jeden Tag in das Heiligtum der Helena »an einen Platz, Therapne genannt, oberhalb des Apollonheiligtums« (6,61,3–5). Bei einem ihrer Besuche wurde die Amme von einer Frau angesprochen, die ihr erzählte, das Mädchen würde zur allerschönsten unter den vornehmen Frauen Spartas heranwachsen. Wir brauchen in unserem Zusammenhang nicht den Versuch zu unternehmen, das Historische aus den eindeutigen Elementen volkstümlicher Überlieferung herauszuschälen, und auch ein auffälliger Irrtum des Herodot oder seiner unmittelbaren Quelle ist zu offensichtlich, als daß er viel Verwirrung stiften könnte. Für einen Leser des Homer, der nur wenig unmittelbare Kenntis vom spartanischen Kult hat, ist die Annahme nur natürlich, daß Helena in Sparta als Göttin der Schönheit verehrt wurde, wie Herodot auch schon vorher (2,112,2) Helena mit einer »fremden Aphrodite« gleichgesetzt hatte. Aber eine genaue Prüfung der Berichte anderer Autoren legt den Schluß nahe, daß es sich bei Helena um eine lokale Naturgottheit mit langer Tradition handelt, daß in Herodots Vorstellung diese Seite ihres Wesens weitgehend durch ihre Verbindung mit Aphrodite überlagert wurde, die auf die *Ilias* zurückgeht. Trotzdem kann man der Erzählung des Herodot zwei nützliche Informationen entnehmen: zum einen, daß das Heiligtum der Helena oberhalb des Apollonheiligtums (von Amyklai) liegt, und zum anderen, daß es von Sparta aus verhältnismäßig leicht zu erreichen ist. Kein Bauwerk, das durch Ausgrabungen entdeckt oder in antiken Quellen erwähnt ist, entspricht diesen Voraussetzungen – mit Ausnahme unseres Menelaion. Polybios 5,22,3 f. schreibt, daß das Menelaion auf steilen, felsigen Höhen im Südosten Spartas steht,

Hügeln, die die Ebene zwischen Sparta und dem Eurotas überragen, der an dieser Stelle nahe an ihrem Fuß vorbeifließt. Wieder finden wir einen Hinweis, der nur einen Sinn gibt, wenn der fragliche Platz der ist, den wir heute als Menelaion kennen. Neuere Ausgrabungen ermöglichen es uns, die Sache in den Griff zu bekommen. Sie brachten zwei archaische Bronzeobjekte zutage, deren Inschriften so formuliert sind, daß sie die Gewißheit geben, es handelt sich um Weihgaben. Der eine Gegenstand, ein Krug, erzählt, daß ein Mann namens DEINIS ihn WELENAI (und) MENELAWO dargebracht habe, wobei die Namen in einer frühen Form, vor dem Ausfall des Digamma, erscheinen. Der andere ist ein gezacktes Werkzeug unbekannter Verwendung, auf dem die Weihung WELENAI eingeritzt ist.
Da nun die Lage des Menelaion mit Sicherheit identifiziert ist, haben wir uns zu fragen, welcher Art die religiösen Zeremonien zu Ehren der Helena und des Menelaos waren, welches die eigentlichen Gründe für das Entstehen ihres Kultes. Wenig Wertvolles findet sich für unsere Aufgabe in der *Lobrede auf Helena*, die der Rhetor Isokrates um 370 in Athen geschrieben hat. Er erwähnt in der Tat, daß Helena und Menelaos zu seiner Zeit noch von den Spartanern als Götter verehrt wurden, die ihnen in der Therapne »heilige, altherkömmliche Opfer« darbringen (63). Die davorstehenden Ausführungen zeigen jedoch, daß er den eigentlichen Grund für die Apotheose Helenas gar nicht begriffen hat, denn wie Herodot sieht er Helena einfach als Göttin der Schönheit, die ihren Gatten und ihre Brüder zu ihrer eigenen Göttlichkeit erhob. Den Schlüssel zur Wahrheit liefert, wie so oft, Pausanias. Er bringt zunächst die Meinung der Spartaner selbst vor, die darauf hinausläuft, daß das eigentliche Grab der Helena und des Menelaos in der Therapne lag. Aber unter den Leuten auf Rhodos, so sagt er, ist eine andere Meinung verbreitet. Sie behaupten, daß Helena nach dem Tode des Menelaos von den Bastardsöhnen des Königs aus Sparta verjagt wurde, daß sie ihren Weg durch die östliche Ägäis nahm und bei der Königin von Rhodos Zuflucht suchte. Die Königin war damals Witwe, da sie ihren Gatten Tlepolemos im Trojanischen Krieg verloren hatte. Für diesen Verlust machte sie Helena als Anstifterin des Krieges verantwortlich und nahm in folgender Weise an ihr Rache: Sie verkleidete ihre Zofen als Rachegöttinnen, die Helena im Bad überfielen und sie an einen Baum hängten. »Und aus diesem Grund«, so schließt Pausanias 3,19,9 f., »hatten die Rhodier ein Heiligtum der Helena Dendritis [›Helena vom Baum‹]«. Das mag wie eine abenteuerliche Geschichte klingen, die dem, der die Kulte in Sparta untersucht,

wenig zu sagen hat, aber tatsächlich enthüllt sie uns eine Eigentümlichkeit, die uns bei griechischen Autoren, vor allem des späteren Altertums, zahllose Male begegnet, nämlich das Verlangen, den Urheber eines Kultes, eines Brauches oder eines Gesetzes namentlich zu benennen (vgl. S. 150). Wenn offensichtlich unvereinbare Elemente eng miteinander verbunden sind, dann muß man die Ursache für diese Verbindung herausfinden; wenn keine einleuchtende Erklärung zur Hand ist, dann ist eine solche Geschichte zusammengestoppelt. Hier ist das Vorhandensein eines Helenakults auf Rhodos auf den ersten Blick unerklärlich, und ebensowenig läßt »Dendritis«, das Epitheton, das Helena in diesem Kult trug, eine einleuchtende Erklärung zu. Eine derartige Überlieferung ist kontaminiert, sie bringt, wie es bei den Griechen allgemein üblich war, Ereignisse und Personen des Trojakreises in einem Versuch zusammen, den Standort eines Heiligtums der Helena auf Rhodos und den Beinamen, unter dem sie dort verehrt wurde, zu erklären. Doch während die Geschichte, die für diese Gegebenheiten erfunden wurde, ohne weiteres als Erfindung beiseite getan werden darf, besteht kein Grund zu der Annahme, daß die Gegebenheiten selbst nicht exakt überliefert wären. Das Vorhandensein eines Baumkults der Helena wird uns denn auch tatsächlich durch eine Anspielung in einem Gedicht bestätigt, das Theokrit dem Vorgeben nach für die Hochzeitsnacht der Helena verfaßt hat. Das Gedicht versteht sich als Chorgesang von zwölf spartanischen Mädchen, die da versprechen, früh am nächsten Morgen aus der Stadt zu gehen und Blumen zu sammeln für einen Kranz, den sie an eine Platane hängen wollen, und auf die Rinde des Baums soll eine Botschaft geschrieben sein, damit die Vorübergehenden sie lesen: »Ehre mich mit Gaben, denn ich bin Helenas Baum« (Theokr. 18,48). Wieder ist Helena eng mit einem Baum verbunden, diesmal in Sparta selbst, und wieder gestattet die Wahrung eines religiösen Brauchs den Rückschluß auf das Bestehen eines Sonderkults.

Die literarischen Quellen ermöglichen es, zusammen mit dem archäologischen Material, versuchsweise einige Schlußfolgerungen zu ziehen. Zu einer nicht mehr genau zu bestimmenden Zeit, doch ziemlich gewiß vor dem Ende der Bronzezeit, kannten und verehrten die Spartaner eine Göttin des üppigen Wachstums, bei deren Kult ein Baum im Mittelpunkt stand. Nach der Ankunft der olympischen Gottheiten und der Helden, die eng mit ihnen verbunden sind, setzte sich der Kult dieser Göttin in zwei verschiedenen Kanälen fort. Der eine führte zu ihrer Gleichsetzung mit Artemis, der griechischen

Gottheit der fruchtbaren Natur, woraus sich die Verehrung im Heiligtum der Artemis Orthia ergab, das oben beschrieben wurde. Aber der andere mündete schließlich, viel weniger vorhersehbar, in die Verschmelzung mit Helena, der halb sterblichen, halb göttlichen Gestalt, deren Schönheit lediglich ihre zerstörerische Kraft die Waage hielt. Man kann diese zweite Entwicklung nicht befriedigend erklären, aber einen leichten Hinweis auf die Ursache bietet vielleicht das Leitbild einer empfindlich reagierenden, rachelüsternen Helena. Eine solche Helena ist es, von der man sagte, sie habe den Dichter Stesichoros mit Blindheit geschlagen, bis er das Gedicht widerrief, in dem er ihr all das Leid zum Vorwurf machte, das in Troja geschah. Es ist denkbar, daß gerade ein so zwiespältiges Wesen, das imstande ist, großes Glück oder großes Elend zu bringen, für ein passendes Gegenstück zu einer Naturgottheit gehalten wurde.

Wir sollten nun auf die Kulte und Kultzentren des Apollon eingehen, wobei wir mit Apollon Karneios beginnen, der in Sparta und in mehreren anderen dorischen Städten verehrt wurde, dann zu Apollon von Amyklai fortschreiten und endlich mit den Heroenkulten schließen, die in der Umgebung von Amyklai begangen wurden. Die Künstler Griechenlands und auch seine Dichter seit Homer stellen Apollon als den spezifisch hellenischen Gott dar, die Verkörperung jugendlicher, männlicher Schönheit, den Verbreiter der Aufklärung; er ist der oberste Schirmherr der Künste und der Medizin, und er enthüllt durch sein Orakel in Delphi die Zukunft. Seine erste Heldentat war die Tötung eines Drachens, womit er die Macht der Herren der himmlischen Gefilde gegen die Geschöpfe der Erde verteidigte. Doch wir werden bei Apollon dasselbe finden wie bei Artemis, daß seine Kulte viele Züge aufweisen, die zu seiner Darstellung in der Literatur hinzutreten oder gar mit ihr unvereinbar sind.

Der Kult des Apollon Karneios wurde vor allem mit dem Fest vollzogen, das als *Karneia* oder *Karnea* bekannt ist. Pausanias sagt in seiner Beschreibung 3,13,3 f., daß der Gott unter dem Namen »Karneios« von den Doriern allgemein verehrt wurde, eine Aussage, die durch Material aus dorischen Siedlungen in Kyrene, auf Thera und Kos bestätigt wird. Er ist sich durchaus bewußt, daß der Name »Apollon Karneios« von der Verschmelzung zweier Gottheiten herstammt, oder besser von der Überlagerung des Karnos durch Apollon. Sein phantastischer Bericht über den Angleichungsprozeß braucht uns hier nicht aufzuhalten, aber in ihn eingebettet ist die Gleichsetzung von *karnos* mit *krios*, dem griechischen Wort für »Schafbock«. Selbst moderne Etymologen haben nichts besseres gefunden, als daß *karnos* ein Wort ist, das mit dem Stamm von *keras* (»Horn«) verwandt ist, so daß *karnos* in der Tat ein »gehörntes Geschöpf«, ein Widder wäre. Jedenfalls besteht kaum ein Zweifel daran, daß die Griechen das Wort in diesem Sinne interpretiert haben. Theokrit 5,82 f. läßt seinen Schafhirten Lakon bei dem Versuch, besser abzuschneiden als sein Rivale, der Ziegenhirt, sagen: »Ja, und *mich* liebt Apollon von Herzen, und ich mäste einen schönen Bock für ihn, denn die Karneen sind nahe.« Nun ist die Gleichsetzung olympischer Götter mit Tieren sicher bezeugt. Hera ist manchmal mit einer Färse verbunden, Athene mit der Eule, Apollon selbst mit einem Wolf (wenn dies wirklich die Bedeutung des Epithetons *Lykeios* ist). Es ist jedoch Hermes, der mit dem typischen Attribut des Widders erscheint, dem Hörnerpaar. Diese Beobachtungen deuten darauf hin, daß der Kultbeiname »Karneios« viel komplexere Geheimnisse birgt, als es in diesen Bereichen sonst üblich ist. Wenn Karnos wirklich eine widderähnliche Gottheit war, dann verkörpert Apollon natürlich eine viel fortgeschrittenere Auffassung, die sich mit der primitiven vermischte und gleichzeitig ein Charakteristikum annahm, das sonst mit Apollons Halbbruder Hermes verbunden war. An dieser Entwicklung ist nichts Störendes, zumal Apollon in einigen Quellen mit Hermes den Beinamen *Nomios*, »Gott der Herden«, teilt, und der Hirte in Apollon mit seinem Eintreten für Kultur und Ordnung übereinstimmt. Doch nun taucht eine merkwürdige Tatsache auf, die sich nur schwer mit dem bisher Gesagten vereinbaren läßt; denn wenn wir die erhaltenen Beschreibungen der Karneen lesen, finden wir nirgends Schafböcke oder Bockopfer erwähnt. Die Karneen bezeichneten die Weinlese, die im August stattfand. Junge Leute, *staphylodromoi* (»Weintraubenläufer«) genannt, verfolgten einen bekränzten Mann; wenn sie ihn fingen, galt dies als gutes Omen für die Stadt; wenn es ihnen nicht gelang, als schlechtes. Diese Zusammenhänge erinnern an frühe Zeiten, in denen das Wohlergehen der Stadt untrennbar mit dem Erfolg oder dem Ausfall der Ernte verbunden war. Aber die Karneen hatten auch noch einen anderen Aspekt, der uns als typisch spartanisch anmuten mag. Während der Teilnahme an den Festlichkeiten lebten die jungen Leute wie Krieger im Felde, aßen in der Messe und vollzogen die Bräuche nach Kommandowort. Der Kult des Apollon Karneios und das Karneenfest sind vielleicht das Ergebnis zweier Entwicklungsstufen:

Zuerst kam die Gleichsetzung eines alten Hirtengottes mit dem großen »Kulturbringer« aus dem olympischen Pantheon, dann wurde diesem Kult ein Ritual einverleibt, in dem das Wohl des Staates eng mit ertragreichen Ernten verbunden war. Für die kriegerische Note, die damit unvereinbar erscheint, können wir eine Erklärung oder zumindest eine Parallele vorschlagen. Wir erfahren aus einem Hymnus, der in Rom 218 v. Chr. geschrieben wurde, aber Formeln einer fernen Vorzeit enthält, daß der Kriegsgott Mars gelegentlich als Gott der Ernten angerufen wurde. Von Apollon erwartete man nicht anders als von Mars Hilfe für sein Volk, einerseits durch Mehrung der Ernten, andererseits im Kampf gegen den äußeren Feind.

Mit Apollon waren, doch vielleicht nur zufällig, auch die *Gymnopaidiai*, das »Fest der nackten Jugend«, verbunden. Sie stellten nicht ein religiöses Fest im strengen Sinn des Wortes dar, sondern waren eher eine Reihe von Wettbewerben, die mehrere Tage dauerten. Drei getrennte Gruppen, Knaben, junge Männer, ältere Männer, traten in Gesang, Tanz und gymnastischen Vorführungen an. Das Hauptziel der Gymnopaidien war, die Spartiatenmannschaft an anstrengende Tätigkeit zu gewöhnen, zumal die Wettbewerbe in der Sommerhitze, Ende Juli, veranstaltet wurden. Vielleicht wurden sie unter dem Eindruck der spartanischen Niederlage bei Hysiai (vgl. S. 124) eingerichtet; in der Folge wurden sie mit einem feierlichen Dankopfer an Apollon für den Erfolg der spartanischen Waffen verbunden.

Die Hyakinthien, die Ende Mai und Anfang Juni in Amyklai abgehalten wurden, stellten, was ihre Bedeutung betrifft, die anderen Apollonfeste in den Schatten. Für die dorischen Stämme war die wichtigste Jahrfeier mit diesen Hyakinthien verknüpft, die für die Spartaner denselben Rang hatten wie die Isthmischen Spiele für die Korinther oder die Pythischen für die Leute in Delphi. Als im Jahre 421 zwischen Athen und Sparta ein feierlicher Vertrag geschlossen wurde, verpflichteten sich die Spartaner, in Amyklai eine Säule mit den Vertragsbestimmungen aufzustellen und diese alljährlich an den Hyakinthien zu ratifizieren (vgl. S. 237). Anscheinend oblag es den Bürgern, bei diesem Fest anwesend zu sein, jedenfalls erwähnen die Historiker Gelegenheiten, bei denen spartanische Kontingente vom aktiven Dienst beurlaubt werden mußten, um ihnen die Teilnahme zu gestatten. Es wird sich keineswegs als leicht erweisen, den hohen Rang zu erklären, den die Hyakinthien im Leben der Spartaner einnahmen, doch wir können den Versuch unternehmen, wenn wir erst Hyakinthos selbst, seine Verbindung mit Apollon und das Wesen der Hyakinthien untersucht haben.

Wenn wir lediglich auf die panhellenische Version des Mythos blicken, finden wir eine hübsche Geschichte ohne großen Tiefgang, eine Geschichte, die gut in die üblichen Beziehungsmuster im Verkehr der großen Götter mit geringeren Wesen paßt: Hyakinthos war ein schöner Knabe, zu dem sich Apollon unwiderstehlich hingezogen fühlte. Unglücklich in der Liebe, wie er gewöhnlich war, tötete ihn Apollon unbeabsichtigt mit einem Diskuswurf, und im Kummer über den Verlust bestimmte er für das Land Lakonien einen Tag des Opfers. Das ist der reine Hergang, wie er zuerst in der *Helena* des Euripides (412 aufgeführt) erzählt wird, doch später wurde die Geschichte ausgeschmückt.

Das komplexe Ritual der Hyakinthien und ihre weite Verbreitung unter den dorischen Staaten können kaum aus so unbedeutendem Anlaß entstanden sein. Wenn wir den Bericht über das Fest lesen, werden wir einige Aufschlüsse über das wahre Wesen der Verbindung Apollons mit Hyakinthos erhalten. Dabei trifft es sich glücklich, daß Athenaios, der so viel Interessantes zu den Karneen zu sagen hat, auch über die Hyakinthien ausführlich spricht. Es wird die Mühe lohnen, seine Bemerkungen vollständig anzuführen:

> »Polykrates berichtet in seinen *Lakonika*, daß die Lakonier das Fest der Hyakinthien drei Tage lang feierten. Wegen ihrer Trauer um Hyakinthos tragen sie beim Mahl keine Kränze, sie tragen nicht Brot auf, noch verteilen sie Kuchen und andere aufwendige Nahrung dieser Art. Sie singen dem Apollon nicht den Paian, noch verhalten sie sich in der Weise, wie es bei anderen Festen üblich ist. Sie essen auf sehr ordentliche Art und nehmen dann Abschied. Aber in der Mitte der dreitägigen Periode führen sie ein buntes Schauspiel auf, und es ist eine riesige, bemerkenswerte Versammlung. Knaben in geschürzten Gewändern schlagen die Leier oder singen zur Flöte; indem sie mit dem Plektron über alle Saiten streichen, preisen sie den Gott in anapästischen Rhythmen und hoher Stimmlage. Andere ziehen auf bunt geschmückten Pferden in einer Prozession durch das Theater. Lautstarke Chöre junger Männer treten auf und singen einige ihrer Volkslieder, und Tänzer, die sich unter sie mischen, bewegen sich in altväterischer Art zu einer Begleitung von Flöte und Gesang. Und die Mädchen! Einige fahren in reich geschmückten

Kutschen aus Flechtwerk, während andere Rennwagen anspannen und sie in einer Prozession zur Wettfahrt lenken. Die ganze Stadt gibt sich der lärmenden Fröhlichkeit des Festes hin. Viele Opfertiere werden an diesem Tag geschlachtet, die Bürger halten alle ihre Bekannten beim Mahle frei und die eigenen Sklaven ebenfalls. Kein einziger fehlt bei den Festlichkeiten; in der Tat, die Stadt Sparta ist wegen des Schauspiels menschenleer« (4,139 d-f).

Eine gewisse Unklarheit ist in dem Bericht des Athenaios störend, denn er macht nicht deutlich, ob der heitere Teil des Festes den zweiten und dritten Tag andauert oder ob es sich bloß um eine Unterbrechung der Trauer handelt. Trotzdem hilft die aus Polykrates zitierte Darstellung beträchtlich weiter, will man sich über den Ritus Klarheit verschaffen. Dieser besteht aus zwei Hauptteilen, Trauer um den toten Hyakinthos und Preis des Apollon. Dieselbe Abfolge der Ereignisse läßt Pausanias erkennen, wenn er 3,19,3 sagt, an den Hyakinthien würden die Teilnehmer dem Hyakinthos Gaben darbringen, bevor sie dem Apollon opfern; dabei ist es bemerkenswert, daß des Pausanias Wort für »Gaben darbringen« (*enagizein*) im Griechischen auf den Totenkult beschränkt ist. Was war also das wahre Wesen des Hyakinthos, bevor er mißverstanden und durch die Phantasie Späterer verfälscht wurde? Schon sein Name ist kennzeichnend. Er ist der einer Blume, und die Endung *-nthos* zeigt, daß es sich um ein vorgriechisches Wort handelt. So gibt es einigen Grund für die Annahme, daß ein uralter Vegetationsgott an irgendeinem Punkt der Entwicklung mit Apollon in Verbindung gebracht wurde, der ebenfalls, wie wir bereits gesehen haben, vegetative Züge hatte. Das mag den Ausgangspunkt für die Geschichte von der Tötung des Hyakinthos durch Apollon gebildet haben. Doch das kann nicht die ganze Wahrheit sein. Wenn dem so wäre, dann würden wir eine Erklärung für die wichtige Rolle vermissen, die Hyakinthos weiterhin im Kult spielte, und auch für die Tatsache, daß das Fest nach dem älteren Gott, nicht nach dem jüngeren benannt war.

Hyakinthos ist von Apollon nicht in die Vergessenheit gedrängt worden, er wird weiterhin in einem Kult geehrt, der dem des großen Olympiers an die Seite tritt. Er verkörpert den Tod und die Trauer um den Tod. Das aber steht zu Apollon in stärkstem Widerstreit und kann nicht in irgendeinem Kult eine Rolle gespielt haben, der zu seinen Ehren vollzogen wurde. Und doch haben diese Dinge in der Welt der Menschen große Bedeutung, sie lassen sich nicht übersehen. Den

Doriern gelang hier eine Art Kompromiß, beide, der Lebende und der Tote, erhielten die ihnen gebotenen Ehrungen. Da die beiden Teile des Festes miteinander völlig unvereinbar sind, dürfen sie als Gegensätze nebeneinander bestehen. Dies erinnert an einen der Ereigniszusammenhänge, die aus Delphi berichtet werden. Dort tötete Apollon den Python, ein Geschöpf der Erde, und riß so den Ort an sich, der bereits eine hochverehrte Kultstätte war. Obwohl Apollon natürlich in der Folge in Delphi die vorherrschende Rolle spielte, wurde lange Zeit neben ihm auch Dionysos verehrt, wie wir es der ausführlichen Schilderung am Beginn der *Eumeniden* des Aischylos entnehmen können. Der Gegensatz zwischen dem Apollinischen und dem Dionysischen ist fast eindeutig; man hat versucht, die Unvereinbarkeit, sie in einem Kult zusammenzubringen, damit wegzuerklären, daß man Dionysos mit den Wintermonaten und Apollon mit der wärmeren Zeit des Jahres in Verbindung brachte. Aber in Wirklichkeit besteht keine Notwendigkeit, nach einer Erklärung dieser Art Ausschau zu halten; denn zufolge ihrer gegensätzlichen Herkunft überlagerten sich die Funktionen vieler griechischer Götter so stark, daß nichts Unvereinbares dabei war, wenn zwei von ihnen in eine Art loser Verbindung gebracht wurden. In Amyklai wurde Dionysos ebenso verehrt wie Apollon (Pausanias 3,19,6). Beide Götter haben in gewisser Hinsicht mit der Vegetation zu tun, und wenn richtig vermutet wurde, daß Hyakinthos einstmals ein Vegetationsgott gewesen ist, dann schließt sich der Kreis, und wir können sehen, wie sie am selben Kult teilhaben konnten, während sie sehr unterschiedliche Wesenszüge dieses Kultes zum Ausdruck brachten.

»Der Ort namens Amyklai«, so sagt Polybios 5,19,2 f., »hat die besten Obstbäume und ist der fruchtbarste in ganz Lakonien, und er ist etwa 20 Stadien von Sparta entfernt. Dort liegt ein heiliger Bezirk des Apollon, wohl das berühmteste aller lakonischen Heiligtümer.« Die Beschreibung, die in späterer Zeit Pausanias gibt, ist voller Einzelheiten, aber in den Ortsangaben ist er bedauerlicherweise unpräzise, weil er annimmt, der Leser habe bereits gute Kenntnis der Örtlichkeit. Nach der Erwähnung der Votivdreifüße und Statuen, die man in einem so bedeutendem Heiligtum vorzufinden erwartet, widmet Pausanias dem Prunkstück der heiligen Stätte, dem Thron des Apollon, eine lange Passage. Das war ein massiver Bau, eher eine Art hochgestellter Plattform mit Rücken- und Seitenteilen als das, was wir als »Thron« betrachten würden. Er wurde von Bathykles entworfen, einem Künstler aus Magnesia in Ionien, und in der Mitte des 6. Jahrhunderts errichtet. Überlebensgroße Statuen waren die Stütze der Vorderseite, während die Rückseite mit einer großen Zahl Reliefszenen aus der Sage geschmückt war, die nach Pausanias nicht willkürlich gewählt waren, sondern in einer gewissen organischen Beziehung zueinander standen. Auf der Plattform stand eine hochragende Statue des Apollon, »keine Arbeit des Bathykles, denn sie ist im alten Stil und nicht von einer kundigen Hand gemacht; sie hat Gesicht, Füße und Arme, aber der Rest ähnelt einem Bronzepfeiler. Auf dem Kopf trägt sie einen Helm, in den Händen einen Speer und einen Bogen. Die Basis dieser Statue hat die Form eines Altars, und man sagt, daß Hyakinthos in ihm begraben liegt« (Pausanias 3,19,2 f.). Der Altar trug, wie der Thron selbst, Reliefszenen, von denen eine die Apotheose des Hyakinthos zeigte. In einer scharfsichtigen Bemerkung hat Pausanias festgestellt, daß Hyakinthos hier als bärtiger Mann dargestellt ist, während ein jüngerer Künstler, Nikias, dessen Blütezeit im 4. Jahrhundert lag, ihn in der Blüte seiner Jugendschönheit malte und so einen Hinweis auf die Liebe gab, die Apollon nach späterer Meinung für ihn empfunden haben soll. Wenn Pausanias dies sagt, weist er auf eine wichtige Tatsache für diesen Kult hin, daß nämlich Hyakinthos und Apollon ursprünglich ganz verschiedene Gottheiten waren, deren Verbindung, als sie schließlich erfolgt war, dadurch erklärt wurde, daß man Apollon zum Liebhaber des Hyakinthos machte, obwohl diese Erklärung eine drastische Veränderung in der Rolle der beiden Grundprinzipien zur Folge hatte.

Die alte Siedlung Amyklai hat man noch nicht gefunden, aber der Hügel, der als Amyklaion bekannt ist, die Stätte des Apollonheiligtums und des Thrones, ist von Tsountas im letzten Jahrzehnt des 19. Jahrhunderts eindeutig identifiziert worden. Auf der Spitze des Hügels fand er Dachziegel, die dem »Apollon [oder Apellon] im Amyklaion« geweiht waren, und er entdeckte fernerhin eine Mauer, die am Nordostrand des Hügels gebaut war, wo der Hang am steilsten ist (Taf. 6). Die Reste eines Rundbaus westlich der Hügelspitze galten für Tsountas als Teil des Bathyklesthrons, doch Adolf Furtwängler hat die Fundstätte im Jahre 1904 überprüft. Viele Jahre zuvor hatte er bemerkt, daß die kleine Kirche Agia Kyriaki, die auf dem höchsten Punkt des Hügels stand, auf alten Grundmauern erbaut war und daß Friesfragmente in die Mauern eingefügt waren. Sein Vorschlag, die Kirche abzutragen und die Grundmauern freizulegen, wurde nach seinem Tode (1907) ausgeführt. Es besteht kein Zweifel daran, daß die Grundmauern der Kirche einstens dem Bathyklesthron als Fundamente dienten, auch Fragmente des Thrones selbst fanden sich in hinreichender Anzahl, um die Identifizierung zu stützen. Spätere deutsche Ausgrabungen im gesamten Bereich des Hügels brachten Votivgaben aus einer ungeheuer langen Epoche ans Licht, die von der frühen Bronzezeit bis in byzantinische Zeit reicht. Die Ergebnisse der verschiedenen Ausgrabungsetappen bilden zusammen mit dem Bericht des Pausanias die Grundlage für die Rekonstruktion der Geschichte dieses Ortes.

Die Fundgegenstände aus dem mykenischen Heiligtum im Amyklaion sind im vorigen Kapitel behandelt worden. Diese Gegenstände stehen vielleicht mit der Verehrung des Hyakinthos in Zusammenhang, dessen Kult hier vermutlich in mykenischer Zeit, wenn nicht früher, eingerichtet wurde; doch im Amyklaion hat sich kein mykenischer Tempel oder Altar erhalten. Das Heiligtum erlebte nicht die Verwüstung, die viele griechische Orte in spätmykenischer Zeit heimsuchte, die Abfolge der Funde setzt sich ohne Bruch bis ins 12. Jahrhundert fort. Danach klafft bis zum ersten Auftreten protogeometrischer Keramik eine lange Lücke von annähernd drei Jahrhunderten, die uns an die extreme Dürftigkeit des Materials für das Dunkle Zeitalter erinnert. Protogeometrische Scherben und ein ganzes Gefäß sowie einige Metallgegenstände einfacher Art wurden entdeckt: Ringe, Rundscheiben, Spiralen, Nägel, Nadeln sowie Bronze- und Eisenwaffen. Nichts von all dem Material, vielleicht mit Ausnahme der bronzenen Speerspitzen, läßt sich vor das Ende des 10. Jahrhunderts datieren.

Man hat bisweilen gemeint, die Hinterlegung von Votivgaben in der protogeometrischen Zeit bezeichne die Einrichtung des Apollonkultes, der später mit dem des Hyakinthos zusammenwuchs. Das ist ein möglicher, aber kein sicherer Rückschluß aus den Befunden, denn es ist nichts bekannt, was die Verehrung des Apollon im Dunklen Zeitalter, ja selbst in der mykenischen Epoche ausschließen würde.

Die Gaben des geometrischen Zeitalters folgen direkt und ohne erkennbaren Bruch auf ihre Vorgänger: Wieder bestehen sie aus Keramik und Metallgegenständen wie Ringen und Dreifüßen, nur daß sie jetzt mit Terrakottafiguren vereint sind. In diesem Zeitraum, in den wahrscheinlich die ältesten Teile des Rundaltars gehören, den Tsountas gefunden hat (vgl. Abb. 10), muß das Amyklaion Zeuge von beachtlichen Aktivitäten gewesen sein. Welche Form das »Grab des Hyakinthos« hatte, können wir nur vermuten, vielleicht war es eine primitive Aufschüttung oder ein Tumulus.

In archaischer Zeit wurde der heilige Bezirk vergrößert, im Norden

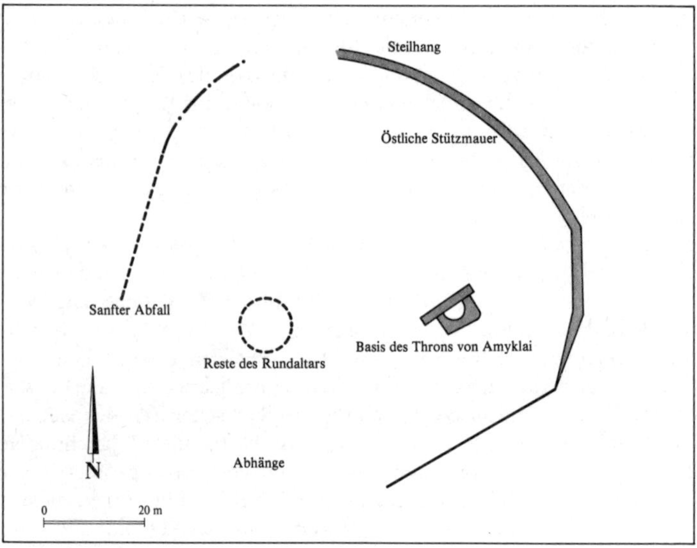

Abb. 10. Plan des Amyklaionhügels (nach J. T. Hooker).

und Osten eine massive Mauer gebaut und die bronzene Kolossalstatue des Apollon errichtet. Später erhielt in der archaischen Zeit Bathykles den Auftrag, den ganzen Bezirk neu zu ordnen und ein Heiligtum zu entwerfen, das würdig sei, das Bild des Gottes und die ihm geweihten Votivgaben zu beherbergen. Praktisch an jedem anderen griechischen Ort hätte man die Antwort darin gefunden, einen Tempel nach der Grundkonzeption zu planen, wie sie bereits in Olympia und Delphi erfolgreich verwirklicht worden war. Doch Bathykles stand diese Lösung im Amyklaion nicht zu Gebote, denn die Hügelspitze war zu klein, um die große Apollonstatue und auch noch einen Tempel entsprechenden Ausmaßes unterzubringen. Er fand den Kompromiß, die Statue in einen »Thron« von der bereits beschriebenen Art einzufügen. Das so entstandene Bauwerk war, soweit wir wissen, einzigartig in griechischen Landen. Der anschauliche Eindruck, den uns Pausanias vermittelt und der durch Ausgrabungen höhere Genauigkeit erhielt, ermöglicht es uns, den Thron zu schildern, wie er den Gläubigen erschienen sein muß, wenn sie sich

Abb. 11. Rekonstruktion des Apollonthrons im Amyklaion.

von Sparta her auf der Hyakinthosstraße näherten (Abb. 11). Die hochragende Statue, durch die Plattform, auf die sie Bathykles gestellt hatte, noch höher, muß das Licht der untergehenden Sonne wiedergespiegelt haben. Ihr metallischer Glanz und ihre unporträthafte Form, die aus einer völlig anderen Welt stammten als die klassischen Skulpturen mit ihrer Betonung der menschlichen Aspekte der Götter, erweckten einen ehrfurchtgebietenden Eindruck, der nichts von der inneren Bewegtheit und nur wenig von der Schönheit vermittelte, die wir bei späteren Apollonstatuen finden. Sie drohte vielmehr mit grimmigem Blick und mit Angriffswaffen Unheil. In welchem Ausmaß der Thron den Eindruck eines einheitlichen Entwurfes hervorrufen konnte, läßt sich kaum abschätzen. Bathykles scheint dies angestrebt zu haben,

Abb. 12. Der Apollonthron im Amyklaion.

indem er bei einigen Reliefs einem Sagenzyklus vor unverbundenen Sagenmotiven den Vorzug gab, und seine Einbeziehung der Apotheose des Hyakinthos war ein gut gewähltes Mittel, die Ausschmükkung mit dem bestehenden Kult zu verbinden. Vom archäologischen Standpunkt aus bedeutet der Thron einen beachtenswerten Kompromiß ionischen Kunsthandwerks mit einer dorischen Umwelt. Einige Fragmente sind von den Stützträgern der Eingangspartie erhalten geblieben, »Konsolen«, die eine einmalige Verbindung von dorischem Kapitell und ionischen Voluten darstellen. Die handwerkliche Meisterschaft der Konsolenkapitelle, des Lotos- und-Palmetten-Frieses und der sorgfältig gekehlten Säulen (Abb. 12) entsprechen durchaus der kühnen Konzeption des Bathykles.

Das Amyklaion blieb bis in römische Zeit das wichtigste Kultzentrum

Lakoniens, genauso wie die Hyakinthien weiterhin sein größtes religiöses Fest blieben, aber die Zeit schöpferischer Tätigkeit hörte hier praktisch mit der Errichtung des Thrones auf. Mit Ausnahme einer oder zweier schöner Bronzen des 5. Jahrhunderts ist das künstlerische Niveau der Weihgaben nicht gerade hoch, sie bestehen aus kleinen Tonfiguren von Frauen oder Miniaturtongefäßen.

Etwa 800 Meter südlich des Amyklaion steht eine Kirche namens Agia Paraskevi. In ihrer Nähe fand man vor etwa 100 Jahren eine Steintafel, die die äußerst interessante Weiheinschrift trug, sie sei im »Heiligtum der Alexandra« aufgestellt worden; über der Inschrift ist Alexandra in einem Relief dargestellt, eine Göttin, die die Leier schlägt. Nicht zufällig berichtet Pausanias 3,19,6 von einem Heiligtum und einem Bild der Alexandra in Amyklai. Im folgenden erwähnt er zwei Tatsachen: zum einen, daß Alexandra der Name ist, den das Volk von Amyklai der Kassandra gab, der Unheilseherin, einer Tochter des Priamos, die Agamemnon als Kriegsbeute von Troja mit nach Hause nahm, und zum andern, daß die Stätte auch eine Statue der Klytaimestra aufweise und »ein Grabmal, das für das des Agamemnon gilt«. Das Widerstreben des Pausanias, sich auch den zweiten Punkt zu eigen zu machen, ist verständlich, denn er hatte schon früher (2,16,6) ein Grab des Agamemnon in Mykene beschrieben. Es gab in der Tat mehrere einander widersprechende Berichte über die Ermordung des Agamemnon und den darauffolgenden Tod der Klytaimestra, doch wir sind nicht mehr überrascht, wenn wir Beispiele für die »Wanderung« der Heroen finden. Den Grund, weshalb die Amykläer Kassandra den Namen Alexandra gaben, kennen wir nicht, vielleicht war er einfach dem Namen Alexander nachgebildet, der ein anderer Name des Paris war, des Bruders der Kassandra. Wie dem auch sei, Lykophron, der bald nach 300 v. Chr. eine Dichtung mit dem Titel *Alexandra* schrieb, übernahm ihn. Den größten Teil dieses Werks nimmt eine Prophezeiung der Alexandra-Kassandra ein, die unter vielem anderen den eigenen Tod und den des Agamemnon voraussagt. Sie prophezeit ferner, daß Agamemnon vom Volk in Sparta Zeus genannt werden und göttliche Ehren erhalten wird, und auch sie selbst werde von den Spartanern verehrt werden. Literarische Quellen geben uns so einen gewissen Grund für die Annahme, daß in Amyklai eine Verbindung von Kulten entstand, die die Verehrung der Alexandra-Kassandra und die des Zeus-Agamemnon in sich schloß. Die beiden Dinge, die dabei einer näheren Erklärung bedürfen, sind

die Verbindung von Alexandra mit Agamemnon und der Ausdruck ›Zeus Agamemnon‹.
Wir haben bereits gesehen, daß ein beschrifteter Stein auf das Heiligtum der Alexandra verweist, doch ohne sie mit Agamemnon zu verbinden. Ausgrabungen in der Umgebung von Agia Paraskevi haben das Vorhandensein des Alexandra-Agamemnon-Kults bestätigt, aber es gelang nicht, das Heiligtum selbst freizulegen. Die Votivgaben, die sich hier zu Tausenden fanden, reichen von der geometrischen bis zur hellenistischen Zeit, wobei die stärkste Konzentration bei den archaischen Votivgaben liegt. Die üblichen Tonfiguren, Tontöpfe, meist Miniaturen, und Bleigegenstände machen die Hauptmasse aus; in einigen Fällen waren sie von den typischen lakonischen Plaketten mit Heroenreliefs (vgl. S. 56) begleitet. Einige Keramikfragmente tragen Inschriften, die das Vorhandensein eines Kults bestätigen und auch genau bestimmen. Zunächst haben wir ANETHEKE, »[er] weihte«, dann gibt es eine Reihe von Überresten, die Personen benennen, denen die Weihungen zugedacht waren: AG, AGAM, NO, NONI, aus denen wir ohne Zögern AGAMEMNONI, »für Agamemnon«, herstellen. Schließlich finden wir auch ALEX, was zu ALEXANDRAI zu ergänzen ist, »für Alexandra«.
Wir können die Verwendung des Kultnamens Zeus Agamemnon noch nicht inschriftlich belegen, aber wir wollen das Zeugnis zweier christlicher Apologeten des 1. Jahrhunderts anführen, die beide mit Geringschätzung von den Exzessen und der Irrationalität heidnischen Glaubens sprechen. Athenagoras gibt gleich zu Beginn seiner *Legatio* eine Liste jener griechischen Staaten, die Heroen als Götter ehren: »Die Spartaner«, so sagt er, »verehren Zeus Agamemnon, [...] die Athener opfern dem Erechtheus Poseidon.« Und Clemens von Alexandrien zitiert in seinem *Protreptikos* den Historiker Staphylos als Gewährsmann für die Feststellung, daß »in Sparta ein Agamemnon Zeus geehrt wurde«. Gesetzt, dies ist der wirkliche Kultname, der in Sparta (oder Amyklai) verwendet wurde, wie haben wir ihn uns zu erklären? Dieser Name schien in früherer Zeit der Theorie eine starke Stütze zu geben, daß die griechischen Heroen ursprünglich nichts anderes als verkümmerte Götter waren. Doch diese Theorie ist inzwischen schon lange aufgegeben, denn es gibt gar viele Umstände, die sie nicht erklären kann. Man hat sich dem Problem auch von der Gegenseite her genähert und in Agamemnon einen primitiven lokalen Gott gesehen, der sich im Lauf der Zeit eng mit dem Neuankömmling Zeus verband. Doch auch dieser Erklärung stehen ernsthafte Schwierigkeiten entge-

gen, denn sie setzt einen Prozeß voraus, der dem vergleichbar wäre, in dem Hyakinthos mit einem olympischen Gott verschmolz. Es gibt jedoch keinerlei Grund für die Annahme, daß Agamemnon wie Hyakinthos eine ältere Gottheit gewesen wäre, denn sein Name ist, klar ersichtlich, griechisch, und er hat keine Spuren eines alten Ritus hinterlassen, die der leidvollen Rolle der Hyakinthien entsprechen könnten. Eine befriedigendere Erklärung läßt sich gewinnen, wenn man das Zusammenwachsen von Zeus und Agamemnon nicht als frühes, sondern als spätes Phänomen ansieht, das sich erst dann ergab, als sich der ungebrochene Einfluß der homerischen Dichtung auf das griechische Festland auswirkte. Bei Homer sind nämlich die Attribute der Heroen streng an die der Götter angeglichen, und überdies binden sich einzelne Gottheiten an ihre Lieblingshelden und fördern ihre Sache: So ist zum Beispiel in der *Ilias* Apollon beinahe mit Hektor gleichgesetzt, und in der *Odyssee* Athene mit Odysseus. Wenn man an derartige Analogien denkt, bedarf es keines großen Gedankensprungs, den obersten der Götter mit dem obersten der Menschen gleichzusetzen, denn das ist die Rolle, die Agamemnon in der *Ilias* spielt.
Die Erwähnung des Zeus-Agamemnon-Kults veranlaßt uns, den Mangel an zuverlässigem Material für die Verehrung des Zeus in Sparta hervorzuheben. Gewiß ist eine Anzahl unterschiedlicher Epitheta mit dem Namen des Zeus verbunden, aber sie sind alle wenig originell, spiegeln kein sehr frühes Stadium seiner Verehrung in Sparta wider. Einige verweisen einfach auf seine Majestät und Größe, so *Hypatos*, »der Höchste«, *Olympios*, »der Olympier«, sowie *Ouranios*, »der Himmelsbewohner«. Zwei könnte man Besitzstandsepitheta nennen: *Euanemos*, »Verleiher günstiger Winde«, und *Plousios*, »Verleiher der Reichtümer«. Andere wieder bringen Zeus in gesellschaftliche und häusliche Beziehungen: *Herkeios*, »Gott des Gerichtshofs«, und *Xenios*, »Gott, der über Fremde und Gäste wacht«. Eine größere Anzahl betont, keineswegs überraschend, die politische Rolle im spartanischen Staat, die man bei Zeus erwartet: *Agetor*, »Führer«, *Agoraios*, »Schirmherr der Volksversammlungen«, *Amboulios*, »Schirmherr der Ratsversammlungen«, *Kosmetas*, »Ordner«, *Patroos*, »Gott der Ahnen«, und *Tropaios*, »Siegverleiher«. Die beiden Könige Spartas waren Priester des Zeus, wobei der eine dem Zeus *Lakedaimon* diente, der andere dem Zeus *Ouranios*.

Zum Schluß sollte noch ein Wort über die Probleme der Kultkontinuität gesagt werden, wobei die Fragestellung lautet: Haben mykenische

Kulte während des Dunklen Zeitalters weiterbestanden? Eine überzeugende Antwort ist nicht leicht zu erlangen. Es besteht kein Zweifel daran, daß die Verehrung einzelner Götter fortdauerte, oder vielleicht ist es genauer, zu sagen, daß einige Götter, die in Griechenland während der archaischen Zeit und später verehrt wurden, dieselben Namen trugen, wie sie Götter in mykenischer Zeit getragen hatten. Tatsächlich ist nichts über die mykenischen Vorstellungen von Zeus, Hera und Poseidon bekannt, sie mögen sich stark von den Auffassungen unterschieden haben, die man später von ihnen hatte. Einige Orte wiesen in mykenischer Zeit Kultstätten auf, und wenn wir nach dem Ende des Dunklen Zeitalters erneute Kenntnis von ihnen gewinnen, sind diese Kultstätten wieder vorhanden; doch nur an ganz wenigen, wenn – mit der vermutlichen Ausnahme Delphi – überhaupt irgendwo, ist die Ausübung des Kults während des Dunklen Zeitalters tatsächlich bezeugt. So könnten wir es mit einem Wiederaufleben, nicht einem Fortleben der Kulte zu tun haben. Man kann sich leicht vorstellen, daß ein Ort ein gewisses Maß an Heiligkeit behielt, noch lange nachdem der Kult außer Übung gekommen war.

Was Lakonien betrifft, so ist das Amyklaion die einzige bekannte Stätte, die vielleicht eine Kultkontinuität während des Dunklen Zeitalters bezeugen könnte, doch auch hier ist die Abfolge der Weihgaben über einen langen Zeitraum hin unterbrochen, so daß es keinen archäologischen Nachweis gibt. Aber in diesem Fall können wir zu andersgeartetem Material Zuflucht nehmen. Wenn es richtig ist, Hyakinthos als eine Gottheit zu verstehen, deren Verehrung bis in die mykenische Zeit zurückreicht, dann müssen auch die Kultriten, die bei den Hyakinthien zu seinen Ehren ausgeübt wurden, einen Nachklang des mykenischen Kults in sich tragen. Obwohl es theoretisch möglich ist, daß der Kult anderswohin verlegt und später ins Amyklaion zurückgebracht wurde, ist es doch viel näherliegend, daß er ununterbrochen mit demselben Platz verbunden war. So senkt sich beim Amyklaion, wenn auch nur hier, die Waage der Wahrscheinlichkeit deutlich zugunsten der Kultkontinuität.

Viertes Kapitel

Musik und Dichtung

Zur Entwicklung der bildenden Kunst in Sparta – von ihr wird im nächsten Kapitel die Rede sein – besitzen wir heute eine reiche Fülle von Material, die es uns ermöglicht, die Leistungen Spartas auf diesem Gebiet von der protogeometrischen bis zur klassischen Zeit nachzuzeichnen. Im Gegensatz dazu können die Überreste der spartanischen Literatur nur ganz wenige Seiten füllen. Aber diese Überreste haben eine Bedeutung, die in keinem Verhältnis zu ihrem äußeren Umfang steht, und zwar wegen ihres literarischen Wertes an sich ebenso wie wegen des Lichts, das sie auf das archaische Sparta werfen. Viele indirekte Hinweise berichten uns von einer Anzahl von Dichtern, die im 7. Jahrhundert in Sparta lebten und schrieben, aber nur von zweien, Tyrtaios und Alkman, sind Werke in einem Ausmaß auf uns gekommen, das es uns ermöglicht, Wert und Bedeutung zu beurteilen.

Tyrtaios ist einer der frühesten griechischen Elegiker. Die literarische Form, die als elegisches Distichon bekannt ist, ein daktylischer Hexameter mit nachfolgendem Pentameter, ist besonders für pointierte, epigrammatische Verse geeignet, und so wurde sie auch mit starker Wirkung in vielen hundert erhaltenen Beispielen verwendet. Aber im 7. Jahrhundert, in der Blütezeit des Tyrtaios, gebrauchte man sie auch für andere Zwecke. Tyrtaios selbst und sein älterer Zeitgenosse Kallinos von Ephesos schrieben in elegischen Versen Kriegspoesie, sie flößten den Bürgern kriegerischen Geist ein und gemahnten sie an den Ruhm, der auf dem Schlachtfeld zu gewinnen war, ein Ruhm, an dem auch die Nachkommen teilhaben werden. Das Motiv ist homerisch, nur daß es jetzt aus der heroischen Sphäre in die Welt der Realitäten übertragen ist, in der die jungen Stadtstaaten um Vormachtstellung und manchmal auch nur ums bloße Überleben kämpften. Aber etwa zur selben Zeit bezog Archilochos eine herausfordernd antiheroische Position, indem er für die Forderungen des Tages eintrat, militärisches Schaugepränge verspottete und Verachtung zeigte für die in aristokratischen Gesellschaften bewunderten Eigenschaften wie vornehmes Gehabe und unreflektierten Mut im Angesicht des Feindes. Tyrtaios wäre eine solche Haltung unverständlich und unheilvoll vorgekommen, er trat leidenschaftlich für die Aufrechterhaltung der bestehenden politischen und militärischen Ordnung ein. Ob er nun ein geborener Spartaner war oder, wie einige Überlieferungen meinen, aus Athen nach Sparta kam, in seiner Dichtung schloß er sich mit Entschiedenheit den politischen Interessen und den territorialen Ansprüchen der spartanischen Könige an.

Die politischen Vorstellungen des Tyrtaios treten in zwei Fragmenten eines Gedichtes zutage, das den Titel *Eunomia* (»Gesetz und Ordnung«) trug. In dem einen, Nr. 2, wird den Spartanern eingeschärft, ihren Königen gehorsam zu sein, die unmittelbar von den Göttern abstammen; schließlich war es Zeus selbst, der die Stadt den Herakliden verliehen hat, mit denen die Spartaner in die Peloponnes eingewandert sind. So macht sich der Dichter die Sage vom Doriereinfall zunutze, um den Bürgern ein Gefühl der Verehrung für die etablierte Ordnung einzuflößen. Ein anderes Fragment, Nr. 4, wird uns später (S. 152), in ein schwieriges Interpretationsproblem verwickeln; für den Augenblick sei bemerkt, daß der Autorität der spartanischen Könige ein göttlicher Ursprung zugesprochen wird, denn es war kein geringerer als Apollon, der durch den Mund seines Orakels in Delphi sagte, daß die gottgeehrten Könige zusammen mit den Ältesten das Recht haben sollten, im Rate die Initiative zu ergreifen.

Die restlichen Fragmente gehören zur Kriegspoesie. Sparta war damals eine bis an die Zähne bewaffnete Stadt, die 20 Jahre lang gegen ihre westlichen Nachbarn, die Messenier, einen erbarmungslosen Krieg geführt hatte, um deren fruchtbare Ländereien an sich zu reißen (vgl. S. 116 ff.). Tyrtaios berichtet, daß die Messenier schließlich überwältigt wurden, einige flohen, andere blieben, doch letztere waren gezwungen, die Hälfte der Erträge ihren spartanischen Herren abzuliefern (Nr. 5–7). In einem heute verlorenen Gedicht, Nr. 8, soll Tyrtaios von einem Aufstand der Messenier und ihrer Verbündeten gesprochen haben, den die Spartaner unter seiner eigenen Führung niedergeschlagen hätten.

Tyrtaios verkündete das Ethos des Kriegerstaates mit großer Beredsamkeit. Wie der homerische Held, so wird auch der Hoplit, der schwerbewaffnete Fußsoldat, an den sich Tyrtaios in erster Linie wendet, als junger Mann gesehen, mit edlen Zügen, schön und für Frauen begehrenswert. Der Glanz seines Mannestums wird durch den Tod im Kampf für seine Stadt nicht gemindert, sondern nur noch erhöht. Schimpf und Schande kommen über ihn, wenn er seine älteren Kameraden dem Tod auf dem Schlachtfeld überläßt oder wenn er gezwungen ist, mit seiner Familie in Verbannung und Armut zu gehen

(Nr. 10). Diese letztere Auffassung vernimmt man in der griechischen Dichtung, von der *Ilias* angefangen, häufig; Armut und Abhängigkeit sind viel weniger gefürchtet als der Verlust der Teilhabe an der Gemeinschaft, denn für die Griechen konnte sich die Einzelpersönlichkeit nur voll entfalten, wenn sie an der Polis vollen Anteil hatte.
Zwei Gedichte, die in einer Anthologie enthalten sind, zeichnen ein Bild des idealisierten Kriegers. In dem einen, Nr. 12, stellt Tyrtaios kriegerische Tapferkeit über alle anderen Eigenschaften, die ein Mann besitzen mag, athletische Tüchtigkeit, Körperstärke, Schnelligkeit der Füße, Schönheit, Reichtum, königliche Machtfülle und Beredsamkeit. Allein durch Tapferkeit wird der Krieger die Feinde von den Stadttoren zurücktreiben. Wenn er in der Schlacht fällt, wird sein Name, wird sein Grab für ewige Zeiten in Ehren gehalten; wenn er hingegen am Leben bleibt, wird er ein geachteter Ratgeber werden, dem sich die anderen Bürger fügen. Das zweite Gedicht aus der Anthologie, Nr. 11, ruft die Krieger auf, offensiv zu kämpfen und sich Schulter an Schulter ins dichteste Getümmel zu stürzen, dabei »das Leben als Feind erachtend, den schwarzen Tod so wert wie die Strahlen der Sonne«. Ob Tyrtaios hier in Zeile 17 geschrieben hat, es ist »beschwerlich« (*argaleon*), oder es ist »ergötzlich« (*harpaleon*), einen Feind zu erschlagen, wenn er flieht, das ist fraglich. Die Handschriften geben das erstere, doch das Wort mutet im Zusammenhang unpointiert an, so daß vermutlich *harpaleon* zu lesen ist. Wenn dem so ist, dann müssen wir feststellen, daß Tyrtaios dem Patriotismus und der Erringung persönlichen Ruhms, die er der spartanischen Kriegerschaft bereits vor Augen gestellt hat, auch noch das erregende Moment des Tötens als Ansporn hinzufügt.
Wie die Gedichte des Tyrtaios zum Vortrag gekommen sind, können wir nicht genau sagen, aber die kraftvolle Beschwörung kriegerischen Geistes legt doch die Vermutung nahe, daß sie gesungen, nicht bloß gesprochen worden sind.

Im 7. Jahrhundert wurde Sparta Zeuge des Entstehens einer weiteren, völlig andersgearteten poetischen Tradition, der lyrischen Dichtung, d. h. durchaus wörtlich genommen, Lieder, die zur Lyra gesungen werden. In beiden großen Liedarten, dem Einzelsang und dem Chor, wurden spartanische Dichter führend. Die Einzellyrik war eine vergleichsweise einfache Gattung, in der ein Solist von der Lyra begleitet wurde oder sich selbst auf ihr begleitete. Das Lied war in kurze Strophen gegliedert und diente oft der Vermittlung einer äußerst persönlichen Art von Dichtung. Die Kunst der Chorlyrik war wesentlich komplizierter. Sie erforderte dichterische, kompositorische und choreographische Fertigkeiten, denn Tanz und Musik hatten an der Aufführung keinen geringeren Anteil als die Worte. Vermutlich hat der Verfasser in der Regel den Chor selbst einstudiert, er agierte als »Regisseur«. Die Choreographie und die Musik der frühgriechischen Lyrik sind verloren gegangen, selbst die Worte sind schwer verstümmelt. Nach der späten Abhandlung *Über die Musik*, die unter dem Namen des Plutarch auf uns gekommen ist, hat die frühe Schöpfung der lyrischen Dichtung zwei Anstöße erhalten:

> »Die erste Schule der lyrischen Dichtung wurde in Sparta eingerichtet, verantwortlich dafür war Terpandros. Folgende Männer sollen für die zweite Schule verantwortlich gewesen sein: Thaletas von Gortyn, Xenodamos von Kythera, Xenokritos von Lokroi, Plymnestos von Kolophon und Sakadas von Argos, denn es geschah auf ihre Initiative hin, daß das Fest der Gymnopaidien eingerichtet wurde« (Ps.-Plut. *Mor.* 1134b f.).

In dieser Liste ist nur Terpandros mehr als ein Name für uns, und selbst er ist nicht viel mehr. Doch die anderen sind des Erwähnens wert, weil die Quelle des Pseudo-Plutarch die interessante Tatsache erhalten hat, daß sie alle von auswärts nach Sparta kamen, nicht nur aus dorischen Siedlungen wie Gortyn, Kythera und Argos, sondern auch aus Kolophon in Ionien. Terpandros selbst kam von der äolischen Insel Lesbos, deren Dichter in der nächsten Generation der griechischen Literatur ihren unauslöschbaren Stempel aufdrücken sollten. Er hätte wohl kaum in Sparta Aufenthalt genommen, noch weniger wäre er hier geblieben, um seine Laufbahn als schöpferischer Künstler fortzusetzen, hätte die Stadt nicht bereits zu dieser frühen Zeit den Ruf genossen, aufgeklärt und eine Förderin der Künste zu sein. Wir besitzen nur zwei oder drei Zeilen, die Terpandros zugeschrieben werden, sie reichen nicht aus, seinen Rang als bedeutenderer Dichter zu bestätigen. Wir brauchen aber nicht an der Richtigkeit des antiken Zeugnisses zu zweifeln, daß er der erste Musiker war, der einen Preis bei den Karneen gewann, die der Überlieferung nach 675 gestiftet wurden, und daß er wichtige Neuerungen in die Musik einführte, indem er die siebensaitige Leier erfand und Melodien komponierte, um seine eigenen Verse und die des Homer zu begleiten.

Wiewohl wir nicht ausdrücklich Nachricht darüber erhalten, scheint es doch gewiß zu sein, daß bereits in der Zeit des Terpandros sowohl Chorlyrik als auch Einzelgesang verfaßt wurde; denn wenn wir zu Alkman kommen, der im späten 7. Jahrhundert lebte, finden wir, daß seine Meisterschaft in beiden Ausdrucksmitteln vollendet ist. Alkman wird auch eine Anzahl Hexameter zugeschrieben, die er vermutlich zur Leier sang, genau so, wie man es von Terpandros erzählte. Er war der älteste im Kanon der neun Lyriker, den die Forscher der alexandrinischen Zeit aufstellten. Über seine Herkunft und seine Lebensumstände besitzen wir keine Gewißheit. Schon im Altertum stritt man darüber, ob er ein geborener Spartaner war oder aus Sardeis in Lydien stammte, und einige unter jenen, die behaupteten, er sei ein Einheimischer gewesen, fügten hinzu, kein Spartiate, sondern als Sklave geboren. Diese Dinge lassen sich heute nicht mehr entscheiden, mangels jedes schlüssigen Materials ist es müßig, darüber Vermutungen anzustellen. Viel wichtiger ist die Tatsache, daß Alkman in Sparta lebte und arbeitete, als die Stadt auf der Höhe ihrer künstlerischen Entwicklung stand, und daß er viele Lieder, vielleicht sogar alle, für rein spartanische Anlässe verfaßte. In Sparta lag er auch begraben. Pausanias sah sein Grab in der Stadt und beschrieb es, wobei er in einer gönnerhaften und völlig unbewiesenen Nebenbemerkung 3,15,2 erwähnt, daß »der Reiz der Dichtung des Alkman nicht dadurch beeinträchtigt wird, daß er den lakonischen Dialekt verwendet, der der am wenigsten wohltönende ist«.

Bis vor etwa einhundert Jahren, als die Entdeckung des Louvre-Papyrus unser Verständnis der Dichtung des Alkman veränderte, gab es nur einige kurze Fragmente, die in Form von Zitaten überliefert sind. Es ist vielleicht von Interesse, zunächst die wichtigeren zu prüfen und dann zu den Gedichten überzugehen, die durch die Papyrusfunde neuerer Zeit ans Licht kamen.

Die Zitate offenbaren eine Persönlichkeit, die von der des Tyrtaios äußerst verschieden ist. Bei Alkman sehen wir nichts von der Vorliebe für Kriegführung und Politik, die die Dichtung des Tyrtaios durchdringt. Aber in einer vielschichtigen Gesellschaft, wie die Spartas – zumindest im 7. und 6. Jahrhundert – gewesen sein muß, ist offenbar auch für die Betätigung eines dichterischen Talents in Bereichen Platz, die nicht unmittelbar mit dem Problem des Überlebens zusammenhängen, oder, wie es Alkman selbst Nr. 41 ausdrückt: »Kundiges Leierspiel wiegt auf der Waage gleich viel wie Stahl.« Den einzigen Berührungspunkt mit Tyrtaios findet man in Fragment Nr. 64; es personifiziert die Eunomia und gibt ihr einen jener Stammbäume, wie sie bei griechischen Dichtern beliebt sind: »[Glück], Schwester der Eunomia und der Überredung, Tochter der Voraussicht«. Alkman scheint zu meinen, daß sich das Glück nicht als Ergebnis bloßen Zufalls einstellt, sondern jenen zufällt, die zuvor die rechten Verhaltensweisen gefunden haben.

Athenaios zitiert folgendes aus dem dritten Buch Alkmans (Nr. 17), um zu zeigen, daß der Dichter ein Gourmand war: »Und eines Tages will ich Euch einen geräumigen Dreifuß geben (um darin Eßbares in Fülle zu sammeln?). Er hat noch nicht über dem Feuer gestanden, aber bald wird er jene Art Suppe enthalten, die Alkman, der alles und jedes ißt, nach der Sonnenwende gern warm verschlingt. Denn er ißt nicht, was köstlich zubereitet ist, sondern verlangt, wie das Volk, gewöhnliche Nahrung.« Ist es richtig, in diesem Fragment eine politische Anspielung zu sehen? »Volk« ist die Wiedergabe des Wortes *damos*, das man vielleicht im strengen Sinn als »Gesamtheit der Bürger« verstehen sollte. So wahrscheinlich es ist, daß Alkman hier seinen anspruchslosen Geschmack mit dem der Mehrheit gleichsetzt und zu den Gewohnheiten der Wenigen in Gegensatz stellt, es bleibt schwierig, zu vermuten, bei welcher Gelegenheit diese Zeilen gesungen wurden. Wir könnten vielleicht zögern, sie einer Chorode in verzücktem Ton zuzuordnen, wäre es nicht manchmal griechischer Brauch gewesen, das Erhabene und das Alltägliche unmittelbar nebeneinanderzustellen. So möchte Pindar in einer seiner Oden gern wissen, ob er »dem alten Vorwurf: böotisches Schwein« entronnen sei, und auch hier wird mit einem humorvollen oder humorigen Ausdruck auf einen Ruf der Freßlust angespielt. Man kann sich vorstellen, daß sich Alkman hier an den Chor wendet, der die von ihm verfaßte Ode zu singen hat, und daß er ihm den Dreifuß als Lohn verspricht.

Ein ähnlicher Zusammenhang läßt sich für Nr. 26 vermuten. Dieses Fragment umfaßt vier Hexameter, in denen sich Alkman an »honigstimmige Mädchen« wendet und es bedauert, daß ihn seine Beine nicht mehr tragen wollen; wenn er nur wäre wie der Eisvogel, der mit den Weibchen über die Wogen fliegt, sein Gefieder in der Farbe der See! Mit diesem Vergleich will Alkman sagen, daß er jetzt zu alt ist, sich dem Tanz der Mädchen anzuschließen. Die Zeilen bilden also eine rechtfertigende Einleitung zu einem wirklichen Mädchenlied.

Ein anderes berühmtes Fragment, das uns nur noch mehr in Verwirrung setzt, ist Nr. 89: »Es schlafen die Gipfel und Tiefen der Berge, die Vorgebirge und die Schluchten; die Waldungen auch und die

Geschöpfe, die die schwarze Erde hervorbringt, die wilden Tiere der Gebirge und die Völker der Bienen und die Ungeheuer in den Tiefen des dunklen Meeres; es schlafen die Schwärme der langschwingigen Vögel.« Es wäre leicht, doch vielleicht ein Mißgriff, dieses Fragment in einem romantischen oder sentimentalen Licht zu sehen. Für den Dichter, dessen Empfinden zutiefst beteiligt ist, braucht »der Schlaf der Natur« eine Ergänzung oder einen Gegensatz. So bemerkt Sappho, daß sie, wiewohl es Mitternacht ist und Mond und Plejaden untergegangen sind, alleine schläft, und in Goethes vollendeter Miniatur »Wandrers Nachtlied« wird versichert, daß der Schlaf, den jetzt die Natur genießt, bald auch den müden Wanderer Ruhe finden läßt. Doch in der griechischen Literatur ist die Stille, die über allem liegt, mehr als einmal lediglich das beunruhigende Vorspiel zum Erscheinen eines Gottes, wofür sich in den *Bakchen* des Euripides ein anschauliches Beispiel findet. Vielleicht stammt unser Fragment also aus einem Gedicht, in dessen erzählendem Teil ein Gott einem Sterblichen erscheinen will. Nicht einmal vermutungsweise läßt sich viel mehr dazu sagen, aber vielleicht dürfen wir, als eine mögliche Parallele, daran erinnern, daß in der ersten Olympischen Ode Pindars Pelops »allein in der Nacht« Poseidon aus der Tiefe ruft, und der Gott hört auf sein Gebet und offenbart sich ihm in der Dunkelheit. Was Pindar mit einer knappen Wendung ausdrückt, weitet sich bei Alkman zu der im vorliegenden Fragment zitierten großartigen Vision.

Eine weitere Nachtszene wird in einem anderen Athenaioszitat, Nr. 56, geschildert: »Oft, wenn auf Bergesgipfeln die Götter sich freuen an dem Fest, zu dem Fackeln sich drängen, trugst Du einen goldenen Eimer, ein großes Gefäß, wie es Hirten mit sich führen. Du schüttest mit Deinen Händen die Milch einer Löwin hinein, du formst einen festen Käse für Argeiphontas.« Das Griechische macht es klar, daß eine Frau angeredet wird, vermutlich eine Bakchantin, eine Anhängerin des Dionysos, dessen Kult durch mehrere Einzelheiten angedeutet wird. Zunächst haben wir das nächtliche Fest an einem entlegenen Platz, dann die Milch einer Löwin, und endlich die Erwähnung des Hermes unter seinem Beinamen Argeiphontas. Zwar besteht hier keine offenkundige Verbindung zwischen Dionysos und Hermes, aber Pausanias 3,18,11 sagt, daß letzterer auf dem Apollonthron in Amyklai dargestellt war, »wie er den Dionysosknaben in den Himmel trägt«.

Die erhaltenen Zitate bieten einige wenige Beispiele für Alkmans Liebespoesie, eine Liebespoesie, das muß man hinzufügen, die ursprünglich Teil der Chorlyrik war, weshalb sie nicht unbedingt die eigenen Gefühle des Verfassers widerspiegelt, wie es bei Gedichten der Sappho, des Alkaios und des Archilochos oft der Fall ist. Im Vertrauen auf eine sehr indirekte Überlieferung spricht Athenaios davon, daß Alkman der eigentliche Erfinder der Liebesdichtung gewesen sei, und zitiert zur Veranschaulichung folgende Kostproben. Nr. 59 a: »Und wieder überströmt Eros, nach dem Willen der kyprischen [Aphrodite], mein Herz und läßt es schmelzen.« Nr. 59 b: »Dieses Geschenk der süßen Musen wurde bekannt durch die eine, die gesegnete unter den Mädchen, die schönhaarige Megalostrata.« Aus einer anderen Quelle sei Nr. 58 zitiert: »Nicht Aphrodite ist es, sondern ein wilder Eros, der seine kindischen Spiele spielt, wenn er herniederkommt über den Spitzen der Galgantblüten. Rühr ihn nicht an, ich bitte dich.« Diese eleganten Zeilen zeigen bereits eine Auffassung vom Verhältnis zwischen Aphrodite und ihrem Sohn Eros, die in der griechischen Dichtung Jahrhunderte lang fortbesteht. Noch in alexandrinischer Zeit schildern Moschos und Apollonios von Rhodos einen mutwilligen Eros, der nur gelegentlich unter der Kontrolle seiner Mutter steht.

Nach diesen quälend fragmentarischen Zeugnissen wenden wir uns mit hohen Erwartungen dem Partheneion des Alkman zu, dem Mädchenlied (Nr. 1), das im Jahr 1855 entdeckt wurde, und unsere Erwartungen werden nicht enttäuscht, denn dieses Gedicht ist ein Wunder an Anmut, voll Licht und Farbe. Es bietet erhebliche Interpretationsprobleme, die noch sehr weit von einer Lösung entfernt sind. Diese Probleme ergeben sich teils aus dem fragmentarischen Zustand des Anfangs und teils aus der Fülle der Anspielungen, von denen viele für uns dunkel bleiben. Zuerst sei eine Übersetzung des Ganzen versucht unter Einfügung von Überschriften, um die Inhalte anzuzeigen, dann eine Diskussion des Gedichts und seiner wesentlichen Einzelheiten.

1. *Die erste Sage* (Z. 1–14): »... Polydeukes; [Ich] beachte [nicht] den Lykaithos unter den Toten, aber Enarsphoros und den flinkfüßigen Sebros und den gewaltigen ... und den behelmten ... und ... und den Herrscher Areios und ... herausragend unter den Halbgöttern; ... den Jäger ... den großen und Eurytos ... bedrängt von ... die edelsten ... wir wollen übergehen ... Schicksal aller ... die ältesten ...«

2. *Moral aus der ersten Sage* (Z. 15–19): »Laßt [nicht] den beflügelten Wagemut der Männer zum Himmel sich aufschwingen [noch]

sie versuchen, der Herrin Gewalt anzutun ... Aphrodite, noch irgend ... noch einer Tochter des Porkos.«
3. *Die zweite Sage* (Z. 20–35): »... und die Chariten, deren Augen Liebesblicke werfen, [bewohnen?] das Haus des Zeus ... Gottheit ... Zuneigung gewinnen ... Gaben ... Jugend ... gegangen; der eine wurde getötet durch einen Pfeil, [der andere] durch einen Mühlstein aus Marmor ... Hades ... Sie vollbrachten verruchte Taten und litten nie zu vergessende [Qualen].«
4. *Moral aus der zweiten Sage* (Z. 36–39): »Es gibt eine Rache der Götter; selig der Mann, der [den Göttern] gut gesinnt ist und sein Tagewerk bis zum Abend verrichtet ohne Tränen.«
5. *Das eigentliche Chorlied* (Z. 39–101): »Doch ich, ich singe vom strahlenden Glanz der Agido. Ich sehe sie wie den Sonnenball, den Agido gemahnt, als Zeuge für sie zu scheinen. Doch sie zu preisen oder zu tadeln ist mir streng untersagt von der prächtigen Leiterin unseres Chors, die es gerne sieht, daß sie alle überragend hervorsticht, als wäre da unter weidende Herden ein mächtiger Hengst gesetzt, ein Sieger mit hallenden Hufen im Rennen geflügelter Träume. Siehst Du es nicht? Sie, [Agido], ist ein enetisches Rennpferd. Indes das Haar meiner Anverwandten Hagesichora erblüht wie lauteres Gold, und ihr Antlitz, leuchtend wie Silber – warum soll ich offen zu Dir reden? So ist Hagesichora. Doch sie, die an Schönheit Agido nahekommt, wird als kolaxäisches Rennpferd gegen das ibenische laufen; denn die Plejaden, die sich in der ambrosischen Nacht wie der Siriusstern erheben, stehen mit uns in Wettstreit, wenn wir in der Dämmerung den Pflug tragen. Die Fülle des Purpurs reicht ja nicht zu, [uns] zu schützen, noch die gesprenkelte Schlange aus purem Gold, noch auch das lydische Stirnband, das Entzücken dunkeläugiger Mädchen, noch gar die Locken der Nanno, noch die göttergleiche Areta, noch Sylakis und Kleësisera. Du wirst auch nicht zum Haus der Ainesimbrota gehen und sagen: ›Wäre doch Astaphis mein, möge Philylla [auf mich mit Zuneigung] blicken oder Damareta oder die liebliche Wianthemis‹; doch Hagesichora ist es, die über mich wacht [?]. Denn ist nicht Hagesichora mit den lieblichen Fesseln hier an ihrem rechten Platz, steht sie [nicht nahe bei] Agido [?] und bittet für unsere Festlichkeit? Nehmt [die Gebete] der beiden entgegen, ihr Götter! In der Götter Hand liegen ja Erfüllung und Vollendung. ›Chorführerin‹, so möchte ich sagen, ›ich bin nur ein Mädchen, das unüberlegt kreischt wie das Käuzchen im Dachfirst; doch so, wie ich bin, möchte ich vor allem

bei Aotis Gnade finden, denn sie erwies sich als Heilerin unserer Kümmernisse. Doch Hagesichora danken wir es, daß [wir] Mädchen in den Frieden eingingen, nach dem wir uns sehnten.‹ Denn dem Außenpferd ... und an Bord auch muß man dem Steuermann gehorchen vor allem. Sie [Hagesichora] ist nicht sangeskundiger als die Sirenen, denn diese sind Göttinnen, während wir ein Chor von zehn sind, die singen, anstatt von elf Mädchen, und unsere Musik ist wie die des Schwans an den Wassern des Xanthos; und sie mit ihrem lieblich schönen Haar ...« [4 Schlußzeilen sind verloren].

Die ständigen Wechsel, die Abfolge scheinbar falscher Neueinsätze und das Abbrechen im Verlauf der verschiedenartigen unerwarteten Gedankengänge, alle diese Erscheinungen zusammen bilden ein unverwechselbares Merkmal archaischer Chorlyrik. Wenn wir jedoch diese glänzende, aber verwirrende Oberfläche durchstoßen, entdecken wir die Themen, die das Mädchenlied des Alkman zu einer Einheit machen. Den inneren Kern bildet die Beschreibung eines Kultbrauchs, an dem die Mädchen im Augenblick teilnehmen, die Weihung eines Pfluges kurz vor Sonnenaufgang. An späterer Stelle wird in dem Gedicht eine ansonst unbekannte Göttin Aotis (»die aus dem Dunkel«) als »Heilerin unserer Kümmernisse« erwähnt. Alkman äußert sich nicht eindeutig über den Zusammenhang zwischen Göttin und Weihung, aber es ist doch wohl eine durchaus vernünftige Annahme, daß die Mädchen den Pflug als Dankesgabe weihen, aus einem Gefühl der Dankbarkeit gegenüber der Göttin, die sie von ihrer Sorgenlast befreite. Welcher Art diese Sorgen waren, darüber wird nichts ausgesagt: sie können politischer oder rein persönlicher Natur gewesen sein.

Eng verbunden mit dem Kultthema ist das Thema der Lobpreisung. Zwei Frauen treten auf, um mehrfach gepriesen zu werden, Agido und Hagesichora. Über ihre Stellung und Funktion hat man viel gestritten. Über Hagesichora wird wenigstens an zwei Stellen ein wichtiger Aufschluß gegeben. Wenn wir den Satz lesen »Doch Hagesichora danken wir es, daß wir Mädchen in den Frieden eingingen, nach dem wir uns sehnten« und beachten, daß dieser Satz unmittelbar auf die Erwähnung der Göttin folgt, so können wir daraus schließen, daß Hagesichora eine Priesterin oder eine hochrangige Jüngerin war, jedenfalls eine Mittelsperson, durch die die göttlichen Wohltaten erwiesen wurden. Diese Auffassung von Hagesichora wird durch die Andeutung ihrer Anwesenheit und ihres Einsatzes bei der Kulthandlung bestätigt. Bei Agido fühlen wir uns nicht so sicher. Auch sie übt jedoch wahrscheinlich irgendein sakrales Amt aus angesichts ihrer engen Verbindung zu Hagesichora und der Beschreibung ihres »strahlenden Glanzes« am Beginn des Abschnitts 5. Das Wort (*phos*), das hier mit »strahlender Glanz« wiedergegeben ist, wird im Griechischen manchmal in der Bedeutung »Licht der Freiheit« verwendet. Wenn Alkman diesem Wortgebrauch folgt, scheint er anzudeuten, daß Agido wie Hagesichora zu den menschlichen Mittlern gehört, durch die Aotis ihre heilenden Kräfte zur Wirkung brachte.

Die Hauptthemen, die den Teil 5 beherrschen, die Beschreibung der Kulthandlung, der Ausdruck der Dankbarkeit gegenüber der Göttin und die Komplimente für ihre Priesterinnen, sind in ihrem Wesen religiöser Natur. Religiöse Bedeutung kommt auch den ersten vier Abschnitten zu. Trotz des kümmerlichen Erhaltungszustands ist zu sehen, daß sie Episoden erzählen, in denen Sterbliche die Waffen gegen die Götter ergriffen und für dieses Tun schreckliche Strafen erlitten. In den Abschnitten 2 und 4 werden die Sterblichen beschworen, nicht in die Gehege der Götter einzudringen, denn diese haben die Macht, zu schaden. Die in den Abschnitten 1–4 erzählten verruchten Taten und ihre entsetzlichen Folgen bilden den optimalen Hintergrund zu dem heiteren, an einigen Stellen fast hänselnden Ton des letzten Abschnitts. Aber die Einbeziehung der ersten vier Abschnitte ergibt sich keinesfalls aus bloßer stilistischer Raffinesse, im Gegenteil: Diese Elemente betonen eine tiefe religiöse Überzeugung, die die archaische Dichtung der Griechen nie aus dem Blick verloren hat: daß die Götter große Macht haben, ihren Feinden zu schaden, aber große Macht auch, ihren Freunden zu helfen. In Anerkennung dieser Tatsache trifft der Chor seine Vorkehrungen für die Kultfeier, indem er der Göttin und ihren Helferinnen den schuldigen Lobpreis darbringt.

Wiewohl die Ansprüche des Göttlichen vorrangig sind, schließen sie doch die Verherrlichung der Freuden nicht aus, welche menschliche Gemeinschaft und Zuneigung zu gewähren vermögen. Ob Alkman die tatsächlichen Verhaltensweisen im zeitgenössischen Sparta wiedergibt, oder ob er einer literarischen Konvention folgt, läßt sich nicht entscheiden, aber daß die Mädchen des Chors die Sprache homosexueller Liebe sprechen, ist nicht zu verkennen. Sie geben eine Liste der Mädchen, deren Gunst sie sich wünschen, und deuten die Möglichkeit an, sich an das »Haus der Ainesimbrota« zu wenden, die, wie der Zusammenhang zeigt, eine Kupplerin oder möglicherweise auch eine Lieferantin von Liebestränken sein mag.

Fragmente eines anderen Partheneion des Alkman, Nr. 3, tauchten etwa hundert Jahre nach der Entdeckung von Nr. 1 auf. Der Anlaß, der Nr. 3 zugrunde liegt, läßt sich nicht mit Sicherheit erfassen, doch scheint das Gedicht von einem Kult zu Ehren der Hera zu handeln. In den erhaltenen Teilen nimmt ein Mädchen namens Astymeloisa eine herausragende Stellung ein. Der Chor ist von tiefer Liebe zu ihr erfaßt oder gibt dies zumindest vor; er spricht mit einem Empfinden, das in der griechischen Dichtung, Sappho ausgenommen, nur selten zu finden ist, von den physischen Wirkungen, die die bloße Anwesenheit Astymeloisas hervorruft:

»Olympische [Musen], in meinem Herzen ... Lieder ... zu hören ... der Stimme ... singend ein Liebeslied ... scheucht den süßen [Schlaf] von den Augen ... und führt mich, zum Wettkampf zu gehen, [wo] ich vor allem mein blondes Haar hochwerfen will ... zarte Füße ...
[Lücke von 50 Zeilen]
... und mit einem Verlangen, das die Glieder löst, blickt sie zu mir, weicher als Schlaf oder Tod; und keineswegs von ungefähr ... süß ... aber Astymeloisa gibt mir keine Antwort; doch mit dem Kranz in der Hand, wie ein Stern, der über den glitzernden Himmel fliegt, oder ein goldenes Reis oder weiche Federn ... sie kommt mit langen Schritten ... der feuchte Reiz des Kinyras, der haftet an Mädchenhaar. ... Astymeloisa hier und dort in der Menge ... das Entzücken der Leute ... hat genommen ... möchte daß ... Silberschale ... laß mich aber sehen ... wenn sie sich aber anschickt, mir nahe zu kommen und mich zu nehmen bei der weichen Hand, möchte [ich] sogleich ihre Anbeterin sein; aber wie es nun ist ...«
[dürftige Fragmente des Rests].

Reste wie diese machen deutlich, wieviel wir an Alkman verloren haben, doch wir wissen wenigstens genug von seiner Dichtung, um die Wertschätzung zu verstehen, die die antike Kritik zum Ausdruck brachte. Nach Alkman übte kein Dichter von irgendeiner Bedeutung seine Kunst in Sparta aus, und so scheint es, daß die spartanischen Schulen der elegischen und lyrischen Verse, so bedeutend sie auch waren, in weniger als einem Jahrhundert verfallen sind. Andere Künste hatten jedoch ein viel längeres Leben; ihnen müssen wir uns jetzt zuwenden.

Fünftes Kapitel

Kunst

Der protogeometrische Stil ist die erste beachtenswerte Kunstform, die im eisenzeitlichen Griechenland auftaucht, wobei Athen das große Zentrum war: Hier können wir die Anfänge beobachten und die Entwicklung nachzeichnen. Der Übergang vom spätesten mykenischen Keramikstil zum protogeometrischen läßt sich bei einer Gräbergruppe des Keramikosfriedhofs im Nordwesten Athens verfolgen. Die Profile der Gefäße entfernen sich von der Kugelform, während das aufgemalte Dekor zusehends strenger wird. Das Feld ist schematisch in horizontale Zonen geteilt. Konzentrische Kreise und Halbkreise, mit einem Mehrfachpinsel aufgetragen, Dreiecke, Rechtecke und zwei- oder dreifache Wellenlinien sind die beliebtesten Schmuckmotive bei den protogeometrischen Vasenmalern Attikas. Das attische Protogeometrisch wurde in Lakonien erst bekannt, als es ein fortgeschrittenes Stadium erreicht hatte, und selbst jetzt war die Produktion der lakonischen Töpfer nur ein schaler Abglanz der Originale (etwa 900–750). Sie nahm vom attischen Protogeometrisch ihren Ausgang, ging dann aber ihren eigenen Weg und kam schließlich zu einer anderen Lösung als die attischen Vorbilder. In Lakonien ist viel protogeometrische Keramik gefunden worden, doch nur wenig ist bis jetzt veröffentlicht. Die wenigen vollständigen Gefäße sind geringwertige Alltagsware.

Wie das Protogeometrische kam auch der geometrische Stil des Keramikdekors später nach Lakonien als in andere Teile der Peloponnes, er war in Sparta etwa 750–650 in Mode. Athenische Töpfer haben ihn eingeführt und auch die meisten der bis heute bekannten Meisterwerke geschaffen. Die Keramik aus den athenischen Friedhöfen ermöglicht es, die Entwicklung im Ursprungsland nachzuzeichnen: Zunächst wurde eine glänzende Schwarzschicht auf den größten Teil der Außenfläche aufgetragen, wobei die wichtigsten Teile mit durchlaufenden Bändern oder ausgesparten »Fenstern« einfacher linearer Motive wie Mäander, Zickzacklinien und Rauten ausgeschmückt wurden. Die geometrischen Künstler erreichten schließlich einen Standard, auf dem sie den ganzen Gefäßkörper mit horizontalen Bändern abstrakter

Motive bedeckten, die manchmal durch Reihen hochstilisierter Vierbeiner oder Vögel variiert wurden.

Eine tiefgreifende Änderung ergab sich durch die Einführung figürlicher Szenen in das abstrakte Grundmuster, die jedoch von jenem in einer deutlich markierten Zone abgegrenzt sind. Die Motive dieser Zeichnungen haben weitgehend mit Begräbnisriten zu tun, zum Beispiel der Tote auf der Bahre, eine Reihe trauernder Gestalten, schließlich Leichenspiele einschließlich Wagenprozessionen. Menschen und Pferde sind äußerst schematisch in Silhouette gezeichnet. Es ist nicht bekannt, ob der geometrische Stil auf direktem Wege von Attika nach Lakonien übertragen worden ist, denn die unbedeutenden »mittelgeometrischen« Stücke, die in Lakonien gefunden wurden, reichen nicht zu, diesen Punkt zu klären. Doch wenn auf lakonischer geometrischer Keramik Figuren erscheinen, dann zeigen sie deutliche Spuren eines Einflusses aus Argos und Korinth, so daß man es als wahrscheinlich annehmen darf, daß diese Städte lange Zeit eine Vermittlerrolle gespielt haben. Gewaltige Mengen geometrischer Scherben sind aus Lakonien bekannt, vor allem durch die Ausgrabungen im Amyklaion, auf der spartanischen Akropolis und im Orthia-Heiligtum, dazu einige wenige, die man in Scoglio del Tonno nahe Tarent fand. Zwei Pyxiden, schachtelähnliche Gefäße ohne Henkel, seien hier ausgewählt, um den Figurenstil der lakonischen geometrischen Kunst zu veranschaulichen. Die am besten erhaltene, allerdings nicht am besten gezeichnete Pyxis aus dem Amyklaion hat eine Figurenzone, die eine Reihe von Tänzern mit einem Zweig und einer Lyra enthält (Abb. 13 a). Es ist eine ansprechende Hypothese, daß der Tanz Teil einer Zeremonie zu Ehren einer der Gottheiten war, die ihren Kult in Amyklai hatten. Die Lyra mag dabei die musikalische Begleitung darstellen, während der Zweig wohl die Weihgabe war. Die geometrischen Regeln für das Zeichnen menschlicher Figuren sind beachtet, wenn auch nicht in einer sehr individuellen oder eleganten Weise. Unterhalb der Figurenzone laufen flüchtig gestaltete Musterbänder. Eine schönere Arbeit sieht man in der Figurenzone einer kleinen Pyxis aus dem Orthia-Heiligtum (Abb. 13 b). Die ungezwungene Verwendung der Kurven hat dem Mann und den Pferden mehr Naturalismus und mehr Schwung gegeben.

Mit dem Ende des 8. Jahrhunderts ging sowohl in den Handelsbeziehungen als auch bei den künstlerischen Anregungen die Zeit zu Ende, da das griechische Festland auf sich gestellt war. Griechischer Handel mit dem Osten und griechische Ausbreitung nach Westen bezeichnen den Beginn von vier Jahrhunderten überseeischer Wechselbeziehungen, die in den Eroberungen Alexanders des Großen ihren Höhepunkt fanden. Die sogenannte orientalisierende Strömung in der griechischen Kunst brachte im allgemeinen nicht die direkte Übertragung von Formen oder Motiven aus dem Nahen Osten nach Griechenland zustande, vielmehr zogen die Griechen ihre Beobachtungen an Kunstgegenständen in Ägypten und der Levante dazu heran, den Rahmen ihrer eigenen schöpferischen Tätigkeit auszuweiten. Die orientalisierende Strömung beginnt an einigen Orten früher als an anderen. Korinth ist im späten 8. Jahrhundert die allererste Stadt, die die

Abb. 13. Figürliche Szenen auf geometrischer Keramik aus dem Amyklaion (a) und dem Orthiaheiligtum (b, c).

Einschränkungen des geometrischen Stils endgültig durchbricht und ein völlig neues Konzept des Keramikdekors aufnimmt, ein Konzept, das damit beginnt, das geometrische Gebot der dichtgefüllten horizontalen Bänder aufzugeben und kühne Motive auf die Gesamtfläche des Gefäßes zu setzen. Gleichzeitig nahmen die Vasenmaler eine ganze Reihe neuer Motive in ihr Repertoire auf und erreichten einen hohen Rang handwerklichen Könnens, vor allem in den Details der Tier- und Menschengestalten auf kleinen Gefäßen. Lakonien beeilte sich keineswegs, der korinthischen Führung zu folgen, ja, orientalisierende Vasen wurden aus Korinth eingeführt, während gleichzeitig noch die örtliche geometrische Keramik produziert wurde.

Den größten Teil des 7. Jahrhunderts verharrten die lakonischen Töpfer im Stadium des Experimentierens. Erst gegen Ende dieses Jahrhunderts sehen wir einen erkennbar lakonischen Stil hervortreten, der dem korinthischen verpflichtet, doch völlig anders geartet ist. Die Techniken der Einritzung vor dem Malen, der Gesamtkonzeption des Gefäßschmucks und der peinlich genauen Zeichnung der Figuren beherrschten zumindest die bedeutenderen Künstler allesamt. Eine schöne Schale aus Grab 285 in Tarent, das im übrigen auch korinthische Ware enthielt, vermittelt eine gute Vorstellung von dem, was die besten lakonischen Kerameuten kurz nach 600 zu leisten vermochten (Taf. 7.). Die zweihenkelige Schale ist in der lakonischen Keramik für rund einhundert Jahre die bevorzugte Form, vor allem bei Exportware. Im Inneren der Tarentiner Schale sind Thunfische rund um eine Mittelrosette angeordnet, in Randnähe gleiten sieben Delphine dahin, wobei Fische und Delphine in Schwarz und Rot wiedergegeben sind. Die Außenseite der Schale ist mit einem Fries geschmückt, wie es in der korinthischen und der lakonischen Keramik gleichermaßen üblich ist; ein solcher Fries kann Tiere aufweisen oder, wie bei der Schale aus Tarent, Vögel. Die Details dieser Vögel sind mit Purpurfarbe hervorgehoben, die im lakonischen Keramikdekor oft verwendet wird.

Das 6. Jahrhundert ist die große Zeit lakonischer Keramik wie auch anderer Künste. Moderne Untersuchungen haben den Punkt erreicht, an dem es möglich ist, die Erzeugnisse einzelner Maler oder wenigstens ihrer Werkstätten genau zu bestimmen, wiewohl es unendlich lange Zeit dauerte, bis man an das Vorhandensein irgendeiner Schule der Keramikmalerei in Lakonien glaubte. Erst die Ausgrabung des Orthiaheiligtums brachte eine ungebrochene Folge einheimischer Ware, die vom geometrischen Zeitalter bis ins 5. Jahrhundert reicht; bis dahin glaubte man weithin, daß das, was wir heute lakonische Keramik nennen, im nordafrikanischen Kyrene hergestellt worden sei. Diese Annahme schien zunächst in der Darstellung einer kyrenäischen Szene auf der Arkesilasschale (vgl. S. 96 f.) eine Stütze zu finden, dann in der Unwahrscheinlichkeit, daß eine so rückständige, militaristische und philisterhafte Stadt wie Sparta einen achtenswerten eigengeprägten keramischen Stil hätte hervorbringen können. Ein solches Bild von Sparta ist nicht unzutreffend, aber es ist anachronistisch: Es zeigt, was Sparta im 5. Jahrhundert geworden ist, aber es gibt einen völlig falschen Eindruck von dem, was Sparta in den beiden davorliegenden Jahrhunderten war. Was die Malerei der Arkesilasschale betrifft, so ist sie gewiß ein wertvolles historisches Dokument, doch eines, das anders gelesen werden muß, als es bisher geschehen ist. Wie alle andere ›lakonische‹ Ware wurde sie in Lakonien hergestellt, vermutlich in Sparta, denn es war bisher noch nicht möglich, eine andere lakonische Stadt auszumachen, die mit einiger Wahrscheinlichkeit das Zentrum einer blühenden keramischen Industrie gewesen sein könnte. Immerhin weist die kyrenäische Szene auf eine Verbindung, und zwar auf eine enge, zwischen Kyrene und Sparta hin. Im Westen Kyrenes lag die Küstenstation Tokra, wo moderne Ausgrabungen beachtliche Mengen lakonischer Keramik ans Licht gebracht haben, zusammen mit Gefäßen aus Korinth und anderen Städten. Naukratis im Nildelta war seit langem als Fundstätte lakonischer Keramik bekannt, wobei tatsächlich einer der anerkannten lakonischen Künstler des 6. Jahrhunderts den Namen »Naukratismaler« erhalten hat. Angesichts der spartanischen Kolonie Taras ist die Entdeckung lakonischer Keramik in Süditalien, besonders in der Umgebung von Tarent, nicht sonderlich überraschend, aber die beachtliche Anzahl guter lakonischer Gefäße in Gräbern Etruriens ist auf den ersten Blick nur schwer zu erklären. Nicht anders steht es mit dem gewichtigen, mehr als hundert lakonische Fragmente umfassenden Fundlager auf der Insel Samos, die mehr lakonische Keramik ans Licht gebracht hat als jedes andere Gebiet des Mittelmeerraums. Einiges wenige kommt auch von Rhodos und von Smyrna in Ionien.

Den Inhalt der figürlichen Szenen mag man anhand der Beispiele beurteilen, die im folgenden näher geprüft werden. Da gibt es Darstellungen von Göttern und Heroen, besonders des Herakles, aber die Künstler scheinen vor allem von der Möglichkeit fasziniert gewesen zu sein, die ihnen Vögel und anderes Getier, bis hin zu Phantasiegeschöpfen, boten. Vögel dringen ohne jeden Sinnzusammenhang in Bankett-, Komasten- und Reiterszenen ein. Wir werden auch eine Schlachtszene betrachten, aber das ist eine Seltenheit, denn wenn die Maler das wirkliche Leben schildern, geben sie der Darstellung von Gastereien und Jagdszenen den Vorzug.

Wenden wir uns zunächst dem Naukratismaler zu, dessen Stärke im Zeichnen von Tierfriesen liegt, darunter Löwen, gehörnte Ziegen, Hähne und auch Sphingen. Der korinthische Einfluß ist bei diesen Bildern stark. Eine zweihenkelige Amphore aus Vulci in Etrurien stammt ebenfalls von seiner Hand. Das Hauptband, das rund um die Gefäßschulter läuft, enthält acht antithetisch angeordnete Tiere; Tier-, auch Vogelmotive füllen die anderen Schmuckbänder. In seinen flachen Schalen bringt der Naukratismaler gewöhnlich seine Vorliebe für exotische Tiere zum Ausdruck. Auf einem Beispiel aus dem Louvre hat eine Sphinx das Innere eingenommen, das sie mit Ausnahme des üblichen Zusatzdekors, hier Fische und krummlinige Muster, vollständig ausfüllt. Diese Methode, die Innenseite einer Schale auszuschmücken, ist das besondere Kennzeichen der bemalten lakonischen Keramik des 6. Jahrhunderts, man beobachtet sie auch auf einer anderen Schale des Naukratismalers (Taf. 8). Die sitzende Gestalt ist die des Zeus *Lykaios* (ein arkadischer Kultname) mit dem ihn begleitenden Adler. Die intensive, vielleicht exzessive Verwendung der Einritzung ist hier bemerkenswert, ebenso die steife, ziemlich unlebendige Haltung des Gottes, dessen Arme und Hände nicht wiedergegeben sind. Mangelnder Sinn für Proportion hat den Adler für diese Szene zu groß werden lassen, so daß der eine Flügel schließlich die Knie des Gottes berührt. In diesem Fall hat sich die Fertigkeit, einzelne Tiere, auch Vögel darzustellen und sie in einem Fries anzuordnen, der Aufgabe, Vogel und Gott zu einer überzeugenden Einheit zu verbinden, nicht gewachsen gezeigt. Anders als viele andere lakonische Künstler illustriert der Naukratismaler keine Szenen aus der Sagenwelt, er bildet entweder Götter ab oder gelegentlich auch Menschen, die mit irgendeiner Alltagstätigkeit beschäftigt sind. Eine Schale aus Etrurien bringt ein stilisiertes Gelage von Zechern, die rund um ein Zentralmotiv gelagert sind (Taf. 9). Ein großer Krater, in dem der Wein mit Wasser vermischt wurde, steht mitten unter ihnen, zwischen den Gästen bewegt sich ein Knabe, einen Weinkrug in der Hand und ein Blumengewinde, mit dem er einen von ihnen bekränzen will. Andere Kränze werden von phantastischen Flügelwesen mit elegant gezeichneten Körpern, Armen und Händen gebracht. Die Szene ist manchmal als Totenmahl interpretiert worden, aber es gibt nur unzureichende Gründe für diese Hypothese. Besser ist es, an die Schilderung eines Trinkgelages zu denken, wie es im Sparta des 6. Jahrhunderts tatsächlich stattgefunden haben mag, nur mit der Beifügung reiner Phantasiegeschöpfe, die aus dem Motivschatz des Malers stammen.

Von dem idealisierten Symposion des Naukratismalers ist es nur ein kleiner Schritt zur Schilderung einer lebensechten Szene durch den Arkesilasmaler. Dieser Meister ist nach seinem bekanntesten Werk benannt, der Arkesilasschale, die erstmals 1833 veröffentlicht wurde (Taf. 10). Sie ist das berühmteste, wenn auch nicht am besten gearbeitete Beispiel lakonischer Keramik, reich an historischen Bezügen. Die auf die Innenseite gemalte Szene ist, gemessen an den Maßstäben lakonischer Kerameuten, ungewöhnlich reich mit menschlichen Gestalten bevölkert, die eine bestimmte Tätigkeit an einem bestimmten Ort ausüben. Links sitzt ein Mann, der durch die beigefügte Inschrift als Arkesilas identifiziert ist; es kann sich nur um Arkesilas II. handeln, der etwa 565–560 in Kyrene herrschte. Der szenische

Rahmen muß also Kyrene sein. Der König überwacht das Auswiegen irgendeiner Substanz und das Abfüllen in Behälter. Auf der gleichen Ebene wie der König steht ein Aufseher, der die Arbeit leitet, während seine Mitarbeiter das eigentliche Wiegen durchführen oder volle Säcke tragen, um sie zu jenen zu bringen, die bereits auf dem Boden gestapelt sind. Die Szene ist praktisch in drei horizontale Zonen geteilt, erstens durch den Querbalken, der die Waagschalen trägt, und zweitens durch die Grundebene, auf der der Stuhl des Königs steht. Die gelassene Ruhe des Königs ist ein beabsichtigter Gegensatz zu dem geschäftigen Treiben um ihn herum, zum Aufseher, der seine Befehle herausschreit, und den Arbeitern, die durch die Lasten niedergedrückt werden. Zwei Haustiere des Königs sind beigefügt, sein Affe, der oben auf einer Stange hockt, und seine Katze, die sich neben seinem Stuhl ausstreckt. Der Künstler hat sein Möglichstes getan, der Szene Authentizität zu verleihen, indem er neben jede Gestalt ein Wort schrieb. Der Name ARKESILAS identifiziert die Hauptperson eindeutig, aber der Sinn der anderen Wörter ist dunkel. Zumindest eines, MAEN, kann nicht griechisch sein; falls der Schreiber nicht irgendeinen Fehler gemacht hat, könnte es sich um einen ägyptischen Namen handeln. Man hat vermutet, daß die Wörter jeweils die Namen der beteiligten Personen mitteilen wollen, genau so wie ARKESILAS den Namen des Königs verrät, aber es ist unvorstellbar, daß dem Künstler die Namen so niedrig gestellter Leute bekannt waren oder daß er hätte denken können, sie würden bei dem späteren Besitzer der Schale auch nur das geringste Interesse finden. Nach einer anderen Hypothese nennen die Wörter nicht die Personen, sondern ihre Tätigkeiten, aber das ist kaum glaubwürdiger, da Männer, die der einfachen Beschäftigung nachgehen, Säcke auszuwiegen, kaum durch besondere Tätigkeitsbezeichnungen unterschieden worden sind. Die Art der gewogenen Ware ist gleichfalls ein Streitgegenstand: Man hat sie manchmal als Wolle angesprochen, manchmal als Silphion, eine Droge, für die Kyrene berühmt war. Schließlich bleiben auch über den eigentlichen Schauplatz des Wiegevorgangs Zweifel: Findet er an Bord eines Schiffes statt oder auf dem Marktplatz von Kyrene? Über all diesen Fragen steht aber noch eine ernstere, auf die noch nie eine überzeugende Antwort gegeben worden ist: Warum hat sich ein lakonischer Künstler so viel Mühe gemacht, eine detaillierte Szene aus dem Leben in Kyrene zu malen, vor allem wenn sein Werk für einen etruskischen Empfänger bestimmt war?

Keine Schwierigkeit dieser Art bringt die Interpretation einer

Mythenszene des Arkesilasmalers. Die beiden Titanen Atlas und Prometheus stehen einander gegenüber. Ersterer hält mit Kopf und Armen den Himmel hoch, letzterer ist an einen Pfahl gebunden, ein Adler reißt ihm die Leber heraus (Taf. 11). Die Szene erinnert an eine Beschreibung bei Hesiod, *Theogonie* 517–23, die in leicht verkürzter Form lautet: »Und durch harten Zwang trägt Atlas unermüdet mit Kopf und Händen den breiten Himmel, stehend an den Enden der Erde, denn dies ist das Schicksal, das ihm Zeus, der Ratbringer, zubestimmte. Und er hat auch den schlauen Prometheus mit grausamen Banden gefesselt, indem er einen Pfahl durch seine Mitte trieb und einen Adler auf ihn gesetzt; dieser fand seine Nahrung an der unsterblichen Leber [...].« Hesiod stellt in so vielen Worten nicht eindeutig fest, daß Prometheus und Atlas ihre Strafe an derselben Stelle erlitten, doch der Künstler nimmt völlig unbefangen an, daß dem so ist. Mit beachtenswertem Erfolg arbeitet er die Hilflosigkeit des einen und die gestrafften Muskeln des anderen heraus.

Eine eindrucksvolle Gestaltung eines mythischen Tieres, die in vollendeter Manier dem Rundfeld einer Schale angepaßt ist, sieht man in dem Meisterwerk des Chimairamalers (Taf. 12). Der Künstler hat die Chimaira als geflügelten, feueratmenden Löwen wiedergegeben. Die Form der Schale ist hier tatsächlich zu einem Vorteil geworden, denn sie gestattet es, die eine der beiden mächtigen Vorderpranken erhoben zu zeigen, als wolle sie gerade zuschlagen. Die gewaltigen Muskeln kann man sich dank der gekrümmten, scharf eingeritzten Linien gut vorstellen, und die unbändige Kraft des ganzen Ungeheuers wird noch durch den zierlichen Vogel zwischen den Vorderpranken betont.

Zwei Künstler, die in der Wiedergabe menschlicher Gestalten Großes geleistet haben, sind der Reitermaler und der Jagdmaler. Die Arbeit des ersteren sollen zwei Schalen veranschaulichen, deren eine (Taf. 13) einen stattlichen Reiter mit Vögeln und einem Flügelwesen zeigt, das Kränze trägt. Wir erinnern uns an die geflügelten Kranzträger in der Bankettszene des Naukratismalers (Taf. 13) und haben also an der Interpretation unsere Zweifel, daß es sich um die Bekränzung eines erfolgreichen Athleten durch eine geflügelte Siegesgöttin handle. Geflügelte Nebenfiguren sind offenbar Teil des Motivvorrats lakonischer Vasenmaler. Auf einer anderen Schale des Reitermalers sind zwei nackte Nachtschwärmer oder Komasten gemalt, die zu beiden Seiten eines großen Kraters stehen (Taf. 14); der eine schickt sich an, Wein zu entnehmen, während der andere die Doppelflöte spielt. Natürlich sind auch Vögel dabei.

Ein wichtiges Werk des Jagdmalers ist ein großer Krug, eine Hydria aus Rhodos. Der gesamte Gefäßkörper ist horizontal in Abschnitte gegliedert, viele Bänder enthalten abstrakte Motive. Vorne ist ein Kampf zwischen zwei Kriegern im Gange, die beide mit Speeren als Stoßwaffen, Rundschilden, Helmen und Beinschienen ausgerüstet sind (Taf. 15). Daß dies Teil einer größeren Schlacht ist, wird durch den Krieger ausgedrückt, der als Gefallener am Boden liegt, sowie durch die beiden Reiter zu Pferde, die auf jeder Seite Unterstützung leisten. Im Gegensatz zu der kraftvollen Aktivität, die im Mittelstück entfaltet wird, steuern die Reiter ein Element der Ruhe zur Komposition bei, der Rolle des Königs auf der Arkesilasschale vergleichbar. Die Namen der beiden Männer zu Pferde und der beiden Hopliten sind neben die einzelnen Gestalten geschrieben. Auf der Rückseite der Hydria sehen wir ausgepolsterte Tänzer in einem ausgelassenen Possenspiel (Taf. 16), wie sie es schon lange Zeit auf korinthischer Keramik getrieben haben; das ist auch die Quelle, aus der dieses herkömmliche Motiv in der lakonischen Kunst bekannt geworden ist. Die Hydria als Ganzes ist ein hervorragendes Erzeugnis aus der Werkstatt des Jagdmalers, dessen Meisterschaft deutlich aus der gut proportionierten Gefäßform, aus der zarten Einritzung und aus der geschmackvollen Verteilung der Farben zu ersehen ist: schwarz als Hauptfarbe für die Figuren, doch rot für einige Details, so die Ausrüstung der Krieger, die Pferdemähnen und die Streifen auf den Vogelschwingen. Anders als die bisher betrachteten Formen lakonischer Keramik ist die rhodische Hydria nach Metallvorbildern gestaltet. Die an den horizontalen Henkeln angebrachten Palmetten und die Löwenköpfe sind direkt aus einer bekannten Gruppe von Bronzegefäßen übernommen, die wir sogleich betrachten werden.

Neben der gemalten Ware und neben den einfachen, undekorierten Gefäßen für den Hausgebrauch gibt es eine kleine Anzahl eindrucksvoller Tonamphoren, die nicht bemalt sind, sondern auf der Außenseite aufgesetzte, in der Form gefertigte Reliefszenen erhielten. Reliefamphoren sind seit langer Zeit aus Böotien und von den Kykladen bekannt. Ein großes Fragment eines guten lakonischen Beispiels wurde bei der Ausgrabung des Heroons am Eurotas (vgl. S. 56) entdeckt. Das Relief auf dem Gefäßhals schildert das Schlachtgetümmel, mit einem behelmten Krieger, der einen Speer schleudert; und auf der Schulter lenkt ein von seinem Hund begleiteter Krieger ein Zweigespann. Eine etwas weniger schön gearbeitete Amphore, die indessen vollständig erhalten ist, stammt vom Theater bei der spartanischen Akropolis; ihr Relief zeigt eine mehrfach wiederholte Wagenszene. Die beste Amphore dieses Typs wurde in der bereits S. 54 beschriebenen Gräbergruppe gefunden: Zwei verschiedene Szenen sind dargestellt, die eine am Hals, die andere auf der Schulter des Gefäßes. Die Halsszene gibt den erfolgreichen Abschluß eines Jagdzugs wieder: Zwei Jäger, von ihren Hunden begleitet, tragen die erlegte Beute heim, einen Löwen, einen Eber, eine Ziege mit langen Hörnern und einen Hirsch (Taf. 17). Das Thema erinnert an die Motive so mancher bemalter lakonischer Gefäße, vor allem an das Werk des Jagdmalers, aber hier hat der Künstler mit der Einführung eines Löwen eine heroische Note hinzugefügt. Zweifellos ist, wie der Ausgräber bemerkte, die Jagdszene als Erinnerung an die Beutestücke des Mannes zu verstehen, der in einem der Gräber beigesetzt war. Der untere Fries enthält zwei Felder, die sich wiederholen: Ein vornehmer Herr in fein ornamentierter Tunika lenkt ein Zweigespann, während an seiner Seite ein mit Helm, Schild und Speeren bewaffneter Krieger schreitet. So zeigt die Amphore zwei Seiten des Lebens der Kriegerkaste. Unsere Prüfung der spartanischen Kulte, der spartanischen Dichtung, vor allem der des Alkman, und der bemalten Keramik bewahrt uns vor der Annahme, daß Jagd und Kriegführen die einzigen Interessen der Spartiaten gewesen seien; trotzdem hat ein Künstler, der eine Amphore eigens für ein Spartiatengrab schuf, diese beiden Tätigkeiten für den Inhalt seiner Friese ausgewählt. Der Wagenlenker auf dieser Amphore (um 600 v. Chr.) zeigt nichts von der strengen Nüchternheit des spartanischen Lebensstils; der Künstler hat wahrhaftig das ihm Mögliche getan, die Pracht seiner Kleidung und seiner Equipage herauszuarbeiten.

Wie wir soeben sahen, gestaltete der Jagdmaler seine herrliche Tonhydria nach Metallvorbildern. Einige solcher Bronzehydrien aus griechischen Werkstätten stammen von Fundstätten der ersten drei Viertel des 6. Jahrhunderts in Italien und in der nördlichen Peloponnes. Ein gut profilierter Typ ist für unseren Zusammenhang besonders interessant. Bei ihm haben zwei kleine horizontale Henkel an der Seite Palmettenattaschen. Ein viel höherer Grad an Vollkommenheit ist in der Behandlung der großen vertikalen Henkel erreicht: Ihr unterer Teil erhielt die Form eines Frauenkopfes, während sich oben auf dem Henkel entlang des Randes Löwen ausstrecken. Oft ist ein weiteres Detail hinzugefügt, eine Palmette unter dem Frauenkopf, Widder an beiden Seiten des Kopfes oder Schlangen, die sich auf dem Henkel winden. Auf einigen Hydrien ist der Frauenkopf durch ein Gorgonenhaupt ersetzt. Die archaische Gorgo ist jene Erscheinung in der griechischen Kunst, die das stärkste Entsetzen einflößt, ihre vorgestreckte Zunge und die Schlangen anstatt des Haars bezeugen den Glauben an ihre Fähigkeit, Menschen zu Stein werden zu lassen, wie sie von Pindar und späteren Dichtern beschrieben wird. Die Hauptzentren der Entwicklung der Gorgo in der Kunst des 6. Jahrhunderts scheinen Korinth und Sparta gewesen zu sein. Wo diese Hydrien mit Frauen und Gorgonen hergestellt worden sind, läßt sich nicht mit Sicherheit sagen, doch wahrscheinlich war eine lakonische Werkstätte für zumindest einige Stücke verantwortlich, und es ist durchaus möglich, daß spartanischer Einfluß auf Werkstätten in Korinth und in Italien gewirkt hat.

Im Gegensatz zu der geschlossenen Form der Hydria steht der offene Krater, der nichts anderes ist als ein großes Mischgefäß. Drei Bronzekratere und Fragmente von weiteren werden in die letzte Phase des 6. Jahrhunderts datiert. Zwei wurden in Gräbern bei Trebenište in Jugoslawien ausgegraben, der dritte, der aus Kampanien stammt, befindet sich jetzt in München. Alle diese Kratere sind mit zwei kunstreichen Volutenhenkeln ausgestattet, wobei wie bei den vertikalen Henkeln der Hydrien der untere Teil von Kopf und Oberkörper einer Gorgo gebildet wird, von denen anstelle der Beine zwei Schlangen ausgehen. Die beiden Kratere von Trebenište weisen an ihrem Hals eine Reliefszene voller Leben auf, Pferde, die im Galopp geritten werden. Trotz des Unterschieds in der Form zeigen einige Details im Schmuck dieser Kratere eine starke Ähnlichkeit mit denen der Hydrien, wodurch die Vermutung Nahrung erhielt, daß Hydrien und Kratere aus derselben Werkstätte stammen oder aus einer eng verbundenen Gruppe von Werkstätten.

Wir müssen heute zu den drei erwähnten Krateren noch einen vierten stellen, der viel größer und viel imponierender ist als die anderen. Er ist als »Krater von Vix« bekannt geworden, weil er 1953 in einem Grabhügel entdeckt wurde, der bei Vix nahe Châtillon-sur-Seine liegt. Die Beigaben in diesem Grab teilen sich in zwei Gruppen, heimische Produktion und Importe aus Etrurien und Griechenland, den Vix-Krater eingeschlossen. In beiden Gruppen fanden sich hervorragend gearbeitete Kunstgegenstände aus Edelmetall.

Der Vix-Krater wiegt mehr als 200 kg und ist etwa 1,70 m hoch. In der Behandlung der Henkel steht er dem Münchner Krater am nächsten, doch er ist viel sorgfältiger gearbeitet. Die Gorgonen haben Schlangen anstelle der Beine, und ein weiteres Schlangenpaar krümmt sich von hinten unter ihren Armen empor. Auf beiden Seiten der Henkel trägt eine Konsole einen rückwärts schauenden Löwen, mit demselben hohen künsterischen Rang gestaltet, der das ganze Werk auszeichnet (Abb. 14, Taf. 18). Auf den Hals sind 23 Reliefgruppen aufgenietet, die jeweils einen schildbewehrten Krieger mit Helm und Beinschienen umfassen, der einem leichten Viergespann voranschreitet, das von einem weiteren Krieger gelenkt wird. Diese Gruppen sind nicht einfach ohne jede Variation wiederholt, denn die Behandlung des dem Beschauer zunächst stehenden Pferdes zum Beispiel unterscheidet sich von Gruppe zu Gruppe. Als man die Gruppen nach der Ausgrabung von dem Krater abnahm, fand man bei jeder auf der Rückseite eine Markierung, der eine Markierung auf dem Hals des Kraters selbst entsprach. Diese Entdeckung zeigt nicht nur die unüberbietbare Sorgfalt bei der Gestaltung und Ausschmückung des Kraters, sondern gibt auch einen wertvollen Aufschluß über den Herstellungsort. Einige dieser Zeichen sind nämlich nichts anderes als Buchstaben des griechischen Alphabets, und zwar in jener Sonderform, die wir als lakonisches Alphabet kennen. Wären diese lakonischen Buchstaben nicht vorhanden, so könnte man denken, daß Chalkis oder Korinth als Entstehungsort nicht weniger wahrscheinlich wäre als Sparta, doch dieses Beweismaterial neigt eingestandenermaßen die Waage der Wahrscheinlichkeit unaufhaltsam auf die Seite der Schlußfolgerung, daß der Krater von Vix in Sparta gefertigt wurde oder vielleicht in einer lakonischen Werkstätte Unteritaliens.

Als der Vix-Krater aus dem Boden gegraben wurde, fand man ihn mit einem Bronzedeckel verschlossen. Aus einer tiefen Einbuchtung in der Mitte dieses Deckels ragt eine Platte, die die Bronzestatuette einer bekleideten Frau trägt (Taf. 29). Der linke Arm ist nach vorn gestreckt, während der rechte zur Seite gehalten ist. Zu der Steifheit dieser Pose und der heiteren Ruhe des Gesichtsausdrucks finden sich zahllose Parallelen in Köpfen und Figuren aus Ton und Bronze, die aus dem archaischen Sparta stammen. Solche Erzeugnisse haben in der Tat in Sparta eine lange, bedeutsame Geschichte, so daß es vielleicht von Interesse ist, die Hauptstadien der Entwicklung nachzuzeichnen.

Wir beginnen mit der spätgeometrischen Zeit. Geometrische Bronzearbeiten sind von vielen griechischen Fundstätten her bekannt. Sie umfassen Dinge des täglichen Gebrauchs ebenso wie Schmuckgegenstände, Statuetten von kleinen Tieren, mythischen Geschöpfen und Menschen. Den Herstellern dieser Bronzeminiaturen stand keine völlig befriedigende Technik des Bronzegusses zur Verfügung, so daß sie meistens ein Verfahren des Schneidens und Ausmeißelns von Metallbarren anwenden mußten. Die von ihnen hergestellten Formen mit ihren unnatürlichen Ausbuchtungen und Verdünnungen zeigen eine starke Ähnlichkeit mit den Menschengestalten, die die geometrischen Vasenmaler zeichneten. Dieser Stil ermöglichte hochrangige Erzeugnisse, wie man vor allem an einem kleinen Bronzepferd aus Olympia

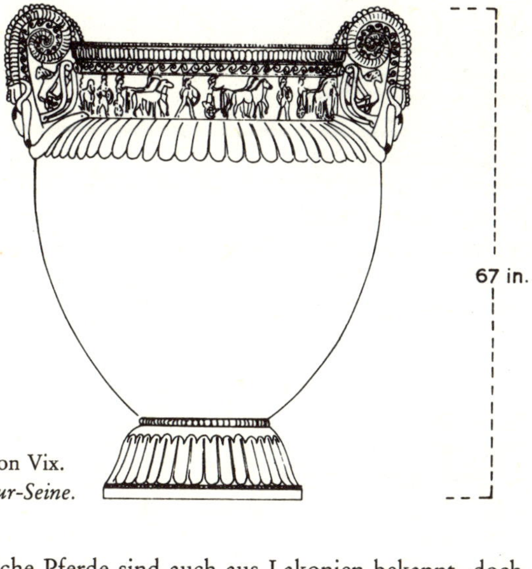

Abb. 14.
Skizze des Kraters von Vix.
Museum Châtillon-sur-Seine.

sehen kann. Ähnliche Pferde sind auch aus Lakonien bekannt, doch zeigen sie heute so starke Korrosionserscheinungen, daß sich ihre Qualität nicht mehr beurteilen läßt. Das Heiligtum der Artemis Orthia hat jedoch eine geometrische Bronze hervorgebracht, bei der die Schematisierung des menschlichen Umrisses bis zu den für sie denkbaren Grenzen geführt ist (Taf. 30). Diese Bronze hat in Griechenland nirgends ihresgleichen, obwohl skizzenhafte Darstellungen menschlicher Gestalten aus Athen bekannt sind. Die Wirkung, die die Orthiabronze auf den Betrachter ausübt, ist stark, da der Künstler beim Herausarbeiten der wesentlichen Umrisse des menschlichen Körpers alles beiseite gelassen hat, was für seine Absicht unerheblich war, Fleisch, Körperorgane und Gesichtszüge.

Zeitlich am nächsten steht die Bronzefigur einer Frau vom Menelaion, die ins 7. Jahrhundert gehört (Taf. 25). Mit dieser Bronze befinden wir uns in einer Welt, die von der des soeben beschriebenen geometrischen Beispiels völlig verschieden ist. Abermals ist keine unmittelbare Parallele zu dieser Bronze bekannt, so daß man nur schwer sagen kann, ob es sich um ein vereinzeltes Experiment oder um ein Stück aus einer Reihe handelt. Aber es ist klar, daß gewisse Schwierigkeiten bei der Wiedergabe der menschlichen Gestalt nicht überwunden worden sind: Die Haltung ist steif und unbeholfen, während der Kopf zu groß für den Körper und der Mund zu groß für das Gesicht ist.

Ein in der Form gefertigter Tonkopf einer Frau von der spartanischen Akropolis (Taf. 19) zeigt trotz der zeitlichen Nähe zu der genannten Bronze einige Fortschritte in Richtung auf eine naturalistischere Gestaltung. Der rohe Ton ist modelliert worden, um ganz schwache Andeutungen von Nase, Mund, Kinn und Augen zu geben; Brauen, Ohren, Haar und Halskette sind grob, aber wirkungsvoll in dunkelbrauner Bemalung aufgetragen. Wie bei der Menelaionbronze können wir nicht sagen, ob dieser Kopf eine ganze Schule repräsentiert oder das Bemühen eines einzelnen Künstlers darstellt. Die Wiedergabe menschlicher Züge ist jedenfalls noch ziemlich unbeherrscht, sie ist noch nicht zu jenen Beschränkungen gelangt, die ein künstlerisches Konzept auferlegt.

Solch ein Konzept haben im späten 7. Jahrhundert Künstler aus den dorischen Staaten Lakonien, Kreta, Korinth und Rhodos entwickelt. Unter gegensetitigen Beeinflussungen schufen diese vier Schulen das, was wir heute als »dädalisch« kennen, den klassischen Stil der dorischen Plastik. Ein Terrakottakopf soll die dädalische Kunst Lakoniens veranschaulichen (Taf. 20). Wie die ganze Serie ist der Kopf so gestaltet, als scheine er leicht abwärts zu blicken, im Gegensatz zu dem Aufwärtsstarren der beiden vorhergehenden Figuren. Das ziemlich spitze Kinn, die geschwungenen Lippen, die summarisch wiedergegebenen Augen, dies alles ist für das Dädalische Lakoniens charakteristisch. Das Haar wallt beiderseits in Locken nieder, oben wird es durch eine schmale Kopfbedeckung festgehalten.

Der dädalische Stil konnte in seinen besten Momenten bedeutende Ergebnisse erzielen, aber es haftete ihm immer etwas Schwerfälliges, Starres an, das eine Weiterentwicklung zu größerer Flexibilität und Naturtreue verhinderte. Dieser Schritt erfolgte im 6. Jahrhundert mit der Vereinigung von dorischer Schwere und ionischer Anmut. In einem monumentalen Ausmaß fanden die beiden künstlerischen Traditionen im Apollonthron von Amyklai zusammen (vgl. S. 72f.), aber auch bei den Kleinbronzen ist die Wirkung eindrucksvoll. Ein gutes Beispiel dafür ist eine Arbeit aus der Mitte des 6. Jahrhunderts, ein Bronzespiegel mit einem Fuß in Gestalt einer Frau (Taf. 31). Der Spiegel wurde zusammen mit anderen Bronzen in den Hängen des Taygetosgebirges gefunden, wahrscheinlich handelt es sich um einen Hort von Weihgaben. Obwohl die Frau nackt ist, hat sie etwas festlichen Schmuck angelegt und trägt Opferspenden in den Händen. Der Künstler scheint sich eine junge Frau vorgestellt zu haben, die an irgendeinem Fest im Freien teilnimmt, wahrscheinlich an einem, das in der Umgebung Spartas veranstaltet wurde. In seiner künstlerischen Qualität hält der Spiegel ohne weiteres dem Vergleich mit ähnlichen Beispielen aus anderen Teilen Griechenlands stand, denn die Frauengestalt ist statuenhaft, ohne steif oder plump zu wirken. Eine etwas jüngere, doch völlig andersartige künstlerische Aussage lakonischer Bronzearbeit sieht man bei der 1955 in Olympia gefundenen bronzenen Figur (Taf. 26). Der gespannte Gesichtsausdruck und die gut wiedergegebene Körpermuskulatur bedürfen keiner Hervorhebung. Was die Hände hielten, ist verloren, aber die Gestalt zeigt die vertraute Pose des blitzeschleudernden Zeus, so daß dies die wahrscheinlichste Deutung unserer Bronze ist.

In entschiedenem Gegensatz zu diesen schönen Bronzearbeiten steht die Figur eines Stiers von der Akropolis (Taf. 27). Neben den üblichen Einritzungen an Hals und Körper, eine flüchtige Andeutung der Behaarung, trägt der Stier eine Inschrift in markanten Lettern, ATHANAIAS, die bezeugt, daß er der Hauptgöttin der Akropolis geweiht wurde. Viele ähnliche Bronzen, Stiere und andere Tiere, sind aus dem späten 6. Jahrhundert bekannt. Sie waren zu dieser Zeit Massenware.

Schließlich sind noch zwei Bronzen zu erwähnen, die die Fertigkeit zeigen, mit der einige lakonische Künstler zu Werke gingen, kurz bevor im frühen 5. Jahrhundert ihre Tätigkeit endete. Der Ausgräber der nackten männlichen Gestalt (Taf. 23) bezeichnete sie als »Trompeter«, weil ihr Arm erhoben ist, als halte sie eine Trompete. Wir können heute diese Deutung nicht gelten lassen. Die Spartaner zogen zum Klang der Flöten in die Schlacht; daß bei ihnen Trompeten verwendet worden wären, ist nirgends erwähnt, und außerdem gehört der gebogene Arm nicht zur ursprünglichen Gestaltung des Stückes. Es ist

Abb. 15. Terrakottamaske vom Orthiaheiligtum. *Museum Sparta.*

jedoch leicht, der Einschätzung dieser Bronze als »kleines Meisterwerk spartanischer Kunst« zuzustimmen. Der kraftvolle, muskulöse Körper des jungen Mannes ist sehr gut erfaßt, doch über die Tätigkeit, die er gerade ausübt, müssen wir weiterhin in Unkenntnis bleiben. Die Bronzeminiatur eines nackten Knaben (Taf. 22) zeigt deutlich eine Eigenschaft, die nicht ohne weiteres mit den Spartanern und ihrer Kunst verbunden ist, einen unwiderstehlichen Charme. Die Figur mit ihrem munteren Lächeln und ihrer ungewöhnlichen Haartracht stammt aus dem Amyklaion. Die Gegenstände, die der Knabe in Händen hielt, sind weggebrochen, so daß wir zwar die Qualität der Arbeit würdigen können, nicht aber den genauen Zweck benennen, für den sie geschaffen wurde.

Eine faszinierende Weihgabengruppe aus dem Orthiadepot umfaßt das, was unpräzise als Terrakotta›masken‹ bezeichnet wird, unpräzise deshalb, weil sie nicht wirklich als Masken verwendet worden sind und ihr Verwendungszweck tatsächlich ein Geheimnis bleibt. Die

Abb. 16. Terrakottaziegel aus der modernen Stadt. *Museum Sparta.*

besten Arbeiten gehören zumeist ins 6. Jahrhundert. Die beklemmende Maske einer alten Person (Mann oder Frau?) zeigt mit unverhüllter Kraft die Runzeln des Gesichts, den verzweifelten Mund, die wenigen noch vorhandenen Zähne (Taf. 34). Aus anderen Städten Griechenlands ist nichts bekannt, was solchen Masken gleicht, so daß sie, wenn sich irgend etwas zu ihnen sagen läßt, als Eigenschöpfung einer rein lokalen Kunst gelten können. Die kleinere Gorgomaske (Abb. 15) ist eine gute Verkörperung dieses Typs, wobei die Einzelzüge nicht so markant akzentuiert sind wie bei den Masken alter Personen. Die platte Nase, die vorgestreckte Zunge, das Schlangenhaar sind allesamt wesentliche Elemente des Gorgonenhauptes (vgl. S. 101); man vergleiche sie nur mit einem Dachziegel (*akroterion*) des 6. Jahrhunderts aus Sparta (Abb. 16). Eine von den hier behandelten Masken verschiedene Konzeption vertritt das lebensgroße Fragment eines in dickem Ton modellierten Kopfes (Abb. 17). Obwohl er nicht wirklich ›getragen‹ worden sein kann, wurde er vielleicht vor das Gesicht gehalten. Aber jede Vermutung über den Zweck dieser Weihgaben ist sinnlos, wir müssen sie als sehr willkommene Veranschaulichungen der Vielfalt und der handwerklichen Fertigkeit spartanischer Plastik in ihrer Blütezeit verstehen.

Eine besondere Eigentümlichkeit unter den spartanischen Weihgaben sind die kleinen Bleifiguren, die sich bei allen größeren Heiligtümern gefunden haben, vor allem an der Fundstätte der Artemis Orthia, die Zehntausende dieser Gegenstände, hauptsächlich aus dem 6. Jahrhundert, gebracht hat (Taf. 28). Die Figuren sind zu Anfang recht sorgfältig gearbeitet, sie weisen Ähnlichkeiten mit Elfenbeinplättchen auf, dann entarten sie zu Massenprodukten. Der behandelte Themenkreis ist sehr groß: Tiere und Fabelwesen, Götter und Göttinnen, Krieger, Musikanten, Schmuck.

In weichen Kalkstein wurden Reliefs für Votivgaben im Orthia-Heiligtum gemeißelt, wobei das Pferd das beliebteste Motiv war. Ein gutes Beispiel ist Taf. 24 abgebildet. Die Inschrift, die am oberen Rand von links nach rechts läuft und sich dann die rechte Seite hinab fortsetzt, lautet »Thiokormidas weihte [es] der Wo[r]theia«. Für ihre schöneren Reliefs verwendeten die spartanischen Künstler Marmor. Ein ausgezeichnetes Beispiel kann eine ganze Serie von Heroenreliefs angemessen repräsentieren (Taf. 32). Das tote Paar ist sitzend gezeigt, auf einem hohen, geradlehnigen Stuhl, wobei der Mann dem Betrachter in die Augen schaut. Die Schlange auf der Rückseite des Stuhls ist ein bekanntes Begleitmotiv chthonischer Szenen. Zwei viel kleinere Gestalten nähern sich von rechts und bringen den heroisierten Toten ihre Gaben: Der Mann überreicht einen Hahn und ein Ei, die Frau einen Granatapfel. Auch Wein ist vermutlich gebracht worden, denn der Tote hält einen Kantharos, ein großes Trinkgefäß. Der Künstler ist einer Tradition gefolgt, die die Kluft zwischen dieser Welt und dem Jenseits zu überbrücken sucht. Die hier dargestellte Auffassung vom Weiterleben nach dem Tode bietet keinen Raum für die Vorstellung von Toten als körperlosen Schatten. Sie sind als Wesen gesehen, die sich an Speis und Trank erfreuen, wie sie ihnen von ihren Verehrern bei den Heroenkulten dargereicht werden. Taf. 33 zeigt ein Relief eines anderen Typs, bei dem die handwerkliche Arbeit weit weniger sorgfältig ist. Oben, in einer Art Giebel, befinden sich das Ei und die Schlange als chthonische Symbole, unten stehen in einer steifen, fast heraldischen Pose die Brüder Helenas, die Dioskuren. Sie tragen eine Art losen Mantel, eine Chlamys, und haben lange Speere in den

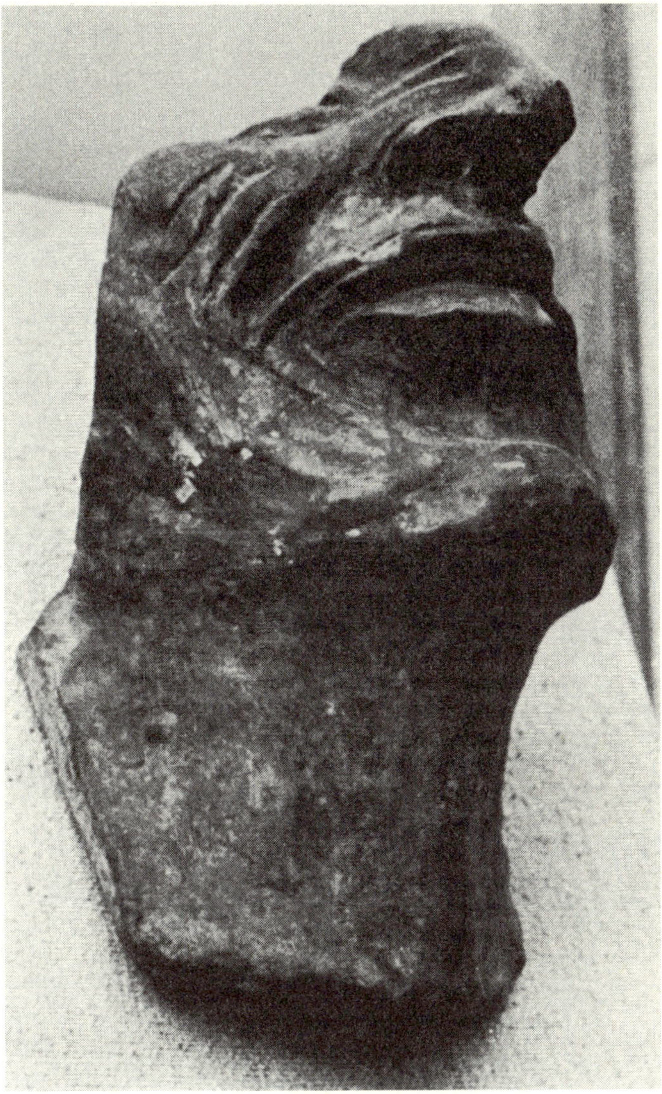

Abb. 17. Tonkopf aus dem Orthiaheiligtum. *Museum Sparta.*

Händen, als wollten sie zur Jagd aufbrechen. Die schlanken, mit Deckeln versehenen Amphoren zwischen den Heroen sind zweifellos Kultsymbole, aber was sie genau bedeuten, wissen wir nicht.

Das Orthiaheiligtum erwies sich als reicher an Elfenbeinschnitzereien denn jede andere Fundstätte auf dem griechischen Festland. Angesichts einer solchen Fülle von Elfenbeinarbeiten, die aus dem 7. und

Abb. 18.
Elfenbeinrelief aus dem Orthiaheiligtum.
Göttin mit Tieren.
Athen, Nationalmuseum.

6. Jahrhundert stammen, kann man kaum etwas anderes tun, als einige wenige auszuwählen, die die Entwicklung des Stils und der Technik veranschaulichen. An einem sehr frühen Platz der Reihe steht ein kleines, an einer Bronzenadel befestigtes Plättchen (Abb. 18), das sich in seiner Manier und seinem Inhalt eng an orientalische Vorbilder anschließt. Die phantastische weibliche Gestalt mit Flügeln und einer Krone, in einen langen Rock gekleidet, füllt den ganzen verfügbaren Raum; mit jeder Hand packt sie einen Vogel. Sehen wir hier die unkritische Wiederholung eines fremden Typus oder eine Übernahme dieses Typus dergestalt, daß er die Göttin des Heiligtums darstellen

soll? Die enge Verbindung mit wilden Tieren ist sicherlich ein ausgeprägtes Kennzeichen jüngerer Artemisdarstellungen (vgl. S. 59 f.). Es ist also durchaus möglich, daß diese Besonderheit Artemis und ihrer Vorgängerin im Orthiakult gemeinsam war.

Etwas später sollte man den schlecht erhaltenen Elfenbeinkamm auf Abb. 19 datieren. Er zeigt eine der berühmtesten und zugleich verhängnisvollsten Szenen der griechischen Sage, in der Paris den Schönheitspreis Aphrodite zuerkennt, indem er ihr einen Apfel entgegenhält. Aphrodites erfolglose Rivalinnen, Athene und Hera, stehen

Abb. 19. Elfenbeinkamm aus dem Orthiaheiligtum. Parisurteil. *Athen, Nationalmuseum.*

dahinter. Daß Paris ein Hirte war, ist hier völlig aus den Augen verloren, er ist als orientalischer König gesehen, der auf einem niederen Thron sitzt und seine Gaben verteilt. Den statuenhaften Charakter des vorhergehenden Plättchens findet man hier wieder, aber der Schnitzer des Kamms läßt einen Fortschritt in Richtung auf die Wiedergabe einer erzählenden Szene erkennen. Die drei Göttinnen sind in ihrer Kleidung differenziert, und es gibt ein Bewußtsein für die Anforderungen einer Komposition, denn der Vogel auf der rechten Seite scheint als ein wenn auch unzureichendes Gegengewicht zu Paris ins Spiel gebracht zu sein. Er ähnelt jenen neugierigen, aber unnützen

Vögeln, die wir bereits auf lakonischen Vasen beobachtet haben (vgl. S. 96).

Jünger als der Kamm ist eine links abgebrochene Tafel, die eine andere Szene aus der Sagenwelt zeigt (Abb. 20), einen Kentaur in der Stunde seines Todes: Ein Lapithe hat ihn am Haar gepackt und stößt ihm den

Abb. 20. Elfenbeintäfelchen aus dem Orthiaheiligtum. Lapithe und Kentaur. *Athen, Nationalmuseum.*

Dolch in die Seite. Dies geschah im Verlauf des wütenden Kampfes, der über dem Versuch der Kentauren entbrannte, die Frauen der Lapithen zu entführen.

Die spartanische Elfenbeinschnitzerei erreicht in zwei Stücken des 7. Jahrhunderts ihre höchste Blüte. Der Typus des liegenden Tieres, in Rundplastik gearbeitet, findet jetzt allgemein Verbreitung. Seinen vollendetsten Ausdruck erhält er in einer Gruppe von drei Figuren (Abb. 21): Eine Löwin ist eifrig damit beschäftigt, ein Kalb zu verschlingen, dessen Kopf aus ihrem Maul ragt; ein verkleinerter Mann (dessen Kopf fehlt) überrascht das Untier, das nicht auf der Hut ist; rasch läßt er sich auf ein Knie nieder und stößt ihm den Dolch in den Nacken. Den gesamten Ablauf der Handlung gleichsam einfrieren zu lassen, ihn als Einheit auszudrücken und in einem schwer zu bearbeitenden Material darzustellen, das zeugt von einer Meisterschaft, die lediglich in einer großen Platte (Abb. 22) eine Parallele hat. Ein Kriegsschiff ist dabei, auszufahren, oder, was weniger wahrscheinlich ist, es nähert sich gerade dem Land. Die Rundschilde der Hopliten hängen über Bord, von einigen Kriegern sind die Köpfe zu sehen. Ein Mann läßt vom Vorschiff aus einem Fisch die Angelschnur, unter der ein anderes Mitglied der Besatzung das Balkengefüge des Schiffs zu

Abb. 21. Elfenbeingruppe aus dem Orthiaheiligtum. Löwe, Kalb, Mann. *Athen, Nationalmuseum.*

inspizieren scheint. Auf dem Heck begrüßt der Kapitän, dessen Kopf verloren ist, eine Frau in langem Rock, die auf dem Ruder schreitet – oder sagt er ihr Lebewohl? Soweit wir wissen, könnte diese Tafel ebensogut eine Szene aus dem wirklichen Leben darstellen (wie die Löwengruppe) wie eine Episode aus der Sage (wie das Parisurteil oder der Kampf zwischen Lapithen und Kentauren). Die vielfältige Aktivität ist überzeugend dargestellt, aber die einzelnen Gestalten sind nicht sehr naturgetreu geschnitzt, weil die Proportionen des Ganzen mangelhaft sind. Auf dem Vorderteil des Schiffes ist die Weihung an die Göttin WORTHAIA eingeritzt.

Irgendwann im 6. Jahrhundert kam der Nachschub an Elfenbein zum Versiegen. In der Folge wurden einige künstlerische Motive, die zuvor für das Elfenbein verwendet worden waren, auf Bronzegegenstände übertragen.

Abb. 22. Elfenbeintafel aus dem Orthiaheiligtum. Kriegsschiff. *Athen, Nationalmuseum.*

Schließlich ist noch Kopf und Rumpf eines behelmten Kriegers zu erwähnen (Taf. 35), Teil einer überlebensgroßen Marmorfigur aus der Gegend südlich des Athenetempels auf der Akropolis. Es ist eine gute Arbeit aus dem ersten Viertel des 5. Jahrhunderts, das einzige Beispiel für eine Skulptur solchen Ausmaßes, das je in Sparta gefunden worden ist. Der Ausgräber selbst und viele andere, die darüber schrieben, haben es nicht in Betracht gezogen, daß ein einheimischer Bildhauer zu dem erforderlichen handwerklichen Können befähigt gewesen sein könnte, das diese Statue zeigt; sie vermuteten daher, daß sie in Athen geschaffen wurde. Es gibt jedoch keinen zwingenden Grund für die Annahme, daß Athen der Herstellungsort war. Und wen stellt die Statue dar? Wenn wir einer oft vertretenen Auffassung zustimmen, werden wir sagen, daß die Spartaner der entsprechenden Zeit nur einen einzigen ihrer Krieger für würdig halten konnten, auf ihrer Akropolis zu stehen. Dieser Mann ist Leonidas. Die Wahrscheinlichkeit ist groß, doch abermals läßt sich keine einzige Tatsache finden, sie zu stützen.

Sechstes Kapitel

Das Zeitalter der spartanischen Machtausweitung (800–540 v. Chr.)

Für den Anfang der Eisenzeit bis hin zur Mitte des 8. Jahrhunderts bietet das archäologische Material die einzige verläßliche Quelle zur Entwicklung Spartas, und dieses Material ist, wie bereits in früheren Kapiteln betont wurde, äußerst dürftig, so daß sich nur wenig Wertvolles über den Verlauf der spartanischen Geschichte dieser Zeit daraus gewinnen läßt. Wenigstens eine Tatsache scheint leidlich gewiß zu sein, die Tatsache nämlich, daß dies der Zeitraum der Herausbildung eines einheitlichen Staates war, der Sparta selbst, Amyklai, den Zugang zum Meer in Helos und vermutlich auch Gytheion mit seinem ausgezeichneten Hafen umfaßte. Man hat oft die Annahme vertreten, daß die Macht von den ersten Anfängen der Eisenzeit an in Sparta konzentriert war und daß Sparta in der Folge sein Übergewicht über den Rest Lakoniens ausdehnte, zuerst durch die Unterwerfung von Amyklai, von dem man annimmt, es sei eine vordorische Siedlung gewesen und habe den dorischen Neuankömmlingen entschlossenen Widerstand entgegengesetzt, dann durch die Eroberung von Helos und so fort. Aber da gibt es nur wenig, was für den Glauben an einen solchen Ereigniszusammenhang zu begeistern vermag. Seine Grundlagen sind nicht Tatsachen, sondern eher späte Sagen von der dorischen Einwanderung, nach denen die Stadt Sparta einer der drei Preise war, die den Erobererkönigen verliehen wurden, während Amyklai das Zentrum des von der eingesessenen Bevölkerung aufrechterhaltenen Widerstands bildete. Nichts von alledem kann eine tragfähige Basis für eine historische Rekonstruktion bilden. Die allmähliche Unterwerfung Lakoniens durch ein in politischer und militärischer Hinsicht bereits zweckmäßig organisiertes Sparta ist ein verlockendes, im Licht unserer Kenntnis von den späteren Tätigkeiten und Eigenschaften der Spartaner gesehenes Bild. Vermutlich ist es aber falsch. Nichts weist darauf hin, daß Sparta von Anfang an die mächtigste lakonische Siedlung war. Angesichts der Tatsache, daß seine natürlichen Verteidigungsmittel viel weniger stark waren als die vieler anderer Plätze in Lakonien, darf es als wahrscheinlich gelten, daß dies nicht der Fall war. Daher kann der einheitliche Staat, dessen Ausweitung für das 8. Jahrhundert bezeugt ist, genausogut durch einen Zusammenschluß einer Anzahl verstreuter, bis dahin unabhängiger Orte entstanden sein. Das ist vermutlich der Weg, auf dem die Gemeinden Attikas zur politischen Einheit fanden, und nichts spricht gegen eine ähnliche Annahme hinsichtlich Lakoniens.

Der Zeitpunkt, zu dem die anderen Lakonier die Oberhoheit Spartas anerkannten, läßt sich nicht mehr feststellen, doch sei hier wenigstens ein glaubhafter Grund vermutet, weshalb sie die spartanische Oberherrschaft hinnahmen. Die Sagen vom Doriereinfall machen deutlich, wie stark der Einfluß der Propaganda in der alten griechischen Welt sein konnte, vor allem einer Propaganda, die die Legitimation angestammter Rechte zum Ziele hatte. Genauso wie die dorischen Stämme allgemein dem übrigen Griechenland Verständnis für ihr Recht aufzwangen, über das Gebiet zu herrschen, in dem sie sich befanden, werden wohl die Spartaner für ihre Könige einen so imponierenden Stammbaum konstruiert haben, um für sich selbst die stärksten Ansprüche auf die lakonische Oberhoheit zu erheben.

Die erste verzeichnete Großtat des geeinten spartanischen Staates ist ein Krieg, allem Anschein nach ein Aggressionskrieg gegen Messenien. Dieser hat in der Zeit des Strabon die Bezeichnung Erster Messenischer Krieg erhalten, um ihn von den späteren zu unterscheiden. Ein zeitgenössischer Bericht liegt dazu nicht vor, der einzige Hinweis von Wert ist der des Tyrtaios (vgl. S. 80). Tyrtaios spielte im Zweiten Messenischen Krieg des 7. Jahrhunderts als Befehlshaber und patriotischer Dichter eine beachtenswerte Rolle. Nach dem spartanischen Sieg in diesem Krieg schreibt er von einem früheren Konflikt mit Messenien, das er »Messene« nennt. Leider beginnt die Zitierung dieser Zeilen mitten in einem Satz, aber die Anspielung auf den Ersten Messenischen Krieg ist hinreichend deutlich (Frg. 5):

> ». . . unserem König, dem von den Göttern geliebten Theopompos, durch den wir das breite Messene genommen haben, Messene, gut zu pflügen, gut zu säen. Die Speerkämpfer, die Väter unserer Väter waren, kämpften dafür neunzehn Jahre ununterbrochen, stets hatten sie ein standfestes Herz. Und im zwanzigsten Jahr verließen sie [d. h. die Messenier] ihre reichen Äcker und flohen aus den großen Bergen von Ithome.«

Bei aller Kürze sichert diese Stelle aus Tyrtaios drei Tatsachen für den Ersten Messenischen Krieg: daß sich der Hauptstoß des spartanischen

Angriffs gegen Ithome richtete, daß das Ziel Spartas die Erwerbung fruchtbaren Landes in den messenischen Ebenen war und daß die Spartaner ihr Ziel erst erreichten, nachdem der langdauernde Widerstand der Messenier gebrochen war, die sich in einer leicht zu verteidigenden Stellung eingerichtet hatten. Nichts wird von einer weiter nach Westen ausgreifenden Expansion der Spartaner gesagt, sie scheinen sich vor dem Zweiten Messenischen Krieg nicht ernsthaft mit der West- und Südküste Messeniens beschäftigt zu haben. Ob man die Zahl 19 bei Tyrtaios buchstäblich nehmen soll, ist keineswegs gewiß. In den homerischen Epen wird mehrmals gesagt, daß bestimmte Ereignisse »im zwanzigsten Jahr« eintreten; wahrscheinlich hatten die Griechen noch nicht die Gewohnheit angenommen oder die Notwendigkeit erfaßt, eine Zeitspanne präzise zu bestimmen. Tyrtaios meinte vermutlich nichts anderes, als daß der Krieg ›eine lange Zeit‹ dauerte. Eine genaue Datierung läßt sich auch nicht aus seiner Feststellung gewinnen, daß der Krieg in der Zeit der Großväter seiner Zeitgenossen ausgefochten wurde.

Späte Autoren geben verschiedene Daten für den Ausbruch des Krieges, wiewohl sie alle darin übereinstimmen, daß er in der zweiten Hälfte des 8. Jahrhunderts begonnen haben muß. Es ist durchaus möglich, daß sich eine größere Genauigkeit erzielen läßt, wenn man die Liste der Olympioniken befragt, die der um 410 gestorbene Hippias von Elis in eine endgültige Form gebracht hat. Diese Liste zeigt, daß bei den siebenten, achten, neunten, zehnten und elften Olympischen Spielen (752–736) der Sieg von einem Messenier errungen wurde, während umgekehrt kein Spartaner vor der sechzehnten Olympiade (716) erfolgreich war. Wenn wir dieser Information folgen, gelangen wir zu der Annahme, daß der Erste Messenische Krieg innerhalb der 20 Jahre anzusetzen ist, die den letzten messenischen Olympiasieg vom ersten spartanischen trennen. Aber wieviel Vertrauen kann man in die Siegerlisten setzen? Ihrer Zuverlässigkeit ist man manchmal mit Skepsis begegnet, vor allem was die älteren Eintragungen betrifft. Und doch ist es aus allgemeinen Gründen der Wahrscheinlichkeit nicht undenkbar, daß der Stolz der beteiligten Städte schon seit der Einrichtung der Olympischen Spiele die Erinnerung an die Siegernamen lebendig erhielt. Etwa um 700 konnte man die Namen aufgezeichnet haben, und es ließ sich der größte Nutzen daraus ziehen, daß sie von der Priesterschaft in Olympia unparteiisch festgehalten wurden. Zumindest bieten die Siegerlisten ein ebenso zuverlässiges Verzeichnis wie die späteren Chronographen, da sie nicht auf der Generationenrechnung beruhen und auch nicht bei einem Versuch, historische Ereignisse miteinander zu verbinden, verändert worden sind. Es versteht sich von selbst, daß spätere Phantasie den knappen Hinweis des Tyrtaios auf den Ersten Messenischen Krieg stark ausgeschmückt hat, vielleicht auch durch Einzelheiten, die völlig frei übertragen worden sind. Pausanias 4,4,1–3 gibt, indem er einem bei Herodot üblichen Verfahren folgt, zwei gegensätzliche Berichte vom Anlaß des Krieges, einen aus messenischer, den anderen aus lakonischer Sicht. Die Lakonier behaupteten, junge Frauen seien in einem Heiligtum, das von beiden Völkern gemeinsam verehrt wurde, überfallen worden, und als der Spartanerkönig eingriff, hätten ihn die Messenier getötet. Nach der messenischen Version wäre derselbe König dafür verantwortlich gewesen, daß junge Spartaner als Mädchen verkleidet und zu einem heimtückischen Überfall auf die Messenier angestiftet wurden. Solche Geschichten sind nicht unbedingt als reine Erfindung zu verwerfen. Obwohl doch aus den Worten des Tyrtaios hervorgeht, daß der Erste Messenische Krieg schlicht und einfach aus dem Verlangen Spartas entstanden ist, fruchtbare Ländereien Messeniens zu erwerben, ist es ziemlich wahrscheinlich, daß sich die Spartaner ein weniger diskreditierendes Motiv für den Ausbruch des Krieges ausdachten. Nach Pausanias waren sie geschickt genug, die Messenier der Verletzung einer heiligen Stätte und zugleich einer schurkischen Tat zu bezichtigen, Vergehen, die sie voll dazu berechtigten, durch einen Einfall in messenisches Gebiet Genugtuung zu suchen.

Die Zeit des Ersten Messenischen Krieges war auch die Zeit der großen Kolonisationsbewegung von Griechenland nach Sizilien und Süditalien. Leider wird das griechische Wort *apoikia* heute allgemein mit »Kolonie« wiedergegeben, es wäre aber noch verwirrender, wollte man jetzt einen neuen Terminus einführen. Die Motive der griechischen Kolonisation waren in der Tat jenen sehr ähnlich, die in der Neuzeit zur Gründung von Kolonien geführt haben: Übervölkerung in der Heimat und der Wunsch, beengten Verhältnissen zu entfliehen; schiere Abenteuerlust und Räuberei; politische Intoleranz. Aber die griechische »Kolonie«, einmal gegründet, blieb nicht unter der Kontrolle ihrer Mutterstadt, sie war völlig unabhängig und bildete ein neues politisches Gemeinwesen, obwohl das Bestehen gemeinsamer Handelsinteressen, gemeinsamer Kulte und eines gemeinsamen Dialekts oft bedeutete, daß Mutter und Tochter eine enge Beziehung aufrecht erhielten.

Eine der ältesten griechischen Kolonien in Italien war die Siedlung in Rhegion, an der auch Messenier teilhatten. Das überlieferte Datum für die Gründung dieser Kolonie ist 720. Wenn das richtig ist, dann muß sie als Ergebnis des Ersten Messenischen Krieges betrachtet werden, vielleicht in der Zeit, als er ein kritisches Stadium erreichte. Die Spartaner sandten ihrerseits gegen Ende des Jahrhunderts eine Kolonie aus. Als Datum dieser Gründung geben spätere Quellen das Jahr 706 an, und das archäologische Material zeigt, daß diese Datierung nicht sehr falsch sein kann. Der Platz, den die Spartaner für ihren einzigen Einsatz im großen Zeitalter der Kolonisation auswählten, war Taras, das römische Tarentum, das heutige Taranto, das einen sehr schönen natürlichen Hafen beherrscht. Bei ihrem Zug in den Golf von Tarent folgten die Spartaner dem Beispiel der Mykener, die in diesem Gebiet tätig gewesen waren und sich wahrscheinlich in Scoglio del Tonno festgesetzt hatten. Es ist möglich, daß sich von diesen Mykenern in der Anspielung des Strabon 6,3,2 auf die »Kreter, die zuvor von diesem Platz Besitz ergriffen haben«, eine Spur erhalten hat.
Von den aufgezählten möglichen Motiven für die Kolonisation scheint einzig das politische bei der Gründung von Tarent ausschlaggebend gewesen zu sein. Dieses Motiv leuchtet deutlich aus der Fülle phantastischer Details hervor, die die verschiedenen Quellen zusammengetragen haben. Das Älteste und Einfachste bringt Aristoteles in seiner *Politik* 5,6,1 als Beispiel für Spaltungen, die in einem Staat entstehen können, wenn die Aristokratie alle politischen Privilegien für sich beansprucht: »Zum Beispiel die sogenannten *Partheniai*, die die Spartaner bei einer Verschwörung ertappten und hinausschickten, Taras zu gründen.« Der Name »Partheniai« ist bei Aristoteles nicht hinreichend erklärt. Bei späteren Autoren wird er durchweg mit dem Wort *parthenos* (»Jungfrau, unverheiratete Frau«) in Verbindung gebracht, wobei die unkomplizierteste Erklärung dahin geht, daß es sich um eine verächtliche Bezeichnung handelt, die eine politische Gruppierung für ihre ›weibischen‹ Gegner verwendete. Nach dem von Strabon 6,3,3 übernommenen Bericht des Ephoros waren die Partheniai die Nachkommen von spartanischen Frauen und von Männern, die nicht am Ersten Messenischen Krieg teilgenommen hatten. Die Spartanerinnen, die ja für die Dauer des Krieges in der Heimat zurückblieben, waren darüber beunruhigt, daß in Sparta keine Knaben mehr geboren wurden. Wie sollte man da mit dem Nachwuchs an messenischen Kriegern Schritt halten? Sie überredeten daher ihre Ehemänner dazu, daß sie es ihnen erlaubten, mit jüngeren Männern Kinder zu haben.

Als aber die spartanischen Krieger heimkehrten, verstießen sie die Nachkommenschaft aus diesen Verbindungen und verweigerten ihr wegen der unehelichen Geburt das Bürgerrecht. Ein Aufstand der Partheniai wurde durch den Vorschlag verhindert, sie sollten auswandern und eine Kolonie gründen.

Diese Geschichte ist ein lehrreiches Beispiel für die Art und Weise, in der sich rein fiktive Details mit einem historischen Ereignis verbinden. Man tut sich schwer zu glauben, daß die gesamte Mannschaft Spartas ununterbrochen im Felde abwesend war, vor allem wenn der Krieg wirklich 19 Jahre gedauert hat. Außerdem war es in Sparta Brauch, das öffentliche Interesse über die Familienbande zu stellen; wir hätten daher nicht erwartet, daß die heimkehrenden Krieger ein so einhelliges Mißfallen über die Kinder an den Tag legten, die doch nur gezeugt worden waren, um die Stärke der Stadt zu erhalten. Und endlich waren die Soldatenfrauen per definitionem nicht *parthenoi*, weshalb kein Grund vorlag, ihre Kinder Partheniai zu nennen.

Zwei abschließende Fakten sind bei Strabon zu den Anfängen Tarents überliefert: Der Name des Gründers war Phalantos, und seinen Rechtsanspruch auf die Kolonie bestätigte das Apollonorakel von Delphi mit den Worten: »Ich gebe dir Satyrion, zu besiedeln das reiche Land von Taras und eine Quelle zu sein des Grams für die Iapyger.« Diese Iapyger waren ein nichtgriechisches Volk, das im Nordosten von Tarent lebte; zweifellos entstanden zwischen ihnen und den Tarentinern Konflikte. Phalanthos mag eine historische Gestalt gewesen sein, doch eine, die später mit phantasievollen Geschichten umwoben wurde. So erwähnt zum Beispiel Pausanias 10,13,10, daß er bei seiner Fahrt aus Griechenland Schiffbruch erlitt und auf dem Rücken eines Delphins an die Küste Italiens getragen wurde.

Die lakonischen Siedler Tarents wählten als Platz für ihre Akropolis die Spitze einer Halbinsel, die natürliche Verteidigungsmöglichkeiten bot. In diesem Gebiet fand man die Reste eines dorischen Tempels, der ins frühe 6. Jahrhundert gehört. Es ist nicht sicher, ob die Akropolis je ummauert war. Die Halbinsel wird nach Osten zu breiter, im Mittelalter hat man sie mit einem Kanal durchstoßen. Hier sind die natürlichen Verteidigungsmittel nicht so stark wie auf der Akropolis, weshalb sie die Tarentiner mit einem Mauerring befestigten. Der Ostteil der Stadt enthielt Friedhöfe, die viele Tausende Terrakottaweihgaben gebracht haben.

Mehr als 200 Jahre lang lebten die Tarentiner unter einer Monarchie. Offenbar pflegten sie keine engen politischen Verbindungen zu Sparta, was auch, in erster Linie angesichts der behaupteten Gründe für ihren Auszug aus Sparta, nicht zu erwarten ist. Andererseits ist keine offene Feindseligkeit verzeichnet, wie sie manchmal zwischen einer griechischen Kolonie und ihrer Mutterstadt entstand. Trotz seiner vollen Autonomie pflegte Tarent weiterhin spartanische Kulte und nahm sogar die Verschmelzung von Apollon und Hyakinthos zu einer einzigen Gottheit vor. Bis ins 5. Jahrhundert blieb es klein, es besaß nur bescheidenen Reichtum. Wenigstens zeitweise muß es damals in Kämpfe mit den Iapygern und anderen italischen Stämmen verwickelt gewesen sein, es gab auch Rivalitäten zu anderen griechischen Kolonien. Wie seine griechischen Nachbarn in Italien wurde Tarent früh in den korinthischen Handelsbereich einbezogen, erst im 6. Jahrhundert, der großen Zeit der lakonischen Kunst, treten Importe aus Lakonien in nennenswertem Umfang auf. Einheimische Kunstwerke sind nun ebenfalls stark von lakonischen Vorbildern beeinflußt. Aber auch jetzt behauptet Tarent kraftvoll seine wirtschaftliche Unabhängigkeit, indem es eigene Silbermünzen prägt (was Sparta nie für nötig hielt). Eine frühe Münze aus dem 6. Jahrhundert gibt deutlich Phalanthos auf seinem Delphin wieder, der Name der Stadt, TARAS, erscheint mit derselben Deutlichkeit.

Die Bronzegießer und Bildhauer leisteten ohne Unterbrechung bis in hellenistische Zeit gute Arbeit. Ihr eindrucksvollstes Ergebnis ist die große Marmorfigur einer sitzenden Göttin, vielleicht der Persephone. Die Arbeit ist wohl um 470 zu datieren, aber der archaische Gesamteindruck erinnert an eine ältere Generation. Beachtliches handwerkliches Können zeigt sich in der Wiedergabe des Faltenwurfs. Die Fertigung der Göttin fiel für die Tarentiner in eine Zeit kriegerischer Auseinandersetzungen, denn die anhaltenden Streitigkeiten mit den Barbaren trieben einem Höhepunkt zu. Gegen einige Stämme waren sie erfolgreich, und sie taten ihre Siege kund, indem sie Dankgeschenke in Delphi weihten. Aber durch ihre Erzfeinde, die Iapyger, erlitten sie eine schwere Niederlage. Obwohl sie Verbündete aus Rhegion zu Hilfe gerufen hatten, war die Zahl ihrer Gefallenen größer, als Herodot (7,170,3) sonst von irgendeiner griechischen Stadt wußte. Unmittelbar nach der Niederlage und vielleicht als ihre Folge gaben die Tarentiner das monarchische System auf und errichteten eine Demokratie. Unter dieser neuen Regierungsform erholten sie sich rasch, und als sie 433 im Südwesten des Golfs von Tarent eine Kolonie gründeten, sicherten sie sich in diesem Gebiet eine Position unangreifbarer Stärke. Dann begann ihr Aufstieg zur führenden Kolonie unter den Griechenstädten Italiens, eine Stellung, die sie annähernd 200 Jahre lang genießen sollten. Tarent wurde mit der Zeit zu einem Symbol für Extravaganz und degenerierten Luxus (Athenaios 12,522d–f).

Für den größeren Teil des 7. Jahrhunderts gibt es in der spartanischen Geschichte, wenn überhaupt, nur sehr wenige Fixpunkte. Zweifellos war Sparta in einen weiteren Konflikt mit Messenien verwickelt und in einen Krieg oder mehrere Kriege im Osten gegen Argos. Seine Beziehungen zu Arkadien im Norden waren im besten Fall gespannt, im schlimmsten Fall entwickelten sie sich zu einer Reihe von Zusammenstößen. Über die spartanische Tätigkeit an allen drei Fronten ist in den antiken Quellen reiches Material enthalten; nur besteht die Schwierigkeit darin, daß keine einzige Quelle die Ereignisse des 7. Jahrhunderts in einen eindeutig kausalen und chronologischen Zusammenhang stellt. So bleibt nicht viel mehr als ein Versuch, die am besten bezeugten Tatsachen zu sammeln und in ihrer wahrscheinlichen Abfolge anzuordnen.
Pausanias berichtet 2,24,7, er sei auf seiner Reise von Argos nach Tegea über ein Gräberfeld argivischer Soldaten gekommen, Gefallener einer Schlacht bei Hysiai, unmittelbar nördlich der Thyreatis, in der Argos die Spartaner besiegte. Diese Schlacht setzt Pausanias in das vierte Jahr der 27. Olympiade (669). Diese Datierung kann natürlich völlig falsch sein, aber eine Schlacht zwischen Spartanern und Argivern gerade in dieser Gegend, und vor allem eine Schlacht, in der die Argiver siegreich blieben, paßt gut in den denkbaren Rahmen spartanisch-argivischer Beziehungen. Es gibt andere schwache, aber vielleicht ausreichende Anzeichen dafür, daß Argos im frühen 7. Jahrhundert seine Macht ausweitete und eine argivische Einflußsphäre schuf. In einem Vorstoß nach Osten hatte es Tiryns und die Küstenstädte Nauplia und Asine unterworfen. Es war unvermeidlich, daß die expandierende Macht Argos an irgendeinem Punkt mit der expandierenden Macht Sparta in Konflikt geriet, und das wahrscheinlichste Gebiet für einen solchen Konflikt war die Thyreatis, die westlich des Golfs von Argos liegt. Später sollte sie den Schauplatz der Kämpfe zwischen Spartanern und Argivern im 6. Jahrhundert (vgl. S. 132) und abermals im 5. Jahrhundert (vgl. S. 233) bilden. Ferner besitzen wir den Bericht des Historikers Theopomp, der bei Strabon 8,6,11 erhalten ist, daß die Bewohner von Asine in der Argolis von den Argivern vertrieben und von Sparta in einem neuen Asine an der Ostküste Messeniens

angesiedelt wurden. Diese Maßnahme, in der Argos wohl eine Provokation sah, ließ sich kaum durchführen, ehe nicht Sparta seinen Sieg im Ersten Messenischen Krieg errungen hatte, und wenn wir Sparta eine angemessene Zeit zugestehen, sich von den Anstrengungen dieses Krieges zu erholen, kommen wir abermals zu einer Datierung in das frühe 7. Jahrhundert.

Nicht anders als die Spartaner verteidigten auch die Argiver territoriale Ansprüche durch den Hinweis auf Ereignisse, die in früheren Generationen stattgefunden hatten. Argos war wie Sparta in der Zeit des Doriereinfalls einem Heraklidenstamm zugesprochen worden. So blieb einem kraftvollen, selbstbewußten König von Argos der Weg offen, alles und jedes zu beanspruchen, was einstmals den Argivern verliehen worden war. Eine solche Persönlichkeit tauchte in der Gestalt des Pheidon auf, der nach einigen Gewährsleuten ein Gewaltherrscher war, der die Macht an sich gerissen hatte, nach anderen aber ein legitimer König. Da sich Pheidon als direkten Nachkommen der Heraklessöhne betrachtete, benützte er seine Ahnenreihe zur Rechtfertigung der argivischen Expansion, auf die er sich eingelassen hatte. Ephoros sagt bei Strabon 8,3,33, daß Pheidon die Städte angriff, die einstens Herakles eingenommen hatte, und daß er das Recht beanspruchte, die Feste zu leiten, die Herakles gestiftet hatte, einschließlich der Olympischen Spiele; daher fiel er in Elis ein und hielt die Spiele selbst ab. Andere Hinweise auf Pheidon legen die Vermutung nahe, daß seine Blütezeit im 8. Jahrhundert lag, aber andererseits wird ihm die Einführung des ersten Gewichts- und Maßsystems und auch der ersten Münzprägung in der Peloponnes zugeschrieben, Initiativen, die ihn in eine viel spätere Zeit, um 600, setzen würden. Doch die Hauptziele seiner Politik, den Angriff auf andere Städte in der Argolis und den Anspruch auf die Abhaltung der Olympischen Spiele eingeschlossen, rücken ihn mit Sicherheit in die Zeit des Zweiten Messenischen Krieges. Damals, so hören wir, kam es zum ersten großen Zusammenstoß zwischen Argos und Sparta, damals griff Sparta zum ersten Mal in den immer wieder auflebenden Streit zwischen Eleern und Pisaten um die Kontrolle des Heiligtums von Olympia ein, mit all den Fragen des Prestiges und der Einnahmen im Gefolge. Damit bot sich einem König von Argos, der bereits Aggressionsabsichten hegte, ein starkes Motiv, die Hegemonie über die Peloponnes zu erringen und einen Vorstoß nach Westen zu unternehmen.

Pausanias ist der einzige erhaltene Autor, der eine ausführliche Darstellung des Zweiten Messenischen Krieges bietet (4,14,8–23,10). Leider haben seine beiden Hauptquellen, Myron und Rhianos, unterschiedliche Auffassungen von diesem Krieg, denn während Myron von einer Auseinandersetzung zwischen Sparta und seinen Verbündeten mit Messenien und seinen Verbündeten spricht, stehen sich bei Rhianos Sparta und Messenien allein gegenüber. Vielleicht paßte die zweite Version besser zu den poetischen Zielen des Rhianos, denn sie macht es gewiß viel leichter, die Aufmerksamkeit des Lesers auf den großen messenischen Helden Aristomenes zu konzentrieren, der in dem Bericht des Pausanias zur bedeutendsten Einzelgestalt wird. Die Tatsache, daß er hier mit übermenschlicher Kraft und Schlauheit ausgestattet ist, macht es nicht unglaubhaft, daß die Messenier tatsächlich einen begeisternden Führer gehabt haben, ebensowenig wie der Umstand, daß dieser Aristomenes in verwirrender Weise von einer Generation in die andere gleitet (in einigen Quellen nimmt er am Ersten Messenischen Krieg teil). Doch unsere Aufgabe, der Versuch, das Faktische aus dem Wunderbaren herauszuziehen, ist dadurch schwieriger geworden.

Wenn wir bei unserer Datierung des Ersten Messenischen Krieges annähernd richtig lagen, wird der Zweite, sehr ungefähr, in der Mitte des 7. Jahrhunderts ausgebrochen sein. Die Messenier, von der ihnen aufgezwungenen harten spartanischen Herrschaft nach dem ersten Krieg zu Boden gedrückt, beschlossen einen Aufstand und sandten einen Hilferuf an die Argiver und Arkader. Diese boten augenblicklichen, rückhaltlosen Beistand an. Pausanias spricht als nächstes von einem unentschiedenen Treffen beider Seiten, aber dafür gibt es keine unabhängige Bestätigung. Wir können kommentarlos die Geschichte von dem einsamen Helden Aristomenes übergehen, von dem es heißt, er sei in der Nacht auf die spartanische Akropolis gekommen und habe eine trotzige Botschaft direkt an die Mauer des Athenetempels geheftet. Viel Rücksicht braucht man auch nicht auf die Erwähnung des delphischen Orakels zu nehmen oder auf sein Gebot, die Spartaner sollten sich aus Athen eines Retters in der Person des Tyrtaios versichern. Diese Geschichte ist allzu deutlich aus der Meinung entstanden, die Spartaner hätten nie in ihrem eigenen Lande einen wirklichen Dichter hervorbringen können. Zugleich ist an der für Tyrtaios behaupteten Doppelrolle nichts Ungewöhnliches.

Pausanias beschreibt als nächstes eine Schlacht bei Stenykleros auf messenischem Gebiet. Er nennt den eigentlichen Schlachtort mit dem bildhaften Namen »Ebergrab« und sagt, dort seien die Spartaner von einer Koalition ihrer Feinde geschlagen worden. Der Ort läßt sich nicht identifizieren, und es gibt auch keine Gewißheit dafür, daß eine solche Schlacht je stattgefunden hat. Indessen sagt Tyrtaios Nr. 11,9 den Spartanern, sie seien zu ihrer Zeit beides gewesen, Fliehende und Verfolger, was durchaus zu einer größeren spartanischen Niederlage in den ersten Jahren des Krieges passen würde.

Eine andere Schlacht fand »am großen Graben« statt. Pausanias 4,17,2 ist bei der Ortsbestimmung nicht präziser, auch ist der Schlachtbericht selbst unbefriedigend. Am Ende, so sagt er, wurde die Schlacht von Messeniern und Spartanern allein ausgefochten, denn die letzteren hatten den König der Arkader bestochen, seine Streitkräfte in einem kritischen Augenblick zurückzuziehen. Dieser Verrat hatte einen überwältigenden spartanischen Sieg zur Folge. Die Argiver werden überhaupt nicht erwähnt. So unzuverlässig die Einzelheiten des Pausanias auch sind, es gibt eine schwache Stütze für die Vermutung, daß Tyrtaios in einem heute verlorenen Gedicht auf diese Schlacht angespielt hat, und dies hätte zur Folge, daß die Schlacht als historisch angesehen werden muß. Wenn Aristoteles in der *Nikomachischen Ethik* 3,8,5 sagt, Krieger sollten von Natur und nicht durch Zwang tapfer sein, gebraucht er die Wendung »[Feldherren], die sie vor Gräben und dergleichen aufmarschieren lassen«. In dieser Wendung sah ein antiker Kommentar einen direkten Hinweis auf den Zweiten Messenischen Krieg, wie ihn Tyrtaios beschrieb. Ein jüngst veröffentlichtes Fragment eines Tyrtaiosgedichts handelt von militärischer Taktik. Das Wort »Graben« ist hier vielleicht zu lesen, aber nicht gesichert; praktisch gesichert ist dagegen das Wort für »Mauer«, absolut sicher das Wort für »Wasser«. Ob nun Tyrtaios einen Graben erwähnt oder nicht, es ist auf jeden Fall klar, daß ein Graben nur Teil eines von der einen oder anderen Seite errichteten, aus Mauer und Wassergraben bestehenden Verteidigungssystems sein kann. Dasselbe Fragment nennt die Argiver und vermutlich ebenso die Arkader. Wenn dem so ist, sieht es in der Schlacht »am großen Graben« des Pausanias das, was das Wahrscheinlichste ist, einen Kampf der Spartaner gegen eine Allianz von Messeniern, Argivern und Arkadern.

Pausanias, der hier Rhianos folgt, berichtet 4,17,10, die wenigen überlebenden Messenier seien nach der endgültigen Niederlage unter Führung des Aristomenes auf die Bergfestung Eira (Hira) in Mittelmessenien geflohen. Hernach ließen sich die Messenier nicht mehr auf eine offene Feldschlacht mit den Spartanern ein, doch sie waren, wenn man hier Pausanias vertrauen darf, sehr wohl in der Lage, ihnen auf anderen Wegen Schaden zu tun. Indem sie Eira als ihre uneinnehmbare Basis verwendeten, schickten sie Guerillabanden aus, um Lakonien zu plündern, und besetzten Teile Messeniens. Wir können nicht sagen, ob diese Beutezüge wirklich die ernsten Folgen hatten, von denen Pausanias spricht, eine Hungersnot in Sparta, die zu politischen Unruhen führte, aber es ist möglich, daß Tyrtaios sein Gedicht *Eunomia* (vgl. S. 80) als einen Versuch verfaßte, die politischen Streitigkeiten zu schlichten.

Rhianos behauptete, die Spartaner hätten Eira elf Jahre lang belagert. Ein Skeptiker mag in dieser Angabe eine verdächtig starke Ähnlichkeit zu der Belagerung der Höhen von Ithome im Ersten Messenischen Krieg entdecken. Zweifellos wurde zu einem gewissen Grad eine literarische Manipulation vorgenommen, aber die extreme Härte des messenischen Widerstandes hat in der Überlieferung zu viele Spuren hinterlassen, als daß man die Wahrscheinlichkeit einer langen Belagerung völlig verwerfen dürfte. Wir dürfen auch nicht vergessen, daß die Feindseligkeit der Messenier später in hoffnungsloser Lage wieder aufflammte (vgl. S. 212). Ein weiteres Indiz für die Erbitterung, mit der der Zweite Messenische Krieg geführt wurde, kann man in der Behandlung sehen, die den Messeniern bei Kriegsende zuteil wurde. Die Spartaner begnügten sich nicht mit Gefangenen oder Geiseln, sie löschten vielmehr die politische Identität Messeniens, das in den folgenden drei Jahrhunderten einen Teil des spartanischen Staates bildete, völlig aus. Ein Teil der messenischen Bevölkerung wurde versklavt, ein anderer erhielt ein gewisses Maß persönlicher Freiheit, wobei er einen festen Anteil seiner Produktion den spartanischen Oberherren auszuhändigen hatte. Einigen Messeniern gelang es zu entkommen. Diese schlossen sich griechischen Kolonien im Westen an oder nahmen ihren Weg nach Arkadien. Selbst dort wurden sie von der spartanischen Rache verfolgt (vgl. S. 131).

Tyrtaios ist der erste Dichter, der ausführlich von einer neuen Methode der Kriegführung berichtet, die die griechischen Städte im frühen 7. Jahrhundert allmählich übernahmen. Diese taktische Revolution ist auf Vasenbildern der Zeit, vor allem in Korinth, gut bezeugt. Von nun an begann der Nahkampf bei den Griechen schlachtentscheidend zu werden. Eine dicht geschlossene Reihe von Kriegern, die »Phalanx«, rückte zum Stoß auf die Gegner vor, wobei jeder Krieger oder »Hoplit« seine linke Seite mit einem kleinen Rundschild schützte.

Er trug Helm, Brustpanzer und Beinschienen und war mit einem Schwert und einem Speer als Stoßwaffe ausgerüstet. Manchmal wurde die Phalanx von Leichtbewaffneten in lockerer Reihung unterstützt, Bogenschützen, Steinschleuderer oder Speerwerfer. Einige griechische Staaten, deren Gebiet die Entfaltung einer Reiterei zuließ, waren auch in dieser Art Kriegführung Meister, die Spartaner verwendeten sie jedoch nur widerstrebend und in geringem Ausmaß (vgl. S. 232).

Der eigentliche Anlaß für die entscheidende Veränderung in der griechischen Schlachttaktik ist unbekannt. Vielleicht ist es falsch zu glauben, daß diese Veränderung in kurzer Zeit abgeschlossen war, denn einige Kriegerszenen auf Vasen lassen einen Kampfstil erkennen, der Elemente des Hoplitenkampfes und der älteren Taktik nebeneinander enthält, und könnten damit den augenblicklichen Stand zeitgenössischer Praxis wiedergeben. Der wirksame Einsatz einer solchen Taktik muß langes Training und wirksame Schutz- und Trutzwaffen erfordert haben, vor allem aber eine eiserne Disziplin, wenn erst die Schlacht begonnen hatte. Sparta beherrschte schließlich die Hoplitentaktik – ihre Anwendung veranschaulicht die Schlacht bei Mantineia (vgl. S. 239 f.) besonders gut – gründlicher als alle anderen griechischen Staaten. Daraus ergaben sich weitgehende Folgen für seine militärische und politische Entwicklung und für die gesamte griechische Geschichte. Es erhebt sich die Frage, wann eigentlich die Spartaner ihre meisterliche Beherrschung der neuen Taktik zum ersten Mal zeigten. Man kann dafür eintreten, daß dies die »Schlacht am Graben« war, die sich als Wendepunkt im Zweiten Messenischen Krieg erwies. Das verfügbare Material gibt zu erkennen, daß die Messenier vor diesem Treffen zumindest in der Lage waren, ihre Position gegenüber den Spartanern zu halten und sie gelegentlich auch zu besiegen, und dasselbe trifft auch auf die Argiver zu, wenn wir die Schlacht bei Hysiai zu Recht unmittelbar vor dem Ausbruch des Zweiten Messenischen Krieges angesetzt haben. Nach dem Sieg am Graben hatte Sparta keinen Grund mehr, eine Niederlage durch die Messenier oder durch die Argiver zu befürchten.

Tyrtaios erwähnt in seiner Dichtung taktische Einzelheiten, die nur im Zusammenhang mit dem Hoplitenkampf sinnvoll sind, aber er beschreibt nicht den Verlauf einer wirklichen Schlacht und fühlt sich auch nicht dazu berufen. Seine Worte stammen nicht aus einem Handbuch der Kriegführung, und genau so wie Homer kombiniert er völlig unvereinbare, anachronistische Elemente. So beschreibt er zum Beispiel 11,23 f. einen Schild, der von den Schenkeln bis zu den

Schultern reicht; ein solcher Schild war seit langem außer Gebrauch gekommen, aber er taucht in der *Ilias* auf, und deshalb hat ihn Tyrtaios vielleicht als Detail aus vermeintlich ›epischen‹ oder ›heroischen‹ Schlachtszenen übernommen. Aber andere Angaben, nimmt man sie zusammen, liefern ein ziemlich geschlossenes Bild der neuen Kampfmethoden. Die jungen Krieger sind aufgerufen, dicht geschlossen in der Front zu stehen (10,15; 19,12 f.); da ist kein Raum mehr für bravouröse Einzelleistungen, jeder Mann hat sich als Teil der Einheit zu betrachten. Der Hoplit muß auf der Hut sein vor den Wurfgeschossen der Feinde, muß sie abwehren mit seinem Schild (11,28; 19,19). Als guter Gesamteindruck eines Hoplitentreffens sei 11,29–37 zitiert:

> »Laßt jeden Mann auf Griffweite herangehen mit langem Speer und mit dem Schwert; laßt ihn einen Feind verwunden und fangen, setzen Fuß an Fuß und drücken Schild an Schild, Helmbusch an Helmbusch, Helm an Helm, Brust an Brust, laßt ihn nahe kommen und ihn mit seinem Manne kämpfen, indem er den Schwertgriff packt oder den langen Speer. Doch ihr, leichtbewaffnete Krieger, duckt euch hier und da unter dem Schild, werft große Steine auf sie und greift sie an mit glatten Speeren.«

Die Kunst der lakonischen Vasenmalerei war in der Zeit des Tyrtaios noch nicht hinreichend entwickelt, um die Wiedergabe von Schlachtszenen zu gestatten, aber eine oder zwei Generationen später zeigen Bleifiguren aus dem Orthiaheiligtum einzelne Hopliten mit ihrer Stoßwaffe und dem charakteristischen Rundschild (Taf. 24, R. 3).
Nachdem sich Sparta von seinem Entscheidungskampf gegen Messenien im 7. Jahrhundert erholt hatte, erreichte es seine höchste kulturelle Blüte, wie sie in den beiden vorhergehenden Kapiteln beschrieben worden ist. Alkman verfaßte seine Lieder aller Wahrscheinlichkeit nach in einer vergleichsweise friedlichen Zeit, ehe die Spartaner ihr Streben nach Machtausweitung wieder aufnahmen. Die großen spartanischen Leistungen in der bildenden Kunst gehören, wie wir gesehen haben, hauptsächlich in das 6. Jahrhundert, mit einem kurzen Nachglanz am Anfang des fünften. Es war zweifellos das 6. Jahrhundert, in dem Sparta für eine gewisse Zeit viel von seinem Provinzialismus ablegte und mit größeren griechischen Städten außerhalb der Peloponnes in enge Berührung trat. Die Erzeugnisse seiner Werkstätten waren über ein weites Gebiet verbreitet, das sich im Westen bis Etrurien, im

Süden bis zur afrikanischen Küste und im Osten bis Samos und Rhodos erstreckte. Wir wissen nicht, ob diese Erzeugnisse auf Handelsfahrten gegen andere eingetauscht wurden oder ob verwickeltere Verhältnisse vorherrschten. Es ist jedoch zumindest wahrscheinlich, daß spartanische Waren größtenteils auf Schiffen von Seefahrerstaaten wie Korinth oder Samos transportiert wurden. Was Sparta wirklich als Ertrag dieses Handels gewann, wenn es einen solchen je gab, bleibt ebenfalls im dunkeln. Elfenbein, und zwar in beträchtlichen Mengen, ist sicher einer der Einfuhrartikel. Im direkten Austausch hätte dieses kostbare Material wohl nur unter hohen Kosten beschafft werden können, aber als sich Sparta mit anderen griechischen Staaten und mit Staaten außerhalb der griechischen Welt zu befassen begann, kann es aus politischen oder diplomatischen Gründen Materialien und Kunstgegenstände als Geschenke erhalten und auch übersandt haben. Daß dies manchmal geschah, zumindest bei wichtigen Anlässen, zeigt Herodot 1,69,4.

Zu der Zeit, da Sparta diese weiter gespannten Interessen einer höheren Kulturstufe verfolgte, blieb es weiterhin mit seinen Nachbarn im Streit. Da Messenien jetzt unterworfen und vorerst zur Ruhe gezwungen war, bildeten Arkadien und Argos die Haupthindernisse auf dem Weg der spartanischen Expansion. Das spartanische Vorgehen gegen diese Feinde fällt bereits in den Bereich des Herodot, er ist unsere bei weitem wichtigste Quelle für die auswärtigen Beziehungen Spartas im 6. Jahrhundert.

Als Vorspiel zu seiner Darstellung der Perserkriege erzählt Herodot von Aufstieg und Fall des Kroisos, der etwa 560–546 über das Königreich Lydien in Westkleinasien herrschte. Kroisos annektierte die meisten Griechenstädte der kleinasiatischen Westküste und erhob von ihnen Tribut. Wie viele spätere Eroberer war er von der hellenischen Kultur fasziniert, er scheint sich als eine Art Ehrengriechen betrachtet zu haben. Jedenfalls sandte er kostbare Geschenke nach Delphi, um dort das Orakel zu befragen, und strebte nach einem Bündnis mit den führenden Staaten des griechischen Festlands. Die beiden wichtigsten waren Athen und Sparta, und dieser Umstand gestattet es Herodot, kurze Überblicke über die Ereignisse in diesen Städten während der Kroisoszeit einzuschieben, Spaltungen in Athen zwischen der Tyrannen- und der Antityrannenpartei und politische Entwicklungen in Sparta, zusammen mit seinem Vordringen in Feldzügen gegen die Nachbarn.

Herodot, der unnachahmliche Erzähler, spinnt eine großartige Geschichte über das spartanische Engagement in Arkadien aus, die mehrere Elemente der Folklore und der Heldensage enthält. Doch wenn man sie auf die wesentlichen Punkte reduziert, ergibt sich eine durchaus glaubhafte Darstellung der Ereignisse. Die Spartaner, sagt Herodot 1,65,1, »sind in ihren anderen Kriegen erfolgreich gewesen«, doch nur unter großen Schwierigkeiten und nach einer langen Zeit gewannen sie die Oberhand über Tegea, der ersten größeren Stadt Arkadiens, die man erreicht, wenn man von Lakonien aus nach Norden reist. Wir würden nur zu gerne wissen, worum es sich bei den »anderen Kriegen« handelt: Vielleicht wurden sie gegen die Pisaten geführt, die den mit Sparta verbündeten Eleern zum Trotz Ansprüche auf das Heiligtum in Olympia erhoben, vielleicht auch gegen die Argiver, denn obwohl die Dinge zwischen Sparta und Argos erst in der späteren Regierungszeit des Kroisos einem Höhepunkt zutrieben, sind dieser Bereinigung alter Rechnungen vermutlich andere Konflikte vorausgegangen. In einer Schlacht gegen die Tegeaten wurden die Spartaner geschlagen und gefangengenommen. Als sie nun das Orakel befragten, wie sie Tegea überwinden könnten, erhielten sie den Bescheid, Orestes, der Sohn und Rächer des Agamemnon, sei auf tegeatischem Gebiet begraben; wenn sie seine Gebeine zurückbrächten und in Sparta verwahrten, würden sie die Tegeaten besiegen. Dies gelang ihnen, und in der Tat gewannen sie über die Tegeaten die Oberhand, wobei Herodot nicht sagt, ob sie dies durch eine offene Feldschlacht erreichten oder durch einen Infiltrationsprozeß. Die Geschichte von der Verlegung der Gebeine des Orestes darf man keinesfalls als reine Erfindung betrachten, lediglich der Zusammenhang dieser Verlegung mit dem spartanischen Sieg ist verdächtig. Gebeine, die man in abergläubischer Weise für die eines alten Heros hielt, konnten sehr wohl der Propaganda dienen, wenn sie in einem geeigneten Augenblick ans Licht gebracht wurden; so wurden auch die Gebeine des Theseus nach Athen gebracht und die des Orestessohns Teisamenos nach Sparta.

Hatten die Spartaner eine reifere Weisheit gewonnen, oder hatte ihnen der ungestüme Freiheitsdrang der Arkader großen Respekt abgenötigt? Sie legten ihnen jedenfalls nicht die harten Bedingungen auf, mit denen sie die Messenier heimgesucht hatten. Sparta behandelte Tegea nicht als untertan, sondern als den kleineren Partner in einem Bündnis. Plutarch berichtet (*Moralia* 292b), daß Spartaner und Tegeaten nach ihrer Versöhnung gemeinsam am Flusse Alpheios eine Inschrift setzten, unter anderen Bestimmungen des Inhalts, daß die Messenier aus dem Lande zu vertreiben seien. Obwohl diese Inschrift theoretisch in die Zeit der späteren messenischen Erhebung des 5. Jahrhunderts gehören könnte (vgl. S. 212), ist es doch wahrscheinlicher, sie auf die Verhältnisse am Ende des spartanisch-arkadischen Kriegs im 6. Jahrhundert zu beziehen. Es sei daran erinnert, daß die Arkader im Zweiten Messenischen Krieg Verbündete der Messenier waren, und außerdem besitzen wir die Aussage des Pausanias 4,22,2, daß sie nach dem Fall von Eira einigen Messeniern Asyl gewährten. Den Spartanern gelang es also, ihren neuen Verbündeten in Arkadien zumindest eine Bedingung aufzuzwingen, sie achteten darauf, daß die Messenier dort nicht mehr Zuflucht finden konnten. Keinerlei Hinweis gibt es auf die Rolle, die die beiden anderen arkadischen Städte, Mantineia und Orchomenos, in diesem Krieg spielten. Eine etwas verschwommene Überlieferung weiß von einer Niederlage der Spartaner bei Orchomenos. Das paßt nicht ohne weiteres in die Erzählung des Herodot, aber diese Erzählung ist schließlich in hohem Maße selektiv. Wir haben anzunehmen, daß alle arkadischen Städte etwa zur selben Zeit in ein Bündnis mit Sparta eintraten, denn unsere Quellen geben keinen Hinweis darauf, daß Sparta Tegea nach anderen Bedingungen behandelt hätte als die übrigen.

Anachronistische Elemente haben sich auch in den Bericht des Herodot von dem Angebot eingeschlichen, das Kroisos den Spartanern machte. Die Anrede der lydischen Gesandten an die Spartaner als »das herausragende Volk in Griechenland« braucht an sich nicht allzu ernst genommen zu werden, man mag sie diplomatischer Schmeichelei einer üblichen, wenn auch plumpen Art zurechnen. Aber wenn Herodot berichtet, Kroisos habe in Sparta und Athen die beiden führenden Staaten Griechenlands entdeckt, so denkt er gewiß an eine Zeit, die später ist als die Herrschaft des Kroisos, denn in der Zeit der Kroisosgesandtschaft hatte Sparta noch nicht einmal die unumstrittene Hegemonie über die Peloponnes errungen. Daneben gab es noch mächtige politische Gemeinwesen auf dem Isthmos von Korinth, in Böotien und in Thessalien, die von Herodot im Zusammenhang mit der Gesandtschaft des Kroisos nicht erwähnt werden. Athen und Sparta spielten natürlich bei der Organisation des griechischen Widerstands gegen die Perser im frühen 5. Jahrhundert die führende Rolle, so daß es den Anschein hat, Herodot habe seine Erzählung von den Beziehungen zu Lydien nach der späteren Lage gestaltet.

Ferner berichtet Herodot, Kroisos sei so schlecht beraten gewesen, daß er sich gegen Osten wandte und einen Zusammenstoß mit den Persern provozierte, die gerade damals unter der Führung ihres Königs Kyros zur Großmacht wurden. Die Dinge wandten sich für die Lyder zum Schlimmen, Kyros belagerte sie in ihrer Hauptstadt Sardeis. Kroisos forderte die Spartaner auf, den Vertrag zu achten, den er mit ihnen geschlossen hatte, und ihm zu Hilfe zu kommen, aber es war für sie bereits zu spät, und Sardeis fiel an Kyros. Die äolischen und ionischen Griechen Kleinasiens, durch die Vernichtung des Lyderreichs alarmiert, sandten ebenfalls nach Sparta um Hilfe. Die Spartaner entsprachen ihrer Bitte nicht, sondern begnügten sich damit, einen Herold nach Sardeis zu senden; dieser verbot Kyros, »eine Stadt auf griechischem Gebiet zu zerstören, sie würden es nicht dulden« (1,152,3). Kyros mußte die Umstehenden fragen, was für Leute denn diese Spartaner seien. Als man es ihm sagte, warnte er, sie würden von ihren eigenen Leiden zu reden haben und sollten sich um die der Ionier nicht kümmern.

Glücklicherweise berichtet Herodot ein wesentliches Ereignis im Verlauf der spartanischen Machtausweitung (1,82). Als der dringende Hilferuf des Kroisos sie erreichte, waren die Spartaner gerade mit einer neuen Phase ihres endlosen Streits mit Argos beschäftigt. Wieder war das Gebiet der Thyreatis umstritten. Herodot stellt zunächst fest, daß die Spartaner die Thyreatis besetzt hatten, während die Argiver ihrerseits im Besitz des Argolischen Golfes bis Kap Malea und der Insel Kythera waren. Die beiden Heere verließen das Schlachtfeld, nachdem sie dahin übereingekommen waren, die Streitfrage solle durch einen Kampf von 300 Vorkämpfern auf jeder Seite entschieden werden. So weit klingt Herodots Bericht plausibel, aber was nun folgt, ist weniger leicht zu glauben. Er sagt, alle Vorkämpfer seien getötet worden bis auf zwei der argivischen Seite und einen Spartaner. Die Argiver kehrten in ihre Stadt zurück, da sie dachten, sie hätten den Sieg errungen, der einsame Spartaner aber zog den toten Feinden die Rüstungen ab und schaffte sie ins Lager als Beweis seines Sieges. So blieb die Frage weiterhin in der Schwebe, sie mußte schließlich durch eine regelrechte Schlacht entschieden werden, die zu einem großen spartanischen Sieg führte. Er wurde hinfort an den Gymnopaidien (vgl. S. 66) gefeiert, indem man Kränze trug, die als »thyreatische« bekannt waren.

Mit dem Abschluß des arkadischen Bündnisses und dem Sieg über Argos lag der Weg zur Errichtung einer spartanischen Führerschaft auf der Peloponnes offen, für den Aufstieg des Peloponnesischen Bundes und das direkte Eingreifen Spartas in die Angelegenheiten von Staaten außerhalb der Halbinsel. Doch bevor wir darauf näher eingehen, haben wir die Einrichtungen des spartanischen Staates und den Lebensstil seiner Bürger zu behandeln.

Siebentes Kapitel

Der spartanische Staat

Der spartanische Staat umfaßte Lakonien und jene Teile Messeniens, die durch den Ausgang des Zweiten Messenischen Krieges in spartanischen Besitz gekommen waren. Den Hauptteil des besten Landes in Lakonien und Messenien besaßen die spartanischen Vollbürger, die Spartiaten, im Rest wohnten die »Umlandbewohner« (*perioikoi*), die im spartanischen Staat leben und arbeiten durften, aber keine bürgerlichen Rechte besaßen. In einem so straff organisierten Staat waren die Tätigkeiten der Spartiaten und der Perioken klar definiert und voneinander abgegrenzt. Den Spartanerkönigen wurden besonders ertragreiche Landlose im Periökengebiet als Domänen zugewiesen; mit dieser Ausnahme hatten Spartiaten kein Eigentum an Periökenland, noch natürlich auch Perioken an Spartiatenland. Sparta legte Garnisonen ins Periökenland, ernannte Magistrate als Stützen der Autorität in den Periökenstädten und behandelte das Periökenland in jeder Hinsicht als sein eigenes Territorium. Wie in den inneren Angelegenheiten so auch in den äußeren Beziehungen: Die Perioken schlossen niemals mit irgendjemandem einen Vertrag, vielmehr tat dies Sparta in ihrem Namen und handelte allgemein als ihr Repräsentant. Die Perioken lebten im spartanischen Staat, aber sie gehörten ihm nicht an, sie genossen seinen Schutz, hatten aber keinen Anteil an seinem politischen Leben; sie hatten in Sparta lediglich zu Handelszwecken Zutritt, das Recht, dort zu leben, war ihnen versagt. Seit dem Ende des 5. Jahrhunderts verwendeten die Spartaner die Perioken in großem Umfang in Heer und Flotte, manchmal auch als Offiziere.

Das Gebiet der Spartiaten wies nur eine einzige Stadt auf, Sparta selbst, und Sparta war kaum in dem Sinne eine Stadt zu nennen, wie es das übrige Griechenland verstand. Es bildete eher eine Anhäufung von vier ummauerten Dörfern, *komai*. Andere Spartiatensiedlungen von unerheblicher Größe und Bedeutung sind ebenfalls als *komai* bekannt. Wie die Bürger anderer griechischer Staaten gliederten sich die Spartiaten in Gruppen nach Stammeszugehörigkeit oder auf lokaler Basis. Durch eine eindeutige Feststellung des Tyrtaios, Nr. 19,8, wissen wir, daß die Spartiaten die dorische Dreiteilung in Stämme beibehielten. Diese Stammesgliederung überschneiden die Phylen, *phylai*, bei denen sich von fünf die Namen erhalten haben. Da vier dieser Namen mit den Namen der vier *komai* der Stadt Sparta identisch sind, sind die Phylen fast mit Sicherheit rein lokale Gliederungen. Ein weiterer Terminus, *oba*, ist außerhalb des spartanischen Staates nicht bezeugt. Seine genaue Bedeutung hat zu vielen Erörterungen Anlaß gegeben. Ist er einfach eine spätere, rein lakonische Bezeichnung für das, was zuvor *phyla* hieß? Oder kann es sich um eine Untergliederung der Phylen handeln? Andere wiederum haben gemeint, die Oben seien überhaupt keine lokalen Gliederungen, sondern Grundbestandteile der alten dorischen Stämme. Eine endgültige Entscheidung scheint unmöglich zu sein, aber Vergleichsmaterial aus anderen griechischen Staaten legt sicherlich die Vermutung nahe, daß Stammesgliederung und Stammesbindung nicht aus den Augen verloren wurden, vor allem nicht bei den Spartanern, die sich ihres dorischen Erbes zutiefst bewußt zeigten. Die einzige Untergliederung in Sparta, von der wir eindeutig wissen, daß sie auf Stammesbasis beruht, ist der »Clan«, *phratria*. Athenaios 4,141 f. erwähnt, daß die Spartaner in neun Phratrien gegliedert waren, wenn sie an den Karneen teilnahmen. Daraus schließen wir, daß jeder dorische Stamm aus drei Phratrien bestand, die hauptsächlich im Zusammenhang mit dem Kult von Bedeutung waren.

Wenn wir nun Stellung und Funktion der Spartiaten prüfen, wenden wir uns Dingen zu, die besser zu verstehen sind. Die spartanische Bürgerschaft war zugleich mehr und weniger exklusiv, als es in anderen Griechenstaaten der Fall war: weniger exklusiv, weil legitime Abkunft von zwei freien Eltern nicht unerläßliche Voraussetzung war, exklusiver, weil ein Mann erst in die Bürgerschaft aufgenommen werden konnte, wenn er zwei Bedingungen erfüllt hatte, nämlich daß er das staatlich geleitete Erziehungssystem, *agogé*, durchlaufen hatte und daß er Beiträge zum Gemeinschaftsessen aus den Erträgnissen eines eigenen Gutes, *klaros*, leistete. Die Agoge soll im nächsten Kapitel behandelt werden, aber das Spartiatengut, der Klaros, ist für das Verständnis des spartanischen Staates von so grundlegender Bedeutung, daß sogleich mehr darüber gesagt werden muß.

Anscheinend war das gesamte Ertragsland auf Spartiatengebiet in Klaroi gegliedert, von denen einige die Bezirke der Götter und der Könige waren, der Rest Güter der Bürger. Diese Güter, einmal durch das Los zugeteilt, waren unteilbar und standen Angehörigen eines anderen Standes oder Staates nicht zur Verfügung. Der einzelne spartanische Bürger konnte mehr als ein Gut besitzen, aber auf jedem

Gut befand sich nicht mehr als ein Bürger. Da Spartiaten von Handelsgeschäften völlig ausgeschlossen waren, konnten sie Güter weder kaufen noch verkaufen. Es gab nur zwei Wege, ein Gut zu erwerben: indem man es geschenkt bekam oder indem man es von einem natürlichen oder einem Adoptivvater erbte. Die Verbindung der Bürgerschaft mit dem Grund und Boden ihres Landes war demnach unauflöslich. Aus dieser Tatsache ergeben sich einige wichtige politische Folgen.

An erster Stelle ist mit dem Vorbehalt, daß die Ernte ausfallen kann oder andere Naturkatastrophen eintreten, die Tatsache zu nennen, daß jeder Bürger wirtschaftliche Unabhängigkeit besaß. Diese Unabhängigkeit im Verein mit dem Sichfernhalten von Handelsgeschäften verhinderte das Auftreten von drückenden Schulden und wucherischen Gläubigern, gegen die Abhilfe zu schaffen Solon sich im Athen des frühen 6. Jahrhunderts anschickte. Ebenso bestand keine Gefahr des Entstehens eines städtischen Bürgerproletariats, das Opfer von Demagogen und Agitatoren werden konnte. Da die Minimalvoraussetzung für das Bürgerrecht der Besitz eines Gutes war, befanden sich alle Bürger, zumindest in der Theorie, auf gleicher Ebene, weshalb sie auch die Bezeichnung »Gleiche«, *homoioi*, erhielten. Wir wissen nicht, wann die spartanischen Bürger zuerst *homoioi* genannt wurden, wann in Sparta zum erstenmal der Begriff ›Gleichheit‹ auftauchte. Aber die Einführung der Hoplitentaktik (vgl. S. 126 f.) könnte hier von erheblichem Belang sein. Der grundlegende Wandel in der Kampfesweise muß Auswirkungen weit über das Schlachtfeld hinaus gehabt haben, da jetzt die Gesamtheit der Bürgerschaft aktiv am Schlachtgeschehen beteiligt war, und zwar in einer Weise, die das Gefühl für gegenseitige Abhängigkeit und Kameradschaft fördern mußte. Wenn sich, was vermutlich zutraf, diese Haltung auch in der politischen Sphäre ausbreitete, dann muß die Durchsetzung politischer Rechte durch die Bürgerschaft ins 7. Jahrhundert datiert werden.

Die Einrichtung einer an den Grundbesitz gebundenen Bürgerschaft hatte für den spartanischen Staat einen unbestreitbaren Vorteil, die Garantie der politischen Stabilität. Aber die Unteilbarkeit des Bürgerguts, die Schwierigkeiten, die seiner Veräußerung in den Weg gelegt waren, und das Verbot, es in Besitz von mehr als einem Bürger zu geben, müssen ernste Probleme aufgeworfen haben. Im Idealfall ging das Gut dauernd vom Vater auf den Sohn über, aber die Wirklichkeit war viel komplexer. So konnte ein Bürger keine Söhne haben, oder er konnte sterben, bevor er Kinder gezeugt hatte, oder er konnte mehrere

Söhne zeugen, von denen nur einer sein Gut erben durfte. Gegen Kinderlosigkeit und den Verlust von Söhnen war Vorsorge getroffen, denn ein Bürger konnte einen Erben für das Gut mit einer Nebenfrau zeugen oder er konnte einen Erben adoptieren. Wenn er keinen Sohn, aber eine Tochter hatte, konnte diese das Gut erben und, obwohl sie selbst nicht Bürger werden durfte – Frauen waren von der Agoge und den gemeinschaftlichen Mahlzeiten ausgeschlossen –, in Besitz des Gutes bleiben, bis es wieder von einem männlichen Erben übernommen wurde. Aber es gab keine zureichenden Vorkehrungen für den Fall, daß ein Bürger mehr als einen Sohn hatte. Das ist seltsam, denn der Staat bestrafte Junggesellen und ermutigte zur Zeugung von Söhnen, indem er für Bürger, die mehr als eine bestimmte Anzahl von Söhnen hatten, die Steuerlast senkte. Jüngere Brüder müssen Personen eines unbestimmten Rechtsstatus gewesen sein, sie waren sicherlich nicht Bürger, aber fähig, Bürger zu werden, wenn sie in Besitz eines Gutes gelangten. Xenophon sagt in den *Hellenika* 3,3,5 von Kinadon (vgl. S. 254), er sei »nicht einer von den Gleichen«, und wenig später erwähnt er eine Gruppe von Leuten, die *hypomeiones*, »Geringere«, hießen. Wie es seine Gewohnheit ist, verwendet Xenophon einfach diesen Terminus, ohne ihn näher zu bestimmen. Er kann jedoch nicht »Bürger geringeren Rangs« bedeuten, denn solche Personen waren dem spartanischen Staat unbekannt, wo ein Mann entweder Vollbürger oder Nichtbürger war. Aber die *hypomeiones* waren vielleicht Söhne von Bürgern, die durch die Agoge gegangen waren, aber kein Gut ihr eigen nannten; sie wären dann potentielle Bürger, die lediglich auf die Gelegenheit warteten, ein Gut zu erwerben.

Wie in jedem organisierten Staatswesen hatte die spartanische Bürgerschaft bestimmte, genau definierte Rechte und Pflichten, oder, um es präziser zu formulieren, sie hatte ein Recht und viele Pflichten. Die Bürger waren gehalten, ihren Beitrag zu den gemeinsamen Mahlzeiten zu leisten und dem Staat aus den Erträgen ihres Gutes Abgaben zu entrichten, sich selbst für den Kriegsdienst verfügbar zu halten, ihre eigenen Waffen und die Ausrüstung als Hopliten zu stellen und ihre Söhne und Töchter – vor allem aber die Söhne – nach dem strengen, staatlich vorgeschriebenen Erziehungssystem aufzuziehen. Das einzige Recht, das alle diese Pflichten aufwog, war das der Teilnahme an der Versammlung der Bürger. Über die Funktionen dieser Versammlung soll später mehr gesagt werden, doch seien vorerst zwei Gebiete erwähnt, auf denen sie Kompetenzen hatte: Sie wählte die Magistrate, und sie hatte das letzte Wort in den meisten Dingen, die das Bürgerrecht betrafen. Obwohl ein Mann normalerweise dadurch Bürger wurde, daß er ein Gut als Besitzer übernahm, behielt sich der Staat das Recht vor, das Bürgerrecht einem Spartaner seiner Wahl zuzuerkennen, er war auch imstande, die bürgerlichen Rechte eines Spartiaten auszusetzen oder völlig aufzuheben, und zwar bei genau bestimmten Verbrechen, deren verwerflichstes Feigheit im Angesicht des Feindes war.

Wenn ein Bürger von seinem Gut Besitz ergriff, erwarb er damit natürlich alles, was auf ihm war, einschließlich der Tiere und Sklaven. Letztere waren als »Heiloten« bekannt. Es ist nicht sicher, ob sie ursprünglich ehrlos gewordene ehemalige Bürger waren, Kriegsgefangene oder Reste der nichtdorischen Bevölkerung. Auch ihre Rechtsstellung ist nicht leicht zu bestimmen, aber es läßt sich wenigstens einiges über ihr Verhältnis zum Staat und zum Besitzer des jeweiligen Gutes sagen. Obwohl ein Heilot mit einem bestimmten Gut verbunden war und mit nichts anderem, war er dem Besitzer des Gutes unmittelbar dienstbar. Zwar erfüllte er seine Dienstpflicht meistenteils durch Landarbeit, aber wir haben mehrere Hinweise darauf, daß Heiloten als Hausdiener verwendet wurden. Dies zeigt, daß sie dem Herrn als Personal zur Verfügung standen. Der Heer- und Seedienst gibt ein lebendiges Bild von der Beziehung zwischen Heilot und Herr. Im frühen 5. Jahrhundert begleitete der Heilot seinen Herrn als Offiziersbursche, aber in der Zeit des Krieges gegen Athen wurden manchmal leichtbewaffnete Heiloten zur Unterstützung der Hopliten ins Feld geschickt. Eine ähnliche Rolle spielten sie zur See. In einer Stelle über ein geplantes Seeunternehmen sagt Xenophon (*Hellenika* 7,1,12), die Kapitäne und vielleicht auch die Seesoldaten würden Spartiaten sein, die einfachen Matrosen aber Heiloten oder Söldner.

Wiewohl der Heilot an ein Gut gebunden war und an den, der es gerade besaß, war er nicht Eigentum des Besitzers. Pausanias 3,20,6 nennt die Heiloten die »Sklaven des spartanischen Gemeinwesens«. Daß die Heiloten letztlich dem Staat gehörten, nicht einer Einzelperson, zeigt vor allem die Art und Weise, in der sie freigelassen wurden, denn die Freilassung war nicht ein privates Rechtsgeschäft, sondern ein staatlicher Hoheitsakt, ebenso wie sich Staat und Herr in das Recht teilten, Heiloten zu bestrafen. Die Grundhaltung des Staates war alles andere als einheitlich, sie zeigte eine Zwiespältigkeit, in der der Grund für eine ernsthafte Schwäche des gesamten spartanischen Systems lag. Einerseits war die Institution des Heilotentums für das wirksame Arbeiten dieses Systems absolut notwendig, aber in mancher Hinsicht, wenn auch nicht in jeder, wurden die Heiloten als bloße Vermögenswerte zur Verfügung des Staates betrachtet, der mittels der Besitzer der Güter handelte. Schon die Möglichkeit einer Freilassung zeigt indessen, daß sie manchmal eine wichtigere Rolle spielten. Ferner wurde der Sohn eines Spartiaten und einer Heilotin nicht nur anerkannt, er erhielt auch eine besondere Bezeichnung, *mothax*, deren Verwendung bereits darauf hinweist, daß Verbindungen dieser Art keine Seltenheit waren. Athenaios 6,271e–f zitiert einen älteren Gewährsmann in dem Sinne, daß die *mothakes* freie Männer, aber keine Bürger waren und daß sie voll an der Agoge teilnahmen. So erfüllten sie eine wesentliche Voraussetzung für das Bürgerrecht und konnten Spartiaten werden, wenn sie ein Gut erwarben und wenn ihnen das Bürgerrecht verliehen wurde, wie es mit Lysander im Jahre 405 geschah (vgl. S. 249). Eine weitere Gruppe von Nichtbürgern, von der wir wenig wissen, waren die *neodamodeis*.

Obenan standen im spartanischen Staat zwei nach Erbrecht bestellte, gleichberechtigte Könige, die ihr Amt auf Lebenszeit führten. Der eine gehörte dem Haus der Agiaden an, der andere den Eurypontiden, die beide ihren Stammbaum vom Stammesheros Herakles herleiteten. Sparta stand allein in seinem Festhalten am Königtum als lebendiger Kraft, und ebenso ist es mit der Institution des Doppelkönigtums. Wenn die Hauptfunktionen der alten griechischen Könige die eines Oberfeldherrn, eines obersten Repräsentanten des Volkes gegenüber den Göttern und eines Magistrats waren, so werden wir sehen, daß die spartanischen Könige alle drei Funktionen erfüllten, vor allem aber die des obersten Feldherrn.

Die ausführlichste Beschreibung der Rechte und Pflichten der spartanischen Könige gibt Herodot 6,56–59. Er sagt, daß jeder König ein Priester des Zeus ist, dem er Opfer darbringt, wenn er ein Heer über die Grenzen des Landes hinausführt, ferner daß die Könige gegen jedes beliebige Volk Krieg führen können, und jeder Spartaner, der die Ausübung dieses Rechts behindert, gilt als verfemt. Im Felde sind die Könige von einer Leibwache von hundert auserlesenen Männern begleitet. (Wir wissen hier nicht, warum Herodot diese Zahl bringt, denn aus vielen Einzelangaben ist bekannt, daß sich die königliche Leibwache aus 300 *hippeis* zusammensetzte, ursprünglich berittenen Kriegern, Hopliten aber in den Kriegen des 5. und 4. Jahrhunderts.) Die Könige besitzen Sonderprivilegien bei den öffentlichen Opfern und bei den Spielen, sie erhalten Lebensmittelzuteilungen aus den gemeinsamen Vorräten und verwahren die Orakelsprüche, die in Delphi erteilt werden. Nur wenige richterliche Befugnisse sind ihnen geblieben, Befugnisse, die den Fortbestand der Familie betreffen: Sie arrangieren die Verheiratung einer Erbtochter, wenn ihr Vater dies nicht getan hat, und führen den Vorsitz, wenn ein Spartiate einen Sohn adoptiert. Sie tagen zusammen mit den 28 Alten und bilden so den Rat (*gerousia*). Beim Tode eines Königs veranstaltete man eine ungewöhnlich starke Totenklage, an der Vertreter der Spartiaten, Periöken und Heiloten beteiligt waren.

Obwohl die Könige, wie Herodot sagt, die spartanischen Heere ins Feld führen, ist es doch eine bemerkenswerte Tatsache, daß sie für gewöhnlich nicht den Krieg erklären, ein Heer ausmustern oder die Entscheidung über Krieg und Frieden treffen. Dies fällt in die Kompetenz der Oberbeamten, die im Einvernehmen mit der Volksversammlung handeln. Der Widerspruch läßt sich vielleicht auf folgende Weise erklären: Herodots Beschreibung der spartanischen Könige ist nicht sehr logisch aufgebaut. Wenn wir in Betracht ziehen, daß es wahrscheinlich ist, er habe sich dabei eher auf Notizen aus der Zeit seiner Besuche in Sparta gestützt als auf eine Zusammenstellung aus den Ereignissen, die in seinem eigenen Geschichtswerk erzählt sind, dann können wir uns leicht vorstellen, daß er die Theorie des Königtums wiedergibt, wie sie im Sparta seiner Zeit gang und gäbe war. Von einem Volk mit konservativen Instinkten wie die Spartaner ist dabei zu erwarten, daß sie an alten Verfassungsformeln festhielten, auch wenn diese nicht mehr in die Praxis umgesetzt wurden. Es ist möglich, daß man in einer schönen Fiktion von den Königen sagte, sie seien nach wie vor für Entscheidungen verantwortlich, die in Wirklichkeit jetzt anderswo getroffen wurden.

In diesem Zusammenhang noch zwei weitere Bemerkungen: Die eine ist, daß die spartanische Verfassung eine bewundernswerte Flexibilität besaß; sie zwang der Führung der Geschäfte keine allzu starren Verfahrensvorschriften auf, noch auch wies sie politische Rechte ausschließlich diesem oder jenem Staatsorgan zu. Wenn die Spartaner mit ihren höchsten ehrgeizigen Zielen Schiffbruch erlitten, so liegt der Fehler nicht in Mängeln des politischen Systems, sondern in der Engstirnigkeit, die sie im Verkehr mit anderen Staaten an den Tag legten. Die Flexibilität der Verfassung gewährte der Initiative einer willensstarken Einzelpersönlichkeit beträchtlichen Raum. Ein entschlossener König wie Kleomenes handelte manchmal sehr wohl in der Weise, die Herodot beschreibt (vgl. S. 173–185). Die Könige hatten schließlich ihr Amt lebenslang inne – nicht wie die Beamten jeweils ein Jahr –, und sie besaßen noch immer einen beachtlichen Rest ererbten Einflusses, den sie auch in Bereichen durchsetzen konnten, in denen ihre tatsächliche Macht unzulänglich war. Ferner gibt es einige wenige Anzeichen dafür, daß die beiden Könige, wenn sie gemeinsam handelten, stärkere Vollmachten hatten, als jeder König für sich allein besaß. Ein König für sich war nur wenig mehr als ein geachtetes Mitglied des Rates, das in Kriegszeiten als Oberbefehlshaber fungierte. Er konnte aufgefordert werden, seinen Platz bei der gemeinsamen Mahlzeit einzunehmen, konnte vorgeladen werden, für seine Handlungen Rechenschaft abzulegen, mit einer Geldbuße belegt, verbannt oder abgesetzt werden. Soweit wir sagen können, wurde keine dieser Sanktionen gegen beide Könige zusammen angewandt. Wie kann also das Doppelkönigtum entstanden sein? Da die beiden Könige, wenn sie im Einverständnis handeln, praktisch zu einer einzigen Rechtsperson zu werden scheinen, und zwar zu einer sehr mächtigen, darf man da nicht mit gutem Grund denken, daß es zu irgendeiner Zeit nur einen König gegeben hat? Wenn ein bestimmter König oder ein Königshaus von seiner absoluten Autorität in unerträglicher Weise Gebrauch machte, stand den Spartanern eine ganze Reihe möglicher Gegenmaßnahmen zur Verfügung. Die eine, die sie sich auswählten, war vielleicht genau die, daß sie die Kollegialität des Königtums einführten, um den Ehrgeiz des Einzelnen zu zügeln.

Die 28 Bürger, die zusammen mit den Königen den Rat bildeten, stellten ein Überbleibsel aus den Tagen echter monarchischer Gewalt dar. Sie bildeten ein Gremium vornehmer Edelleute, in seinem Bestand aus formalen Gründen erhalten und tatsächlich von den Königen nur in Zeiten der Unruhe befragt. Es ist anzunehmen, daß die Bestellung der Ratsmitglieder und die Einladung zu Sitzungen einstmals in der Hand der Könige lag, aber in historischer Zeit war das anders. Das zweite Recht scheint nicht völlig verschwunden zu sein, obwohl in der Praxis die Sitzungen gewöhnlich von den Ephoren einberufen wurden. Die Ratsmitglieder wurden jedoch nicht mehr von den Königen ernannt, sondern nach folgendem System von der Bürgerschaft gewählt: Ein Ausschuß der Volksversammlung wurde in einen Raum eingeschlossen, wo seine Mitglieder den einzelnen Kandidaten nicht sehen, sondern nur die ihm zuteil werdende Akklamation hören konnten, wenn er sich den Bürgern präsentierte, und derjenige, der den lautesten Beifall erhielt, wurde zum Mitglied des Rates auf

Lebenszeit erklärt. Nur Bürger von sechzig und mehr Jahren waren wählbar. Es kann kein Zweifel daran bestehen, daß die Mitglieder des Rates eine sehr einflußreiche, angesehene Stellung genossen, aber ihre tatsächliche Rolle im politischen System läßt sich kaum abschätzen. Aristoteles, *Politik* 2,8,3, sagt, die Ratsherren, einschließlich der Könige, konnten bei einstimmiger Entscheidung einen Antrag an die Volksversammlung stellen, aber wie oft der Rat eine solche Vorlage machen wollte und wie oft er dabei Einstimmigkeit erzielte, wissen wir nicht. Die Ratsmitglieder hatten die wichtige Funktion, in Kapitalprozessen als Richter aufzutreten, aber das kann nicht die einzige Gerichtsbarkeit in solchen Fällen gewesen sein, denn sie wurden manchmal auch vor anderen Beamten verhandelt. Ratsherren hatten einen Status und eine Rolle, die denen der Könige sehr ähnlich waren. Sie waren mit genügend Ansehen und Macht ausgestattet, um die alte legitime Ordnung repräsentieren zu können, und immer noch wirkten sie gelegentlich auf die Führung der Staatsgeschäfte ein. Beispiele dafür sind nur schwer beizubringen, aber der Ratschlag, den sie einmal zusammen mit den Ephoren in Sachen Heirat und Erbfolgeregelung in einem Königshaus gaben, war entscheidend (Herodot 5,40), und in einer Debatte des Jahres 475, ob man sich auf einen Krieg mit Athen einlassen solle, dominierte ein Mitglied des Rates bei seinen Kollegen ebenso wie in der Volksversammlung (Diodor 11,50,5–7).

Die Oberbeamten des spartanischen Staates waren die alljährlich im Herbst von der Versammlung der Bürger gewählten fünf Ephoren. Das Ephorat war jüngeren Ursprungs als der Rat, aber im Lauf der Zeit wurden die Ephoren eine Art zweiter Rat, der neben dem Rat der Dreißig bestand und manchmal auch mit ihm zusammenarbeitete, doch weit größere Macht ausübte. Sie aßen miteinander während ihrer Amtszeit, und so trafen sie sich täglich, während der Rat nur zu festgesetzten Terminen einberufen wurde. Soweit die Quellen Auskunft geben, waren die Hauptfunktionen der Ephoren drei an der Zahl, richterliche, probuleutische und exekutive.

Wenn die Ephoren als Richter agierten, entschieden sie in Zivilstreitigkeiten, vor allem in jenen, die sich aus Verträgen ergaben, und urteilten auch in Kriminalfällen. Wie es uns ein wichtiger Gewährsmann verdeutlicht, umfaßte ihre Kriminaljurisdiktion sowohl magistratische Befugnisse wie auch das, was wir heute als Aufgabenbereich der Polizei ansehen würden: »Die Ephoren sind bevollmächtigt, jeden, den sie wollen, mit einer Geldbuße zu belegen und die Zahlung auf der

Stelle zu erzwingen. Sie haben Vollmacht, Beamte aus ihren Ämtern zu entfernen und sie mit einer Anklage auf Leben und Tod vor Gericht zu bringen. [...] Wenn sie einen Gesetzesbrecher feststellen, schreiten sie zu unmittelbarer Bestrafung« (Xenophon, *Verfassung der Spartaner* 8,4). Wenn die Ephoren derartige Maßnahmen gegen Spartiaten ergreifen konnten, ist es nicht überraschend, daß ihre Machtbefugnisse gegenüber Nichtbürgern noch weitgehender waren. Fremde verwiesen sie aus eigener Machtvollkommenheit aus dem Staat, zum Beispiel einen König (Herodot 3,148,2), und Periöken konnten sie ohne Prozeß zum Tode verurteilen (Isokrates, *Panathenaikos* 181). Nach Thukydides 1,131,2 konnten die Ephoren sogar einen König verhaften und ins Gefängnis werfen.

Die probuleutische Funktion der Ephoren ergab sich eher aus der Natur der Sache als aus irgendeiner spartanischen Sonderregelung. Da die Versammlung der Bürger groß war und verhältnismäßig selten zusammentrat, während das Gremium der zuständigen Beamten klein war und praktisch beständig tagte, wurde es wichtig, daß die Beamten jedes Thema unter sich ausführlich vordiskutierten und dann einen einstimmig gebilligten Antrag der Volksversammlung vorlegten, die aufgerufen war, ihn anzunehmen oder ihn zu verwerfen. Diese Vorlage war in Athen unter der Bezeichnung *probouleuma* bekannt, weshalb man dieses Verfahren, zweifellos in allen demokratischen Staaten Griechenlands eine durchaus übliche Erscheinung, »probuleutisch« nennen kann. In Sparta war es um so notwendiger, als die Volksversammlung nicht allzu häufig zusammentrat, während der Druck der Geschäfte beständig blieb.

Die exekutiven Funktionen der Ephoren waren noch bedeutsamer als die probuleutischen. In der Praxis traf die Volksversammlung über eine bestimmte Maßnahme die Entscheidung und überließ dann ihre Durchführung den Ephoren. Diese hatten einen sehr weiten Ermessensspielraum, die Beschlüsse der Versammlung in die Tat umzusetzen, so sehr, daß sie praktisch die amtierende Staatsregierung bildeten. Unser ältestes Beispiel steht bei Herodot 9,9. Vermutlich hatte man den Ephoren einige allgemeine Weisungen gegeben, in der Krise, die der Persereinfall heraufbeschwor, nach bestem Wissen und Gewissen zu handeln, jedenfalls nahmen sie Beratungen mit einem Bürger einer anderen Stadt auf, nahmen seinen Ratschlag an, ernannten ohne weiteren Kontakt mit der Volksversammlung einen Befehlshaber und sandten ein Heer aus. Ferner berichtet Xenophon, *Hellenika* 3,2,23, von einer Episode aus dem frühen 4. Jahrhundert, in der die Ephoren eine Entscheidung, zu der sie sich zusammen mit der Versammlung durchgerungen hatten, in die Tat umsetzten:

> »Aus allen diesen Gründen verärgert, beschlossen die Ephoren und die Volksversammlung, sie zur Vernunft zu bringen. Sie schickten Gesandte nach Elis und sagten, den spartanischen Behörden erscheine es richtig, daß sie ihre Periökenstädte autonom lassen sollten. Als die Eleer entgegneten, das würden sie nicht tun, weil sie die Städte als Kriegsbeute besäßen, erklärten die Ephoren den Krieg und hoben Truppen aus.«

Es ist also gesichert, daß die Ephoren im Namen des spartanischen Staates Gesandte empfingen und ausschickten und daß sie detaillierte Anordnungen für die Durchführung eines Krieges trafen, sobald ein allgemein gehaltener Beschluß von der Volksversammlung gebilligt war. Angesichts des Gegenstandes der Historiker, die von den Ereignissen des 5. und 4. Jahrhunderts berichten, hören wir nur von Tätigkeiten der Ephoren in Kriegszeiten oder unter Kriegsdrohung. Ob in Friedenszeiten genauso viel ihrem Ermessen überlassen blieb, muß zweifelhaft bleiben.

Zu einem nicht genau zu bestimmenden Zeitpunkt begannen die Ephoren damit, jenseits der Staatsgrenzen Machtbefugnisse auszuüben. Wie wir bereits gesehen haben, war es seit altersher das Amt der Könige, Heere ins Feld zu führen, d. h., nachdem die Bürger in der Versammlung auf Krieg entschieden und die Ephoren ihre Einzelanordnungen getroffen hatten. Im frühen 5. Jahrhundert ist noch einer der Könige im Besitz des Oberkommandos, obwohl er von zwei Ephoren begleitet ist (Herodot 9,76,3). Herodot gibt keine Begründung für ihre Anwesenheit, weshalb wir annehmen dürfen, daß sie bereits üblich war. Von der bloßen Anwesenheit im Hauptquartier bis zum Eingreifen in die militärischen Operationen ist es aber nur ein kleiner Schritt. Das erste Beispiel verzeichnet Thukydides 8,11,3, und Xenophons *Hellenika* bezeugen eine ganze Anzahl Anweisungen der Ephoren an das Heer. In dem Verfahren der Ephoren, zwei aus ihrer Mitte einem König auf dem Feldzug beizuordnen, ist leicht ein überlegter Eingriff in die Vorrechte der Könige zu erkennen. Aristoteles, *Politik* 2,6,20, geht so weit zu sagen, ein König sei von zweien seiner Feinde begleitet gewesen, wenn er einen Auftrag auswärts durchzuführen hatte. Mit der Wahl des Wortes »Feinde« zur Kennzeichnung der Ephoren deutet Aristoteles an, das Ephorat sei in die spartanische Verfassung eingeführt worden, um ein Gegengewicht zur Macht der Könige zu bilden, oder es sei zumindest zu einem solchen geworden, und in seiner ersten Erörterung des Gegenstandes im selben Buch sagt er (2,6,14), der Einfluß der Ephoren sei zu groß geworden und sei jetzt gleichbedeutend mit Tyrannis. Unsere Quellen bestätigen das schrittweise Anwachsen der Ephorenmacht, und zwar immer auf Kosten der Könige. Als die Ausweitung des spartanischen Einflusses außerhalb der Landesgrenzen die Schaffung neuer Ämter erforderte, zum Beispiel die des Admirals, *nauarchos*, und des Statthalters, *harmostas*, wurden diese bemerkenswerterweise nicht von den Königen ernannt, sondern von der Volksversammlung in Verbindung mit den Ephoren. Als die Operationen zur See bedeutsamer wurden als ein Feldzug zu Lande, übte der Admiral eine Macht aus, die im Grunde genommen ein zweites Königtum bedeutete (*Politik* 2,6,22).

Die letzte wichtigere Einrichtung des spartanischen Staates stellt die Versammlung der Bürger dar, bei der jeder über dreißig Jahre alte Vollbürger zur Teilnahme berechtigt war. Die Ephoren beriefen die Sitzungen ein, einer von ihnen führte den Vorsitz. Die Bürger trafen in der Versammlung wichtige Entscheidungen zur Politik des Staates, sie wählten die Beamten einschließlich der Ephoren, ernannten, wenn nötig, Befehlshaber und Admirale, verliehen und löschten das Bürgerrecht und verabschiedeten Gesetze. All dies wird in unseren Quellen als im Tätigkeitsbereich der Versammlung liegend erwähnt, aber wir besitzen nur dürftige Informationen über das eigentliche Verfahren, mit dem sie ihre Aufgaben erledigte. Besonders schwierig ist es, eine Antwort auf die Frage zu finden, welches Rederecht die Versammlung besaß. Handelte es sich einfach um eine Körperschaft, die, wenn erforderlich, verschiedene Meinungen anhörte und einer von ihnen beipflichtete? Oder konnte sie, wenn auch in noch so beschränktem Umfang, die vorliegenden Anträge diskutieren? Die Historiker, die auf die Sitzungen zu sprechen kommen, Thukydides, Xenophon und Diodor, erwähnen häufig jene Personengruppen, die das Recht hatten, das Wort zu ergreifen, die Könige, die Mitglieder des Rates, die Ephoren und Gesandte anderer griechischer Staaten. Sehr oft geben diese Autoren die Reden wieder – oder erwecken den Anschein, es zu tun –, die von den Gesandten oder den spartanischen Behörden, je nachdem wie die Dinge lagen, an die Versammlung gerichtet wurden. Aus der Lektüre solcher Reden könnte man leicht das Ergebnis gewinnen, daß es damit sein Bewenden hatte und daß von den Bürgern nur noch verlangt wurde, ihr Ja oder Nein zu Protokoll zu geben, nachdem sie zugehört hatten. Aber zwei Umstände legen die Vermutung nahe, daß die Wahrheit vielleicht doch nicht so einfach gewesen ist. Zunächst macht es die Reife, die die politischen Einrichtungen Spartas im 5. Jahrhundert gewannen, schwierig zu glauben, daß die formell versammelte Bürgerschaft nicht mehr zu sagen hatte als einstmals die Heeresversammlung in der *Ilias*, die Beifall oder Mißfallen herausschrie, wenn sich die Könige an sie wandten. Ferner begünstigt die ganze Art, in der Thukydides sein Geschichtswerk anlegte – und seine Nachfolger taten es ihm hierin nach –, in starkem Maße die Wiedergabe von Reden beträchtlichen Umfangs, um die Beweggründe der führenden Staatsmänner und der führenden Staaten darlegen zu können. Selbst wenn man annimmt, daß die Meinungsäußerungen gewöhnlicher Mitglieder einer Versammlung irgendwo aufgezeichnet waren, hat eine solche Schule der Geschichtsschreibung an ihrer Wiedergabe wenig Interesse, sie bringt ihr wenig Nutzen. Doch bei einem wichtigen Anlaß beschreibt Thukydides den Verfahrensgang in der spartanischen Volksversammlung, und wie die Wahl seiner Worte zeigt, hat er auf jeden Fall gemeint, da habe eine richtige Debatte stattgefunden: Im Jahre 432 fiel dieser Versammlung die Entscheidung anheim, ob man gegen Athen in den Krieg ziehen solle. Zuerst wandten sich Gesandte aus Megara und anderen Städten an sie, dann die Korinther, dann eine Delegation aus Athen. Und nun sagt Thukydides 1,79: »Als die Spartaner die Anschuldigungen ihrer Verbündeten gegen die Athener und die Entgegnung der Athener gehört hatten, schlossen sie alle [Nichtbürger] aus und berieten unter sich über die augenblickliche Lage. Die Majorität war einer Meinung, nämlich die Athener täten nun Unrecht und der Krieg solle auf der Stelle erklärt werden.« Zwei Audrücke des Thukydides bringen hier den Leser auf den Gedanken, daß irgendeine Art Debatte, wenn auch nur andeutungsweise, unter den Bürgern stattgefunden haben muß. Denn um wen handelt es sich, wenn es heißt »sie berieten unter sich« und »sie waren einer Meinung«, wenn nicht um die Teilnehmer an der Volksversammlung? Es klingt nicht glaubhaft, daß Ephoren, Könige und Ratsmitglieder die Frage in Gegenwart der Bürger diskutierten, während diese selbst in Schweigen verharrten. Jedenfalls schließt wohl Thukydides mit dem Rest seiner Erzählung die Wahrscheinlichkeit eines solchen Verfahrens aus. Nachdem er die Ansicht der Mehrheit erwähnt hat, gibt er die Reden des Königs Archidamos (gegen eine Kriegserklärung) und des Ephoren Sthenelaidas (für den Krieg) wieder. Als Sthenelaidas geendet hat, übernimmt er wieder seine Rolle als Versammlungsleiter und Beamter, stellt die Frage, wobei er die Bürger anweist, auseinanderzutreten anstatt nach dem sonst geübten Verfahren durch Zuruf abzustimmen (1,87,1 f.). Zweifellos wäre es einer größeren Fairneß der Debatte dienlich gewesen, wenn die Bürger ihre Meinung nach der Rede des Ephoren hätten äußern können anstatt davor, aber Thukydides erklärt auch das, indem er sagt, Sthenelaidas sei so auf den Krieg erpicht gewesen, daß er eine eindeutige Demonstration zur Unterstützung seiner Politik wünschte. Es ist daher nicht schwer zu verstehen, warum er seine privilegierte Stellung ausnützte und zur Abstimmung aufrief, ohne eine weitere Debatte zuzulassen.

Es ist bedauerlich, daß wir uns zur Information über die spartanische Volksversammlung so stark auf diese eine Stelle verlassen müssen, aber die griechischen Historiker bringen aus den bereits genannten Gründen sonst nirgends ein so klares Beispiel. So einmalig die Darstellung des Thukydides in ihrer Art ist, man muß sie mit der übrigen Überlieferung zusammen sehen, wenn man die Kennzeichnung der spartanischen Verfassung bei Aristoteles 2,6,15 näher betrachtet:

> »Einige behaupten, sie bestehe aus Oligarchie, Monarchie und Demokratie, wobei sie sagen, daß das Königtum Monarchie ist, die Amtsgewalt des Rates Oligarchie, die Amtsgewalt der Ephoren aber der Demokratie zuzurechnen ist, denn die Ephoren sind vom Volke. Andere halten das für eine Tyrannis, während sie demokratische Züge in den gemeinschaftlichen Mahlzeiten und in anderen Erscheinungen des täglichen Lebens finden [...]. Die Amtsgewalt der Ephoren hält also den Staat zusammen, da das Volk ruhig ist, weil es an der höchsten Magistratur teilhat [...], so daß das Ephorat für die Führung der Staatsgeschäfte nützlich ist, denn eine Verfassung, die es auf langen Bestand absieht, muß darauf ausgehen, daß alle Teile des Staates dieselben seien und bleiben.« (Übers. nach A. Stahr.)

Wenn Aristoteles von Sparta spricht, verfehlen seine Bemerkungen die erforderliche Unparteilichkeit, denn in der ganzen Erörterung offenbart er die tiefe Abneigung, die die spartanischen Einrichtungen allgemein in ihm erwecken, und wenn er etwas Gutes über das spartanische System zu sagen hat, ist sein Kompliment so stark eingeschränkt, daß ihm viel von seiner Wirkung genommen ist. Vor allem unterschätzt er gröblich die Rolle, die die Volksversammlung spielte. Er scheint anzunehmen, daß sich die ganze politische Macht der Spartiaten in der Wahl der Ephoren erschöpfte, daß der Bürgerehrgeiz befriedigt war, wenn diese erst durch die Gesamtheit der Bürger gewählt waren. Aber das heißt annehmen, was offensichtlich unrichtig ist: daß die einzige Aufgabe der Versammlung in der Wahl der Beamten lag und daß die Beamten niemals vor ihr erschienen, um Zustimmung zu ihrem Handeln und Vollmacht für ihre Vorhaben einzuholen. Wenn wir die Befugnisse betrachten, die die Volksversammlung tatsächlich ausübte, kann kein Zweifel daran bestehen, daß sie zumindest im Anfang des 5. Jahrhunderts die Quelle aller Macht im Staate war, da sie im voraus die Rechtsgrundlage für die Durchführung staatlicher Hoheitsakte schuf. Daher kann man den spartanischen Staat zu Recht eine Demokratie im griechischen Sinne nennen, während die bei Aristoteles erwähnten gemeinsamen Mahlzeiten und dergleichen natürlich zur Statusgleichheit beitrugen, ohne daß dies notwendig Demokratie bedeuten muß. Wie Aristoteles sagt, ließe sich auch argumentieren, das Ephorat bilde ein oligarchisches Element im Staate. Aber die Oligarchie, die die Ephoren praktizierten, war nur potentiell, denn sie war in doppelter Hinsicht beschränkt: zeitlich, da die Ephoren Jahr um Jahr gewählt wurden, und der Beschaffenheit nach, weil die Ephoren als Gremium ihre weitreichenden Befugnisse nur ausüben konnten, wenn sie eines Sinnes waren. Das Ephorat ist in Wirklichkeit kaum als Oligarchie in dem Sinne zu bezeichnen, wie die Griechen den Terminus verwendeten. In einer Oligarchie lag die Macht gewöhnlich in den Händen einer einzigen oder einiger weniger vornehmen Familien, die sie ausübten kraft ererbten Rechts, nicht aufgrund einer Wahl.

Doch der nächste Schritt unserer Erörterung bedeutet die Erwähnung eines Mannes und seines vielberufenen Werks, des Gesetzgebers Lykurg und seiner Neuordnung des spartanischen Staates.

Eine nur schwach bezeugte Überlieferung bei Strabon 8,5,5 schrieb die spartanische Verfassung Eurysthenes und Prokles zu. Mit dieser unbedeutenden Ausnahme waren die Griechen einhellig der Meinung, daß es Lykurg war, der den spartanischen Kosmos in seiner endgültigen Form schuf, wobei Kosmos nicht allein Verfassung im politischen Sinn bedeutet, sondern die ganze Lebensform, die für die Spartaner typisch wurde. Die älteste Stelle über die Reformen des Lykurg, Herodot 1,65 f., ist von so grundlegender Bedeutung, daß sie vollständig zitiert werden sollte:

»Vor der Zeit des Kroisos hatten die Spartaner die schlechtesten Gesetze fast aller Griechen, sie waren abweisend untereinander und gegenüber Fremden. Aber auf folgende Weise änderten sie sich und wurden zu einem gut regierten Staat. Als Lykurgos, ein angesehener Spartiate, zum Orakel nach Delphi kam, sprach die Pythia sogleich, als er das Innere betrat, die folgenden Worte: ›Du bist zu meinem reich ausgestatteten Tempel gekommen, Lykurgos, teuer dem Zeus und allen, die in den Häusern des Olymp wohnen. Soll ich dich als Gott bezeichnen oder als Menschen? Aber ich neige dazu, doch eher als Gott, Lykurgos.‹ Einige sagen, daß die Pythia ihm dazu noch die ganze Ordnung erklärte, die heute noch bei den Spartiaten besteht. Aber die Spartaner selbst behaupten, Lykurgos habe als Vormund seines Neffen, des Spartanerkönigs Leobotas, diese Änderungen aus Kreta übernommen. Sobald er die Vormundschaft angetreten hatte, änderte er alle Bräuche in Sparta und traf Vorsorge, daß die neuen Gesetze nicht gebrochen wurden. Später schuf Lykurgos auch die Heeresordnung, die Eidgenossenschaften, Dreißigschaften und die gemeinsamen Mahlzeiten und setzte auch die Ephoren und den Rat der Alten ein. So änderten die Spartaner ihre Gesetze zum Besseren, und dem Lykurgos errichteten sie nach seinem Tod ein Heiligtum.«

Herodot datiert die Reformen des Lykurg in die Mitte des 6. Jahrhunderts. Wie so oft bringt er unmittelbar nebeneinander eine rationalere und eine weniger rationale Erklärung eines Vorgangs. Die Ähnlichkeit spartanischer und kretischer Einrichtungen war den Griechen durchaus bekannt, und die nüchterne Version meinte demzufolge, der große Reformer habe einige Einzelheiten des kretischen Systems kopiert. Wenn andererseits das Orakel nicht mehr zu leisten vermochte, als seine Unsicherheit in der Frage zu bekennen, ob Lykurg Gott oder Mensch war, dann war das kein sehr wertvoller Bescheid, den er nach Hause bringen konnte. Da muß ein Anreiz bestanden haben, die Offenbarung eines neuen Kosmos einem Orakel zuzuschreiben, damit sein Initiator göttlichen Segen erhalte. Nach Herodot gingen die Spartaner darauf ein, indem sie Lykurg nach seinem Tode verehrten.
Die Verlegenheit des Orakels wurde von vielen griechischen Autoren geteilt. Auch in neuerer Zeit erhoben sich viele Stimmen, Lykurg sei ursprünglich als Gott verehrt worden, während andere glauben, daß er in der Tat ein großer Reformer war, weitgehend so, wie er im Bericht des Herodot erscheint, andere wieder seine Existenz überhaupt

bestreiten und die »lykurgischen« Reformen anderen Ursachen zuschreiben. Die Zeit, in der Lykurg – wenn er je gelebt hat – sein Reformwerk schuf, war gleichfalls kontrovers. Thukydides setzte die Einführung des lykurgischen Kosmos auf etwa 804 an (1,18,1), aber er gab keine Begründung, weshalb er diese Datierung bevorzugte. Dieses Schwanken der Meinungen macht es schwieriger, wenn nicht unmöglich, an die Existenz eines Reformers namens Lykurg zu glauben. Aber wenn es ihn je gab, hat er gewiß nicht alle Reformen in die Wege geleitet, die Herodot ihm zutraute. Was immer der Ursprung von Rat und Ephorat gewesen sein mag, diese beiden Institutionen können nicht gleichzeitig entstanden sein, teils weil beide, zumindest in der Theorie, weitgehend demselben Zweck dienten, teils weil der Rat, anders als das Ephorat, alle Kennzeichen dafür aufweist, daß er einstmals, in der Zeit der absoluten Monarchie, ein königliches Beamtengremium gewesen ist. Dann ist da das Fehlen brauchbarer biographischer Angaben zu Lykurg. Herodot, unser ältester Gewährsmann, ist auch der mit den spärlichsten Details, so daß man sich sehr wohl fragen kann, wie verläßlich die Quellen waren, die spätere Autoren heranzogen. Schließlich haben wir noch mit der uralten griechischen Gewohnheit zu rechnen, alles, was immer bemerkenswert oder wunderbar war, auf einen ersten ›Erfinder‹ zurückzuführen. Und der spartanische Kosmos war ein großes Wunder, das es erforderte, daß man ihn der Erneuerungskraft eines überragenden Genius zuschrieb. Wenn Athen einen Solon hatte, mußte Sparta einen Lykurg haben. Es bleibt aber die Tatsache bestehen, daß sich die Athener sehr viel von dem Menschen Solon und viel von seinem Werk bewahrten, während sich bei den Spartanern außerhalb des Fragwürdigen oder gar Unglaublichen nur wenig über den Menschen Lykurg erhielt.

Unter den späteren Werken enthält Plutarchs *Leben des Lykurgos* einen besonders ausführlichen Bericht über Leben, Reformen und Tod des Gesetzgebers, der damals eine legendäre Gestalt war. Plutarch gibt zu, daß mehrere miteinander unvereinbare Datierungen für das große Werk des Lykurg vorgeschlagen worden sind. Er selbst erachtet es als wahrscheinlich, daß Lykurg der elfte in der Deszendenz von Herakles war, oder mit anderen Worten, daß seine Regentschaft etwa in die Mitte des 9. Jahrhunderts fiel. Plutarch kombiniert die beiden von Herodot berichteten Versionen und sagt, daß Lykurg den delphischen Orakelspruch erhielt, daß er eher ein Gott als ein Mensch sei, und ebenso, daß er einige Elemente der kretischen Verfassung übernahm. Lykurgs eigentliche politische Neuerungen in Sparta bestanden nach

Plutarch hauptsächlich in der näheren Bestimmung der Funktionen der Könige, des Rats und der Volksversammlung. Die wichtige Stelle findet sich im *Leben des Lykurgos* 5,6–6,5. Plutarch schreibt Lykurg die Einsetzung des Rates zu, der den Staat stabil hielt, denn er verhinderte die extreme Tyrannis, indem er die Macht der Könige im Zaum, und die extreme Demokratie, indem er das Volk in Schach hielt.

Als Stütze seiner Darlegung über die Verfassungsreform des Lykurg zitiert Plutarch eine *rhetra*, die Lykurg vom delphischen Orakel erhielt. Sie ist als die »Große Rhetra« bekannt geworden. Keine andere Stelle der griechischen Literatur von solcher Kürze hat so viele Diskussionen ausgelöst. Manche Schwierigkeiten hat Plutarch selbst bemerkt, weshalb er einige kaum verständliche Begriffe erklärt. Für uns ergibt sich ein zusätzliches Problem aus einer schweren Korruptel im Plutarchtext, der an einer Stelle eine Abfolge völlig sinnloser Buchstaben bringt und in einer Weise emendiert werden muß, die das höchste Maß an Wahrscheinlichkeit hat. Das Wort Rhetra bedeutet eigentlich »Vertrag« oder »Gesetzesbeschluß«, und es ist wahrscheinlich, daß die von Plutarch zitierte Rhetra ursprünglich ein spartanisches Gesetz war, das als Orakelbescheid interpretiert wurde. Jedenfalls sei die Authentizität der Großen Rhetra hier angenommen, und zwar in dem Sinne, daß sie ein echtes, vom spartanischen Staat verkündetes Gesetz darstellt. Zeit und Zweck werden später zu behandeln sein.

Plutarchs Version der Großen Rhetra läßt sich etwa in folgender Weise wiedergeben:

> »[Das Orakel sagte, daß Lykurgos] ein Heiligtum des Zeus Syllanios und der Athene Syllania gründen solle, das Volk in *phylai* und *obai* ordnen, den Rat der Dreißig einschließlich der *archagetai* einrichten und von Zeit zu Zeit *apellazein* zwischen Babyka und Knakion; der Rat mag Anträge vorlegen oder sich dessen weigern, aber die endgültige Entscheidung liegt beim Volke.«

Im weiteren erklärt Plutarch die Begriffe *phylai* und *obai*, sagt, daß die *archagetai* die Könige sind, gibt als Bedeutung für *apellazein* »eine Volksversammlung abhalten« und identifiziert Babyka und Knakion als zwei Bäche in der Nähe Spartas. Dann fährt er fort:

> »Wenn die Versammlung tagte, gestattete es Lykurgos keinem ihrer Mitglieder, einen Antrag einzubringen, aber die Volksversammlung

war für die Entscheidung über einen Antrag zuständig, der ihr vom Rat und den Königen vorgelegt wurde. Später jedoch schlug die Volksversammlung mit Streichung oder Zufügung einzelner Punkte krumme Wege ein und verfälschte so gewaltsam die ihr vorliegenden Anträge, so daß die Könige Polydoros und Theopompos an die Rhetra folgenden Zusatz anfügten: ›Aber wenn die Versammlung einen krummen Vorschlag macht, sollen der Rat und die Könige ihn nicht annehmen.‹ Das heißt, sie dürfen ihn nicht gutheißen, sie müssen sich dem aufs äußerste widersetzen und müssen die Versammlung auflösen, weil sie den Antrag entgegen dem Gemeinwohl verfälschen und verändern. Und es gelang ihnen, die Stadt davon zu überzeugen, daß die Zusatzverfügungen ihren Ursprung bei dem Gott hatten, wie Tyrtaios mit folgenden Worten in Erinnerung bringt: ›Nachdem sie Phoibos gelauscht hatten, brachten sie von Python die Orakel des Gottes heim und die Seherworte, die sich erfüllen sollten: Vorrangig seien im Rat die gottgeehrten Könige, die die Aufsicht haben über die liebliche Stadt Sparta, und dann die Alten, nach ihnen die Männer des Volks, die Antwort geben auf die Vorlagen und sie unverfälscht halten.‹ [Tyrtaios Nr. 4.]«

So ist Plutarch weit von der Ansicht entfernt, der Volksversammlung hätte es an Vollmacht für Veränderungsbeschlüsse gefehlt; im Gegenteil, einige Veränderungen erwiesen sich als so lästig für die ›Regierung‹, daß diese sich genötigt sah, göttlichen Segen zur Wahrung ihrer Autorität in Anspruch zu nehmen. Mag auch die Große Rhetra in mancher Hinsicht unklar sein, sie bedeutet doch einen Schritt, und zwar einen wichtigen Schritt in der Entwicklung des Staates. Die Spartaner hatten bereits eine primitive Ordnung weit hinter sich gelassen, in der die Könige ihre Anweisungen gaben und die Bürger ihnen gehorchten. Die Zeit war reif für die Einführung eines Systems der Kontrollen und Ausgewogenheiten, und wenn die Könige und die Mitglieder des Rates darauf achteten, daß das System ihre eigenen Interessen begünstigte, so leugneten sie doch nicht die Rolle, die die Volksversammlung im Gesetzgebungsprozeß spielte.
Der Hinweis auf eine zweifache Gliederung der Spartiaten in Phylen und Oben ist ebenfalls bedeutsam. Wenn die Große Rhetra etwa zur Zeit des Tyrtaios formuliert wurde, dann dürfte die Phylenordnung schon sehr alt gewesen sein, so daß es den Anschein hat, daß das neue Schema, die Organisation in Oben, über das alte gelegt wurde. Lediglich ein einziger plausibler Grund für eine solche Feststellung bietet

sich an: Während die Stammesgliederung für das bürgerliche Leben und die Teilnahme an den Kulten beibehalten werden sollte, sollte die Zugehörigkeit zu den lokalen Oben künftig als Grundlage für die Heeresgliederung dienen. Dies blieb so bis in die Zeit der Perserkriege, diese eingeschlossen. Aber in der Mitte des 5. Jahrhunderts war das spartanische Heer nicht mehr in Oben gegliedert, sondern in sechs *morai*, Untergliederungen, die nichts mit lokalen Bindungen zu tun hatten. Die Veränderung war vermutlich von zwei Erwägungen diktiert. An erster Stelle stand die Notwendigkeit, das Heer völlig flexibel zu machen, so daß sich die Hopliten, wenn die Phalanx durchbrochen war, mit Männern, die gerade zur Hand waren, neu formieren konnten; sie würden nicht nach Nachbarn oder Verwandten Ausschau halten. Und zum andern gebot es der Bevölkerungsrückgang unter den Spartiaten, das Bürgerheer mit Rekruten aus dem Periökenland zu verwässern, die natürlich keine Verbindung zu einer der spartanischen Oben hatten.

Plutarch merkt, offenbar anders als Herodot, daß das Ephorat jüngeren Ursprungs gewesen sein muß als die Teilung der Macht unter Königen, Rat und Volksversammlung. In seinem *Lykurgos* 7,1 legt er dar, daß die ersten Ephoren 130 Jahre nach der Zeit des Gesetzgebers bestellt wurden und daß sie – so immer noch Plutarch – als Ergebnis einer weitblickenden Entscheidung des Königs Theopompos eingeführt wurden, der absichtlich das oligarchische Element im Staate beschnitt, indem er ein Kontrollorgan in Gestalt eines Gremiums mächtiger Beamten einführte. Ein Zyniker könnte erwidern, wenn das Ephorat wirklich von den Königen eingeführt wurde, so lag ein ebenso wahrscheinliches Motiv in der Hoffnung auf eine Stärkung der königlichen Macht, wenn Ephorat und Rat gegenseitig den politischen Einfluß des anderen schmälerten. Aber all das ist nur Vermutung. Die Entstehung des Ephorats ist ein Problem, das sich noch nicht überzeugend lösen läßt. Jedenfalls begann es später, als die Überlieferung vermutet hat (Mitte des 8. Jahrhunderts). Wenn die Große Rhetra richtig in die Zeit des Tyrtaios (Mitte des 7. Jahrhunderts) datiert worden ist, müßte das Ephorat zwischen diesem Zeitpunkt und der ersten Erwähnung eines Tätigseins von Ephoren bei den Historikern, etwa hundert Jahre später, geschaffen worden sein.

Achtes Kapitel
Das Leben im spartanischen Staat

Lykurg soll nicht nur ein neues politisches System, sondern auch eine ganz neue Lebensform eingeführt haben. Und in der Tat unterschieden sich in der uns am besten bekannten und am besten verständlichen Zeit, dem 5. und 4. Jahrhundert, die Spartaner in ihrer Weltanschauung und in ihren Vorurteilen grundlegend von anderen griechischen Städten und von ihren eigenen Vorfahren. Wir können nicht sagen, ob die Veränderung plötzlich kam, ob sie wirklich eine Bewegung war, wie sie manche modernen Autoren voraussetzen, die von der »spartanischen Revolution« sprechen. Aber es ist wohl richtig, wenn wir meinen, daß die gesellschaftlichen Veränderungen nicht zur selben Zeit eintraten wie irgendeine jener wichtigen politischen Neuerungen, die wir bereits betrachtet haben. Das oben vorgelegte Material gestattet es uns, diese gesellschaftlichen Veränderungen oder zumindest ihren Beginn auf etwa 500 v. Chr. zu datieren.

Zuvor war Sparta fast 200 Jahre lang – so weit kann verläßliches Material uns zurückführen – weitgehend eine griechische Stadt wie andere auch, die ungewöhnlichen Einrichtungen des Doppelkönigtums und des Ephorats stets ausgenommen. Im 7. Jahrhundert war es ein berühmtes Zentrum musikalischer Tätigkeit, das eine Reihe begabter Männer an sich zog und einen der bedeutenderen lyrischen Dichter Griechenlands hervorbrachte. Dann, während des 6. Jahrhunderts, trat es voll in den Hauptstrom griechischer Kultur ein. Seine Handwerker, vor allem die Elfenbeinschnitzer, erreichten ein Niveau, dem nur ganz wenige andere Städte gleichkommen konnten, während die sehr weite Verbreitung lakonischer Kunstwerke hinreichender Beweis für die spartanische Beteiligung am Überseehandel ist. Die große Zeit spartanischer Vasenmalerei und Elfenbeinschnitzerei war gegen Ende des 6. Jahrhunderts vorbei, aber Sparta stand nicht allein mit dem Verlust seiner individuellen Sprache auf diesen Gebieten, denn die Kunsterzeugnisse Athens stellten jetzt die aller anderen griechischen Städte in den Schatten. Selbst wenn wir nicht Spezialschriften über das spartanische Leben zur Verfügung hätten, könnten wir den Historikern entnehmen, daß die Spartaner am Beginn des 5. Jahrhunderts einen tiefgreifenden Wandel erfuhren. Die Beschreibung dieser Veränderung verstrickt uns in ein seltsames Paradoxon, denn genau zur selben Zeit, in der sich die Spartaner mehr denn je in die internationalen Angelegenheiten anderer Staaten einzumischen begannen, schnitten sie sich mit Vorbedacht vom kulturellen Leben Griechenlands ab. Die politische Intervention war von menschlicher Isoliertheit begleitet oder, um es anders auszudrücken, der Verkehr zwischen Sparta und anderen Staaten war Sache der Diplomatie und hatte wenig mit privater Initiative zu tun. Wir haben bereits angemerkt, daß Bürger anderer Staaten nicht das Recht besaßen, in Sparta ihren Wohnsitz aufzuschlagen, es sei denn, sie erhielten durch Sondervergünstigung die Erlaubnis, hier zu leben. Es ist durchaus unwahrscheinlich, daß ein solches Verbot in der Zeit des Terpandros oder in der des Bathykles durchgesetzt oder auch nur gedacht werden konnte. Es war ein Produkt Spartas aus dem 5. Jahrhundert, und seine natürliche Entsprechung war, daß es spartanischen Bürgern ihrerseits verboten war, außerhalb der Staatsgrenzen zu reisen, es sei denn bei offiziellen Anlässen im Auftrag der Behörden.

Wenn wir vom Leben im spartanischen Staat sprechen, meinen wir praktisch das Leben der Spartiaten, denn von den anderen Gliedern des Staates läßt sich aus ihrem zivilen Bereich nur weniges mit Sicherheit sagen. Es wäre von Interesse zu wissen, wie viele Spartiaten es zu einem bestimmten Zeitpunkt gegeben hat. Eine rohe Schätzung läßt sich aufgrund von Angaben bei griechischen Autoren versuchen. Plutarch, *Lykurgos* 8,3, behauptet, daß Lykurg die Spartiaten auf völlig gleichen Fuß zu stellen suchte, indem er das Spartiatenland in 9000 Güter teilte. Die einzige Möglichkeit, die Zuverlässigkeit dieser Zahlenangabe abzuschätzen, besteht darin festzustellen, wie viele Hopliten wirklich für den Krieg ausgemustert wurden. Wenn Herodot 9,10,1 sagt, daß im Jahre 479 fünftausend Spartiaten gegen die Perser zu Felde zogen, müssen wir annehmen, daß es sich um Spartiaten in der Blüte ihrer Jahre, zwischen 30 und 55 Jahren, handelt und daß in einer solchen Krise wohl die Hauptmacht der spartanischen Mannschaft mobilisiert worden ist. Wenn diese Annahmen richtig sind und wenn man rund 3000 für die Reserve und für Bürger hinzufügt, die das wehrfähige Alter bereits überschritten hatten, dann können wir grobgeschätzt 8000 als die Gesamtzahl der Spartiaten in damaliger Zeit ansehen, eine Zahl, die recht gut mit der Angabe des Plutarch übereinstimmt, wenn man berücksichtigt, daß ein Mann auch mehrere Güter besitzen konnte.

Aus einem Vergleich unserer Quellen geht hervor, auch wenn keine einzige dies ausdrücklich feststellt, daß die Spartiaten größtenteils nicht wirklich auf ihren Gütern lebten. Diese lagen weit über fruchtbarste Teile des Landes verstreut; während ein Bürger noch die Beschäftigung auf einem Gut aufnehmen konnte, wenn es von Sparta aus leicht zu erreichen war, war dies wohl nicht möglich, wenn es in einiger Entfernung lag. Eine solche Schlußfolgerung wird uns besonders durch zwei Tatsachen nahegelegt, eine negative und eine positive: Zum einen sei abermals auf das völlige Fehlen stadtartiger Siedlungen auf Spartiatenland hingewiesen, und zum anderen ist da die Art und Weise, wie nach Plutarch und Xenophon die Bürger ihre Zeit verbrachten.

Wenn alle Spartiaten auf ihren Gütern lebten, so ist es unverständlich, daß sie nicht zu ihrem Schutz vor der ständigen Bedrohung durch einen Heilotenaufstand befestigte Plätze bauten. Schon aus dem Fehlen solcher Plätze im Spartiatenland können wir schließen, daß die Bürger dahin tendierten, in Sparta selbst zu leben, denn dort waren sie in der Tat nicht durch Befestigungen, sondern durch ihre Überzahl geschützt.

Die Berichte der genannten Autoren stellen die Sache außer jeden vernünftigen Zweifel. Wenn sie von der Lebensweise der Spartiaten in Friedenszeiten sprechen, haben sie nie ein Leben vor Augen, das anderswo als in Sparta geführt werden könnte. Und Sparta wurde von den Griechen oft mit einem Feldlager verglichen, einer gut organisierten militärischen Einrichtung, in der die bestimmenden Grundsätze Kameradschaft, Anspruchslosigkeit und Disziplin hießen. Wenn wir diese Grundsätze der Reihe nach prüfen, können wir sehen, daß sie nur in die Tat umgesetzt werden konnten, wenn die große Mehrzahl der Bürger in Sparta wohnhaft war.

Die Kameradschaft kam vor allem durch die tägliche Teilnahme an den gemeinsamen Mahlzeiten (*syssitia*) zum Ausdruck. Wie bereits gezeigt, wurde von jedem Bürger ein regelmäßiger Beitrag für den Regimentstisch aus den Erträgen seines Gutes verlangt. Plutarch, *Lykurgos* 12,1 f., sagt, daß die Beiträge aus Mehl, Wein, Käse und Feigen bestanden, dazu ein wenig Geld für den Kauf von Fleisch und Fisch. An derselben Stelle berichtet er, daß jeder Tisch aus etwa 15 Bürgern bestand, daß die Mitglieder dieser Gruppe harmonische Kameradschaft zu pflegen hatten und daß sie Vollmacht besaßen, unannehmbare Bewerber abzuweisen. Xenophon, *Verfassung* 5,5, erwähnt eine weitere wichtige Auswirkung dieser Mahlzeiten, daß sie nämlich Bürger verschiedenen Alters miteinander in Kontakt brachten, ein

Umstand, der eine Vorspiegelung von Gleichheit brachte und es außerdem dem jungen Manne ermöglichte, vom älteren zu lernen. Die Mahlzeiten förderten die Anspruchslosigkeit, weil sie nur sehr einfache Speisen boten, Verwöhnung eines einzelnen verhinderten und das Verhalten eines jeden Bürgers den forschenden Blicken seiner Kameraden aussetzten. Die Einrichtungen der gemeinsamen Mahlzeiten war keine Besonderheit Spartas, aber die Spartiaten verwirklichten sie gründlicher als die Bürger anderer Staaten. Auch in anderen Belangen taten die Spartiaten alles nur Denkbare, um die Einfachheit und Nüchternheit des Lebens zu erhalten, die ihnen von den »Gesetzen des Lykurg« auferlegt waren. Der große Gesetzgeber, so hieß es, habe den Gebrauch von Gold und Silber schlechtweg verboten, sowohl für die Herstellung von Schmuck als auch für die Münzprägung. Wie dem auch sei, es wird als Tatsache verzeichnet, daß Sparta, das in dieser Hinsicht gegenüber dem übrigen Griechenland völlig aus dem Tritt kam, lediglich Eisengeld duldete. Seit dem 5. Jahrhundert verrichteten die Spartiaten keinerlei Handarbeit, wiewohl es keineswegs sicher ist, daß dies immer so gewesen war, und die Möglichkeit offen gelassen werden muß, daß sich im vorhergehenden Jahrhundert einige an der Herstellung von Kunstwerken beteiligten. Spartanische Bürger übernahmen keine berufliche Tätigkeit oder geschäftliche Transaktionen irgendwelcher Art, sie kauften und verkauften nicht innerhalb der Grenzen des spartanischen Staates noch beteiligten sie sich am Handel mit Bürgern anderer Staaten. Handwerk und Handelsgeschäft übernahmen die Periöken, vermutlich mit Unterstützung der Heiloten. Es ist bekannt, daß Gytheion, der Haupthafen Lakoniens, die Stadt, durch die hauptsächlich der Strom der Ein- und Ausfuhren lief, im Periökenland lag. Wir können Plutarch, *Lykurgos* 9,3, durchaus Glauben schenken, wenn er sagt, daß kein Lehrer der Rhetorik, kein Seher, der für Geld prophezeite, kein Bordellwirt, kein Gold- oder Silberschmied nach Sparta kam, aber er setzt sich dem Vorwurf der Übertreibung aus, wenn er behauptet, daß überseeische Importe völlig unbekannt waren. Um das Bild von der Anspruchslosigkeit zu vervollständigen, die im spartanischen Staat vorherrschend war, sollten wir noch das geringe Ausmaß erwähnen, in dem man sich mit Lesen und Schreiben beschäftigte. Plutarch 13,1 f. führt das natürlich auf eine wohlüberlegte Einschränkung von seiten des Gesetzgebers zurück. Wir sehen darin wohl eher ein weiteres Kennzeichen für eine Gesellschaft, die den edleren Künsten der Kultur den Rücken zugewendet hat, sofern diese nicht unmittelbar dem politischen Zusammenhalt und der kriegerischen Tapferkeit förderlich sind.

Die Disziplin, für die die spartanischen Krieger berühmt waren und die ihnen für eine gewisse Zeit die Hegemonie über Griechenland brachte, wurde ihnen in den feldlagerähnlichen Verhältnissen ihrer Stadt eingeschärft. Alles und jedes tendierte zu einer Haltung des Gehorsams und der Anpassung, von der Einrichtung des Gemeinschaftsessens, bei dem man von den jungen Leuten erwarten durfte, daß sie sich in Gegenwart der Älteren schweigend und respektvoll verhielten, bis hin zur Lieblingsbeschäftigung der Bürger, die Spartiatenjugend beim Training zu überwachen und zu kritisieren. Jedenfalls besitzen wir folgenden Bericht eines Augenzeugen, der im 4. Jahrhundert zeitweilig in Sparta lebte:

> »Wir alle wissen, daß Gehorsam gegen die Beamten und die Gesetze zu Sparta in höchstem Maße beachtet wurden. Aber ich meine, daß Lykurgos diese Disziplin erst einzuführen suchte, nachdem er sich der Zustimmung der führenden Männer in der Stadt versichert hatte. Ich komme aus folgenden Gründen zu diesem Schluß. In den anderen Städten wollen die Mächtigeren nicht den Anschein erwekken, als gerieten sie vor den Behörden leicht in Furcht, sie halten dies für das Kennzeichen eines Unfreien. In Sparta dagegen stellen die führenden Bürger die größte Ehrerbietung gegen die Behörden zur Schau, tun sich auf ihre Demütigung vor ihnen sogar noch etwas zugute, und auf ihren Anruf hin gehorchen sie im Laufschritt anstatt zu gehen, in der Meinung, wenn sie den Anfang machen, werden die anderen folgen. Und das ist tatsächlich der Fall« (Xenophon, *Verfassung* 8,1 f.).

Wie verbrachte der Spartiate seinen Tag? Den Teil, der nicht von der Anwesenheit bei Tische ausgefüllt war, widmete er seinen anderen öffentlichen Pflichten. Durch Jagd und sportliche Übungen hielt er seinen Körper in Form, er nahm an den Kulten teil und beteiligte sich an nützlichem Gespräch. Männer in der Blüte ihrer Jahre fühlten sich ermutigt, sich in gesunder Rivalität miteinander zu messen. Die überreichliche Muße, die, nach Plutarch, Lykurg den Spartiaten in gezielter Absicht geschenkt hatte, und auch ihre Gewohnheit, die Knaben beim Training zu überwachen, führte zur Entstehung von homosexuellen Beziehungen. Knaben im Alter von 12 und mehr Jahren hatten manchmal ihre »Liebhaber« (*erastai*) unter den erwachsenen Bürgern.

Plutarch und Xenophon sind beide in diesem Punkt durchaus deutlich, nur beeilen sie sich natürlich hinzuzufügen, daß es sich bei solchen Verbindungen um rein geistige handelte und daß jene, die sich lediglich aus physischer Anziehung ergaben, mit Mißfallen betrachtet wurden. Aber unsere Gewährsleute sagen in so vielen Worten nicht deutlich, wie weit der Brauch verbreitet war, ob der Liebhaber für einen Knaben als Zeichen von Prestige galt oder als etwas leicht Peinliches, und in welchem Ausmaß der Liebhaber sich die Beziehung als eine dauernde dachte. Eine aufschlußreiche Bemerkung findet sich bei Plutarch, *Lykurgos* 25,1, des Inhalts, daß ein junger Mann unter Dreißig (und deshalb noch nicht in der Lage, seine bürgerlichen Rechte voll auszuüben) nie seinen Weg zum Marktplatz nahm, sondern seine dringenden Privatangelegenheiten durch Verwandte und Liebhaber wahrnehmen lassen mußte. Das ist ein eindeutiger Hinweis darauf, daß zumindest in einigen Fällen – wir wissen nicht, in wie vielen – ein Knabe seinen Liebhaber bis weit in das Jünglingsalter hinein behielt und daß sich der Liebhaber wohl so stark an ihn gebunden fühlte, daß er sich ihm gegenüber wie ein Mitglied seiner eigenen Familie verhielt.

Darüber, daß ein Liebhaber als Verwandter betrachtet werden konnte, braucht man sich bei einem Staat wie dem spartanischen, der viele Züge eines primitiven Kommunismus enthielt, nicht zu wundern. Wie es Plutarch 24,1 ausdrückt: »Niemand durfte leben, wie er wollte; in der Stadt hatten die Spartaner wie in einem Feldlager eine genau festgelegte Lebensweise und eine Beschäftigung, die auf das öffentliche Wohl ausgerichtet war, da sie dachten, sie gehörten ganz dem Vaterland und nicht sich selbst.« Demzufolge wurden die Pflichten gegenüber dem Staat weit über die Pflichten gegenüber der eigenen Familie gestellt, oder man könnte vielleicht besser sagen, daß überhaupt keine genau umgrenzte Pflicht gegenüber der Familie bestand, es sei denn insoweit, als die Familie in der Lage sein mußte, einen Bürger in den Stand zu setzen, seine Verantwortlichkeiten gegenüber dem Staat zu erfüllen. Zwei für Sparta bezeugte Bräuche geben eine gute Veranschaulichung für diese Haltung: Der eine betrifft die Zeugung der Kinder, der andere ihre Aufzucht.

Plutarch 15,6 f. schreibt Lykurg den Wunsch zu, den Staat von dem schwächenden Laster der Eifersucht zu befreien. Also habe er verkündet, daß es für einen Spartiaten durchaus ehrenhaft sei, sich in die Zeugung von Kindern mit würdigen Mitbürgern zu teilen. Wenn also ein älterer Mann eine junge Frau hatte, durfte er einen jüngeren Mann aus einer Zahl von ihm ausgewählter zu ihr führen und die Frucht dieser Verbindung adoptieren. Wenn anders ein Bürger etwa die Gattin eines anderen Mannes wegen der herrlichen Kinder, die sie ihrem Ehemann geboren hatte, und wegen ihrer eigenen Frauentugenden bewunderte, dann durfte er, falls er die Einwilligung des Ehemannes hatte, mit ihr Kinder zeugen. Plutarch deutet nicht an, daß derartige Beziehungen im spartanischen Staat die Regel bildeten, er erwähnt sie vielmehr, um gewisse Grundsätze zu veranschaulichen, die in Sparta Geltung hatten, daß nämlich Söhne nicht ihren Vätern gehörten, sondern als Gemeineigentum des Staates galten, und ferner, daß man dachte, im Gegensatz zu den Zufallsmethoden, die anderswo praktiziert wurden, sei die Hochzucht für Bürger mindestens ebenso wichtig wie für Haustiere. Diese Grundsätze stehen mit jenen, die Xenophon im ersten Kapitel seiner *Verfassung der Spartaner* nennt, in vollem Einklang.

Ein Vater hatte kein Entscheidungsrecht darüber, ob sein neugeborener Sohn aufgezogen wurde oder nicht. Er war gehalten, das Baby den Älteren seines Stammes zur Inspektion vorzuweisen. Stellten diese befriedigt fest, daß es stark und gesund war, so gaben sie es dem Vater zur Aufzucht zurück, andernfalls ordneten sie seine Aussetzung an (Plutarch, *Lykurgos* 16,1). Der Sohn eines Spartiaten blieb unter der Obhut seiner Eltern, bis er sieben Jahre alt war. Schon in diesem Alter wurde er der Familie genommen und vom 8. bis zum 21. Jahr vom Staat in einer strengen Zucht quasimilitärischer Art erzogen. Diese staatlich kontrollierte Erziehung, die *agogé*, war für das spartanische System von zentraler Bedeutung. Im normalen Lauf der Ereignisse war es, wie bereits bemerkt, für einen künftigen Bürger wesentlich, die Agoge durchlaufen zu haben. Die griechischen Autoren verwenden zur Kennzeichnung der Altersklassen in der Agoge eine Reihe technischer Bezeichnungen, von denen einige uns in Inschriften römischer Zeit wiederbegegnen, die sich im Orthiaheiligtum gefunden haben. Daß solche Bezeichnungen verwendet wurden, ist interessant, denn sie zeigen, daß die Agoge so durchorganisiert war, daß die Knaben eines jeden Jahrgangs einen eigenen Namen erhielten. Es ist jedoch sehr schwierig, den Sprachgebrauch der verschiedenen Quellen in Einklang zu bringen, die sich in einigen Einzelheiten widersprechen. Glücklicherweise lassen sich die wichtigsten Grundzüge der Agoge aus zwei Hauptquellen, Xenophons *Verfassung* 2–3 und Plutarchs *Lykurgos* 16–18, rekonstruieren, ohne daß man auf die umstrittene Terminologie zurückgreifen muß.

1

2

3

4

5

6

7

8

9

10

11

12

13

14

15

16

17

18

19

20

21

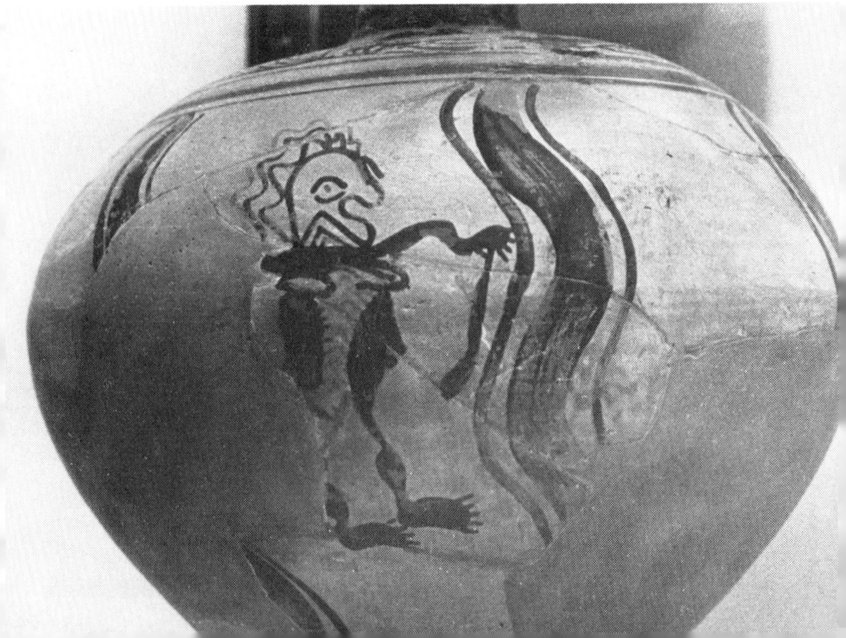

22

23

24

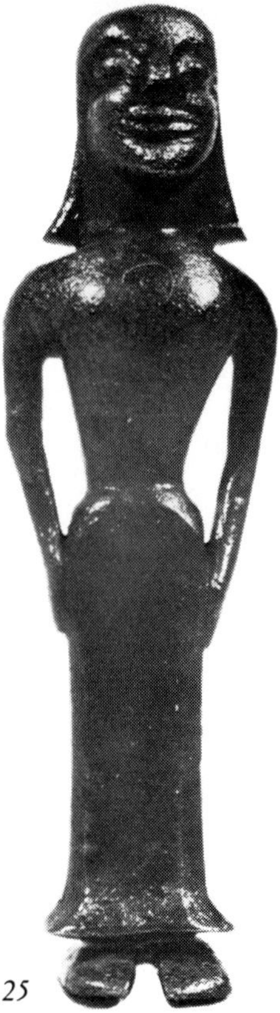

25

26

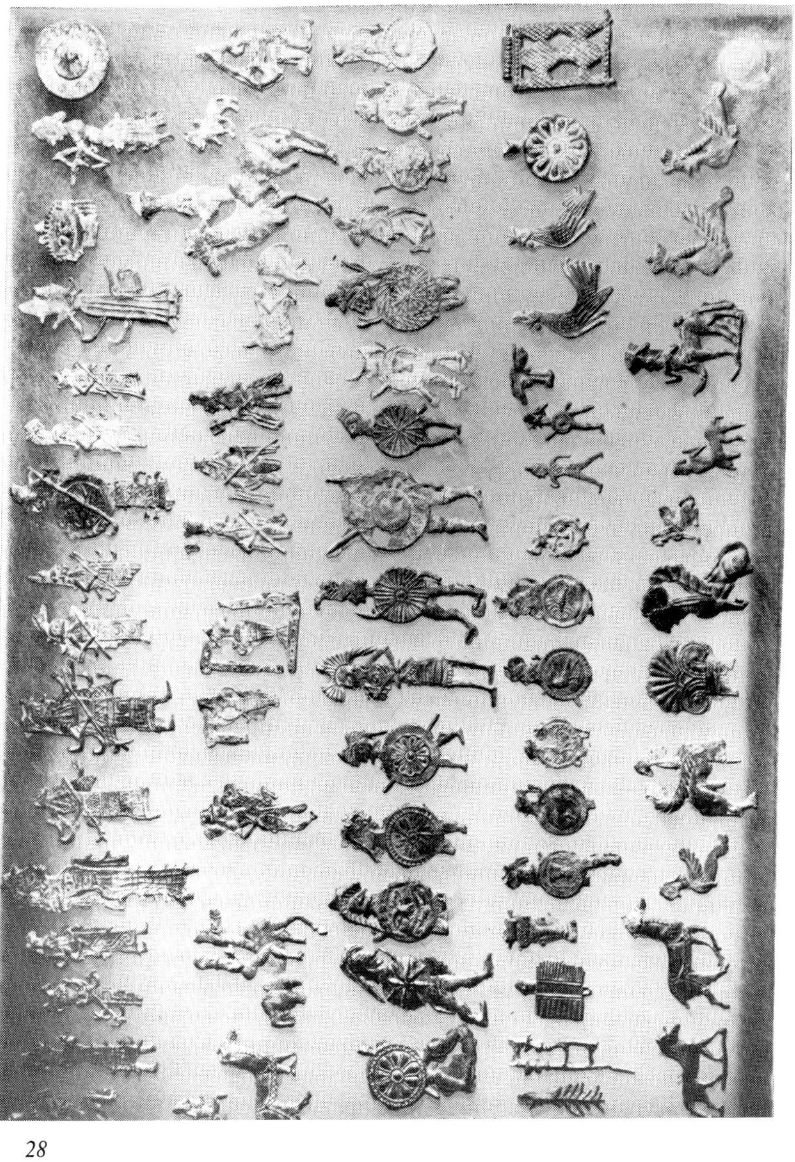

28

◀ 27

29

30

31

32

33

34

35

Ein wichtiger Beamter, der Knabenwärter, wurde bestellt, die Agoge in seine Obhut zu nehmen. Seine Befehlsgewalt über die Knaben ähnelte der eines Generals über seine Armee. Ihm zur Seite standen zur Stärkung der Disziplin eine Anzahl Bürger, Geißelträger genannt, und wir dürfen annehmen, daß dieser Titel kein leeres Wort war, denn in einer Gesellschaft, die die Kinder als Staatseigentum ansah, konnte jeder Bürger einen Knaben tadeln oder bestrafen. Sogleich zu Beginn der Agoge wurde der Siebenjährige einer der »Scharen« zugeteilt (*agelai*, dieselbe Bezeichnung wurde auch auf Kreta verwendet). Jede Schar wurde von einem Knaben kommandiert, dessen Anweisungen die übrigen zu gehorchen hatten. Nur die Anfangsgründe des Lesens und Schreibens wurden gelehrt, der Unterricht bestand größtenteils darin, Gehorsam, körperliche Tüchtigkeit und Mut mit aller Strenge anzuerziehen, um in der Schlacht siegen zu können. Für die Zwölfjährigen wurden die Verhaltensregeln noch strenger. Sie durften nicht mehr den Knabenkittel tragen und wurden mit nur einem Mantel im Jahr ausgestattet. Die Knaben schliefen in der Schar auf Binsenlagern, und tagsüber hatte das Militärische zunehmend größeren Anteil an ihrer Tätigkeit. Junge Leute in der obersten Altersklasse der Agoge verhielten sich wie Offiziere, veranstalteten für die Knaben Kriegsspiele und hatten am Abend den Vorsitz beim gemeinschaftlichen Essen. Die Knaben wurden dazu ermuntert, hinauszugehen und Lebensmittel für ihre Mahlzeit zu stehlen, aber wenn man sie dabei ertappte, wurden sie gegeißelt. Athletische Wettbewerbe nahmen in der Ausbildung breiten Raum ein, sie erhielten manchmal, vielleicht immer, eine zusätzliche religiöse Bedeutung. Knaben wohnten manchmal den gemeinschaftlichen Mahlzeiten der Spartiaten bei, anscheinend um vom Beispiel der Älteren zu lernen, aber vielleicht auch, um durch ihre Anwesenheit jegliche Exzesse der Bürger einzudämmen.
Die Töchter der Spartiaten mußten sich ebenfalls einer körperlichen Ausbildung unterziehen, aber sie lebten vermutlich weiterhin daheim, jedenfalls waren ihre Beschäftigungen nicht so minutiös geregelt wie bei den Knaben in der Agoge. Dennoch gingen Mädchen und junge Frauen regelmäßig in die Öffentlichkeit, anstatt nach allgemeinem griechischem Brauch in ihren vier Wänden zu bleiben. Wie von den Knaben erwartete man auch bei ihnen einfache, kärgliche Kleidung.

Das Bild, das Xenophon und Plutarch zeichnen, ist in seinen Grundzügen sehr klar, es scheint auch ein echtes, wiewohl etwas idealisiertes

Bild zu sein. Im 5. Jahrhundert gewannen in der Tat Spartiaten Siege bei den Olympischen Spielen, auch bei Wagenrennen, eine Veranstaltung, die eine Aufwendung größerer Geldmittel erforderte als jede andere. Aber das ist nur gelegentliches schwaches Aufleuchten, das der Richtigkeit der Aussagen über spartanische Anspruchslosigkeit nicht ernsthaft Abbruch tut. Es ist offensichtlich, daß das Verhältnis Ein Bürger – Ein Gut theoretisch blieb: Einigen Spartiaten gelang es, mehr als ein einziges Gut zu besitzen, aristokratische Abkunft galt noch etwas, auch konnten es reiche, einflußmächtige Männer irgendwie einrichten, ihren Reichtum dadurch zu vermehren, daß sie sich trotz des Verbotes solcher Tätigkeiten an Auslandsgeschäften beteiligten. Trotzdem ist die traditionelle Auffassung vom spartanischen Staat nicht wirklich falsch, zumindest während des 5. Jahrhunderts war er tatsächlich isolationistisch, agrarisch und militaristisch, weder besaß noch wünschte er jene Annehmlichkeiten des Lebens, die in den Handelsstaaten Griechenlands als selbstverständlich galten, und vor allem sicherte er das Fortbestehen dieser Grundhaltungen durch die strengen Verhaltensregeln der Agoge. Es scheint, als müßten wir die Vorstellung aufgeben – so verführerisch sie für die alten Griechen war und so sehr sie auch bis in neueste Zeit einflußreich blieb –, daß die tiefgreifende Veränderung, die sich in Sparta vollzog, durch eine Reihe gesetzgeberischer Akte verursacht wurde. Aus den oben vertretenen Gründen kann man nur schwer an Lykurg als eine historische Gestalt glauben, auf jeden Fall nicht an eine Gestalt von solcher Einflußmächtigkeit, daß er in der Lage gewesen wäre, alle jene politischen Reformen durchzuführen, die man ihm zuschrieb. Aber selbst wenn der große Gesetzgeber seine Gesetze in der Weise anbefohlen hat, wie man es von ihm sagte, so heißt es doch die Leichtgläubigkeit überstrapazieren, wenn man uns erzählt, er habe eine Änderung im Charakter eines ganzen Volkes bewirkt. Als Solon und Kleisthenes die Gesetze Athens änderten, änderten sie den Charakter der Athener nicht, obwohl natürlich ihre Neuordnungen eine Zeitlang irgendwelche Auswirkungen auf den Charakter der Athener gehabt haben mögen. Aber im Falle der Spartaner war diese Veränderung so tiefgreifend, die neue Lebensform wurde mit solch hingebungsvollem Eifer aufgenommen, daß dafür andere Gründe in Erwägung gezogen werden müssen. Zunächst ist zu sagen, daß sich Sparta seine isolationistische Haltung selbst auferlegte, sie kam nicht durch Einwirkung wirtschaftlicher Faktoren zustande, über die Sparta keine Kontrolle hatte. Die reichen Länder Lakonien und Messenien standen ihm im 5. Jahrhundert ebenso zu Gebote, wie es im sechsten der Fall gewesen war, seine Häfen waren nur selten von Blockade bedroht, und wenn es je geschah, so war die Stadt für ihre Lebensbedürfnisse nicht von ihnen abhängig. Durch seinen Aufstieg zur Hegemonialmacht auf der Peloponnes hatte Sparta ein viel stärkeres Mitspracherecht in den Angelegenheiten Griechenlands gewonnen und auch die Möglichkeit, einen größeren Anteil am griechischen Handel zu erwerben – wenn es dies wollte.

Die Spartaner müssen einen zwingenden Grund gehabt haben, auf die materiellen Vorteile zu verzichten, die ihnen zuteil geworden wären, hätten sie ihre langdauernden Verbindungen mit anderen Staaten aufrecht erhalten. Die Abkehr von ihren früheren Handelspartnern, die Verwirklichung der Autarkie bis zum äußersten und die Erhebung der militärischen Schlagkraft zum Zweck und Endziel ihres Lebens, das alles setzt das Vorhandensein eines tatsächlichen oder eingebildeten Feindes voraus, gegen den man sich durch dauernden Bereitschaftszustand sichern mußte. Aber am Ende des 6. Jahrhunderts gab es keinen äußeren Feind, der eine so gewaltsame Reaktion von seiten der Spartaner hätte hervorrufen können. Durch die Beherrschung der Südwestpeloponnes, durch die Einschüchterung der Argiver sowie durch den Abschluß einer Reihe von Bündnissen mit den arkadischen Städten hatten sie ihren Staat zumindest für eine voraussehbare Zukunft unbezwinglich gemacht. Wenn aber kein äußerer Feind drohte, so erhebt sich unabweisbar die Frage, ob sich die Spartiaten nicht für ihr militärisches System entschieden haben, um einer aus dem Inneren des Staates drohenden Gefahr entgegenzutreten. Diese Frage stellen heißt bereits sie beantworten, denn es gibt nur eine denkbare Ecke, aus der eine solche Bedrohung kommen konnte, die Heilotenklasse.

Ob es je zu einer formellen, geplanten Austeilung des Spartiatenlandes, wie die Überlieferung sie behauptet, gekommen ist oder nicht, es muß einen Zeitpunkt gegeben haben, zu dem man das spartanische Bürgerrecht erstmals vom Besitz eines Gutes abhängig machte. Wir dürfen mit Sicherheit annehmen, daß die Spartiaten zu Anfang auf ihren Gütern lebten und sich vielleicht sogar in gewissem Umfang an ihrer Bestellung beteiligten. Doch im Lauf der Zeit überließen sie diese Arbeit den Heiloten und gewannen damit sicherlich freie Zeit, sich an der Jagd und anderen Betätigungen zu beteiligen. Aber aus dieser Einrichtung konnten sich auch Nachteile ergeben. So waren wohl die Bürger zu weit verstreut, um viel Kontakt miteinander haben zu können, geschweige denn gemeinsam zu handeln. Ein zweites Problem stellte das große Übergewicht der Heilotenbevölkerung über die Bürgerzahl innerhalb eines bestimmten Gebiets dar. Daher können wir zumindest auf zwei starke Motive hinweisen, die die Spartiaten bewogen haben könnten, ihre Güter zu verlassen und gegenseitige Unterstützung, gemeinsamen Schutz innerhalb ihrer Stadt zu suchen. Nachdem sie sich hier einmal eingerichtet hatten, machten sie es sich zu ihrer vorrangigen Aufgabe, ihr Leben zu schützen. Das taten sie nicht durch den rein defensiven Notbehelf eines Mauerbaus, sondern damit, daß sie ihr Aufgebot so stark machten, daß sie die Heiloten einschüchtern konnten. Das unbarmherzige Streben nach militärischer Schlagkraft brachte dann die bereits beschriebene Staatsform hervor. Vieles von dem, was menschlich und kultiviert war, ging in dieser Entwicklung verloren, aber dieser Preis mußte, vom Standpunkt der Spartiaten aus gesehen, gezahlt werden. Die Kriegsmaschine, von der wir annehmen, daß sie hauptsächlich zu dem Zweck entwickelt worden ist, die Heiloten in Schach zu halten, erwies sich in der Tat während des 5. Jahrhunderts als unvergleichliches Werkzeug, spartanische Pläne im Ausland zu fördern.

Wir finden an zwei wichtigen Stellen Material für die Haltung des spartanischen Staates gegenüber den Heiloten und für ihre Behandlung. Was immer die Eigenschaften eines einzelnen Heiloten gewesen sein mögen, was immer die persönlichen Bindungen zwischen einem Bürger und seinen Heiloten, der Staat betrachtete die Heilotenklasse als Ganzes als seinen Feind und war in der Lage, die drastischsten Maßnahmen gegen sie zu ergreifen. Thukydides 4,80,3 f. erwähnt eine Episode aus dem Krieg gegen Athen, in dem die Spartaner eine Abteilung Heiloten dafür gewannen, die von Brasidas befehligten Truppen zu verstärken:

> »Die Spartaner waren froh darüber, einen Vorwand zu haben, einige von den Heiloten außer Landes senden zu können, damit sie die gegenwärtige Lage nicht ausnützten, da ja Pylos in Feindeshand war, und rebellierten. In der Tat hatten die Spartaner einst in folgender Weise gehandelt, aus Furcht vor der Verwegenheit und der zahlenmäßigen Stärke der Heiloten – die meisten Entscheidungen trafen sie ja immer mit dem Ziel, sich vor den Heiloten zu schützen –: Sie erklärten, jene Heiloten, die da von sich glaubten, besonders tapfer für die spartanische Sache gekämpft zu haben, sollten beiseite treten, unter dem Vorwand, sie würden freigelassen

werden. Aber in Wirklichkeit stellten die Spartaner sie nur auf die Probe, da sie dachten, wer sich vor den anderen zur Freiheit dränge, werde am ehesten auch über sie selbst herfallen. Etwa 2000 Heiloten wurden auf diese Weise ausgesondert; sie setzten sich Kränze auf und zogen zu den Heiligtümern, als wären sie bereits frei. Kurze Zeit später ließen die Spartaner sie verschwinden, und niemand wußte, wo sie bis auf den letzten Mann ihr Ende fanden.«

Ferner muß Plutarch 28,2 ff. zitiert werden, der die berüchtigte »Krypteia« beschreibt:

> »Von Zeit zu Zeit sandten die Behörden die verständigsten unter den jungen Spartiaten in verschiedene Teile des Landes. Sie trugen Dolche bei sich und so viel Nahrung wie nötig, sonst nichts. Bei Tage verstreuten sie sich an geheime Plätze, wo sie sich verbargen und ruhig verhielten, aber bei Nacht kamen sie auf die Straßen herunter und erschlugen alle Heiloten, die sie antrafen. Oft nahmen sie auch ihren Weg durch die Felder und töteten die stärksten und besten Heiloten. [...] Ich glaube, derartige Akte der Grausamkeit wurden von den Spartiaten erst in späterer Zeit verübt, vor allem nach dem schweren Erdbeben, als sich die Heiloten im Verein mit den Messeniern gegen sie erhoben, ihr Land verheerten und die Stadt mit einer nicht zu verachtenden Gefahr bedrohten.«

Plutarch mag mit seiner Annahme im Recht sein, daß die Krypteia nach dem Heilotenaufstand des Jahres 464 (vgl. S. 212) eingerichtet wurde. Aber wenn die Heiloten in der Lage waren, zu einer Zeit, da die Spartaner vor allen anderen als Angstgegner aller Griechen galten, einen so gefährlichen Angriff gegen den spartanischen Staat in die Wege zu leiten – zugegebenermaßen allerdings nur, indem sie die Auswirkungen eines Erdbebens ausnützten –, so kann man sich leicht vorstellen, wie schwer diese Bedrohung seit langer Zeit auf den Spartanern lastete. Die Krypteia wurde neuerdings manchmal als eine Art Initiationsritus angesehen, als eine Zeremonie, durch die die jungen Spartiaten ihre Eignung für ihre spätere Zulassung zum Bürgerstatus bewiesen. Eine solche Auffassung ist an sich durchaus plausibel, aber aus ihr folgt zwingend, daß man die Vorstellung des Plutarch ablehnen muß, Grausamkeiten der Art, wie sie in der Krypteia begangen wurden, seien erst nach dem Heilotenaufstand des 5. Jahrhunderts aufgekommen. Wenn daher die Krypteia tatsächlich ein Initiationsritus war, muß sie wesentlich früher der Agoge als wichtiger Teil einverleibt worden sein.

Das unablässige Streben der Spartaner nach einem einzigen Ziel, der militärischen Schlagkraft, war zweifellos, zumindest kurzfristig, erfolgreich, aber der Preis, der für das Fehlen an gesellschaftlichem Zusammenhalt zu zahlen war, war so hoch, daß der Staat keinem Angriff eines entschlossenen Feindes auf Sparta standhalten konnte. Aufstieg und Niedergang der spartanischen Militärmacht wird in den folgenden Kapiteln zu prüfen sein. Für den Augenblick mag es genügen, einige mögliche Gründe für den schließlichen Niedergang Spartas in Erwägung zu ziehen, soweit dies mit seinem inneren Zustand zusammenhängt und mit der Lebensform, die seine Bürger sich auferlegt hatten.

Die erste Stufe eines fortschreitenden Niedergangs sah Plutarch, *Lykurgos* 30,1, im späteren 5. Jahrhundert, als entgegen den »Gesetzen des Lykurg« Gold und Silber als Kriegsbeute ins Land kamen. Xenophon, der im frühen 4. Jahrhundert schreibt, nennt *Verfassung* 14,1–4 ähnliche Gründe für die offensichtliche Entartung des spartanischen Idealstaats, wie er ihn im ersten Teil seiner Abhandlung skizziert hat:

> »Wenn mich jemand fragen wollte, ob ich meine, daß die Gesetze des Lykurgos noch unverändert bestehen, könnte ich mich bei Gott gewiß nicht dazu bringen, das zu bejahen. Ich weiß ja, daß die Spartaner in früheren Zeiten es vorzogen, auf bescheidenem Fuße miteinander daheim zu leben, sie wollten nicht Harmosten in anderen Staaten werden, wo man sie umschmeichelt und korrumpiert. Ich weiß auch, daß sie einstmals Angst hatten, man könnte sie im Besitz von Gold finden; aber heute gibt es einige, die tatsächlich damit großtun. Mir ist nicht unbekannt, daß es früher deswegen Regelungen zur Ausweisung von Landfremden gab und daß es Bürgern nicht erlaubt war, im Ausland zu leben, sie könnten sonst entartete Sitten von Fremden übernehmen, während ich heute sehe, daß die Männer, die in Sparta den höchsten Ruf haben, ihr Herz daran hängen, für die Dauer Harmosten auf fremdem Gebiet zu werden.«

Obwohl das Einströmen von Reichtum und der Ehrgeiz einiger Spartiaten, als Beamte außerhalb des Staates aufzutreten, eine gewisse

Abweichung von den lykurgischen Verhaltensnormen darstellt, kann man sie wohl kaum als zureichende Gründe für den Niedergang Spartas ansehen. Dieses Problem hat Aristoteles in seiner *Politik* einer eingehenden Analyse unterzogen. Er stellt drei Grundübel im spartanischen System fest: die ständige Gefahr eines Heilotenaufstands (2,6,2–4), die Stellung der Frauen (2,6,5–9) und die Verteilung des Grundbesitzes (2,6,10; 5,6,7). Die Furcht vor den Heiloten steht zu Recht am Anfang der Liste. Aristoteles ist abermals im Recht, wenn er feststellt, daß es nicht einfach die harte Behandlung war, die die Heiloten jede Gelegenheit zur Empörung ergreifen ließ. Man muß darüber hinaus die Tatsache in Rechnung stellen, daß die Heiloten bei jeder Erhebung die Unterstützung durch halbunterworfene Feinde und mißvergnügte Tributpflichtige erwarten konnten, von denen Sparta umgeben war. Weniger leicht ist die Bedeutung des zweiten Punktes bei Aristoteles abzuschätzen, der Stellung der Frauen im spartanischen Staat. Er fühlt sich offenbar durch die große Freiheit befremdet, die die Frauen im Gegensatz zu der untergeordneten Stellung in anderen Städten genossen. Wenn er sagt, die spartanischen Frauen seien nicht für jene innere Festigkeit vorgebildet, die ihrer Freiheit angemessen ist, und würden demzufolge zügellos und üppig, so scheint er damit im Gegensatz zu anderen Gewährsleuten zu stehen, die von einer Verpflichtung der Frauen sprechen, an gymnastischen Übungen teilzunehmen. Doch es ist richtig, daß sie nicht einer so strengen Zucht unterworfen waren, wie sie die Agoge vermittelte, so daß Aristoteles recht haben könnte, wenn er anmerkt, daß ihre vergleichsweise geringe Disziplin zum Niedergang Spartas beigetragen hat.

Der dritte Grund, den Aristoteles 2,6,10–13 für diesen Niedergang angibt, scheint bei weitem der bedeutungsvollste zu sein, weshalb man ihn ernsthaft beachten muß. Er stellt der Theorie, die hinter der »lykurgischen« Landverteilung von gleich großen Gütern steckt, die Praxis des frühen 4. Jahrhunderts gegenüber:

> »Es war so weit gekommen, daß einige Spartiaten eine riesige Menge Grundbesitz hatten, andere dagegen viel zu wenig, so daß das verfügbare Land in die Hände einiger weniger kam. Diese Angelegenheit war durch die Gesetze schlecht geordnet. Darin, daß er Kauf oder Verkauf eines Gutes verfemte, handelte Lykurgos richtig, aber er gestattete es jedem, der da wollte, Land zu verschenken oder zu vererben. Und doch war auf diese wie auf jene Weise das Ergebnis unvermeidlich dasselbe. Ferner ist fast zwei Fünftel

> des Spartiatenlandes im Besitz von Frauen, wegen der großen Zahl der Erbtöchter und wegen der Sitte, große Aussteuern zu geben. Es wäre besser gewesen, das überhaupt zu verbieten oder auf ein geringes oder bescheidenes Maß zu beschränken. Wie die Dinge aber liegen, steht es einem Bürger frei, eine Erbtochter einem Gatten zu geben, den er nach Belieben auswählt. [...] Während also das Land 1500 Reiter und 30 000 Hopliten ernähren könnte, zählten sie nicht einmal mehr 1000. Die Mängel der spartanischen Einrichtungen sind aber durch ihre eigenen Erfahrungen eindeutig klar geworden, denn die Stadt war nicht in der Lage, einem einzigen Schlag zu widerstehen, sondern ging zugrunde wegen ihrer geringen Bevölkerung. Nun heißt es zwar, daß sie in der Zeit der früheren Könige [auch Fremden] am Bürgerrecht Anteil gaben, so daß damals in der Regel keine Bevölkerungsabnahme eintrat, obwohl sie viel Zeit auf Feldzügen verbrachten, und die Zahl der Spartiaten soll sogar 10 000 gewesen sein. Aber ob dies wahr ist oder nicht, es ist besser für eine Stadt, den Stand der männlichen Bevölkerung zu erhalten, indem man auf die Gleichheit des Grundbesitzes achtet. Das Gesetz über die Kinderzeugung steht ebenfalls im Gegensatz zu den Vorkehrungen zu einer Beseitigung dieses Mißstandes. Denn in der Absicht, so viele Spartiaten wie möglich zu gewinnen, leitete der Gesetzgeber die Bürger dazu an, so viele Kinder wie möglich zu haben. Es gibt nämlich ein Gesetz in Sparta, das einen Vater von drei Söhnen vom Kriegsdienst befreit und einen Vater von vier Söhnen von allen Steuern.«

Der »einzige Schlag«, den Aristoteles erwähnt, ist der Angriff auf Theben, der zur Niederlage des spartanischen Heeres bei Leuktra führte (vgl. S. 272 f.). Wenn die Zahlen bei Aristoteles richtig sind, dann hat es gewiß in dem Jahrhundert zwischen der Schlacht bei Platää und der Schlacht bei Leuktra einen verhängnisvollen Abfall in der Zahl der spartanischen Vollbürger gegeben. Daß dieser Niedergang nur allmählich vor sich ging, zeigt die Rechnung, die Thukydides über die Anzahl der Spartaner anstellt, die bei Mantineia (vgl. S. 240) gekämpft haben. Obwohl er den Vorbehalt macht, daß wegen der in Sparta üblichen Geheimniskrämerei nur schwer an Einzelheiten heranzukommen ist, gelangt er zu dem Ergebnis, daß 3584 »Lakedaimonier« teilgenommen haben. Man hat zeigen können, daß Thukydides bei seiner Schätzung vermutlich ein Irrtum unterlaufen ist und daß diese Zahl verdoppelt werden sollte. Jedenfalls ist durch den Rückgang auf

1000 bis zum Jahre 371 Aristoteles vollauf berechtigt, den Menschenmangel als ein wichtiges Element im Niedergang Spartas zu erwähnen. Er stellt jedoch nicht klar, ob die geringe Zahl der Spartiaten Ursache oder Symptom des Niedergangs war. Wenn, wie es den Anschein hat, Spartas Fall weitgehend dem Verlust an Menschenkraft zuzuschreiben ist, so entstand dieser Verlust vermutlich dadurch, daß die Reichen den einzigen großen Fehler des Systems rücksichtslos ausnutzten. Dieser Fehler wird von Aristoteles zu Recht als die freie Verfügungsgewalt angesprochen, ein Gut auch außerhalb der Familie zu hinterlassen. Die Konzentration von immer mehr Gütern in den Händen von immer weniger Bürgern machte die Bezeichnung der Spartiaten als »Gleiche« zum Hohn. Dieser Prozeß hätte zum Stillstand gebracht werden können, indem man die Zahl der Güter begrenzte, die ein einzelner Bürger besitzen durfte, aber er hätte sich schwerlich umkehren lassen ohne einen grundsätzlichen inneren Wandel. Die von Aristoteles beschriebene Lage war ja das Ergebnis der Geringschätzung, in der nach wie vor die Familie stand, einer Geringschätzung, die ihrerseits wieder aufs engste damit verbunden war, daß sich die Spartaner dem Kriege geweiht hatten.

Neuntes Kapitel

Das Zeitalter der spartanischen Intervention

(540–491 v. Chr.)

Mit dem Abschluß des arkadischen Bündnisses und dem Sieg über Argos war der Weg frei für die Errichtung einer spartanischen Hegemonie auf der Peloponnes, das Entstehen eines von Sparta geführten Staatenbundes und das direkte Eingreifen in die Angelegenheiten anderer Staaten. In diesem 6. Jahrhundert konnte sich Sparta jenen antityrannischen Ruf erwerben, den es später unter den Griechen besaß. Das Aufkommen von Tyrannen in einer Anzahl griechischer Städte während des 7. und 6. Jahrhunderts stellt eine Entwicklung dar, die zu der des spartanischen Staates durchaus entgegengesetzt verlief. Die Spartaner behielten ihrerseits ein starkes monarchisches Element in ihrer Verfassung bei und geboten oligarchischer Übermacht durch die Einrichtung des Ephorats Einhalt. Was immer die Vorzüge oder Mängel des in Sparta entwickelten Systems gewesen sein mögen, zumindest handelte es sich tatsächlich um ein System, und zwar in dem Sinne, daß eine Ausgewogenheit zwischen den einander entgegenwirkenden Kräften im Staate geschaffen war. Diese Ausgewogenheit, die Sparta vor 600 erreichte, scheint der Mehrzahl der griechischen Städte für lange Jahre versagt geblieben zu sein. In den meisten war etwa um 700 die Monarchie bis zur politischen Ohnmacht abgesunken; die Macht der Könige fiel, was ganz natürlich war, dem Erbadel anheim. Das Elend, das aus den Kämpfen zwischen rivalisierenden Aristokraten entstand, und die Eifersucht, mit der die Adelsklasse als ganzes über ihre Privilegien wachte, führte in manchen Staaten zur Revolution und zur Machtergreifung durch einen Tyrannen.

Es ist kein Zufall, daß die Staaten mit den stärksten Handelsinteressen am ehesten der Tyrannenherrschaft zuneigten; es handelt sich, mit anderen Worten, um Staaten, in denen eine neue Mittelschicht durch Seefahrt, Handel und Kunsthandwerk zu Wohlstand gelangt war, sich aber von der Teilhabe an den Regierungsgeschäften ausgeschlossen fand. Zu ihnen gehörten Korinth, Sikyon, Athen und Samos. Der Tyrann, der die Macht ergriff, mag der neuen, kaufmännisch orientierten Schicht angehört haben oder ein mißvergnügter Adliger gewesen sein, der es fertigbrachte, einen Anhang unter der Kaufmannschaft zu finden. Wenn der Tyrann erst die Macht ergriffen hatte, gründete er manchmal eine langlebige Dynastie, wie die der Kypseliden in Korinth, der Orthagoriden in Sikyon oder der Peisistratiden in Athen. Über die besondere Art der von den griechischen Tyrannen ausgeübten absoluten Herrschaft läßt sich keine allgemein gültige Feststellung treffen. Einige wurden als mild und gerecht angesehen, andere für ihre Grausamkeit und ihr Willkürregiment verflucht. Kypselos, der Begründer der korinthischen Tyrannis, galt für Ephoros als ein guter Mann und für Herodot als schlechter, ein Umstand, der zeigt, daß der Ruf eines Tyrannen ebenso sehr von Vorurteilen abhing wie von den jeweiligen Tatsachen. Wie immer sie als Einzelpersönlichkeiten gewesen sein mögen, die Tyrannen förderten oft durch ihre väterliche Munifizenz eine kraftvolle kulturelle Entwicklung: Die Zeit der Tyrannis war für jede der genannten vier Städte ausnehmend glanzvoll.

Die Annahme wäre einfältig, daß die Spartaner die Tyrannis aus schierem Haß gegen ein absolutistisches Regime hätten ausrotten wollen. Obwohl sich ihre Beweggründe vielleicht von Fall zu Fall leicht veränderten, war es doch ihr Hauptziel, Unruhe in anderen Städten zu schüren, die sie zu ihrem Vorteil wenden und zur Ausweitung ihres Einflusses benutzen konnten. Diese Zielsetzung ergibt sich am deutlichsten aus ihren Unternehmungen gegen Samos und Athen im späten 6. Jahrhundert. Ihr Vorgehen in diesen Operationsräumen ist gut bezeugt, aber wir werden ein wenig darüber in Zweifel gelassen, ob sie nicht in anderen Staaten früher interveniert haben. Tatsächlich können wir aus einer Äußerung des Thukydides schließen, daß die Spartaner allgemein dafür verantwortlich waren, daß die Tyrannis am Ende des 6. Jahrhunderts erlosch, aber an dieser Stelle (1,18,1) ist leider sein Wortlaut ebenso unbestimmt, wie sein Stil abrupt ist: »Von den Tyrannen in Athen und im übrigen Griechenland, das lange zuvor unter der Herrschaft von Tyrannen gestanden war, wurden die meisten, und zwar (mit Ausnahme der sizilischen) die letzten von den Lakedaimoniern gestürzt.« Plutarch, *Moralia* 859c, bringt seinerseits nähere Angaben über die Tyrannen, die von Sparta abgesetzt wurden: »[Die Spartaner] vertrieben die Kypseliden aus Korinth und Ambrakia, Lygdamis aus Naxos, die Söhne des Peisistratos aus Athen, Aischines aus Sikyon, Symmachos aus Thasos, Aulis aus Phokis und Aristogenes aus Milet und machten der Tyrannis in Thessalien ein Ende, als König Leotychidas Aristodemos und Agelaos absetzte.

Diese Dinge sind bei anderen Autoren ausführlicher beschrieben.« Von den Tyrannen dieser Liste ist lediglich für die in Sikyon und Athen eindeutig bezeugt, daß sie von den Spartanern gestürzt worden sind. Der letzte der Kypseliden wurde in Korinth nach der herkömmlichen Datierung um 580 abgesetzt. Es ist durchaus möglich, daß die Spartaner dafür verantwortlich waren, aber ob dies der Fall ist oder nicht, sie scheinen aus dem Regimewechsel von der Tyrannis zur Oligarchie Nutzen gezogen zu haben, denn etwa 60 Jahre später machten Spartaner und Korinther beim Angriff auf Samos gemeinsame Sache.

Ein Papyrusfragment (P. Rylands 80) wirft einen dünnen, kaum wahrzunehmenden Lichtstrahl auf die Aktion der Spartaner gegen Sikyon. Da ist vermutlich von irgend jemandes »Übergang nach Epirus« die Rede, das heißt nach der korinthischen Kolonie Ambrakia in Epirus; dann finden wir den Satz: »Und Chilon, der damals Ephor war und Befehlshaber des Heeres zusammen mit Anaxandridas, stürzte die Tyrannenherrschaften in Griechenland, die des Aischines in Sikyon, des Hippias, [des Sohnes] des Peisistratos [in Athen] [...]« Chilon trug einen sehr berühmten Namen, er galt zusammen mit Thales, Solon und Periandros als einer der großen Weisen, jener Männer, die Weisheit und praktisches Geschick in sich vereinten. Wir wissen nicht eigentlich, aus welchen Gründen Chilon in die illustre Gesellschaft aufgenommen wurde. Das herkömmliche Datum seines Ephorats ist 556/555, während Anaxandridas ein spartanischer König war, etwa von dieser Zeit an bis rund 520. Es ist nichts Befremdliches an der Vorstellung, daß sie sich auf ein gemeinsames Unternehmen einließen, aber man empfindet es als störend, einen Ephoren vor einem König genannt zu finden. Heißt das, daß unser Fragment aus einer Biographie des Weisen stammt und daher der Weise natürlich zuerst erwähnt wird, oder gehört es in eine geschichtliche Darstellung, die zeigen will, daß Chilon die Initiative ergriff, als Sparta seine antityrannische Politik einleitete? Die Datierung, die der Papyrus für den Sturz des Aischines erkennen läßt, grob gesprochen die Mitte des 6. Jahrhunderts, steht mit der Zeitangabe des Aristoteles (*Politik* 5,9,21) in Einklang, daß die Tyrannis der Orthagoriden hundert Jahre gedauert habe. Aber wenn Chilon und Anaxandridas den Aischines aus Sikyon vertrieben, so können sie doch nicht den Sturz des Hippias in Athen verursacht haben, denn das geschah später, unter dem König Kleomenes, dem Sohn dieses Anaxandridas. Chilon hatte sich vielleicht den Ruf eines »Tyrannenvertreibers« schlechthin erworben, so daß man ihm alle wichtigeren Operationen zuschrieb, die Sparta gegen Tyrannen unternahm.

Die Tyrannis des Polykrates auf Samos begann irgendwann zwischen 540 und 530. Sie war eine Zeit großzügiger Ausgaben für öffentliche Arbeiten, der Gastfreundschaft für Dichter und Künstler und der Errichtung der bedeutendsten Seemacht in der östlichen Ägäis. Die Geschichte der spartanischen Intervention auf dieser Insel, wie sie Herodot 3,39–60 erzählt, stellt die Gründe, die die Spartaner zum Handeln bewogen, nicht mit der erforderlichen Klarheit heraus. Nach Herodot sagten sie selbst, sie hegten einen Groll gegen Polykrates, weil er spartanische Geschenke auf dem Seetransport geraubt habe; aus diesem Grunde seien sie geneigt gewesen, einer Anzahl Samier, die von Polykrates vertrieben worden waren, Gehör in Sparta zu schenken. Aber Herodot selbst gibt den Hinweis, daß größere politische Zusammenhänge vorlagen als der Ärger über den Mischkrug und den Panzer, die angeblich ein Schiff des Polykrates erbeutet hatte. Es war die Zeit, da die Perser nach der Eroberung des Lyderreiches noch weiter nach Westen vorstießen und Kambyses, der Sohn Kyros' des Großen, einen Angriff auf Ägypten ins Auge faßte. Polykrates hatte zuvor mit dem ägyptischen König auf freundschaftlichem Fuße gestanden, jetzt aber brachte er seine Bereitwilligkeit zum Ausdruck, Kambyses durch Entsendung einer Flotte bei seinem Angriff zu unterstützen. Die Schiffsmannschaften, die Polykrates schickte, bestanden aus Samiern, deren Loyalität dem Tyrannen verdächtig war. Man kann unschwer glauben, daß Polykrates mit diesem einen Schachzug zweierlei gelang, sich selbst von möglichen Rivalen zu befreien und zugleich seine Unterstützung für die neue Weltmacht zu betonen, die da im Osten emporstieg.

Nicht anders als Polykrates hatten auch die Spartaner die Möglichkeit, zwei Ziele auf einen Schlag zu erreichen. Wenn sie den politischen Gegnern des Polykrates ihre Unterstützung liehen, konnten sie vielleicht in Samos einer ihnen freundlich gesinnten Regierung zur Macht verhelfen, aber auch der Expansion Persiens Einhalt gebieten. Es ist nicht wahrscheinlich, daß die Spartaner schon damals das wahre Ausmaß der persischen Bedrohung begriffen hätten, aber sie hatten den Sturz des Kroisos beobachtet und konnten aus diesem Ereignis sicherlich die geeigneten Schlüsse ziehen.

Die Korinther hegten wie die Spartaner einen alten Groll gegen Polykrates und nahmen daher an der spartanischen Expedition nach Samos teil. Dies war, wie Herodot 3,56,2 betont, das erste Mal, daß dorische Griechen so nahe am asiatischen Kontinent ihre Waffen erhoben. Sie kamen mit starker Macht und griffen die Stadt des Polykrates von See und von Land her an, aber sie wurden trotz einzelner Akte persönlicher Tapferkeit zurückgeschlagen. Dann wandten sie sich der Belagerung zu, aber auch dies brachte keinen Erfolg; nach vierzig Tagen fuhren sie nach Griechenland zurück.

So endete das Unternehmen mit einem Fehlschlag. Um zu verstehen warum, müßten wir viel mehr Details vom Verlauf des Feldzugs kennen. Bemerkenswerterweise nennt Herodot den Leiter des Zuges nicht mit Namen. Vielleicht ist das völlige Mißlingen auf das Fehlen eines einheitlichen Oberkommandos zurückzuführen, das angesichts der Tatsache, daß sich neben den Spartanern auch Korinther und samische Verbannte beteiligten, lebensnotwendig war. Polykrates fand, nicht lange nachdem er die Eindringlinge aus Griechenland zurückgeschlagen hatte, durch einen persischen Satrapen ein schmähliches Ende, wobei weder der Grund für diesen Tod noch die näheren Umstände klar sind. Danach wurde der unbedeutende Maiandrios Tyrann auf Samos, aber er konnte die Macht nur kurze Zeit behaupten, bevor die Insel um 517 von den Persern annektiert wurde. Damals war Kambyses bereits tot, Dareios hatte das Persische Reich übernommen, während das Königtum im Agiadenhause von Anaxandridas auf Kleomenes übergegangen war. Dieser nahm in seinem Königsamt lange Zeit, vermutlich etwa 25 Jahre, an der Gestaltung spartanischer Politik im Innern und außer Landes entscheidenden Anteil. Herodot erzählt, daß Maiandrios nach Sparta ging und seine kostbaren Schätze zur Schau stellte. Kleomenes entsetzte sich darüber, daß Maiandrios die Spartaner bestechen wollte, ihm bei der Wiedererlangung der Macht zu helfen, und wies die Ephoren an, ihn außer Landes zu jagen. Wiewohl Maiandrios bei dem Versuch, die Spartaner zu überreden oder zu bestechen, erfolglos blieb, muß er doch einen guten Grund gehabt haben, sich gerade an sie zu wenden, selbst nach ihrem Mißerfolg gegen Polykrates, und er muß ferner einen Grund gehabt haben, an Kleomenes heranzutreten und nicht an die Ephoren. Vielleicht dachte er, wenn irgendein Staat bereit sei, ihm zu helfen, so würde das wahrscheinlich Sparta sein, das jetzt allem Anschein nach unter der Leitung seines jungen, kraftvollen Königs Kleomenes stand. Die späteren Ereignisse aus der Regierungszeit des Kleomenes zeigen jedoch, daß er sich zwar manchmal auf überstürzte Abenteuer außerhalb der Peloponnes einließ, aber sie weisen auch sein merkliches

Widerstreben aus, in eine direkte Konfrontation mit Persien hineingezogen zu werden.

Es ist eine bekannte Tatsache, daß Herodot den Charakter des Kleomenes anschwärzt, wann immer sich eine Möglichkeit bietet, und wenn sich keine bietet, dann wird eine erfunden. Herodot scheint einer Quelle zu folgen, die dem Andenken an Kleomenes feindlich gesinnt ist. Daß eine solche Quelle vorhanden war, kommt angesichts der Streitigkeiten zwischen Kleomenes und seinem Kollegen und dem darauffolgenden Auftauchen gegensätzlicher Versionen über vergangene Ereignisse nicht überraschend. Herodot überliefert zumindest aus dem ersten Teil der Regierungszeit des Kleomenes keine Anzeichen, die es rechtfertigten, den König »total verrückt« zu nennen, seine Handlungen sind, wie sie der Historiker selbst erzählt, keineswegs die eines Wahnsinnigen. Auf dieses sein Handeln müssen wir uns konzentrieren und die häufig fragwürdigen Motive beiseite lassen, die ihm Herodot unterschiebt. Seine Geschichte von der Laufbahn des Dorieus (5,39–48), des Halbbruders des Kleomenes – man mag sie ungefähr in die Jahre 514–510 verweisen –, zeigt, daß Dorieus im Unrecht war und Kleomenes untadelig dastand. Dorieus, so sagt Herodot, konnte es nicht ertragen, ein Untertan des Kleomenes zu sein, und gewann eine Anzahl Spartiaten, die er nach Libyen mitnahm in der Hoffnung, dort eine Kolonie gründen zu können. Aber er machte den großen Fehler, daß er es versäumte, Rat und Zustimmung des delphischen Orakels einzuholen, wie es für eine Koloniegründung wesentlich war. Seine Pläne scheiterten, nach nur zwei Jahren wurde er aus Afrika vertrieben. Nach Sparta zurückgekehrt, entschied er sich, auf Sizilien eine Kolonie zu gründen. Diesmal befragte er das Orakel und erhielt einen ermutigenden Bescheid. Aber anstatt an seiner ursprünglichen Absicht festzuhalten, ließ er sich in einen Konflikt zwischen griechischen Städten in Italien hineinziehen. Er selbst und der größte Teil seines Anhangs verloren in den Kämpfen das Leben.

Wir kommen jetzt zu einer Reihe von Ereignissen, die rund fünf Jahre nach 510 ausfüllen, Ereignisse, die einige wichtige Wahrheiten enthüllen, wie es um den Ruf der Spartaner als Tyrannengegner wirklich bestellt war. Zugleich enthalten sie die ersten Überlegungen zur Gestaltung des Peloponnesischen Bundes. Diese Ereignisse werden von Herodot berichtet, sie umfassen vier verschiedene Anlässe, bei denen die Spartaner in Attika mit der Absicht eindrangen, Hippias, den Sohn des Peisistratos, aus seiner Machtstellung in Athen zu vertreiben. Wie Polykrates in Samos so hatten auch die Peisistratiden in Athen eine Anzahl politischer Gegner verjagt, unter ihnen die Alkmeoniden. Diese mächtigen Adligen verwendeten einen Teil ihres Reichtums dazu, sich in Delphi beliebt zu machen, indem sie für den Bau eines Tempels Geld gaben. Sie bestachen auch die Priesterin, allen Spartanern, die zur Befragung des Orakels Delphi besuchten, eine bestimmte Antwort zu geben: Sie solle in ihren Bescheid die Mahnung einflechten, die Spartaner müßten Athen befreien. Als die Spartaner diesen Befehl empfingen, entschlossen sie sich, ein Heer unter dem Kommando des Spartiaten Anchimolios zu entsenden, »die Peisistratiden aus Athen zu vertreiben, obwohl diese ihre Freunde waren, denn sie stellten das göttliche Gebot höher als Beziehungen zwischen Menschen« (Herodot 5,63,2). So hatten die Spartaner denn keine tiefwurzelnde Abneigung gegen Tyrannen als solche, aber die Freundschaft mit ihnen wurde mehr als aufgewogen durch die Notwendigkeit, eine starke oligarchische Partei zu stützen oder mit Delphi in gutem Einvernehmen zu bleiben. Die erste spartanische Invasion in Attika endete mit einer Katastrophe. Die Peisistratiden nahmen die Hilfe einer thessalischen Reitertruppe in Anspruch, die die Spartaner niederritt, viele, einschließlich Anchimolios, tötete und den Rest auf die Schiffe zurücktrieb.

Die zweite Invasionsstreitmacht befehligte Kleomenes, der eine Landroute wählte. Den Spartanern gelang es diesmal, die Peisistratiden auf der athenischen Akropolis einzuschließen. Die Kinder des Tyrannen wurden gefangengenommen und nur unter der Bedingung freigegeben, daß die Peisistratiden das Land verließen.

Auf die Tyrannenvertreibung folgte in Athen ein Machtkampf zwischen Isagoras, einem Anhänger der Peisistratiden, und dem Alkmeoniden Kleisthenes, der später für den athenischen Staat eine demokratische Verfassung schuf. Isagoras beschuldigte Kleisthenes, mit Hilfe des niederen Volkes die Macht ergreifen zu wollen, und forderte Kleomenes auf, wiederzukommen und ihn zu verjagen. Daraufhin hielt es Kleisthenes für angebracht, sich aus dem Lande zurückzuziehen. Kleomenes kam trotzdem wieder und schickte 700 Familien, die Isagoras denunzierte, in die Verbannung, aber er konnte den Rat nicht so weit einschüchtern, daß er sich unterwarf. Deshalb besetzten Kleomenes, Isagoras und ihre Anhänger die Akropolis. Aber dann wendete sich das Blatt, die Akropolis wurde belagert und genommen. Die Athener unter den Eingeschlossenen wurden zum Tode verurteilt, während die Spartaner unter den Bedingungen eines Waffenstillstands abziehen durften. Diese groteske Demütigung des Kleomenes schreibt Herodot der Mißachtung der Worte zu, die eine Priesterin an ihn richtete, als er zur Akropolis hinaufstieg: »Zurück, spartanischer Fremdling, betritt den Tempel nicht! Doriern ist es verboten, hier einzutreten.« Er aber entgegnete: »Ich bin kein Dorier, Madame, sondern ein Achäer« (5,72,3). Die Neigung Herodots, für bedeutende Ereignisse eine übernatürliche Erklärung zu finden, ist bekannt. Der Wortwechsel zwischen der Priesterin und Kleomenes würde daher keine besondere Beachtung erfordern, wäre da nicht die Antwort des Kleomenes. Man mag sich fragen, wer war denn eigentlich ein Dorier, wenn nicht ein Spartanerkönig? Hier scheint eine Unterscheidung vorzuliegen, die manchmal, beileibe nicht immer, gemacht wurde, die Unterscheidung zwischen den Söhnen des Herakles, die natürlich Achäer waren, und den Doriern, die mit ihnen ins Land kamen (vgl. S. 44). In einer solchen Situation war es für Kleomenes, der die von Plutarch angemerkte Gabe der Schlagfertigkeit besaß, durchaus natürlich, die »achäische« Abkunft von den Herakliden zu betonen und die dorische Komponente in seiner Ahnenreihe zu übersehen. Die ganze Episode des dritten Einfalls beschreibt Aristoteles (*Verfassung der Athener* 20) in ihren Grundzügen sehr ähnlich wie Herodot, aber er gibt keinen Hinweis auf die Begegnung des Kleomenes mit der Priesterin, die sehr wohl apokryph sein kann.

Bei seinem Eindringen in Attika oder auch auf seinem Rückzug wandten sich die Einwohner von Platää, einer Kleinstadt an der Straße von Athen nach Theben, an Kleomenes. Die Platäer fühlten sich zwischen ihren beiden mächtigen Nachbarn bedrängt und erbaten von Sparta Schutz. Kleomenes verweigerte dies, wobei er ihnen nahelegte, sie würden besser daran tun, ihre Bitte an Athen zu richten. Herodot 6,108,2f. bemerkt zu Recht, daß dieser Rat nicht so sehr aus Wohlwollen gegen die Platäer gegeben wurde wie aus dem Wunsch heraus, die Thebaner gegen Athen aufzubringen.

Der vierte und letzte Einfall nach Attika endete für Kleomenes ebenfalls mit einem schmählichen Mißerfolg. Ohne seine Absicht bekannt zu machen, sammelte er aus verschiedenen Teilen der Peloponnes ein starkes Heer, mit dem er in Attika bis Eleusis vordrang, an die 20 km nordwestlich von Athen. Inzwischen bedrohten Böotier und Truppen aus Chalkis, die im Einverständnis mit ihm handelten, die anderen Grenzen Attikas und plünderten das offene Land. Von Feinden umgeben wären die Athener in einer verzweifelten Lage gewesen, wäre die Streitmacht des Kleomenes nicht auseinandergebrochen, hätte sie sich nicht zerstreut, bevor es zur Schlacht kam. Als erstes zog das korinthische Kontingent ab, mit der Begründung, sie täten Unrecht, in attisches Gebiet einzudringen. Wiewohl Herodot nicht mehr als dies sagt, dürfen wir schließen, daß Kleomenes seine eigentliche Absicht, nämlich Isagoras in Athen einzusetzen, erst klarmachte, als das Heer Eleusis erreicht hatte. Doch noch gefährlicher war vermutlich, daß der andere Spartanerkönig, Damaratos, sich ebenfalls weigerte, den Zug mitzumachen, und heimkehrte. Dies ist der erste Hinweis auf einen Riß zwischen den beiden Königen, der später noch schwere Folgen haben sollte. Als unmittelbares Ergebnis der Auseinandersetzung in Eleusis, so berichtet Herodot 5,75,2, verabschiedeten die Spartaner ein Gesetz, daß inskünftig nur *ein* König zur selben Zeit ins Feld ziehen dürfe. Es ist unklar, wie sich eine solche Gesetzesbestimmung aus den Meinungsverschiedenheiten zwischen Kleomenes und Damaratos unmittelbar ergeben konnte, es sei denn, Sparta wollte vor Feinden und Verbündeten das Gesicht wahren, indem es die Einheitlichkeit des Oberbefehls im Felde erzwang. Kleomenes scheint jedenfalls mit seinem Verhalten gegen den Verfassungsbrauch verstoßen zu haben, denn es ist ausdrücklich bezeugt, daß er selbst, nicht die Volksversammlung und nicht die Ephoren, auf Krieg entschied, ein Heer aufstellte und es zu ungenanntem Zweck ins Feld führte. Diese Episode beweist zweifellos, was ein energischer, selbstbewußter Spartanerkönig erreichen konnte, aber sie zeigt ebenso, wie eng die Grenzen bei der Ausübung seiner Vollmachten gezogen waren.

Nach der Auflösung des Kleomenesheeres und nach der Rückkehr des Königs nach Sparta machten die Spartaner den Vorschlag, Hippias als Tyrannen Athens wieder einzusetzen, wobei wir uns vorstellen könnten, daß Kleomenes, offen oder nicht, die treibende Kraft war, aber über seine Rolle in dieser Angelegenheit sagt Herodot nichts aus. Nur die Kehrtwendung in der spartanischen Politik ist sichtbar. Wir haben bereits gesehen, daß die Spartaner ursprünglich mit den Peisistratiden auf freundschaftlichem Fuß standen und sich nur deshalb gegen sie gewandt hatten, weil sie hofften, aus der Errichtung einer Oligarchie größere Vorteile zu gewinnen. Herodot 5,90 f. nennt zwei Gründe für den neuen Kurs, den die Spartaner jetzt verfolgten: Zum einen hatten sie von dem Trick der Alkmeoniden erfahren, die Pythia zu bestechen, aber zum andern sahen sie mit eigenen Augen, wie mächtig Athen unter einer Demokratie wurde; nur eine Tyrannis, so dachten sie, könne die demokratischen Elemente im Staat in Schach halten.

An diesem Punkt seiner Erzählung erwähnt Herodot 5,91 fast zufällig eine bedeutsame Entwicklung in der spartanischen Geschichte. Die Spartaner beriefen eine Versammlung ihrer Verbündeten ein, auf der sie zugaben, mit der Vertreibung des Hippias einen Fehler gemacht zu haben, und vorschlugen, man sollte ihn jetzt wieder einsetzen. Der korinthische Abgesandte hielt eine lange Rede, in der er Gefahren und Schrecken der Tyrannis durch Hinweis auf die Geschichte der Kypseliden in seiner eigenen Stadt veranschaulichte. Aus diesem Grund, so sagte er, könnten zumindest die Korinther den Vorschlag nicht unterstützen. Hippias gab persönlich eine kurze Entgegnung, aber alle anderen Verbündeten Spartas schlossen sich jetzt Korinth an, indem sie sich gegen seine Wiedereinsetzung stellten. Der spartanische Plan scheiterte daher. Es ist alles andere als gewiß, daß die Spartaner ein langfristiges Ziel im Auge hatten, als sie die Versammlung einberiefen. Ihr Hauptziel war vermutlich nur, eine Wiederholung des Zwischenfalls in Eleusis zu vermeiden, indem sie versicherten, Sparta würde sich nie wieder in irgendein Abenteuer im auswärtigen Bereich einlassen, ohne sich vorher des beschworenen Beistands seiner Verbündeten versichert zu haben. Besser, so mögen sie überlegt haben, eine Debatte in der Versammlung verlieren als auf dem Schlachtfeld im Stich gelassen und so Gefahr und Lächerlichkeit ausgesetzt zu sein.

Diese Versammlung ist insofern bedeutsam, als sie den ältesten von Herodot verzeichneten Fall bedeutet, in dem die Spartaner formell ein Treffen ihrer Verbündeten einberiefen und eine Entscheidung in einer hochpolitischen Angelegenheit forderten. Vor allem ist anzumerken, daß die Spartaner offenbar das Recht hatten, diese Versammlung einzuberufen, aber auch, daß ihre eigene Meinung kein Übergewicht über die einstimmige Äußerung der Verbündeten hatte. In diesen beiden Elementen liegen die Keime für das, was später der spartanische Kampfbund wurde, der – entgegen dem antiken Sprachgebrauch – als Peloponnesischer Bund bekannt ist. Bünde auf der Grundlage eines kultischen Bereichs (*amphiktyoniai*) waren bei den Griechen seit langem bekannt, aber der spartanische unterschied sich wesenhaft von ihnen, denn er entstand lediglich aus den politischen Eigeninteressen seiner Mitglieder und hatte keine unabdingbare Verbindung mit einem bestimmten Zentrum: Die Verbündeten schickten ihre Delegierten aus praktischen Gründen nach Sparta, nicht weil dieser Stadt eine besondere Heiligkeit innegewohnt hätte. Dieser Bund war keinesfalls eine exklusive Einrichtung, denn seitdem das spartanische Verfahren, Verträge mit anderen Staaten zu schließen, üblich geworden war, war es für eine beliebige Zahl anderer Staaten nicht schwer, Zutritt zu

finden. Die Leichtigkeit, mit der neue Mitglieder ohne Beschränkung und ohne Auferlegung eines Tributs eingegliedert werden konnten, war eine der großen Stärken Spartas, als es eine politische und nicht minder militärische Vormachtstellung in Griechenland gewann.
Bei den modernen Autoren haben sich, was das Wesen des Peloponnesischen Bundes betrifft, zwei Denkschulen herausgebildet: Die eine vertritt die Ansicht, daß er schon von Anfang an eine feste Form und eine Satzung besaß, die andere, daß es sich nur um ein ziemlich lockeres Bündnis gleichgesinnter Staaten handelte, die sich unter der obersten Führung Spartas zur Wahrung ihrer gemeinsamen Interessen zusammenschlossen. Was immer hier das richtige sein mag, wir dürfen sagen, daß es in dem Bericht über die zur Debatte der Wiedereinsetzung des Hippias einberufene Versammlung noch kein deutliches Anzeichen für das dritte wichtige Element in diesem Bunde gibt, nämlich daß sich die Verbündeten, wenn erst die Versammlung auf Krieg entschieden hatte, verpflichteten, »den Spartanern zu folgen, wohin immer sie führen, zu Lande oder zur See« (Xenophon, *Hellenika* 2,2,20). Dieser Grundsatz scheint erst wirksam geworden zu sein, als die Spartaner zur Schlacht bei Platää aufbrachen (vgl. S. 201), während der Abfall der Korinther von Kleomenes beim vierten Einfall in Attika beweist, daß es damals noch keine Verpflichtung der Verbündeten gab, den Spartanern zu folgen, wohin immer sie führen.

Inzwischen nahmen die ungeheuren Pläne der Perser mit dem Übergang des Dareios nach Thrakien eine deutlichere Form an. Aber die kleinasiatischen Griechen glaubten eine Möglichkeit zu sehen, dem persischen Joch entrinnen zu können, ihre Unzufriedenheit führte zu jener verwickelten Kette von Ereignissen, die wir als den Ionischen Aufstand kennen. Der Sitz der Erhebung war Milet, ihr treibender Geist der milesische Regent Aristagoras. Wie die Gesandten, die die Äoler und Ioner in der Zeit des Kyros geschickt hatten (vgl. S. 132), kam nun Aristagoras nach Sparta, um Kleomenes zu einer Intervention in Asien zu drängen. Das wahrscheinliche Datum des Aristagorasbesuchs ist 499. Was zwischen ihm und Kleomenes geschah, berichtet Herodot 5,49–51 mit viel romantisch schmückendem Beiwerk. Wenn man das Plädoyer des Aristagoras auf die wesentlichen Punkte beschränkt, dann war es so aufgebaut, daß er sich erst an das Gefühl und dann an die Begehrlichkeit des Königs wandte. Wenn die Ioner zu Sklaven der Barbaren würden, so sagte er, bringe das allen Griechen Schande, vor allem aber den Spartanern, die die führende Stellung in

Griechenland hätten. Die Perser im Kriege zu schlagen sei nicht schwer, denn ihre Bogen und kurzen Lanzen seien der Hoplitenphalanx nicht gewachsen. Außerdem gebe es da unermeßliche Schätze zum Beutemachen in den Provinzen des Dareios und vor allem in Susa, seiner Hauptstadt. Doch dann tat Aristagoras einen falschen Schritt, als er nicht verbergen konnte, daß Susa einen Marsch von drei Monaten vom Meer entfernt liegt, und Kleomenes brach die Unterredung ab, indem er bemerkte, er könne die Spartaner niemals dazu bringen, einen Feldzug in so entfernte Gegenden anzuführen. Von Kleomenes abgewiesen, ging Aristagoras nach Athen und trat mit seiner Bitte vor die Volksversammlung. Die Athener ließen sich herbei, zwanzig Schiffe den Ionern zu Hilfe zu schicken. Diese Streitmacht war hoffnungslos unzureichend, um im Kampf gegen Dareios den Ausschlag zu geben, doch sie hatte die Wirkung, den König in unerträglicher Weise zu erzürnen. Er konnte den Aufstand niederschlagen, hauptsächlich weil es den Ionern und ihren Verbündeten an einer konsequenten Politik und an einem entschlossenen Führer fehlte. Als die Lage kritisch wurde, dachte Aristagoras nur an Flucht, er ließ die Verwirrung hinter sich, die er selbst so überstürzt heraufbeschworen hatte. Die Athener, mit einem kleinen Kontingent aus Eretria an ihrer Seite, taten etwas, was im Augenblick als spektakulärer Erfolg erscheinen mochte: Sie zogen nach Sardeis, der alten Hauptstadt des Kroisos, jetzt Sitz einer persischen Satrapie, und legten ein Feuer, das den größeren Teil der Stadt zerstörte. Aber das war für Dareios nur ein Nadelstich, kein ernsthafter Rückschlag, es machte ihn nur entschlossen, die Athener zu bestrafen, sobald die Zeit reif war.

Es hieße zu weit gehen, Kleomenes eine genaue Voraussicht dieser Ereignisse zuzutrauen, aber er mag sehr wohl aus den Tatsachen, soweit sie ihm bekannt waren, einige richtige Schlußfolgerungen gezogen haben, zum Beispiel daß die Intervention nur mit äußerster Kraftanstrengung unternommen werden sollte, um erfolgreich zu sein, und daß – trotz des dummen oder betrügerischen Optimismus des Aristagoras – das Persische Reich in der damaligen Zeit zu riesig und zu mächtig war, als daß es durch eine aus Griechenland entsandte Streitmacht hätte aufgespalten werden können.

Als nächstes hatte Kleomenes die Rechnung mit Argos zu begleichen, zumindest für seine eigene Generation. Der argivische Krieg, in den Kleomenes verwickelt wurde, ist vermutlich um das Jahr 494 anzu-

setzen, in dem Dareios Milet einnahm und damit den Ionischen Aufstand beendete. In seinem Bericht von dem Orakel, das den Untergang von Argos vorhersagte, erwähnt Herodot 6,77,2, daß es sich dabei um einen Spruch handelte, den die Pythia den Argivern und den Milesiern gemeinsam erteilte, was bedeutet, daß der Fall von Argos und der von Milet zeitlich nicht allzu weit auseinander lagen. Kleomenes zog mit großen Hoffnungen aus Sparta aus, ermutigt durch das Orakel, das ihm prophezeite, er würde »Argos nehmen«, aber es gelang ihm nicht, günstige Vorzeichen für die Überwindung des Landwegs in das argivische Gebiet zu erhalten. So verlud er denn seine Truppen auf Schiffe und landete an der argivischen Küste in der Gegend von Nauplia. Das argivische Heer bot den Spartanern eine Schlacht an, doch es fuhr dabei sehr schlecht, denn viele wurden getötet, noch mehr suchten Zuflucht in einem heiligen Hain, der dem Argos geweiht war, dem eponymen Gott des Ortes. Kleomenes lockte einen um den andern heraus und ließ sie in hinterlistiger Weise erschlagen. Der Rest kam zu Tode, als er seinen Heiloten den Befehl gab, den heiligen Bezirk in Brand zu stecken. So dachte denn Kleomenes, er habe »Argos genommen« und den Spruch erfüllt. Die Hauptmasse seines Heeres schickte er nach Sparta zurück, behielt etwa 1000 Mann bei sich und zog zum Heratempel, der etwa 6,5 km von der Stadt Argos entfernt war, um Opfer darzubringen.
Nach der Heimkehr wurde Kleomenes von seinen Feinden vor den Ephoren angeklagt, mit der Beschuldigung, er sei bestochen worden, Argos nicht zu nehmen, als es in seiner Macht stand, dies zu tun. Aber er erzählte ihnen, er habe gedacht, durch die Einnahme des Heiligtums des Gottes Argos sei das Orakel erfüllt; dann behauptete er, er habe beim Opfer im Tempel ein Vorzeichen gesehen, und dieses habe ihn in seiner Annahme bestätigt, er würde die Stadt nicht einnehmen können. Die Spartaner, so sagt Herodot, begnügten sich mit dieser Erklärung. Aber zwei Rätsel bleiben, und Herodot tut nichts dazu, sie zu klären. Das eine, leichter zu lösende, betrifft die Identität der »Feinde«, die die Anklage gegen Kleomenes einbrachten. Wir wissen so wenig über den politischen Hintergrund dieser Epoche spartanischer Geschichte, daß wir nur vermuten können, es habe sich eine Gegenpartei gegen Kleomenes in der Umgebung des anderen Königs, Damaratos, gebildet, dessen Zerwürfnis mit Kleomenes dazu geführt hatte, daß er ihn beim vierten Einfall nach Attika im Stich ließ. Das andere Problem läßt sich nicht erhellen. Es bleibt unverständlich, daß Kleomenes die Stadt des Erzfeindes verschonte, als sie offen vor ihm

lag, es sei denn, er war tatsächlich der Bestechung schuldig und wendete diesen Vorwurf durch eine weitere seiner zungengeläufigen Geschichten von sich ab. Nach einer argivischen Tradition, die bei Plutarch, *Moralia* 245c–e, und Pausanias 3,30,8 f. erhalten ist, aber von Herodot nicht erwähnt wird, zog Kleomenes nach der Niederlage des argivischen Heeres gegen die Stadt, wurde aber durch ein Notaufgebot von Frauen, Sklaven und älteren Bewohnern unter der Führung der Dichterin Telesilla zurückgeschlagen. Diese Version ist nicht mehr und nicht weniger glaubhaft als jene, die Kleomenes selbst vorbrachte.

Die Affäre mit Argos rief in Sparta große Aufregung hervor, wurde aber bald durch ein weit ernsteres Ereignis überschattet, den Versuch des Dareios, die persische Macht über die Gewässer der westlichen Ägäis und das griechische Mutterland auszudehnen. Der Beginn seiner Intervention wahrte die diplomatischen Formen. Er schickte Herolde in alle griechischen Staaten, die ein Geschenk von Erde und Wasser als Zeichen der Anerkennung seiner Oberhoheit forderten. In Athen und Sparta wurden die Herolde körperlich mißhandelt, wobei man sich über internationalen Brauch hinwegsetzte, aber viele weniger mächtige Staaten hielten es für klug, sich zu unterwerfen. Unter diesen befand sich auch Ägina, eine Insel mit großer Bedeutung für den Handel, die etwa 20 km von Piräus entfernt liegt. Athen betrachtete Ägina als in seiner Einflußsphäre liegend und war beunruhigt – oder tat zumindest so – über einen möglichen Angriff, den die Perser unter Verwendung Äginas als einer günstigen Operationsbasis gegen die Stadt unternehmen könnten. Als sie nun von der Unterwerfung der Ägineten unter Dareios erfuhren, reagierten die Athener in einer Weise, die uns viel über ihre Beziehungen zu Sparta und auch über die Stellung Spartas in der griechischen Welt sagt. Die Verwicklungen mit Ägina lösten außerdem eine schwere politische Krise in Sparta aus, die schließlich zum Sturz des Königs Damaratos führte.

Im Jahre 491 standen die Griechen dicht vor einem offenen Konflikt mit Persien. Dafür hatte es so viele warnende Anzeichen gegeben – die Forderung des Dareios nach Erde und Wasser war ja nur eines aus einer ganzen Reihe –, daß weitblickende Staatsmänner in Griechenland geahnt haben müssen, was ihnen drohte. Selbst in einer solchen Krise hörten die verschiedenen Staaten aber nicht auf, ihre eigensüchtigen Interessen zu verfolgen. Wir lesen bei Herodot 6,49,1–50,3:

»Unter den Inselbewohnern, die Dareios Erde und Wasser gaben, befanden sich auch die Aigineten. Dadurch gerieten sie auf der Stelle mit den Athenern in Widerstreit, die da meinten, die Aigineten hätten dieses Geschenk rein aus Feindseligkeit gegen sie selbst gegeben, in der Absicht, sich mit den Persern zu einem Angriff auf sie zu vereinen. Die Athener waren froh, diesen Vorwand ergreifen zu können, und indem sie nach Sparta gingen, klagten sie das Volk von Aigina an, es hätte durch sein Vorgehen Griechenland verraten. Auf diese Anschuldigung hin setzte Kleomenes [...] nach Aigina über, um die Hauptverantwortlichen festnehmen zu lassen. Aber als er dies versuchte, widersetzten sie sich ihm, unter ihnen besonders Krios, der Sohn des Polykritos. Der sagte, Kleomenes würde es noch bedauern, wenn er die Aigineten wegführe, denn er handle ohne Rückendeckung durch die Spartiaten und sei von den Athenern bestochen. Sonst wäre er doch wohl zusammen mit dem anderen Spartanerkönig gekommen, um die Festnahme durchzuführen. Dies sagte er aufgrund von Instruktionen aus einem Brief des Damaratos.«

Kleomenes zog daraufhin von Ägina ab, womit er unausgesprochenermaßen die Gültigkeit der Argumente des Krios anerkannte.
Nicht alles ist in dem Bericht des Herodot überzeugend formuliert, aber an den Hauptpunkten läßt sich kein ernsthafter Zweifel aufrecht erhalten: daß die Athener zu Sparta ihre Zuflucht nahmen als einer Art panhellenischem Tribunal, anstatt selbst zu einer Aktion gegen Ägina zu schreiten, und daß die Spartaner oder zumindest Kleomenes willens waren, in einem solchen Fall zu intervenieren. Im weiteren sagt dann Herodot, daß während der Abwesenheit des Kleomenes in Ägina Damaratos in Sparta mißgünstige Berichte über ihn verbreitete. Bei seiner Heimkehr entschloß sich Kleomenes, sich endgültig dieses unruhestiftenden Kollegen im Königsamt zu entledigen, und war dabei in der Wahl seiner Mittel nicht zimperlich. Er verbreitete seinerseits Zweifel an der legitimen Geburt des Damaratos und traf mit Leotychidas, der wie Damaratos ein Angehöriger des Eurypontidenhauses war, ein Übereinkommen, Leotychidas würde ihn, wenn er ihm die Nachfolge im Königsamt sichere, nach Ägina begleiten und ihm dort helfen, die Dinge zu regeln. Demzufolge denunzierte Leotychidas den Damaratos, aber die Spartaner vermochten nicht zu entscheiden, wer im Recht war, und wandten sich daher an Delphi um Weisung. Doch Kleomenes hatte inzwischen heimlich mit dem Orakel

Verbindung aufgenommen, das denn auch ein Urteil gegen Damaratos fällte. Er wurde abgesetzt, und als ihn Leotychidas, der jetzt als König des Eurypontidenhauses eingesetzt war, öffentlich beleidigte, verließ er Sparta und nahm schließlich seinen Weg nach Persien. Dort fand er am Hofe des Dareios und am Hofe des Xerxes, der dessen Sohn war, freundliche Aufnahme. Kleomenes aber kehrte in Begleitung seines neuen Kollegen Leotychidas nach Ägina zurück. Als die führenden Ägineten sahen, daß nun zwei Spartanerkönige über sie gekommen waren, leisteten sie keinen weiteren Widerstand und ließen sich ergreifen und als Geisel nach Athen bringen.

Mit dieser Tat war die Laufbahn des Kleomenes als wirksame Kraft in der spartanischen und griechischen Politik praktisch zu Ende. Sein Versuch, sein eigenes Land in Unruhen zu stürzen, und sein Tod gehören ebenso zu einem neuen Kapitel wie das spätere Schicksal Äginas.

Zehntes Kapitel

Die Perserkriege und ihr Nachspiel

(490–432 v. Chr.)

Im Jahre 490 ernannte Dareios zwei Befehlshaber mit dem Auftrag, ein Heer und eine Flotte aufzustellen, um die Städte Eretria und Athen, die ihn beleidigt hatten, als ihr Heer Sardeis in Brand steckte (vgl. S. 181), mit der Rache des Königs heimzusuchen. Herodot 6,94,1 berichtet, die Peisistratiden hätten ihm dauernd mit Verleumdungen gegen Athen zugesetzt, und Dareios habe dies als Vorwand benützt, die Völker zu unterwerfen, die ihm Erde und Wasser verweigert hatten. Aber die Richtigkeit dieser Bemerkung wird durch die nachfolgende Darstellung nicht bestätigt, denn die persischen Befehlshaber ließen keinerlei Absicht eines Angriffs auf Sparta erkennen, betrachteten lediglich Athen als ihr Ziel und die Wiedereinsetzung des Hippias als das Ende ihres Auftrags. Der eine Befehlshaber, Datis, führte seine Truppen gegen Eretria, nahm es ein und brannte es nieder. Einige Tage später landete er an der attischen Küste in der Nähe Marathons. Als die Athener von der Landung des Feindes erfuhren, entschlossen sie sich, ebenfalls ein Heer nach Marathon zu entsenden. Gleichzeitig schickten sie den unvergleichlichen Läufer Philippides nach Sparta, um Hilfe anzufordern. Die Spartaner entsprachen der Bitte, doch sagten sie, sie könnten erst bei Vollmond ausmarschieren.

So kam es, daß die Spartaner nicht an der Seite der Athener standen, als diese ihren Sieg bei Marathon errangen, einen Sieg, der nicht so sehr die Drohung einer persischen Eroberung in weite Ferne rückte – denn dies, so scheint es, wurde noch nicht in Erwägung gezogen –, als daß er die Wiedereinführung der Tyrannis in Athen verhinderte. Aber warum rückten die Spartaner nicht aus, den Athenern zu helfen? Wir können nicht glauben, daß die Botschaft des Philippides den ersten Hinweis auf das Nahen der Perser gab. Sie besagt einfach nur, daß die Perser Attika wirklich erreicht hatten, und die Athener müssen gehofft haben, daß das Einverständnis, das in Ägina geherrscht hatte, nun seine Auswirkungen haben würde. Die spartanische Intervention in Ägina, so kraftvoll sie auch war, wurde indes auf persönliche Initiative des Kleomenes unternommen. Ob die Ephoren seine Politik vorbehaltlos unterstützten oder nicht, wird nicht berichtet. Es ist denkbar,

daß einige Interessierte in Sparta das äginetische Abenteuer keineswegs mit Beifall überschütteten; wenn dem so ist, so hätten sie kaum die Entsendung einer spartanischen Streitmacht zur Verteidigung Attikas mit Enthusiasmus begrüßt, da doch ihr eigener Staat überhaupt nicht in Gefahr war. Dies alles ist Gegenstand von Vermutungen, da Herodot weder Kleomenes noch sonst jemanden als treibende Kraft spartanischer Politik in der Zeit von Marathon nennt. Der Grund für die Antwort der Spartaner an Philippides war in Wirklichkeit religiöser Art. Sie meinten, sie könnten sich auf keine militärische Unternehmung in der Zeit der Karneen (vgl. S. 64 f.) einlassen. Wenn man bedenkt, daß die Spartaner am Anfang des 5. Jahrhunderts einen athenerfreundlichen Kurs einschlugen, oder zumindest Sparta und Athen fanden, sie hätten viele gemeinsame Interessen, dann klingt die Begründung, die die Spartaner dafür gaben, daß sie nicht auf der Stelle nach Marathon zogen, durchaus aufrichtig. Eine Stütze für diese Auffassung findet sich an einer späteren Stelle bei Herodot (6,120), wo er sagt, daß nach dem Vollmond (der das Ende der Karneen bedeutete) 2000 Mann spartanischer Truppen nach Attika zogen und nur zwei Tage zu spät kamen. Sie hatten die Schlacht versäumt, aber sie wollten die Stätte sehen, an der sie ausgefochten wurde, und sie zollten den Athenern uneingeschränkten Beifall für ihren großen Erfolg.
Die Haltung der Spartaner gegenüber dem athenischen Hilfsgesuch und die in Aussicht gestellte Hilfe sind bei Herodot zureichend erklärt. Man bräuchte nichts mehr dazu zu sagen, wäre da nicht ein Hinweis in den *Gesetzen* Platons 3,698d–e, der die Sache in einem anderen Licht darstellt: »Die Athener sandten Boten in alle Teile Griechenlands, aber niemand war willens, ihnen zu Hilfe zu kommen mit Ausnahme der Spartaner; und diese wurden durch einen Krieg gehindert, den sie damals gegen die Messenier führten, und durch andere Schwierigkeiten, von denen wir keine Kenntnis haben. So kamen sie nur einen Tag zu spät für die Schlacht bei Marathon.« Dieser Bericht enthält keinen Hinweis auf die religiösen Bedenken, die Herodot als einzigen Grund für die Verzögerung anführt, und umgekehrt erwähnt Herodot nirgends einen Krieg mit den Messeniern. Die beiden Lesarten sind aber nicht unvereinbar, denn Herodot kann berichtet haben, was die Spartaner offiziell sagten, weil es ihnen widerstrebte, ihre Schwierigkeiten mit den Messeniern beim Namen zu nennen. Jedenfalls gibt es die eine oder andere Andeutung, daß der Bericht Platons nicht als freie Erfindung abgeschrieben werden darf. Strabon 8,4,10 spricht von vier Kriegen gegen Messenien, eine Zahl,

die sich nur halten läßt, wenn man annimmt, daß der Dritte irgendwann zwischen dem Zweiten (vgl. S. 124) und dem gut bezeugten Aufstand von 464 (vgl. S. 211 f.) stattfand. Ferner sagt Pausanias 4,23,9, daß die Messenier Anaxilas, den Tyrannen von Rhegion, bei der Besetzung von Zankle auf Sizilien unterstützten, eine Hilfe, die damit belohnt wurde, daß Zankle den neuen Namen Messene (Messina) erhielt. Dieses Ereignis verbindet Pausanias mit dem Zweiten Messenischen Krieg, aber das ist falsch, denn Anaxilas herrschte im ersten Viertel des 5. Jahrhunderts in Rhegion. Daher kann die messenische Wanderung, von der er spricht, sehr wohl die Folge eines mißlungenen Aufstands gegen Sparta im Jahre 490 gewesen sein. Hierher gehört auch eine spartanische Weihgabe in Olympia, die Pausanias 5,24,3 erwähnt. Er beschreibt sie als eine sehr kleine Zeusstatue, die von den Spartanern am Beginn des Zweiten Messenischen Krieges geweiht worden sei und auf der sich ein Distichon befand, das den Gott anrief, er möge der Sache der Spartaner gnädig sein. Die Inschrift ist erhalten, die Buchstabenformen zeigen jedoch, daß sie mit Sicherheit nicht aus der Zeit des Zweiten Messenischen Krieges stammen kann und daß es unangebracht ist, sie so spät zu datieren wie die Erhebung von 464; sie würde jedoch in einen messenischen Aufstand des Jahres 490 passen.

Die Tätigkeit des Kleomenes macht die Geschichte dieser Zeit nur noch verwickelter. Herodot 6,74 f. gibt einen eindrucksvollen Bericht von dem Wahnsinn, der ihn gegen Ende seines Lebens überkam, als er trotz allem noch eine beeindruckende Gestalt war. Die hinterlistigen Methoden, die Kleomenes bei der Absetzung des Damaratos anwandte, waren in Sparta bekannt geworden. Aus Furcht, abermals vor Gericht gestellt zu werden, reiste er nach Thessalien. Später befand er sich in Arkadien, wo er Unruhen anstiftete und die Arkader gegen Sparta aufwiegelte, wobei er sie sich mit schrecklichen Eiden verpflichtete. Die Spartaner zeigten sich beunruhigt, als sie hörten, was in Arkadien vor sich ging, und holten ihn zurück, damit er wieder in Sparta König sei. Aber er fiel ins Delirium und beging, in den Block geschlossen, Selbstmord. Auf ihn folgte in der Agiadendynastie sein Bruder Leonidas.
Für den Aufenthalt des Kleomenes in Thessalien erhalten wir keine Begründung, doch sei daran erinnert, daß die Thessaler in der Zeit des ersten spartanischen Einfalls nach Attika den Athenern gute Dienste geleistet hatten (vgl. S. 176). Es mag daher sein, daß Kleomenes hoffte,

die Thessaler zu weiteren antispartanischen Aktionen anstiften zu können. Daß er dies mit Sicherheit in Arkadien tat, erfahren wir aus Herodot. Arkadien bildete damals noch nicht eine politische Einheit, zwei arkadische Städte, Tegea und Mantineia, lagen oft miteinander in Streit. Doch die Prägung von Münzen des frühen 5. Jahrhunderts mit der Legende ARKADIKON legt die Vermutung nahe, daß es einen lockeren Bund arkadischer Städte gab. Vielleicht war es Kleomenes, der eine solche Verbindung schuf, vielleicht mag er auf sie zu eigenem Vorteil eingewirkt haben, wenn sie bereits bestand. In jedem Fall sind die Befürchtungen, die in Sparta aufkamen, leicht zu verstehen. Herodot sagt uns nicht, ob Kleomenes Sparta vor oder nach der Schlacht bei Marathon verlassen hat. Soweit wir wissen, befand er sich noch daheim und übte einen starken Einfluß auf die spartanische Politik aus, als die Botschaft aus Athen kam. Andererseits könnte seine Tätigkeit in Arkadien zu den von Platon erwähnten »anderen Schwierigkeiten« gehören, wenn er bereits dabei war, dort Unruhen zu erregen.

Zu einem nicht näher zu bestimmenden Zeitpunkt nach der Schlacht bei Marathon brachten die Ägineten gegen Leotychidas wegen ihrer Geiseln, die noch immer in Athen festgehalten wurden, in Sparta Klage vor. Leotychidas wurde vor ein spartanisches Gericht gezogen, das entschied, er habe an den Ägineten Unrecht getan. Er wurde dazu verurteilt, ihnen ausgeliefert und von ihnen zum Austausch gegen jene Bürger, die sich noch in athenischer Hand befanden, mitgenommen zu werden. Diese veränderte Haltung Spartas zur äginetischen Frage legt die Vermutung nahe, daß sich einige einflußreiche Bürger schon seit langem der interventionistischen Politik des Leotychidas, oder besser des Kleomenes, widersetzt hatten. Es ist auch möglich, daß Leotychidas wegen seiner Unzuverlässigkeit und Bestechlichkeit in Schande geraten war. Damals blieb er noch von der Strafe verschont, die ihm seine Landsleute zudiktierten. Statt dessen ging er mit den äginetischen Gesandten nach Athen, um die Rückerstattung der Geiseln zu verlangen. Die Athener verweigerten sich diesem Ansinnen, womit eine langdauernde Zeit des Konflikts mit Ägina begann, in dem die Flotten der beiden Staaten eine große Rolle spielten. In Wirklichkeit war es dieser Krieg mit Ägina, der die Athener dazu veranlaßte, ihre Seemacht gewaltig zu verstärken. Der Krieg war erst zu Ende, als die höhere Notwendigkeit eines gemeinsamen Handelns gegen Persien eintrat (vgl. S. 192).

Etwa vier Jahre nach seiner schweren Schlappe bei Marathon starb Dareios, auf ihn folgte Xerxes. Ehrgeiz und das Verlangen nach Rache veranlaßten den neuen König dazu, grandiose Pläne zu entwerfen, die die seines Vorgängers noch übertrafen. Innerhalb von zwei Jahren nach seiner Thronbesteigung hatte er einen Aufstand in Ägypten niedergeworfen und mit Vorbereitungen für die endgültige Eroberung des griechischen Mutterlandes begonnen, in der Absicht, dieses zu einer Provinz seines Reiches zu machen. Die Perser stellten einige Mängel in der Planung des Dareioszuges fest und erkannten, daß halbe Maßnahmen wirkungslos blieben. Man mußte ausreichende Truppen sammeln, man mußte mühevolle Vorkehrungen treffen, darunter die Anlage eines Kanals durch das Athosvorgebirge auf der Chalkidike, damit die Flotte nicht die gefährliche Landzunge zu umfahren brauchte, und den Bau einer Brücke über den Hellespont, um das Landheer überzusetzen. Vor allem aber mußte eine enge Zusammenarbeit zwischen Heer und Flotte aufrecht erhalten bleiben. Obwohl die Perser viele Probleme, die eine Eroberung Griechenlands aufwarf, richtig einschätzten, gelang ihnen dies doch nicht bei allen. Der höchste moralische Vorteil, den die Griechen für sich verzeichneten, wird bei Herodot oft betont: Sie waren freie Bürger autonomer Staaten, die ihr Land gegen eine Horde Sklaven verteidigten. Natürlich gaben sie diesen Vorteil wegen ihrer gegenseitigen Verdächtigungen und ihrer zwischenstaatlichen Rivalitäten oft aus der Hand, aber auch Xerxes verfügte nicht über eine einheitliche Streitmacht. Sein Heer muß gewaltig gewesen sein, aber abgesehen von der mutigen, gut ausgebildeten persischen Leibwache der 10000 »Unsterblichen« war die Hauptmasse aus einer verwirrenden Mischung von Untertanen rekrutiert. Der Grad der Disziplin, den die griechischen Hopliten und vor allem die Spartaner erreichten, lag mit ihrer ungebrochenen Kette von Befehl und nie in Frage gestelltem Gehorsam weit außerhalb der Möglichkeiten des buntgemischten Heeres des Xerxes, und die Hoplitenphalanx selbst war jeglicher Formation, die die Perser gegen sie ins Feld führen konnten, bei weitem überlegen. Die Perser verwendeten oft Taktiken, die in Griechenland seit 200 Jahren mehr oder weniger überholt waren, und die einzige Waffengattung, in der sie die Überlegenheit besaßen, die Reiterei, konnte ihnen nichts nützen, wenn die Verteidiger – was sie auch taten – Engpässe wählten, um die Schlacht anzubieten. Der Flotte des Xerxes fehlte es bei aller zahlenmäßigen Stärke an innerem Zusammenhalt und an jenem seemännischen Geschick, das die athenische Marine auszeichnete. Sie war außerdem

ganz und gar mit nichtpersischen Seeleuten aus untertanen Provinzen bemannt, die unfähig waren, mit äußerstem Fanatismus für die persische Sache zu kämpfen.
Herodot legt unbeirrt seinen Finger auf den Hauptgrund für den schließlichen Erfolg der Griechen. Der persische Plan, Heer und Flotte zur gegenseitigen Unterstützung eng zusammenzuhalten, war in der Theorie ausgezeichnet. Aber die Perser hielten zu lange an ihm fest, nachdem er aufgehört hatte nützlich zu sein. Wegen ihres Widerstrebens, die beiden Waffengattungen voneinander zu trennen, führten sie nie einen entscheidenden Schlag. Die Griechen wählten ihrerseits die athenische Strategie, die aggressive Entfaltung von Seestreitkräften in schmalen Meerengen, und nicht die peloponnesische, die lediglich in der Verteidigung einer gut befestigten Stellung auf dem Isthmos von Korinth bestand. Daß diese letztere Politik ebenso verhängnisvoll gewesen wäre, wie sie eigensüchtig war, zeigt Herodot 7,139,2 f. mit einer Reihe überzeugender Argumente:

> »Hätten die Athener aus Furcht vor der drohenden Gefahr ihr Land verlassen oder hätten sie es nicht verlassen und wären sie geblieben und hätten sich dem Xerxes ergeben, kein Staat hätte dann versucht, dem König auf dem Meer Widerstand zu leisten. Wenn sich aber niemand Xerxes auf dem Meer entgegengestellt hätte, wäre auf dem Festland folgendes eingetreten: Wenn auch die Peloponnesier noch so viele Mauern über den Isthmos gezogen hätten, dann wären die Spartaner von ihren Verbündeten dennoch im Stich gelassen worden, nicht aus freiem Willen, sondern gezwungenermaßen, da die Flotte der Barbaren eine Stadt nach der anderen eingenommen hätte. Dann wären die Spartaner auf sich gestellt gewesen, und in dieser mißlichen Lage hätten sie ehrenvolle Taten vollbracht und einen ehrenvollen Tod gefunden.«

Herodot betrachtet den Krieg hier vom griechischen Standpunkt aus, aber seine Logik ist nicht weniger unfehlbar, wenn er dem Damaratos eine Rede in den Mund legt. Der spartanische Exkönig war im Gefolge des Xerxes (vgl. S. 185) nach Griechenland gekommen. Er beriet den König dahin, eine starke Flotte zur Insel Kythera zu entsenden; von dieser Basis aus werde er in der Lage sein, der Spartaner eigenes Land zu plündern, anstatt für unbestimmte Zeit am Isthmos aufgehalten zu werden (7,235). Ob Xerxes je ein solcher Rat erteilt wurde, wissen wir nicht; wenn aber, so hat er ihn nicht angenommen und ließ damit eine Gelegenheit verstreichen, die sich schwerlich wiederholen konnte.

Ausmaß und Charakter der persischen Vorbereitungen ließen die Griechen erkennen, daß eine gewaltige Invasion drohte und daß ihre Marschrichtung aller Wahrscheinlichkeit nach auf den Weg durch Thrakien, Makedonien und Thessalien festgelegt war. Etwa zu der Zeit, da Xerxes eine Parade seines Heeres in Sardeis abhielt, im Frühling 481, entsandten jene griechischen Staaten, die zum Widerstand gegen die Perser entschlossen waren, Delegierte zu einem Kongreß auf dem Isthmos von Korinth. Dieser Kongreß muß mehrfach getagt haben, um Anweisungen für die Weiterführung des Krieges zu geben. Vielleicht tagte er auch, einmal zusammengetreten, in mehr oder weniger ununterbrochener Sitzung, wobei er durch Boten mit den einzelnen Staaten Verbindung hielt. Athen und Sparta, die beiden mächtigsten antipersischen Staaten, ergriffen die Initiative, indem sie dem Kongreß Vorschläge unterbreiteten. Bei dem ersten Treffen, von dem berichtet wird, fällten die Delegierten drei Entscheidungen. Die erste war negativer Art, des Inhalts, daß alle Zwistigkeiten zwischen griechischen Städten, zum Beispiel der athenisch-äginetische Krieg, sogleich beendet werden sollten. Im Positiven entschied man sich dazu, Spione nach Sardeis zu entsenden, um möglichst viel über die persischen Streitkräfte und ihre Absichten herauszufinden, und ebenso Gesandte in vier bedeutende griechische Staaten, mit der Einladung, sie mögen sich dem Widerstand gegen Persien anschließen. Wiewohl die Feindseligkeiten zwischen Athen und Ägina aufhörten, blieben die verschiedenen Missionen alle ergebnislos. Die Spione wurden in Sardeis entdeckt und verächtlich nach Griechenland zurückgeschickt, mit dem Ziel, die Delegierten einzuschüchtern, wenn sie vom Umfang der persischen Vorbereitungen hörten. Auch war keine Unterstützung von einem der vier umworbenen griechischen Staaten zu erwarten, Argos, Kerkyra, Kreta und Syrakus.

Die griechischen Delegierten auf dem Isthmos erhielten nun eine Botschaft aus Thessalien mit der dringenden Bitte, eine starke Streitmacht zu entsenden, um den Tempepaß zwischen den Gipfeln des Ossa und des Olymp zu sichern. Die Thessaler erklärten sich damit einverstanden, mit einer solchen Streitmacht zusammenzuarbeiten, aber sie sagten, wenn sie ihnen nicht geschickt werde, wären sie nicht imstande, von sich aus den Paß zu halten, und müßten die Perser um Gnade bitten. Diesem Ansuchen wurde entsprochen. Rund 1000

Hopliten schifften sich ein und schlugen im Paß ihr Lager auf. Sie standen unter dem Befehl eines spartanischen Befehlshabers und des athenischen Staatsmanns Themistokles, der die Hauptrolle gespielt hatte, als es galt, seine Landsleute von der Notwendigkeit einer Stärkung der defensiven Seestreitmacht zu überzeugen. Die Griechen im Tempepaß wurden vom Makedonenkönig Alexander gewarnt, nicht an dieser Stelle zu bleiben, falls sie nicht von den persischen Streitkräften überwältigt werden wollten. Vielleicht wäre dies ihr Schicksal gewesen, aber es ist nicht klar, weshalb sie dachten, daß dieser Freund Persiens sich aus Zuneigung zu ihnen zu solchem Handeln veranlaßt sah. Nichtsdestoweniger beherzigten sie seine Warnung und zogen sich auf den Isthmos zurück, womit sie Thessalien unverteidigt ließen, worauf die Thessaler ihre Drohung wahrmachten und zu den Persern übergingen.

Nach der Entscheidung für die Preisgabe des nördlichen Teils Griechenlands entschlossen sich die Delegierten auf dem Isthmos, den Thermopylenpaß zu halten, einen schmalen, zwischen dem Gebirge und dem Malischen Golf eingezwängten Küstenstreifen in Lokris. Ein Heer, das aus dem Norden nach Griechenland eindringen wollte, würde wahrscheinlich, wenn auch nicht mit Sicherheit, diesen Weg wählen. Der Paß war enger als der im Tempetal und lag viel näher an ihrer Heimat. Die Streitkräfte, die die Thermopylen besetzt hielten, sollten mit einer Flotte zusammenarbeiten, die vor Kap Artemision im Norden Euböas lag. Während die Griechen diese Anordnungen trafen, befand sich Xerxes auf dem Marsch durch Thrakien und Makedonien nach Thessalien. Die Nachricht von seiner Ankunft in Pierien, dem Gebiet nördlich des Tempepasses, veranlaßte die sofortige Entsendung der griechischen Streitkräfte auf ihre Positionen. Xerxes rückte nach Süden vor, biwakierte in der Landschaft Malia westlich des Thermopylenpasses, das griechische Heer bezog im Paß selbst Stellung. Nach Herodot bestand letzteres aus 300 Spartiaten, 2800 Hopliten aus anderen Teilen der Peloponnes, 1100 aus zwei böotischen Städten (700 aus Thespiai und 400 aus Theben), einer nicht genannten Zahl Lokrer und 1000 Phokern. Der Oberkommandierende war der Spartanerkönig Leonidas, der auch für die Eingliederung des thebanischen Kontingents verantwortlich war; sie schlossen sich ihm an, doch die ganze Zeit hindurch erwogen sie den Abfall zu Xerxes. Den geringen Umfang des spartanischen Kontingents erklärt Herodot in folgender Weise: Die 300 Spartiaten bildeten des Königs persönliche Leibgarde, den Rest des spartanischen Heeres erwartete man, sobald die Karneen beendet waren. Ebenso stellten die übrigen verbündeten Truppen nur Teilstreitkräfte dar, die auf Vollstärke gebracht werden sollten, wenn das Olympische Fest gefeiert war. Man erwartete nicht, daß die Lage an den Thermopylen so schnell einer Krise zusteuern werde.

Als Xerxes gegen den Eingang zum Paß in der Hoffnung vorrückte, das griechische Heer durch eine Zurschaustellung seiner Kampfstärke verscheuchen zu können, forderte Leonidas Verstärkungen aus den verschiedenen verbündeten Staaten an. Inzwischen traf er seine Vorbereitungen, dem persischen Ansturm zu begegnen, indem er die Phoker abordnete, den Paß über das Gebirge zu bewachen, denn falls ihn die Perser in Besitz nahmen, konnten sie hinabsteigen und den Griechen in den Rücken fallen. Bevor die griechischen Städte noch Zeit hatten, frische Streitkräfte zur Unterstützung des Leonidas zu entsenden, stand dieser an drei aufeinanderfolgenden Tagen im Spätaugust 480 unter dem Angriff der Perser, aber vor allem dank der Kraft und Kampftüchtigkeit seiner Spartiaten war er imstande, sie zurückzuschlagen. Niemand sagt uns, wie lange Leonidas durchgehalten hätte, hätte nicht der Verräter Ephialtes die Perser auf jenem Pfad über das Gebirge geführt, auf dem die Phoker postiert waren. Diese wurden durch die feindlichen Bogenschützen in die Flucht getrieben, und die Perser stiegen vom Gebirge hinab, womit sie sich anschickten, die Griechen abzuschneiden. Als die griechischen Streitkräfte der drohenden Einkreisung gewahr wurden, machten sich alle davon, lediglich mit Ausnahme der Spartaner, der Thespier und der Thebaner. Die Männer aus Thespiai harrten dabei aus eigenem freiem Entschluß aus, die Thebaner aber unter dem Druck des Leonidas, der sie innerhalb seines Heeres als Geiseln festhielt. Herodot gibt zwei verschiedene Begründungen für den Abzug der Verbündeten: Nach der einen Version schickte sie Leonidas fort, so daß sie leicht entkommen konnten, während es für den König und seine Leibwache schimpflich gewesen wäre, die Stellung aufzugeben, zu deren Verteidigung sie gekommen waren. Aber Herodot selbst neigt dazu, einer anderen Version zu glauben, und zwar wegen eines delphischen Orakels, das Sparta am Anfang des Krieges erhalten hatte, daß Sparta entweder den Persern zufallen oder einen seiner Könige in der Schlacht verlieren werde. In der Folge wurden Leonidas und seine schwache Streitmacht überwältigt, obwohl sie bis zum Ende mit unerschütterlicher Tapferkeit fochten und dem Feind schwere Verluste beibrachten. Die Thebaner schlugen sich auf die persische Seite, aber ihr einziger Lohn war, daß man ihnen die Brandmarke aufdrückte. Herodot erwähnt drei Grabschriften, die später auf dem Schlachtfeld errichtet wurden: Die eine verzeichnet die Heldentat von 4000 Peloponnesiern im Widerstand gegen drei Millionen ihrer Feinde, eine besagt, daß die Spartaner hier liegen, den Befehlen ihrer Stadt gehorsam, und eine weitere ehrt den Seher Megistias.

So war die Heldentat des Leonidas und seiner Spartiaten bereits in der Zeit des Herodot in die Legende eingegangen. Aber wieviel ist Legende, wieviel Wahrheit? Die Tradition, der Herodot folgt, wird manchmal angegriffen, weil sie von einer Spartiatenpropaganda so sehr verführt worden sei, daß sie die Geschichte von der aussichtslosen Verteidigung durch die 300 Spartiaten ohne weiteres schluckte, während sich doch in Wirklichkeit 1000 Spartaner in den Thermopylen befanden. Diese Kritik stützt sich auf zwei Aussagen, zunächst auf die Worte des Epitaphs, der von 4000 Peloponnesiern spricht, obwohl doch die von Herodot genannten Zahlen nur eine Summe von 3100 ergeben, und ferner steht bei Diodor, daß es 1000 Spartaner gewesen seien, einschließlich der 300 Spartiaten. Aber diese Angaben bringen uns nicht notwendig zu einer schlüssigen Kenntnis der Größe des spartanischen Kontingents. Es ist durchaus möglich, daß Herodot bei der Aufzeichnung der vollständigen Zahlen aus allen peloponnesischen Staaten einen Fehler gemacht hat, so daß der ›Fehlbetrag‹ von 900 gar nicht aus Sparta selbst gekommen wäre.

Andere Fragen, die der Thermopylenabschnitt bei Herodot aufwirft, sind ernsthafterer Natur. Sie betreffen vor allem die Zusammensetzung des Leonidasheeres und die genauen Gründe für den Abzug der Verbündeten. Man kann gern den von Herodot erwähnten Meinungsverschiedenheiten Glauben schenken, sind sie doch von der Art, wie sie häufig unter Griechen auftraten. Doch welch klaren und zwingenden Plan Leonidas auch gehabt haben mag, er war vielleicht nicht in der Lage, ihn den peloponnesischen Verbündeten, geschweige denn den Männern aus Lokris aufzunötigen. Es gibt zwei seltsame Besonderheiten in der Zusammensetzung des Heeres, die völlige Abwesenheit der Athener und die Anwesenheit der 400 Thebaner. Das Fehlen eines athenischen Kontingents erwähnt Herodot nicht. Wir wissen, daß sich die Athener an der Streitmacht beteiligt hatten, die zuvor nach dem Tempetal entsandt worden war, so daß es unerklärlich bleibt, weshalb sie es versäumten, sich Leonidas anzuschließen. Ebensowenig können wir ohne weiteres an die Anwesenheit des thebanischen Kontingents glauben. Wenn die Loyalität der Thebaner so suspekt war, warum belastete sich dann Leonidas überhaupt mit ihnen? Ein noch schwierigeres Problem liegt in der Entscheidung des Leonidas, alle mit Ausnahme der Thespier und der Thebaner wegzuschicken und weiterzukämpfen, in der sicheren Gewißheit, daß es keine Möglichkeit des Entrinnens gab. Wir können das Orakel beiseite lassen, das da voraussagte, Sparta würde nur überleben, wenn es einen seiner Könige verliere. Das ist einfach eine spätere Erfindung, um einen Grund für die Entscheidung des Leonidas zu liefern, auszuharren, eine Entscheidung, die keine einleuchtende Rechtfertigung durch militärische Überlegungen hatte, so heldenhaft sie auch gewesen sein mag. Wir können nämlich kaum der Vermutung folgen, daß Leonidas aus derartigen Überlegungen heraus seine Verbündeten fortschickte und in ihrem Rücken standhielt, um ihren Abzug zu decken. Wenn der Rückzug des gesamten Heeres als einzige richtige Lösung erschien, wie es denn auch angesichts der unzulänglichen Hilfsmittel des Leonidas der Fall war, gab es doch für die Spartiaten keinen zwingenden Grund, nicht die Nachhut des zurückweichenden Heeres zu bilden. Ihre vollendete Verteidigungskunst, die die Kämpfe in den Thermopylen in so hohem Maße bestätigen, wäre wahrscheinlich ausreichend gewesen, die Perser abzuwehren. Die heute zur Verfügung stehenden Einzelheiten reichen nicht aus, zu erklären, weshalb Leonidas die Thebaner zurückbehielt, noch auch, weshalb er die Verbündeten entließ. Es bleibt die Wahrscheinlichkeit, daß sowohl Leonidas als auch die Griechen auf dem Isthmos einer schweren Fehleinschätzung erlegen sind, Leonidas darin, daß er sein Heer nicht in der vorteilhaftesten Weise zum Einsatz brachte, das griechische Oberkommando darin, daß es nicht schneller und zweckvoller handelte, den Paß zu halten, nachdem es sich einmal zu dem Entschluß durchgerungen hatte, an den Thermopylen zu kämpfen. Diese Fehler wurden durch die spartiatische Überlieferung oder, wenn man so will, durch spartiatische Propaganda in die Geschichte von einer kleinen Heldenschar umgewandelt, die ihr Leben für die Rettung Griechenlands gab.

Die Stärke der griechischen Flotte, die sich bei Artemision versammelte, wird mit 271 Kriegsschiffen mit drei Ruderbänken (Triëren) angegeben, wozu noch einige wenige Schiffe kamen, die von 50 Ruderern angetrieben wurden (Pentekonteren). Die Athener leisteten den bei weitem größten Beitrag unter allen Städten. Die spartanischen Seestreitkräfte waren noch nicht gut entwickelt, weshalb Sparta nur zehn Triëren entsandte. Trotzdem erhielt der spartanische Admiral

Eurybiadas das Oberkommando, entweder weil das Ansehen Spartas so überragend war oder weil sich, wie Herodot behauptet, die Verbündeten weigerten, unter einem Athener zu dienen. Themistokles befehligte die athenischen Schiffe; wiewohl er formell Eurybiadas unterstellt war, übte er dank der athenischen Stärke zur See und dank seiner eigenen kraftvollen Persönlichkeit auf den Verlauf der Seeoperationen einen starken Einfluß aus. Als die griechischen Schiffe bei Artemision ankamen, hatten die persischen bereits eine Stellung quer durch die Meerenge im Norden bezogen. Ein wichtiger Teil des persischen Schlachtplans war der Versuch, die griechische Flotte im Rücken zu fassen. Zu diesem Zweck sonderten sie 200 Schiffe mit dem Auftrag aus, die Ostküste Euböas zu umsegeln und dann den Euripos von Süden her hinaufzufahren. Aber für diese Schiffe endete die Durchfahrt mit einer Katastrophe. Es gelang ihnen noch, die Landzunge von Geraistos zu umfahren, aber dann wurden sie durch einen Sturm in die »Höhlen« (*koila*) getrieben und erlitten an deren zahlreichen Vorgebirgen Schiffbruch. Inzwischen dauerte der Kampf vor Artemision wie der bei den Thermopylen angeblich drei Tage. An den beiden ersten griffen griechische Schiffe die persische Flotte an und fügten ihr einige Verluste zu, der dritte Tag sah ein größeres Gefecht, bei dem die Griechen besser davonkamen, obwohl auf beiden Seiten viele Schiffe vernichtet wurden. Möglicherweise wäre das Heer des Leonidas imstande gewesen, den Paß zu halten, hätten die Griechen zur See einen entscheidenden Sieg erfochten. Unter den obwaltenden Umständen fuhren sie, als sie die Nachricht von den Thermopylen hörten, nach Süden, umrundeten Kap Sunion und liefen auf Salamis ein.

Als Xerxes den Thermopylenpaß bezwungen hatte, führte er sein Heer durch Phokis und Böotien nach Attika. Zu dieser Zeit war Attika von einem großen Teil seiner Bewohner evakuiert, die ihre Habe nach Salamis, Ägina oder Troizen mitgenommen hatten. Xerxes verheerte jetzt Attika und hielt die athenische Akropolis besetzt. Eine große Auseinandersetzung zur See stand bevor: Hatte nämlich erst einmal das persische Heer an Attika Rache geübt, so würde es vermutlich auf der Stelle Pläne für ein Eindringen in die Peloponnes entwerfen, und die Flotte fuhr bereits durch den Euripos zu seiner Unterstützung heran. Um der Bedrohung von der Landseite her entgegenzutreten, sammelte sich unter dem Befehl des Kleombrotos, des Bruders des Leonidas, ein starkes griechisches Heer auf dem Isthmos und begann den Bau einer Mauer. Falls nun die persische Flotte unbehindert ihren

Weg nach Kenchreai an der Ostseite des Isthmos nehmen konnte, konnte sie dem Heer des Xerxes machtvolle Hilfe leisten und es ihm ermöglichen, in die Peloponnes einzudringen. Aber die Anwesenheit einer starken Konzentration griechischer Schiffe bei Salamis bedeutete für jeden persischen Versuch einer Durchquerung des Saronischen Golfs eine ernsthafte Herausforderung, so daß man sich mit ihr beschäftigen mußte, bevor man die Entscheidung auf dem Isthmos suchte.

Die persische Flotte scheint etwa 14 Tage lang im großen Hafen von Phaleron gelegen zu haben, genau östlich des Piräus, zweifellos in der Hoffnung, die griechischen Schiffe würden entweder ausfahren und eine Schlacht in offener See wagen oder den Isthmos ansteuern. Die Griechen aber blieben, wo sie waren, so daß schließlich die Perser Ende September 480 einen Zug taten. Zwischen dem östlichen Vorgebirge von Salamis und der attischen Küste gibt es eine schmale Meerenge, und quer vor dieser Straße liegt eine kleine Insel, die im Altertum Psyttaleia hieß. In aller Stille und unter dem Schutz der Dunkelheit führten die Perser zwei kühne Operationen durch: Zunächst setzten sie Männer auf Psyttaleia an Land, um alle Schiffbrüchigen ihrer Besatzungen in der bevorstehenden Schlacht zu retten und den Griechen nach Kräften Schaden zu tun, dann schickten sie eine Anzahl ihrer Schiffe aus, eine Stellung in ungefähr west-östlicher Richtung entlang der Festlandsküste einzunehmen. So lagen sie nun direkt der Linie der griechischen Schiffe gegenüber, die noch immer am Strand des Vorgebirges von Salamis verharrten. Die Griechen bemerkten bis in die späte Nacht hinein das Eindringen der Perser in die Meerenge nicht. Im Morgengrauen lösten sie sich von der Küste, und die persischen Schiffe, die in die Meerenge eingefahren waren, griffen sie an, während der Rest der Perserflotte die südliche Einfahrt in die Meerenge blockierte. Ihren Westflügel nahm ein phönikisches Geschwader ein, das den Athenern gegenüberstand, den Ostflügel Ioner, die mit den Spartanern konfrontiert waren. Die Schlacht dauerte den ganzen Tag hindurch, aber ihr Verlauf läßt sich nicht mit Genauigkeit verfolgen. Herodot entfaltet eine rasche Folge brillanter Bilder, er schreibt jedoch keine zusammenhängende Darstellung. Die wesentlichen Punkte im Geschehnisablauf scheinen die folgenden gewesen zu sein: Die persische Flotte vermochte es nicht, die Griechen zu überwältigen, die, unterstützt durch das größere Gewicht ihrer Schiffe, in verzweifeltem Kampf den Feind in dem beengten Raum schlagen und ihm lähmende Verluste beibringen konnten. Xerxes war über die Phöniker schwer erzürnt, die er im besonderen für die Niederlage verantwortlich machte, während es natürlich auf der anderen Seite die Athener waren, die für den Ausgang verantwortlich zeichneten. Die Niederlage der Perser wurde zur Flucht, wobei sich jene Schiffe, die entkommen konnten, auf den Hafen von Phaleron zubewegten, wo die Landtruppen zu ihrer Unterstützung bereitstanden, doch unterwegs mußten sie durch ein äginetisches Geschwader Spießruten laufen, das ihnen schwer zusetzte. Schließlich landete eine athenische Truppe auf Psyttaleia und tötete alle Perser, die sie dort antraf.

In einer eintägigen Schlacht hatten die Griechen die Kampffähigkeit der Xerxesflotte zerstört und damit die Unterstützung des Heeres von der Seeseite her ausgeschaltet, die ein wesentlicher Teil der großen persischen Strategie gewesen war. Xerxes erkannte die Größe des griechischen Sieges sogleich, während die Griechen nur allmählich dazu fanden, sich seines ganzen Ausmaßes bewußt zu werden. Die Reste der persischen Flotte segelten nun heim, wobei sie von den Griechen nur bis Andros verfolgt wurden. Xerxes zog seine Truppen nach Thessalien zurück, wo sein Feldherr Mardonios die besten Teile aussonderte, um mit ihnen den Winter zu verbringen, während die übrigen den König zum Hellespont zurückbegleiteten. Themistokles stattete Sparta einen Besuch ab. Die Bürger verliehen ihm und Eurybiadas einen Olivenkranz in Anerkennung ihres Triumphes, sie schenkten außerdem Themistokles einen prächtigen Wagen und gaben ihm bis an die Grenze Lakoniens mit 300 Hippeis das Geleit. In welchem Licht sollen wir diesen Besuch sehen? Wären da nicht die ausdrückliche Feststellung des Herodot und der bekannte Charakter des Themistokles, wir könnten dazu neigen, ihn als Festigung des engen Bundes zwischen Athen und Sparta zu betrachten, der die griechische Sache bei Salamis so bemerkenswert gefördert hatte. Aber Herodot, der durchweg an seiner Abneigung gegen Themistokles festhält, schildert ihn als einen Mann, der nicht die Anerkennung erhalten hatte, von der er glaubte, man sei sie ihm schuldig, und deshalb nach Sparta ging, wo er mit ungewöhnlichen Ehrungen überhäuft wurde. Wenn dies die richtige Erklärung ist, dann haben die Spartaner aus politischen Spannungen in Athen einigen Nutzen gezogen.

Als die für Feldzüge geeignete Jahreszeit mit dem Frühling 479 begann, versammelte sich der Rest der Perserflotte bei Samos, doch diesmal in einer rein defensiven Rolle, denn sie hatte jetzt die Aufgabe, auf Anzeichen für einen beginnenden Aufstand der ionischen Untertanen zu achten. Die griechischen Schiffe vereinten sich bei Ägina unter dem Befehl des Leotychidas. Im Augenblick zeigte die griechische Flotte keine größere Neigung, in östliche Gewässer auszufahren, als die Perser, westwärts zu segeln. Nur mit Widerstreben ließen sich die Griechen dazu bewegen, ihre Schiffe als (völlig unzulängliche) Antwort auf das Hilfegesuch der Chier, ihnen eine Erhebung gegen die persische Herrschaft zu ermöglichen, auch nur bis Delos vorzuverlegen.

Der erste Schachzug des Mardonios war nicht militärischer, sondern diplomatischer Art. Er schickte den Makedonenkönig Alexander als Gesandten, der den Athenern einen Freundschaftsvertrag anbot, wenn sie nur den Feindseligkeiten gegen Xerxes ein Ende machen wollten. Spartanische Gesandte bedrängten ihrerseits die Athener, sich auf solch anrüchige Anträge nicht einzulassen. Die Athener bemerkten tadelnd zu ihnen, sie hätten nicht die Absicht, dies zu tun.

Als sein Versuch fehlgeschlagen war, das Bündnis der Griechen aufzuspalten, rückte Mardonios durch das befreundete Böotien nach Süden vor und besetzte mit seinem Heer im Hochsommer Attika. Herodot verrät, daß zwischen Athen und Sparta in der Frage der Weiterführung des Krieges einige Spannungen entstanden waren. Die Athener begnügten sich damit, so lange in ihrer Stadt zu bleiben, wie noch irgendeine Hoffnung zu bestehen schien, ein peloponnesisches Heer würde zu ihrer Unterstützung heranmarschieren und ihnen helfen, Attika gegen die Eindringlinge zu halten. Als sich diese Hoffnung nicht erfüllte, evakuierten sie Attika und suchten abermals auf Salamis Zuflucht. Die Spartaner behaupteten, sie könnten erst nach der Feier der Hyakinthien (vgl. S. 66) ausrücken, außerdem müßten sie noch die Fertigstellung der Mauer über den Isthmos abwarten. Da dies dieselben Leute waren, die den Athenern so nachdrücklich eingeschärft hatten, keinen Sonderfrieden mit Persien zu schließen, und da die Isthmosmauer in Wirklichkeit während des vorhergehenden Jahres gebaut worden war, klingen die Ausreden Spartas nicht ganz echt. Bei Herodot steht, daß die Ephoren ihre Antwort an die athenischen Gesandten Tag um Tag hinauszögerten, bis ihnen schließlich ein Mann aus Tegea die Augen für die Tatsache öffnete, daß der Krieg Sparta nicht weniger betraf als Athen. In dieser dramatischen Art und Weise lenkt Herodot vielleicht die Aufmerksamkeit auf eine ernsthafte Meinungsverschiedenheit in Sparta, bei der die eine Seite die Peloponnes als eine autarke Einheit betrachtete, die vom übrigen Griechenland – vor allem jetzt, da der Feind zur See schwach war – abgetrennt gehalten werden konnte, während die andere Seite einer gemeinsamen Aktion mit Athen das Wort redete, um Griechenland ein für allemal vor den Barbaren zu retten.

So ist vielleicht die Argumentation des Tegeaten als Symbol dafür gedacht, daß in Sparta die zuletzt genannte Meinung obsiegte. Es ist zuzugeben, daß die Spartaner schnell und entschlossen handelten, als sie sich erst dafür entschieden hatten, an der Seite Athens einzugreifen. Eine Streitmacht von 5000 Spartiaten – dies muß die Hauptmasse des Bürgerheers gewesen sein – wurde unter dem Befehl des Pausanias zum Isthmos entsandt, eines Neffen des Leonidas, für dessen Sohn Pleistarchos er die Regentschaft führte. Am nächsten Tag schickten die Spartaner 5000 Periöken zur Verstärkung. Als die Spartaner an den Isthmos kamen, vereinigten sie sich mit ihren peloponnesischen Verbündeten und zogen mit ihnen weiter nach Eleusis. Die Argiver setzten Mardonios vom Abmarsch des spartanischen Heeres in Kenntnis. Dieser zog daraufhin seine Truppen nach Tanagra in Böotien zurück und bewegte sich von hier in westlicher Richtung auf relativ ebenem Gelände zwischen dem Berge Kithairon und dem Fluß Asopos, an dem er schließlich in stark befestigter Stellung ein Lager aufschlug. Inzwischen hatten sich die Peloponnesier in Eleusis mit einem athenischen Kontingent vereinigt, das gesamte Heer zog nach Böotien hinüber und nahm seine Stellung an den Hängen des Kithairon im Angesicht der Perser ein. Da es die Griechen vorzogen, nicht in die Ebene hinabzusteigen, sah sich Mardonios gezwungen, sie dort, wo sie standen, mit der Reiterei anzugreifen. Die persischen Attacken konzentrierten sich auf die Männer von Megara, die für einige Zeit unter schweren Druck gerieten, aber als sie Verstärkung durch einige Athener erhielten, schlugen sie mit solcher Wirkung zurück, daß sie den Befehlshaber der Reiterei töteten. Die Perser versuchten, den Leichnam zurückzugewinnen, aber die Hauptmasse des griechischen Heeres kam heran und drängte sie ab.

Dieser begrenzte Erfolg bedeutete für die griechische Seite eine starke Ermutigung. Wenig später führte Pausanias sein Heer westlich von Plataä und ließ es teils auf ebenem Grund, teils auf sanften Hügeln zwischen dem Asopos und dem Kithairongebirge aufmarschieren. Wir können aus den Seiten des Herodot nicht alle Gründe für diese Bewegung herauslesen noch auch nur die genaue Position der griechischen Streitkräfte, sobald sie diese eingenommen hatten. Herodot erwähnt, das Gelände gegen Platää zu sei für ein Feldlager geeigneter gewesen, vor allem weil es eine bessere Wasserversorgung hatte, aber wir dürfen daran zweifeln, ob diese Überlegung allein Pausanias hätte veranlassen können, eine Stellung zu verlassen, die es ihm ermöglichte, seinen Vorteil gegenüber der feindlichen Reiterei zu wahren. Das griechische Heer muß in seiner zweiten Stellung südlich des Asoposflusses gelagert haben, wobei sich seine Linie von der Ebene genau nördlich von Platää bis zu dem Höhenrücken hin ausdehnte, der nordöstlich der Stadt verläuft. Den rechten Flügel nahmen die Spartaner ein, den linken die Athener. Als Mardonios erfuhr, daß das griechische Heer gegen Platää marschiert war und eine Stellung südlich des Asopos bezogen hatte, führte er seine Truppen ebenfalls nach Westen und ließ sie im Norden des Flusses aufmarschieren. Dann folgte eine Ruhepause von zehn Tagen, lediglich durch einige persische Reiterattacken unterbrochen und durch eine persische Operation, die die Nachschubtransporte unterbinden sollte, welche die Griechen durch einen Paß über den Kithairon erhielten.

Am folgenden Tag, so sagt Herodot, drängte der persische Befehlshaber Artabazos auf einen Rückzug hinter die starken Mauern Thebens und auf die Verteilung ungeheurer Reichtümer in einem Versuch, die griechischen Staaten zu bestechen, damit sie auf die persische Seite wechselten. Aber das Naturell des Mardonios neigte zu sofortiger Aktion, vor allem da die Griechen ständig Verstärkungen erhielten, während sein eigener Nachschub spärlich floß. Die Perser trugen also einen Reiterangriff an der ganzen Front vor. Dies bedeutete jedoch noch nicht die Schlacht, sondern geschah in der Form, daß Berittene knapp außerhalb der Reichweite der Speere gegen die griechische Linie vorpreschten und ihre Pfeile abschossen. Die Griechen litten schwer unter diesen Angriffen, so daß sich Pausanias entschloß, sie in der Nacht auf einen Höhenrücken näher am Kithairon zurückzuziehen, wo sie weniger verwundbar waren und außerdem in einer besseren Stellung, den Nachschubweg über den Paß zu schützen. Amompharetos, der Befehlshaber der pitanatischen Abteilung aus Sparta, weigerte sich abzurücken, indem er sagte, es sei für einen spartanischen Krieger ehrlos, sich im Angesicht der Barbaren zurückzuziehen. Erbittert über diese Halsstarrigkeit führte Pausanias die Spartaner zu ihrer neuen Stellung, wobei er darauf vertraute, Amompharetos würde nicht draußen stehen bleiben, wenn alle seine Landsleute abmarschiert waren. Und so geschah es denn auch. Ganz abgesehen von diesem unerwarteten Verstoß gegen die spartanische Disziplin wurde der griechische

Rückzug in äußerst ungeordneter Weise durchgeführt. Das griechische Zentrum, das heißt das ganze Heer mit Ausnahme der Spartaner, Tegeaten und Athener, nahm seinen Weg nach Platää anstatt zu dem von Pausanias anbefohlenen Höhenrücken. Als Mardonios am nächsten Tage von dem, was da vorging, Kenntnis erhielt, zog er daraus den Schluß, die Griechen seien in voller Flucht. Obwohl er sich in dieser Annahme irrte, war er doch im Recht, wenn er dachte, daß der günstigste Augenblick für einen persischen Angriff gekommen sei, da die spartanischen und athenischen Truppen voneinander und von den übrigen Griechen getrennt seien. Er schickte daher seine Reiterei über den Asopos, die über die Spartaner und Tegeaten herfiel, als sie zu ihrer neuen Stellung marschierten. Als die übrigen Teile des Mardoniosheeres sahen, wie die Perser zur Attacke ansetzten, rüsteten sie sich ebenfalls, die spartanische Streitmacht anzugreifen, wobei ihre Anstrengung von viel Getöse und wenig Disziplin begleitet war. Pausanias forderte die Athener auf, ihm zu Hilfe zu kommen, aber sie konnten dem nicht entsprechen, da sie bereits von Griechen hart bedrängt wurden, die im Heer des Mardonios kämpften.

Nach Herodot wurde die nun folgende »Schlacht bei Platää« ausschließlich von den Spartanern und Tegeaten und dann von den Athenern ausgefochten, während das, was vordem das griechische Zentrum gewesen war, überhaupt nicht eingriff. Was den Kampf in dem spartanisch-tegeatischen Abschnitt anbetrifft, so wandelt sich dieser in der Erzählung des Herodot unmerklich aus einem Reiterangriff auf eine marschierende Kolonne in eine geordnete Schlacht zwischen Einheiten des Fußvolks. Ferner scheint es, daß Mardonios gekommen war, um seine Truppen zu ermutigen. Wie haben wir diesen radikalen Wandel in der Schlachtbeschreibung zu erklären? Entweder hat Herodot eine Anzahl Einzelheiten ausgelassen, oder Spartaner und Tegeaten befanden sich die ganze Zeit hindurch auf dem Marsch zum höher gelegenen Gelände am Fuße des Kithairon, um den Ausweg auf ein für Reiter ungeeignetes Gelände zu erzwingen. Während des Kampfes unternahmen die Tegeaten und dann die Spartaner einen Gegenangriff. Die Perser errichteten, wie es ihre Gewohnheit war, rund um sich herum eine Schutzwehr aus geflochtenen Schilden, die die Griechen durchbrechen konnten. Durch ihre unvergleichliche Kampftüchtigkeit zusammen mit dem Umstand, daß den Persern die Brustpanzer fehlten, wandte sich der Ausgang der Schlacht allmählich zu ihren Gunsten. Ihr Erfolg war besiegelt, als Mardonios und seine Leibwache getötet waren.

Dieser Sieg, den Pausanias bei Platää errang, wird von Herodot 9,64,1 als »der glänzendste unter allen, die uns bekannt sind« bezeichnet. Dieses Kompliment ist zumindest aus drei Gründen berechtigt: Da ist erstens das Festhalten des Pausanias an einer Gesamtstrategie und seine Weigerung, sich zum Asopos hinunterziehen zu lassen, dann die Standfestigkeit der Phalanx und die Tapferkeit einzelner Krieger beim Angriff auf die persische Elite, und schließlich der Entscheidungscharakter der Schlacht, die das Ende der direkten militärischen Einmischung Persiens in die griechischen Angelegenheiten bedeutete; von nun an mußten die Perser ihre Ziele durch Diplomatie oder durch Bestechung erreichen. Die Truppen, die von Pausanias in die Flucht geschlagen wurden, flohen zu ihrem Lager oder zum Pfahlwerk, das sie auf thebanischem Gebiet gebaut hatten, während Artabazos starke Kräfte mit sich nach Phokis nahm, um dort Vorbereitungen zur Rückführung an den Hellespont zu treffen. Was das athenische Kontingent betrifft, so wurde es von den Griechen im Heer des Mardonios angegriffen, aber von diesen zeigten allein die Böotier starke Neigung zum Kampf; schließlich wurden sie unter schweren Verlusten zurückgedrängt.
Die Spartaner verfolgten die Reste des Perserheeres bis zum Pfahlwerk, konnten aber den Zugang nicht erzwingen. Als die Athener hinzukamen, erstiegen sie die Umwallung und bahnten eine Öffnung, durch die sie und ihre Verbündeten eindrangen, wonach sie alle, die sie drinnen antrafen, über die Klinge springen ließen und den Schatz erbeuteten, den die Perser zurückgelassen hatten. Nach der Teilung der Beute kümmerten sich die Verbündeten um die Bestattung der Gefallenen. Jede Stadt, so sagt Herodot, begrub ihre Toten in einem eigenen Grab, und von jenen Städten, welche Krieger hätten zur Schlacht entsenden müssen, dies aber nicht taten, wurden Kenotaphe errichtet. Bei Herodots Bericht über die Beisetzungen der Spartaner (9,85,1 f.) stoßen wir auf eine Schwierigkeit. Die Spartaner, so sagt er, errichteten drei Gräber, eines für die »Priester«, unter denen sich hochrangige Offiziere, einschließlich Amompharetos, befanden, eines für die anderen Spartiaten und eines für die Heiloten. Da das Wort für »Priester«, das unsere Handschriften bringen, keinen verständlichen Sinn ergibt, wurde oft die Emendation *eirenes* gewählt. Doch diese Änderung löst ein Problem damit, daß es ein anderes schafft, denn es ist kaum anzunehmen, daß ein hoher Offizier im Spartanerheer noch ein Eiren, d. h. ein Mann unter Dreißig gewesen wäre, der noch nicht volle bürgerliche Rechte besaß. Was wir brauchen, ist ein Wort in der

Bedeutung »Bürger von überragendem Ansehen«, um zu erklären, daß diese Männer von den anderen Spartiaten gesondert bestattet wurden. Vielleicht steckt hinter dem überlieferten Wort ein spezifisch lakonischer Ausdruck für solche Männer, der zu dem gebräuchlicheren verderbt worden ist.

Die Anwesenheit eines großen, siegreichen Heeres in Böotien bot den Verbündeten Gelegenheit, die Rechnung mit den Thebanern für ihren Verrat an der griechischen Sache und die tätige Unterstützung des Feindes zu begleichen. Durch eine Belagerung der Stadt und Plünderung des thebanischen Gebiets erzwang das Heer die Herausgabe der führenden propersischen Männer, von denen einer entkommen konnte. Die anderen wurden mit nach Korinth genommen, wo Pausanias sie töten ließ.

Herodot behauptet, daß die Perser genau am Tage der Schlacht von Platää bei Mykale eine Niederlage erlitten. Dieses Zusammentreffen ist verdächtig; vielleicht entstand es aus dem Verlangen des Herodot, zwei Fäden seiner Geschichte miteinander zu verknüpfen, die sich hier mit dem Heer unter Pausanias, dort mit der Flotte unter Leotychidas befaßt. Es sei daran erinnert, daß letzterer die Flotte im Frühjahr nach Delos geführt hatte (vgl. S. 200). Während seines Aufenthalts auf der Insel empfing der König einige Flüchtlinge aus Samos, die ohne Wissen ihres heimischen Tyrannen angereist waren. Sie drängten Leotychidas, unverzüglich einen Schlag gegen die persische Flotte zu führen; wenn die Aktion erfolgreich sei, so behaupteten sie, würde dies eine antipersische Erhebung unter den ionischen Staaten hervorrufen. Aus irgendwelchen Gründen hatte Leotychidas von den Samiern und ihren Argumenten einen wesentlich günstigeren Eindruck als zuvor von den Chiern. Kurze Zeit später führte er die Flotte nach Samos, wo er in der Nähe des Heratempels ankerte. Die Griechen konnten die Perser nicht zu einer Seeschlacht bewegen, denn diese erkannten, daß sie der griechischen Flotte nicht gewachsen waren, sie wichen nach Mykale zurück und zogen ihre Schiffe unter dem Schutz persischer Truppen an den Strand. Ein Wall aus Steinen und Baumstämmen wurde rund um die Schiffe errichtet, dann wartete der Feind ab, was Leotychidas tun werde. Auf des Königs Befehl rief ein Herold den im persischen Heer dienenden Ionern zu, sich zuallererst der Freiheit zu entsinnen, und nannte ihnen dann die Parole »Hera«. Die Perser merkten rasch das Herannahen der griechischen Schiffe und die Proklamation des Herolds, sie entwaffneten das samische Kontingent und schickten die Milesier fort, angeblich um die Pässe zu bewachen. Die Athener griffen die persische Barrikade vom Strand her an, während die Spartaner nach einem Umgehungsmarsch in den Rücken des Feindes von dieser Seite her stürmten. Die Schilde der Perser zerbrachen, sie wurden in die Befestigung zurückgedrängt. Auch diese erstürmten die Griechen und töteten dabei viele Perser. Flüchtlinge, die ihren Weg über die Pässe nahmen, wurden von den Milesiern angegriffen. Die wenigen Perser, die schließlich überlebten, gelangten nach Sardeis.

Die Griechen unter Leotychidas teilten die Beute, die sie beim Sturm auf das Lager gemacht hatten, dann steckten sie das Lager selbst und alle Schiffe der Feinde in Brand. Doch sie waren nicht in der Lage, es mit dem großen persischen Heer in der Umgebung aufzunehmen, noch weniger konnten sie hoffen, die kleinasiatische Meeresküste den persischen Händen zu entwinden. Trotzdem bedeutete die endgültige Vernichtung der Seestreitmacht des Xerxes, daß die griechischen Inseln in der Nähe des asiatischen Festlands Hellas wiedergegeben waren, und insofern ist auch Herodot im Recht, wenn er 9,104 feststellt, daß »es Ionien zum zweitenmal gelang, von den Persern abzufallen«. Diese Kernfrage des griechischen Siedlungsraums im Osten erweckte die Aufmerksamkeit der griechischen Befehlshaber, sobald die Flotte von Mykale nach Salamis zurückgekehrt war. Man machte den Vorschlag, alle Hellenen sollten aus Kleinasien evakuiert und im griechischen Mutterland neu angesiedelt werden. An diesem Punkt entstand zwischen Spartanern und Athenern ein Streit. Die Peloponnesier sagten, es ließe sich für alle Umgesiedelten Raum finden, wenn man die Bewohner jener Städte, die sich auf die Seite der Perser geschlagen hätten, vertreibe, aber die Athener erregten sich über die Aussicht, daß Peloponnesier (in Wirklichkeit Spartaner) die Kontrolle über die Angelegenheiten im Herzen Griechenlands gewinnen könnten, vor allem da Athen den Anspruch erhob, die Mutterstadt der ionischen Kolonien zu sein. Der Vorschlag einer Evakuierung und Neuansiedlung so riesigen Ausmaßes wurde auf den Widerstand der Athener hin fallengelassen. Statt dessen gewährten die Griechen den Männern von Samos, Chios, Lesbos und anderen Inseln, die auf ihrer Seite gefochten hatten, den Beitritt zu ihrem Bund.

Die griechische Flotte fuhr nun zum Hellespont, in der Absicht, die persischen Brücken zu zerstören, aber bei ihrer Ankunft fanden sie diese bereits abgebrochen. Leotychidas und die Peloponnesier sahen wenig Sinn in einem Kampf mit den Persern in dieser Gegend und kehrten daher nach Hause zurück. Die Athener aber entschieden sich dafür zu bleiben und belagerten die befestigte Stadt Sestos auf der Chersones unter dem Befehl des Xanthippos – er war der Vater des Perikles –, der den Platz während des Winters einnahm. Diese Athener setzten nicht mehr eine panhellenische Politik in die Tat um oder eine, die vom Spartanerkönig festgelegt war: Es war einzig und allein Athen, von dem sie ihre Instruktionen erwarteten.

So überlebte der zerbrechliche griechische Bund, der lediglich zum Widerstand gegen die Perser geschlossen worden war, deren Vertreibung nicht lange. Weit davon entfernt, von den Kriegsanstrengungen erschöpft zu sein, ging Athen aus dem Konflikt in einer Stimmung gesteigerten Selbstvertrauens hervor. Ohne Widerstreben – in der Tat ist der Seufzer der Erleichterung auf den Seiten des Thukydides fast zu hören – überließen die Spartaner den Athenern die Führung des Hellenenbundes. Sie selbst wurden in wachsendem Maße isolationistisch, wobei sie natürlich die Vorrangstellung in ihrem eigenen Bund behaupteten, und nahmen an den Geschehnissen außerhalb der Peloponnes vergleichsweise geringen Anteil. Was die Athener betrifft, so übernahmen sie mit Begeisterung die Führung, die die Spartaner ihren Händen hatten entgleiten lassen. Die atemberaubenden Fortschritte in Kunst und Dichtung, die nun in Athen erreicht wurden, seine geistige Entwicklung und das rasche Heranreifen seiner demokratischen Einrichtungen hatten in anderen griechischen Staaten nicht ihresgleichen. Die unbändige Energie, die diese Erfolge ermöglichte, trieb die Athener, anders als die Spartaner, dazu, sich auf eine Expansionspolitik einzulassen. Als sich der hellenische Bund auflöste, schuf sich Athen ein eigenes Bündnissystem. Da sich seine politische Macht weitgehend auf die Überlegenheit zur See gründete, schloß es vorwiegend mit den Seestädten der Ägäis und mit Städten an den Küsten Kleinasiens, der Propontis, der Chalkidike und Thrakiens Verträge. Abermals anders als Sparta trug Athen der Tatsache Rechnung, daß sich sein Bund auf eine Ungleichheit zwischen ihm selbst und den anderen Mitgliedern gründete. Von der Zeit der Gründung des Attischen Seebundes im Jahre 477 an wurde von vielen Mitgliedern Tribut erhoben. Für eine Anzahl von Jahren wurde der Bundesschatz im heiligen Bezirk von Delos verwahrt, um so den Eindruck zu erwecken, daß die Einkünfte aus den Tributen für die gemeinsamen Zwecke des Bundes bestimmt waren, aber auch dieser Vorwand wurde im Jahre 454 mit der Verlegung des Schatzes nach Athen fallengelassen. Von diesem Jahre an, wenn nicht schon früher, war der Attische Seebund in Wirklichkeit zu einem Reich geworden. Gegen Staaten, die sich vom Bund trennten, wie Naxos und Thasos, zeigten sich die Athener herrisch und rachsüchtig. Sie führten die Streitkräfte ihrer Verbündeten in weit ausgreifenden Expeditionen nach Eion in Thrakien und an den Eurymedon in Anatolien, zwei Gegenden, in denen Kimon gegen die Perser erfolgreich war. Die Insel Skyros wurde eingenommen und in eine athenische Kolonie verwandelt, Karystos, eine Kleinstadt im Süden Euböas, wurde zur Kapitulation gezwungen. Doch einige ehrgeizigere Unternehmungen endeten mit einem Fehlschlag. Die Athener konnten sich nicht den Zugang nach Thessalien erzwingen, und nach einem Kampf, der wenigstens sechs Jahre dauerte, mußten sie den Versuch aufgeben, Ägypten vom Perserreich loszureißen. Ohne sich von diesem Rückschlag abschrecken zu lassen, entsandten die Athener unter der Führung Kimons um 450 eine weitere Flotte in östliche Gewässer, die auf Zypern in Aktionen zu Land und zur See erfolgreich war. Wenn Diodor von Sizilien damit recht hat, den Kalliasfrieden den Jahren zuzuweisen, die unmittelbar auf die eben erwähnten Siege folgten, so taten die Athener nichts Geringeres, als daß sie mit dem Perserkönig Artaxerxes im Namen aller Griechen Bedingungen aushandelten. Durch diesen Vertrag, der zwischen Artaxerxes und dem athenischen Gesandten Kallias geschlossen wurde, grenzte man die griechische und die persische Einflußsphäre formell voneinander ab. Während die Perser die Kontrolle über Zypern und Ägypten behielten, verpflichteten sie sich, weder in die Ägäis einzufahren, noch näher als einen Dreitagesritt an die kleinasiatische Küste vorzurücken (Diod. 12,4,5). Schließlich sei noch zur Veranschaulichung der weitgespannten athenischen Interessen die Gründung der Kolonien von Amphipolis in Thrakien und von Thurioi in Unteritalien erwähnt.

Da die Athener ihren Abenteuern in so vielen Teilen des Mittelmeers nachgingen, mußten sie mit der einen oder anderen mit Sparta verbündeten Stadt in Konflikt geraten. Der Krieg, der schließlich zwischen Sparta und Athen ausbrach, war zu einem Teil durch athenische Provokationen verursacht, zu einem anderen durch den grämlichen Argwohn, den Sparta gegen seinen unternehmungslustigeren und glänzenderen Rivalen hegte, und zum Teil auch dadurch, daß Korinth, ein mächtiger Verbündeter Spartas, wie Athen eine große Handelsmetropole, die Pfade der Athener häufiger und gefährlicher kreuzte, als diese zu ertragen bereit waren. Um diese Gründe zu erklären, müssen wir auf das Jahr zurückgreifen, das der Vertreibung der Perser folgte.

Im Jahre 478 brachten die Athener die heimischen Götter zurück, die sie in der Zeit des Mardonioseinfalls in Sicherheit gebracht hatten, und machten sich an die Wiedererrichtung der Mauern und Gebäude ihrer Stadt, die die Perser zerstört hatten. Der unbeirrte Eifer, den sie bei dieser Aufgabe unter der Führung des Themistokles an den Tag legten, beunruhigte Sparta. Hinsichtlich des Neubaus der Mauern machten die Spartaner nun den Vorschlag, die Athener sollten sich darauf einlassen, daß man alle Befestigungen außerhalb der Peloponnes schleife, um einem künftigen Eindringling die Verwendung griechischer Stützpunkte unmöglich zu machen, und die Griechen sollten die Peloponnes als sichere Zuflucht und Operationsbasis betrachten. Die Athener, die die Haltung Spartas im vorhergehenden Jahr nicht vergessen hatten, waren kaum bereit, sich derartigen Argumenten zu beugen, deren Unaufrichtigkeit offen zutage lag. Der Bau wurde mit erneuerter Tatkraft vorangetrieben, man begann außerdem mit einer großen Marinebasis im Piräus. Diese Arbeiten rechtfertigten die athenischen Gesandten in Sparta mit der Begründung, sie wollten ihre Stadt in die Lage setzen, in den Beratungen des Bündnisses von einer Position der Stärke aus zu sprechen. Die Spartaner konnten nichts dagegen unternehmen und schluckten ihren Groll hinunter.

Trotz ihrer Meinungsverschiedenheiten arbeiteten Athen und Sparta in einer letzten Expedition unter dem Befehl des Pausanias zusammen. Die vereinigte Flotte fuhr zunächst nach Zypern, wo sie einen großen Teil der Insel der persischen Kontrolle entriß. Dann segelten die Schiffe nach dem Hellespont, belagerten die Festung Byzanz, die damals von den Persern gehalten wurde, und nahmen sie. Mit dem Besitz von Byzanz und Sestos wurden die Griechen Herren des Handelswegs in das Schwarze Meer.

Aus den Ereignissen um Byzanz ergab sich eine politische Konsequenz von großer Bedeutung, eine Konsequenz, die eine Gewichtsverlagerung von der Peloponnes auf Athen und die Seestaaten bedeutete. Kaum war Pausanias Herr der Stadt, so legte er seine umgängliche, schlichte Art ab, für die ihn Herodot rühmt, er wurde zum arroganten Einzelgänger und begann, persische Kleidung und persischen Lebensstil nachzuäffen. Die Verbündeten, vor allem die Griechen Kleinasiens, konnten sein Verhalten nicht mehr ertragen und forderten Athen auf, die Führung des Bundes zu übernehmen. Die Athener gingen darauf ein und bildeten ihren eigenen Bund nicht-peloponnesischer Staaten, während die Peloponnesier nach wie vor ihrem Bunde mit Sparta anhingen. Diese Enttäuschung über Sparta kann nicht allein aus dem Verhalten des Pausanias entstanden sein, denn wäre dies der Fall gewesen, so hätte man Sparta aufgefordert, einen neuen Kommandanten zu stellen, und nicht, die Führung überhaupt abzugeben. Mit dem Hinzutritt der Ioner hatte der Hellenenbund eine ausgesprochen proathenische Färbung erhalten, die Lage unterschied sich grundlegend von der des Perserkrieges, in dem die Mehrheit es ablehnte, Athen als Führer auch nur bei Operationen zur See hinzunehmen (vgl. S. 197).

Pausanias begnügte sich nicht damit, den Tyrannen zu spielen, denn bei seinem Aufenthalt in Byzanz korrespondierte er mit Xerxes und machte sich anheischig, ganz Griechenland unter persische Herrschaft zu bringen. Die Spartaner beriefen ihn daraufhin ab und klagten ihn wegen Verrats und wegen schlechten Verhaltens gegenüber einzelnen an. Der Gerichtshof sprach ihn von der Hauptanklage frei, doch fand er ihn in dem Nebenpunkt schuldig, wofür er ihn mit einer Geldstrafe belegte. In den nächsten zwei oder drei Jahren verhielt sich Pausanias eher wie ein Privatmann als wie der Vormund eines Spartanerkönigs und ein Regent. Nach seinem Prozeß in Sparta besorgte er sich ein Schiff und fuhr ohne Genehmigung der Ephoren nach Byzanz zurück. Als ihn dort die Athener verjagten, reiste er nach Kleinasien. Die Ephoren hörten Gerüchte, daß er wieder mit Persien verhandle, und befahlen ihm heimzukehren. Nachdem er in Sparta einige Zeit im Gefängnis verbracht hatte, gelang es ihm zu fliehen. Die ganze Zeit hindurch suchten die Ephoren nach einer eindeutigen Schuld, deren sie ihn überführen könnten. Sie gingen gegen einen Spartiaten immer nur langsam vor, bevor sie nicht einen unwiderleglichen Beweis hatten; angesichts der Zugehörigkeit des Pausanias zu einem der beiden Königshäuser handelten sie noch langsamer. Selbst als einige Heiloten Denunzianten spielten und einen Plan des Pausanias enthüllten, mit heilotischer Unterstützung Aufruhr zu schüren, konnten sie es nicht über sich bringen, gegen ihn einzuschreiten. Sie vermochten es auch nicht, als ein Bote ihnen tatsächlich einen Brief zeigte, den Pausanias an Xerxes geschrieben hatte. Erst als sie ein Schuldbekenntnis aus seinem eigenen Munde hörten, entschlossen sie sich zum Handeln. Trotzdem hatte er noch Zeit, in einem Gebäude, das mit dem Athenetempel verbunden war, Zuflucht zu suchen. Die Ephoren mauerten ihn ein und hungerten ihn fast bis zum Tode aus. Er starb unmittelbar nachdem man ihn herausgetragen hatte, sein Leichnam wurde in Befolgung eines Orakelspruchs am Eingang zum Tempel bestattet.

Das seltsame Ende des Pausanias ist ein beredtes Zeugnis für die demoralisierenden Wirkungen, die der Reichtum und der Luxus Persiens hervorrufen konnten, und zwar in einem noch wirksameren Maß im Fall eines Mannes, der nach den strengen Maßstäben des »lykurgischen« Systems erzogen war. Im übrigen erregte in einer merkwürdigen Parallele auch Themistokles den Haß und den Argwohn seiner Mitbürger. In der Zeit seines Ostrakismos hielt er sich in Argos auf und schürte dort die anti-spartanische Politik dieser Stadt. Als er aufgefordert wurde, nach Athen zurückzukehren, um sich wegen einer Verschwörung mit den Persern zu verantworten, floh er nach dem Osten und wurde persischer Satrap.

Die Schilderung des Thukydides von den letzten Jahren des Pausanias hat einen herodoteischen Klang. Bei aller Fülle der Einzelheiten sagt sie nicht präzise, wie lange sich Pausanias vor seiner Vertreibung in Byzanz aufhielt, und gibt auch keinen Hinweis darauf, auf welche Weise die Athener ihn vertrieben. Eine noch bedeutsamere Unzulänglichkeit liegt darin, daß Thukydides nicht erkannt hat, wie viele Handlungen des Pausanias einer Erklärung bedürfen. Es gab ein Gesetz des spartanischen Staates, daß Bürger nicht ins Ausland reisen durften, es sei denn in Staatsgeschäften und mit Genehmigung der Behörden (vgl. S. 155), aber die Verletzung dieses Gesetzes durch Pausanias und seinen langen Aufenthalt im Ausland betrachtet der Historiker nicht als Schwierigkeit. Doch wir brauchen nicht sehr tief unter die Oberfläche seiner Darstellung einzudringen, um gewahr zu werden, daß im Ephorenkollegium eine für Pausanias einigermaßen günstige Stimmung herrschte. Wie konnte das auch anders sein angesichts der unvergleichlichen Dienste, die er kurze Zeit zuvor geleistet hatte? Mangels anderer Information kann man das Zögern der Ephoren, das Gesetz anzuwenden, und ihr Widerstreben, Pausanias ein zweites Mal vor Gericht zu bringen, diesem Rest von Dankbarkeit zuschreiben.

Rund zehn Jahre nach dem Tod des Pausanias hören wir wieder von dem Geschehen in Sparta. Im Jahre 464 war als Ergebnis einer eng verknüpften Folge von Ereignissen das Gefüge des spartanischen Staates bedroht, und eine weitere Verschlechterung der spartanisch-athenischen Beziehungen trat ein. Ein schweres Erdbeben legte die

Stadt Sparta in Trümmer, worauf sich die Heiloten in einem Aufstand erhoben, wie es üblich war, wenn sich die Spartiaten in Schwierigkeiten befanden. Sie nahmen einige mißvergnügte Periöken aus zwei messenischen Städten mit sich, verschanzten sich auf dem Berge Ithome und trotzten den spartanischen Versuchen, sie von dort zu verdrängen. Thukydides 1,101 sagt, daß das Ärgernis mit Ithome von den Spartanern als ein Grund dafür geltend gemacht wurde, daß sie sich einer Hilfeleistung für die Thasier entzogen, die von den Athenern geschlagen worden waren und nun auf ihrer Insel belagert wurden. Wenn es nicht mehr gäbe als das, dann wäre die Antwort der Spartaner an das Volk von Thasos als reiner Vorwand dafür zu betrachten, nichts zu tun. Aber da die Spartaner bald darauf ein Hilfskontingent der Athener unter dem Befehl des Kimon ins Land riefen, müssen sie tatsächlich unter schwerem Druck gestanden sein. Einige Einzelheiten, die Diodor 11,63 f. hinzufügt, mögen nicht ganz genau sein, doch sie tragen einiges zur Erklärung des großen Unglücks bei, unter dem die Spartaner zu leiden hatten. Er sagt, viele Bürger seien durch das Erdbeben zu Tode gekommen, und allein die Geistesgegenwart des Eurypontidenkönigs Archidamos habe den Staat gerettet. Dieser führte in aller Eile die überlebenden Spartiaten aufs freie Feld, die eine Phalanx bildeten und eine Schar Heiloten zurücktrieben, die gegen die Stadt anstürmte. In ihrem Hauptziel um den Erfolg gebracht, hätten sich die Heiloten auf den Berg Ithome zurückgezogen und ihn als Basis für Guerillaüberfälle auf Domänen der Spartiaten verwendet.

Die Spartaner nahmen den Athenern ihre Anwesenheit übel und hegten Argwohn gegen ihre Motive. Sie hatten Angst, das athenische Heer, das nun tatsächlich in den Grenzen des spartanischen Staates stand, könne sich dazu verleiten lassen, auf die Seite der Rebellen überzugehen und mit ihnen gemeinsame Sache zu machen. So schickten sie die Streitmacht des Kimon fort, ohne eine Begründung dafür zu geben, wiewohl sie andere Verbündete zur Bewältigung ihrer Aufgabe zurückbehielten. Die Nachrichten von dieser Brüskierung wurden in Athen mit solchem Unwillen aufgenommen, daß man das Bündnis mit Sparta auf der Stelle kassierte. Die Athener verbündeten sich stattdessen mit Argos und gaben so das denkbar deutlichste Zeichen ihres Mißfallens kund. Mit diesem offenen, ernsten Bruch zwischen Athen und Sparta sind wir zum zweiten Wendepunkt in den Beziehungen zwischen diesen Staaten angekommen, und doch gibt es keinen Nachweis dafür, daß die Spartaner darüber beunruhigt gewesen wären, daß

sich der gute Wille auf athenischer Seite erschöpft hatte oder daß sie es auch nur gemerkt hätten.
Thukydides berichtet, daß die Empörer, die Ithome zu ihrer Basis gemacht hatten, dort neun Jahre lang aushielten, bevor sie sich den Spartanern ergaben, aber diese Zahl kann nicht richtig sein, denn sie würde ein unerträgliches Ineinanderschieben der Daten zwischen 464 und 455 bedeuten. Das Problem wird für gewöhnlich dadurch gelöst, daß man den Text des Thukydides emendiert, um die Kapitulation von Ithome in die Jahre um 459 fallen zu lassen; aber es gibt mehrere Faktoren, die hier zu berücksichtigen sind, die bloße Einsetzung eines anderen Zahlworts wird ihnen nicht gerecht (vgl. Bibliographie, S. 301). Wann immer der Widerstand der Heiloten auf Ithome endete, sie erhielten unter der Bedingung, die Peloponnes zu verlassen, freien Abzug; wenn einer auf peloponnesischem Boden wieder eingefangen würde, solle er als Sklave persönliches Eigentum dessen sein, der ihn fing. Diese Bedingung bedeutet nebenbei, daß das Heilotentum einen deutlich höheren Status darstellt als die Kaufsklaverei.
Die Athener betonten ihre feindselige Haltung gegenüber Sparta, indem sie die Aufständischen aufnahmen und in Naupaktos ansiedelten.

Die Stadt Megara, die zwischen Athen und Korinth eine strategisch wichtige Stellung besaß, verließ wegen eines Grenzstreits mit Korinth den Peloponnesischen Bund und schloß sich den Athenern an. So gewann Athen die Verfügung über eine Basis auf beiden Seiten des Isthmos, und es verstärkte seinen Griff, indem es zwischen Megara und Nisaia eine Mauer baute. Doch damit stauten die Athener eine Menge Haß in Korinth auf, der die Beziehungen zwischen den beiden Staaten für viele künftige Jahre vergiften sollte.
Kurz bevor es zum offenen Krieg zwischen Athen und Mitgliedern des Peloponnesischen Bundes kam, unter denen Korinth die Hauptrolle spielte, griff eine athenische Flotte Halieis am Golf von Argos an, wurde aber von Korinthern und Epidauriern abgedrängt. Da Halieis nahe dem argivischen Gebiet liegt, darf man annehmen, daß Athen diesen Angriff unternahm, um die Pläne seines neu gewonnenen Verbündeten Argos zu unterstützen. Gegen Ägina waren die Athener viel erfolgreicher, denn sie fingen eine äginetische Flotte ab und belagerten die Stadt. Die Korinther gewährten den Feinden Athens Unterstützung, indem sie Hopliten nach Ägina übersetzten, ihre Krieger fielen auch in megarisches Gebiet ein. Athen sah sich gezwun-

gen, an drei Fronten zu kämpfen, in der Megaris, in Ägypten und auf Ägina. Aber die Athener entfalteten, wie so oft, in der schwierigen Lage neue Kräfte. Sie weigerten sich, ihre Truppen aus Ägypten oder Ägina abzuziehen, sammelten vielmehr eine bunt zusammgewürfelte Reservetruppe, mit der sie in die Megaris einmarschierten und die Korinther zum Rückzug zwangen. Etwa zur selben Zeit verstärkten sie die Verbindungen zu ihren Häfen, indem sie die Langen Mauern bauten, eine nach dem Piräus und eine nach dem Phaleron.
Es wird nicht berichtet, daß Sparta an diesen Scharmützeln irgendeinen Anteil genommen hätte. Es war zweifellos noch dabei, sich von den Auswirkungen des Erdbebens und des Aufstands zu erholen. Abgesehen davon hätte es wenig damit gewonnen, sich in so planlose Kämpfe hineinziehen zu lassen, wie sie bis jetzt stattgefunden hatten. Aber im Jahre 457 bot sich den Spartanern – wir müssen annehmen, daß sie jetzt wieder etwas zu Kräften gekommen waren – eine Gelegenheit und eine Herausforderung, deren Annahme sie sich nicht entziehen durften. Die Phoker griffen die Doris an, jenes kleine Gebiet, das alle Griechen dorischen Stammes als ihr Mutterland ehrten. Die Spartaner brachten ein beträchtliches Heer auf und schickten es unter dem Befehl des Nikomedes, des Regenten für König Pleistoanax, nach Norden. Mit einer solchen Streitmacht fiel es Nikomedes nicht schwer, von den Phokern Genugtuung zu erhalten, aber die Frage des Heimmarschs in die Peloponnes verstrickte ihn in gewisse Schwierigkeiten. Wenn er sein Heer über den Golf von Korinth setzte, bestand Gefahr, daß ihm athenische Schiffe den Rückweg abschnitten, andererseits konnte Athen, da es jetzt mit Megara verbündet war, den Landweg über den Isthmos blockieren. Das peloponnesische Heer entschied sich, in Böotien zu warten. Es scheint so, als habe es damals in Athen eine antidemokratische Partei gegeben, die den Wunsch hegte, daß Nikomedes interveniere, eine Oligarchie errichte und das Bollwerk der Demokratie, die Mauern nach dem Phaleron und dem Piräus, zerstöre. Aber die Tage waren vorbei, da ein Kleomenes in der Lage gewesen war, in Athen einen direkten Schlag zu führen und es zu zwingen, eine neue Verfassung anzunehmen. Die Athener entsandten trotz ihres Engagements in Ägypten und auf Ägina ihre gesamte verfügbare Hoplitenstreitmacht nach Böotien, die zusammen mit argivischen und anderen Kontingenten 14 000 Mann zählte. Der Zusammenstoß zwischen ihnen und dem peloponnesischen Heer fand im Sommer 457 bei Tanagra statt. Beide Seiten erlitten schwere Verluste, aber es gab kein klares Ergebnis. Der Peloponnesi-

sche Bund nahm den Sieg für sich in Anspruch, aber dieser war keinesfalls entscheidend: Nikomedes bewegte sich nicht auf Athen zu, sondern erzwang auf dem Weg über den Isthmos seine Rückkehr in die Peloponnes.

Die Initiative blieb bei den Athenern. Im folgenden Jahr schickten sie ein weiteres Heer nach Böotien, das einen Sieg über die Bewohner des Landes errang, und errichteten eine kurzlebige athenische Suprematie über Mittelgriechenland. Ein weiterer Erfolg für Athen kam mit der Kapitulation von Ägina, das sich jetzt als tributpflichtiges Mitglied seinem Bund anschließen mußte. Die letzten Heldentaten dieser kurzen Periode athenischen Aufstiegs nahmen die Form von höchst provokativen Handlungen gegen peloponnesische Staaten an. Eine athenische Flotte fuhr rund um die Peloponnes, wobei sie auf lakonischem Gebiet landete und die spartanischen Schiffsdocks in Gytheion niederbrannte, dann nahmen die Athener Chalkis, eine korinthische Siedlung an der Nordküste des Golfes, worauf sie auf der Südseite landeten und eine sikyonische Streitmacht schlugen. Nicht einmal der völlige Fehlschlag ihrer kriegerischen Unternehmungen in Ägypten und Thessalien dämpfte ihren Tatendrang in der Peloponnes. Hier wird zum erstenmal als athenischer Befehlshaber Perikles verzeichnet, der das Kommando über etwa tausend Mann übernahm und von der Megaris gegen das Territorium von Sikyon ausfuhr und ein Heer schlug, das sich ihm entgegenstellte.

Die beiden großen Mächte erkannten die Gefahr, die dieser Lage innewohnte. Daher wurde im Jahre 452 oder 451 ein fünfjähriger Vertrag zwischen Athen und dem Peloponnesischen Bund geschlossen, und es war zur selben Zeit, vielleicht in demselben Verlangen nach einer Atempause, daß sich Sparta und Argos auf einen Vertrag mit dreißigjähriger Laufzeit einigten. Diese Entwicklung muß die politische Lage stabilisiert haben, aber Peloponnesier und Athener verharrten weiterhin in ihrer feindseligen Haltung, nur daß sie jetzt sorgfältig darauf bedacht waren, einen direkten Zusammenstoß zu vermeiden, solange der Vertrag in Kraft war. Ein Beispiel für die Art und Weise, wie die beiden Seiten dabei verharrten, die Interessen und das Ansehen des andern zu schmälern, bietet der Heilige Krieg, als die Spartaner nach Delphi marschierten, das Heiligtum der Kontrolle der Phoker entzogen und es den Delphiern zurückgaben: Nach ihrem Abzug erschien eine athenische Streitmacht und gab die heilige Stätte wieder in die Hände der Phoker.

In die Mitte des 5. Jahrhunderts gehört der Versuch des Perikles, den

Vertrag zu einem panhellenischen Frieden auszuweiten. Nach Plutarch, *Perikles* 17, machte er der athenischen Volksversammlung den Vorschlag, Gesandte in die griechischen Staaten mit der Einladung zu entsenden, Delegierte zu einem allgemeinen Kongreß nach Athen zu schicken, »aber der Vorschlag führte zu nichts, der Kongreß fand nie statt, wegen des Widerstands Spartas, wie es heißt«.

Kurz nach dem Auslaufen des Fünfjährigen Vertrags befanden sich die Athener abermals in einem offenen Konflikt mit den Peloponnesiern. Athen verlor seine Kontrolle über Mittelgriechenland, denn im Jahre 447 erhoben sich die Böotier in einem erfolgreichen Aufstand. Ein Jahr später kam die Erhebung Euböas. Perikles war kaum ausgezogen, die Insel wieder zu unterwerfen, als er hörte, daß die Westgrenze Attikas bedroht war. Megara war abgefallen und hatte peloponnesische Hilfe bei der Niedermetzelung einer athenischen Garnison angefordert. Perikles marschierte westwärts, doch gleichzeitig drang ein peloponnesisches Heer unter dem Befehl des Königs Pleistoanax, der nun seine Volljährigkeit erreicht hatte, in Attika bis Eleusis vor. Pleistoanax begnügte sich damit, das Land zu plündern, und kehrte um, ohne eine Schlacht angeboten zu haben. Bei seiner Rückkehr nach Sparta wurde er angeklagt, Bestechungsgelder genommen zu haben, und aus der Stadt verbannt; die nächsten 21 Jahre lebte er in Arkadien im Exil. Es ist mehr als ein vager Verdacht, daß Perikles Mittel aus dem Geheimfonds eingesetzt hatte, für den er eine Rechenschaftsablegung verweigerte, um hochrangige Spartaner zu bestechen; sein Ziel war dabei, den Krieg, den er jetzt als unvermeidlich ansah, bis zu einem Zeitpunkt hinauszuschieben, an dem Athen in vollem Maße vorbereitet sein würde.

Der Rückzug des Pleistoanax nahm den militärischen Druck von den Athenern, die sogleich ihr Heer nach Euböa zurückschickten. Sie begnügten sich nicht damit, die Insel wiederzuerobern, sondern legten ihr eine politische Regelung nach demokratischen Grundsätzen auf. Thukydides setzt unmittelbar nach der Neuordnung auf Euböa ein höchst wichtiges politisches Ereignis an, den Abschluß eines dreißigjährigen Vertrags zwischen Athen und Sparta im Jahre 445. Wir kennen die Gründe der beiden Seiten nicht, die zu diesem Übereinkommen führten. In einer Rede, die im frühen 4. Jahrhundert der attische Redner Andokides schrieb, der selbst 392 als Gesandter in Sparta war, erwähnt dieser, sein Großvater habe einer Zehnergesandtschaft angehört, die zur Aushandlung dieses Vertrags nach Sparta geschickt wurde (*Über den Frieden* 6). Das schwache Geschichtsverständnis des Andokides ist durchaus bekannt, aber er dürfte vielleicht doch mit dem Wirken seines eigenen Großvaters vertraut gewesen sein. Wenn er in diesem Fall Recht hat, ging die Initiative von Athen aus. Stellte die Entsendung der Gesandtschaft einen Sieg der perikleischen Politik des Zeitgewinns dar oder war sie der Erfolg der Periklesgegner, die aufrichtig einen langdauernden Frieden suchten? Eindeutig bezeugte Vertragspunkte sind die folgenden: Athen räumt Troizen, Nisaia und Pegai in der Megaris sowie Achaia in der nördlichen Peloponnes; beide Seiten verpflichten sich, mit anderen Staaten lediglich Defensivbündnisse zu schließen; eine Stadt, die nicht einem der beiden Bündnissysteme angehört, kann sich entweder den Athenern oder den Spartanern anschließen, wobei Argos als keiner der beiden Seiten zugehörig besonders erwähnt wird; die Parteien verpflichten sich, Streitigkeiten einem Schiedsgericht zu unterwerfen; schließlich wird Ägina ein autonomer Status innerhalb des Attischen Reiches garantiert. Es gab auch eine Bestimmung zur Handelsfreiheit, aber Thukydides formuliert diesen Punkt nicht genau, eine Unterlassung, die für uns ein Problem darstellt, da diese Klausel später von den Megarern als Grundlage für ihre Beschwerden gegen Athen herangezogen wurde. Im ganzen gesehen scheint Athen mehr Zugeständnisse gemacht zu haben als die andere Seite, aber umgekehrt wurden Bestand und Umfang des Attischen Reiches durch den Vertrag formell anerkannt. Praktisch wurde der Hauptteil der griechischen Welt, mit Ausnahme der Kolonien im Westen, zwischen den beiden kontrahierenden Parteien aufgeteilt.

Aus den nächsten zehn Jahren hören wir von keinem Konflikt zwischen Athen und dem Peloponnesischen Bund und auch nicht von einem begründeten Anlaß dazu. Aber im Jahre 435 verdüsterte sich die Szene rasch, die führenden Männer auf beiden Seiten, ob sie nun ihrem Naturell nach kriegerisch waren oder nicht, sahen sich nun in einer sich beschleunigenden Entwicklung zum Kriege gefangen, einer Tendenz, der entgegenzuwirken sie sich schließlich als ohnmächtig oder nicht gewillt erwiesen. Sparta hatte an sich keinen besonderen Grund, mit Athen zu streiten, es war vielmehr Korinth, das in weit voneinander entfernten Gebieten mit athenischen Interessen zusammenstieß. Diese Ereignisse entflammten den Haß der Korinther gegen Athen und führten Korinth dazu, auf Sparta wegen einer Kriegserklärung Druck auszuüben.

Beim ersten Zwischenfall artete ein lang andauernder Streit zwischen Korinth und seiner Kolonie Kerkyra in einen offenen Konflikt aus. Eine korinthische Flotte wurde im Sommer 435 von den Kerkyräern in einer Seeschlacht geschlagen. Daß eine so große Seemacht wie Korinth so gedemütigt wurde, war für die Bürger dieser Stadt ein bitterer Schlag, sie begannen, eine große Flotte zu bauen und Besatzungen zu rekrutieren, um sie zu bemannen. Die Einwohner Kerkyras gerieten über das Ausmaß der korinthischen Vorbereitungen in Bestürzung. Sie gehörten keinem der beiden Machtblöcke an, aber suchten jetzt Hilfe und Bundesbeistand bei Athen. Die Athener ließen keineswegs die Vorteile außer acht, die ihnen aus der Freundschaft mit einem Staat wie Kerkyra erwachsen konnten, und schlossen ein Defensivbündnis, wie es ihnen unter den Bedingungen des Dreißigjährigen Vertrags gestattet war. Im Spätsommer 433 fuhr die kerkyräische Flotte aus, um sich mit den Korinthern zu schlagen. Letztere errangen einen deutlichen Vorteil, aber die Anwesenheit von zehn athenischen Schiffen hinderte sie daran, diesen sogleich auszunützen. Die Athener vermieden es sorgfältig, die Korinther anzugreifen, doch es gelang ihnen, die Verfolgung der kerkyräischen Flotte unmöglich zu machen. Rechtzeitig kam ein weiteres kleines Geschwader aus Athen, um die Korinther von einem neuen Angriff abzuhalten, worauf diese heimkehrten, zum zweiten Male entmutigt und noch stärker gegen Athen erbittert.

Im selben Jahr, nur etwas später, ergriff Athen in einem anderen Teil seines Reiches die Initiative, wobei es in einen viel ernsteren Zusammenstoß mit Korinth verwickelt wurde. Die Athener hatten auf der Chalkidike und in Thrakien Interessen, die ihnen unverzichtbar erschienen, denn sie hatten einige Zeit zuvor eine Kolonie in Amphipolis angelegt, und die Stadt Poteidaia, wiewohl ursprünglich eine korinthische Kolonie, war ein tributpflichtiges Mitglied des Attischen Seebundes. Die Lage wurde dadurch noch verwickelter, daß der Makedonenkönig Perdikkas darauf hinarbeitete, zwischen Athen und Korinth Unruhe zu stiften. Die Athener übermittelten Poteidaia ein Ultimatum, in dem sie forderten, die Stadt habe ihre Beziehungen zu Korinth abzubrechen, ihre Mauern zu schleifen und Geiseln zu stellen, um die Erfüllung dieser Bedingungen zu garantieren. Der Winter 433/432 verging mit diplomatischen Verhandlungen. Die Poteidaiaten schickten Gesandte nach Athen, um eine Milderung der harten Bedingungen zu erlangen, die man ihnen auferlegt hatte. In Athen wurden sie abgewiesen, aber Sparta versicherte, es würde in Attika einfallen, falls die Athener gegen Poteidaia vorgingen. Diese Stadt fühlte sich daher in einer Position der Stärke und fiel im Frühjahr 432 vom Attischen Seebund ab. Eine athenische Flotte, die ursprünglich ausgesandt war, um den Krieg gegen Perdikkas weiterzuführen, kam im Frühsommer 432 vor Thrakien an, aber als sie erkannte, daß sich Poteidaia und andere Städte in offenem Aufruhr befanden, segelte sie weiter nach Makedonien, wobei sie gleichzeitig Verstärkungen aus Athen anforderte. Korinth blieb seinerseits angesichts der athenischen Drohungen nicht untätig, hob eine Streitmacht von Freiwilligen aus der Peloponnes aus und schickte sie nach Thrakien. Die Athener antworteten, indem sie eine starke Hoplitentruppe zusammen mit 40 Schiffen entsandten, die sich mit dem Kontingent vereinigte, das gegen Perdikkas eingesetzt worden war. Mit diesem schloß man in aller Eile einen Vertrag, und die verstärkte athenische Streitmacht marschierte nach Süden auf Poteidaia zu. Sie errang einen Sieg über das vereinigte poteidaiatisch-korinthische Heer, und es gelang ihr, die Stadt einzuschließen.

An diesem Punkt gewann Korinth die Gewißheit, daß es nicht mehr in der Lage war, die gesamten peloponnesischen Anstrengungen gegen Athen zu steuern, und drängte Sparta dazu, den Bund zu einer formellen Kriegserklärung zu verpflichten.

Elftes Kapitel

Der Krieg gegen Athen
(432–404 v. Chr.)

Auf Antrag der Korinther berief Sparta im Sommer 432 eine Versammlung seiner Verbündeten ein. Die antiathenische Sache wurde von Korinth vertreten, das Athen beschuldigte, durch sein Vorgehen in Poteidaia den Dreißigjährigen Vertrag gebrochen zu haben, und Sparta dazu aufrief, seine Lethargie abzustreifen und den Bund in den Krieg gegen Athen zu führen. Weitere Klagen gegen Athen brachten zwei andere Delegationen vor, die Ägineten, daß ihnen Athen entgegen den Vertragsbestimmungen die Autonomie versagt habe, und die Megarer, daß sie vom Handel mit allen Gebieten unter athenischer Kontrolle ausgeschlossen seien. Als diese Argumente vorgebracht waren, wurden alle Nichtspartaner gebeten, sich zurückzuziehen, und der Fall wurde in der Volksversammlung der Spartiaten erörtert. Die verfassungsrechtlichen Folgerungen, die aus dieser Debatte zu ziehen sind, haben wir bereits oben (S. 146) geprüft. Hier ist anzumerken, daß Thukydides dem König Archidamos Argumente für ein Hinausschieben der offenen Feindseligkeiten zuweist, und dem Ephoren Sthenelaidas eine Rede, die für die sofortige Kriegserklärung eintritt, wie sie die korinthische Delegation gefordert hatte. Obwohl Sthenelaidas mit seiner Rede den Sieg davontrug, ist es wichtig, die Unterschiede zwischen seiner Haltung und der des Archidamos näher zu betrachten.

Selbst als Sparta den Krieg erklärt hatte, führte es ihn nicht mit beachtenswertem Einsatz. Mehrere Male finden wir in der Darstellung des Thukydides Hinweise darauf, daß es in Sparta zwei Parteien gab, eine angriffslustige, die des Archidamos Hinhaltetaktik nicht dulden wollte, und eine andere, die nicht wirklich für die Realität der Lage empfänglich war und inmitten der allgemeinen Unruhe in der griechischen Welt jenes Sichbeiseitehalten zu wahren suchte, das vordem spartanische Politik gekennzeichnet hatte. Archidamos, der über die möglichen Konsequenzen der Entscheidung in der Versammlung gründlich nachgedacht hatte, machte seinen Mitbürgern zumindest die tatsächlichen Gegebenheiten klar. Er wies darauf hin, daß die militärische Stärke Spartas und seiner Verbündeten, wiewohl sie sehr groß war, an sich nichts dazu nützen würde, Athen auf die Knie zu zwingen, denn ein peloponnesisches Heer konnte zwar Jahr um Jahr in Attika einfallen, wenn das Getreide reifte, und die Athener um diese Jahresernte bringen, aber es konnte nicht Athen selbst angreifen und es nicht von seinen Einfuhren abschneiden. Der Grund dafür lag in der Kontrolle, die Athen über die Ägäis ausübte. Dies stellte für Sparta eine starke Bedrohung dar, denn es ermöglichte Athen, sich ununterbrochen zu versorgen und den Tribut von seinen Verbündeten einzuziehen. Anders als Sparta hatte sich Athen regelmäßiger Einkünfte für kriegerische Zwecke versichert, vor allem für die Besoldung der Schiffsmannschaften, und abermals anders als Sparta besaß es einen reichen Reservefonds, auf den es in Notfällen zurückgreifen konnte. Angesichts dieser unbestreitbaren Tatsachen war die Politik des Archidamos die einzig vernünftige: Die Spartaner sollten auf Athen diplomatischen Druck ausüben und inzwischen zusehen, wo sie Unterstützung gewinnen und wo sie Bündnisse mit griechischen und nichtgriechischen Völkern abschließen könnten.

Die spartanische Volksversammlung verwarf den Ratschlag des Archidamos und stimmte für den Krieg. An einer späteren Konferenz in Sparta während des Sommers 432 nahmen Delegierte aus allen verbündeten Staaten teil. Wieder bestanden die Korinther auf einer sofortigen Kriegserklärung, und wieder rissen sie die Mehrheit der Verbündeten mit sich fort. Doch welches waren die genauen Beweggründe, aus denen der Peloponnesische Bund Athen den Krieg erklären sollte? Früher hatten die Korinther zusammen mit anderen bestimmte Verletzungen des Dreißigjährigen Vertrags, vor allem das Eingreifen Athens in Poteidaia, als Kriegsgründe angeführt. Aber auf dem allgemeinen Bundeskongreß scheinen sie gemerkt zu haben, daß es für ihre unversöhnlich feindselige Haltung gegenüber Athen einer besseren Rechtfertigung bedurfte als solcher Dinge wie den Konflikt um Poteidaia, der für kein Mitglied des Bundes Folgen hatte außer für sie selbst. Sie brachten daher ein neues Thema auf, das man später der griechischen Welt als starkes Motiv für den Kriegseintritt Spartas verkündete. Diese Formel lautete »Sparta der Befreier«. Die Stadt, die sich einstmals durch die Beseitigung von Tyrannen einen Ruf gewonnen hatte, ging nun daran, gegen die Tyrannei zu kämpfen, die Athen über andere Staaten gebracht hatte. Es gibt keinen Beweis dafür, daß sich die Spartaner am Beginn des Jahres 432 als Befreier von Hellas betrachteten, sie wurden vielmehr erst von den Korinthern dazu aufgefordert, diese stolze Rolle zu übernehmen, doch später spielten sie sie mit wachsender Überzeugung. Thukydides 1,23,6 äußert es als seine Meinung, daß der »eigentlichste Grund« für den Krieg nicht der von beiden Seiten behauptete war, sondern die Furcht, die bei den Spartanern durch den Machtzuwachs Athens entstand. Dies ist deutlich ein wohl abgewogenes Urteil des Historikers, und als solches muß man es mit Respekt behandeln. Gleichzeitig erfährt es aus seiner eigenen Darstellung keine eindeutige Bestätigung, da nach ihr die Spartaner weder nach einer Gelegenheit zum Krieg mit Athen suchten noch diesen Krieg mit allem Ernst verfolgten. Es wäre jedoch irreführend, in diesem Zusammenhang einfach von »den Spartanern« zu sprechen, als wäre Sparta ein monolithischer Staat gewesen, der bedenkenlos eine Politik verfolgte, die ein für allemal festgelegt war. Es gab verschiedene Meinungsschattierungen in Sparta, genauso wie es sie in Athen gab. Obwohl wir nicht annähernd so viel Material über spartanische Politik und spartanische Politiker besitzen wie über ihre athenischen Gegenspieler, erkennen wir doch die tiefen Meinungsverschiedenheiten zwischen den führenden Männern Spartas, zum Beispiel über das Verhalten des Archidamos auf seinen Feldzügen oder über die Entsendung des Brasidas nach dem Norden.

Als der Peloponnesische Bund im August 432 auf Krieg entschieden hatte, meinte man, daß in diesem Jahr zu wenig von der für Feldzüge günstigen Zeit übrig sei, um irgendwelche offensiven Maßnahmen einleiten zu können. Der folgende Herbst und der Winter wurden mit einem diplomatischen Wechselspiel zwischen Athen und Sparta verbracht. Zuerst gruben die Spartaner längst vergangene Ereignisse aus, indem sie behaupteten, Athen habe rituelle Befleckung auf sich geladen, womit sie versuchten, als Wächter über die Reinheit griechischer Religion zu posieren und etwas Schande über Perikles zu bringen. Wollten die Spartaner ihr Ziel wirklich durch friedliche Mittel erreichen, wie es ihnen Archidamos vorgeschlagen hatte, und suchten sie deshalb das Prestige des Kriegstreibers Perikles zu untergraben oder taten sie es, weil sie sich ganz und gar auf den Krieg eingestellt fühlten, und griffen deshalb ihren entschlossensten Gegner an? Auf alle Fälle blieb ihnen ein Erfolg versagt, sie wurden ihrerseits von den Athenern beschuldigt, unter einem Fluch zu leben.

Als Sparta wieder auf den Boden der Realität zurückgefunden hatte, schickte es erneut Gesandte, um ein Eingehen auf die Forderungen zu erzwingen, die seine eigenen Verbündeten gestellt hatten: Athens Rückzug von Poteidaia, die Gewährung der Freiheit für Ägina und die Aufhebung des Volksbeschlusses gegen Megara. Als die Spartaner auf diese Forderungen keinen Bescheid erhielten, stellten sie ein Ultimatum, in dem sie sich zum erstenmal von den Korinthern das Schlagwort »Befreier von Hellas« entlehnten: »Die Spartaner wollen den Frieden«, so sagten sie, »und Frieden wird sein, wenn ihr den Griechen ihre Autonomie zusichert« (Thuk. 1,139,3). Nun schlug Perikles in der athenischen Volksversammlung die Antwort vor, mit der man diesem Ultimatum zu begegnen habe. Er hatte bereits erkennen lassen, daß er in keinem einzigen Punkt nachgeben wollte, weshalb man die Antworten, die die Athener auf seinen Vorschlag hin gaben, nicht ernst nehmen darf: Den Megarern wird Zugang zu den Häfen des Attischen Reiches gewährt, wenn die Spartaner gegen Athen und seine Verbündeten nicht länger auf ihrer langgewohnten Politik der Fremdenvertreibung (vgl. S. 143) beharren; den athenischen Verbündeten wird ihre Autonomie gegeben, wenn Spartas Verbündete im Einklang mit ihren eigenen Interessen, nicht mit denen Spartas, handeln dürfen (ein bemerkenswertes Beispiel undurchsichtiger Formulierungskunst, als ob Sparta und nicht Korinth oder Megara dem Peloponnesischen Bund die Gründe vorgetragen hätte, den Krieg aufzunehmen); die Athener sind gewillt, sich einem Schiedsgericht zu unterwerfen; sie würden den Krieg nicht beginnen, doch sie würden Angriffshandlungen, die man gegen sie begehe, Widerstand entgegensetzen. Dieser letzte Punkt steht mit einem oft wiederholten Ratschlag in Einklang, den Perikles seinen Landsleuten gab, denn in der klaren Erkenntnis, daß Athen kein Heer aufstellen konnte, das peloponnesischen Hopliten gewachsen wäre, redete er einer streng defensiven Kriegführung zu Lande unter gleichzeitiger Verstärkung der Seerüstung das Wort. Außerdem warnte er die Athener davor, in der Zeit des Krieges ihren Machtbereich auszudehnen. Diese Grundsätze waren durchaus vernünftig, sie leisteten den Athenern gute Dienste, solange sie sich an sie hielten.

Der Konflikt zwischen Athen und Sparta, der für gewöhnlich als der Peloponnesische Krieg bekannt ist, dauerte von 431 bis 404. Er zerfällt in zwei deutlich voneinander geschiedene Teile, den Archidamischen Krieg (431–421) und den Dekeleischen Krieg (413–404).

Als 431 die Jahreszeit für militärische Operationen begann, stand die griechische Welt am Rande eines Krieges, ohne zu wissen, welche Form dieser Krieg annehmen würde. Der Peloponnesische Bund umfaßte alle Staaten der Peloponnes mit Ausnahme von Argos und Achaia, das Volk der Megaris, die Bevölkerung von Böotien, Lokris und Phokis in Mittelgriechenland, sowie Ambrakia, Leukas und Anaktorion im Nordwesten. Gegen diese Staaten standen die athenischen Verbündeten, in Mittelgriechenland lediglich Platää und Naupaktos, im Nordwesten die Inseln Kerkyra und Zakynthos sowie große Teile des Gebiets von Akarnanien, ferner die ägäischen Inseln mit Ausnahme der dorischen Siedlungen auf Melos und Thera, und die Küstengebiete Kleinasiens, Thrakiens und des Hellespont.

Der Ausbruch der Feindseligkeiten im Frühling dieses Jahres war nicht dem gezielten Vorgehen einer der beiden großen Mächte zuzuschreiben, er ergab sich vielmehr aus einer nebensächlichen Episode, die in normalen Zeiten keine weitreichenden Folgen gehabt hätte. Etwas mehr als 300 Thebaner machten sich eines Nachts auf den Weg nach Platää, in der irrigen Annahme, daß die Mehrheit der Bewohner den Wunsch hege, die Stadt solle von Theben abhängig werden. Als man ihre Anwesenheit in Platää bemerkte, wurden sie zu Tode gehetzt, wo immer man sie fand. Die Thebaner gehörten dem Peloponnesischen Bund an, die Platäer dem Attischen, und als die letzteren in Athen wegen des Vorgehens der Thebaner Klage erhoben, war es klar, daß der Dreißigjährige Vertrag gebrochen war: Beide Seiten trafen eiligst Kriegsvorbereitungen. Hilfsgesuche wurden in Gegenden ausgesandt, von denen man erwartete, sie würden in späteren Stadien des Krieges große Bedeutung gewinnen, namentlich nach Persien und zu den griechischen Kolonien in Italien und auf Sizilien. Was die militärischen Operationen betrifft, so sammelte König Archidamos ein peloponnesisches Heer auf dem Isthmos von Korinth und führte es in einer gemächlichen Art und auf umständlichen Wegen nach Attika hinein. Erst Ende Mai, als das Getreide reifte, setzte er ernsthaft den Einfall in Gang. Sein Zögern rief in Sparta bittere Kritik hervor, aber in Wirklichkeit war seine Strategie durchaus vernünftig. Er hoffte, die Athener würden, wenn sie sähen, wie der Feind ihr Gebiet besetzte und sie der Ernte beraubte, den Schutz ihrer Mauern verlassen und eine Schlacht anbieten. Das war genau das, wozu sich viele von ihnen gerüstet hätten, hätte sie Perikles nicht zurückgehalten. Wenn auch Archidamos im Recht war, wenn er im ersten Jahr des Krieges eine Feldschlacht gegen die Athener suchte, so ist es doch ein Anzeichen für die ganze Unzulänglichkeit spartanischer Politik, daß während des Archidamischen Krieges noch vier weitere Einfälle in attisches Gebiet durchgeführt wurden. Wenn die Peloponnesier einen totalen Abnützungskrieg geführt hätten, wäre ihre Handlungsweise leichter verständlich, denn konnte auch Athen seine Versorgungsgüter von außen beziehen, so hätte doch die ständige Verheerung seines Ackerlandes die Moral schließlich zum Erliegen gebracht. Aber diese primitive Strategie, die nicht durch einfallsreichere Maßnahmen unterstützt wurde, enthielt einen schweren Fehler: Solange sich das peloponnesische Heer auf attischem Boden befand, gab es nichts, was die Athener daran hindern konnte, ihrerseits Kriegszüge zur See zu unternehmen.

Im Jahre 430 verloren die hinter ihren Mauern zusammengedrängten Athener einen beträchtlichen Teil ihrer Bevölkerung durch eine verheerende Pest, die indessen die Peloponnes nicht befiel. Dieser ernste Rückschlag veranlaßte sie, Delegierte mit einem Friedensangebot nach Sparta zu entsenden, und obendrein ließ der Tod des Perikles im folgenden Jahr die mächtigste aller antispartanischen Stimmen in Athen verstummen. Aber die Spartaner zeigten keinerlei positive Reaktion auf die athenischen Vorschläge, die daraufhin folgerichtig fallengelassen wurden. Trotz ihrer Bedrängnisse und der Abweisung, die sie in Sparta erfahren hatten, führten die Athener den Krieg mit ungeheurem Aufwand weiter, wobei in den nächsten fünf Jahren der Erfolg auf ihrer Seite war. Sie griffen mehrmals die Megaris an, vertrieben die Ägineten von ihrer Insel und besiedelten diese mit ihren eigenen Bürgern, sie sandten eine starke Flotte zur Plünderung aus, die im Osten der Peloponnes beträchtlichen Schaden anrichtete, sie brachten die Spartaner in große Verlegenheit, indem sie ihre Gesandten auf dem Weg nach Persien und persische Bevollmächtigte auf dem Wege nach Sparta in Gewahrsam nahmen, und führten schließlich eine glänzende Seeoperation im Golf von Korinth gegen eine zahlenmäßig überlegene peloponnesische Flotte durch.

Im Gegensatz dazu waren Sparta und seine Verbündeten in ihren Bewegungen langsam, und wenn sie sich regten, handelten sie so unentschlossen oder so ängstlich, daß ihnen viele Gelegenheiten entglitten, die sich ihnen boten. So waren zum Beispiel ihre militärischen und seemännischen Unternehmungen in Nordwestgriechenland in der Planung und ebenso in der Durchführung unzulänglich. Der spartanische Befehlshaber Knemos fuhr nach Akarnanien, aber er nahm einige nichtgriechische Kontingente in sein Heer auf, und als es zur Schlacht kam, brachte ihm deren Mangel an Disziplin schwere Verluste ein, so daß er sich zum Rückzug gezwungen sah. Als Teil einer Unternehmung, die als konzertierte Aktion gedacht war, wurde eine Flotte von etwa 100 Triëren nach Zakynthos entsandt, aber selbst in dieser Stärke war sie nicht imstande, die Insel von Athen loszureißen. Zu dieser Zeit und lange nachher war Brasidas der einzige spartanische Befehlshaber mit der Fähigkeit und dem Wagemut, jene Art von Operationen durchzuführen, die die Athener beständig planten, aber er war noch nicht mit dem Oberkommando betraut, so daß seine Pläne an dem Kleinmut anderer scheiterten. Ein Beispiel dafür bietet die kleine peloponnesische Operation im Jahre 429. Die Megarer drängten darauf, daß von ihrem Gebiet aus ein Überraschungsangriff auf den Piräus geführt werde. Die Athener, die auf ihre Überlegenheit zur See vertrauten, hatten damals nur eine schwache Besatzung in ihren Haupthafen gelegt, sie hätten eine Anzahl Schiffe und viel von ihrem Ansehen verloren, wenn solch ein Angriff erfolgreich durchgeführt worden wäre. Das war genau jene Art Feldzug, um Brasidas heranzuziehen; im Einklang mit dem Plan fuhren er selbst, Knemos und andere Befehlshaber mit 40 Schiffen von Nisaia aus. Doch im Oberkommando entstand Angst vor den Risiken der Lage, in die man geraten könnte, und so entschied man sich, statt dessen nach Salamis zu fahren. Die peloponnesischen Streitkräfte landeten hier und richteten bei den athenischen Einrichtungen viel Schaden an. Die Stadt Athen geriet durch die Alarmsignale in Panik, da die Bürger dachten, die feindlichen Schiffe seien tatsächlich in den Piräus eingedrungen; als sie die Wahrheit erfuhren, brachten sie die eigenen Triëren in einiger Unordnung zum Auslaufen, aber sie kamen zu spät, um die feindliche Flotte vor ihrer Rückkehr in die Megaris abzufangen.

Unter allen Chancen, die sich die Peloponnesier entgehen ließen, ist ihr Mißerfolg in den Jahren 428 und 427 am wenigsten verständlich, als es galt, den Abfall der Insel Lesbos vom Attischen Reich zu nutzen. Der Krieg zwischen den beiden Großmächten rief politischen Streit und sogar offenen Bürgerkrieg auf Lesbos hervor, ebenso wie in einer Anzahl anderer griechischen Staaten, denn die demokratischen Parteien sahen zu ihrer Unterstützung auf Athen, die oligarchischen auf Sparta. Auf Lesbos waren die Oligarchen der führenden Stadt Mytilene entschlossen, eine Vereinigung mit den anderen Siedlungen auf der Insel ins Leben zu rufen, und sie waren auch die Anstifter der Empörung gegen Athen. Nur Methymna, das eine demokratische Verfassung hatte, blieb loyal. Mytilene wünschte, vor dem Ausbruch des Krieges dem Peloponnesischen Bund beizutreten, aber die Spartaner wollten den Anschluß nicht gewähren.

Die Mytilenäer bauten sich eine feste Stellung aus, aber sie erkannten, daß sie einer starken athenischen Flotte nicht auf längere Zeit standhalten konnten. Daher schickten sie eine Abordnung nach Olympia, wo die Delegierten des Peloponnesischen Bundes im August 428 den Spielen beiwohnten. Lesbos wurde, mit Ausnahme Methymnas, in den Bund aufgenommen und traf seine Vorbereitungen, athenischen Angriffen Widerstand zu leisten. Athen sah sich noch nicht in der Lage, eine hinlängliche Streitmacht gegen Mytilene aufzubringen, aber es begann noch während des Sommers eine Belagerung der Stadt. Im Februar 427 kam ein spartanischer Gesandter namens Salaithos zu Schiff nach Lesbos, schlüpfte trotz der Blockade in die Stadt Mytilene und ermutigte die Aufständischen, indem er ihnen versprach, die Peloponnesier würden im kommenden Sommer eine Doppelaktion unternehmen. Sie machten den Vorschlag, Attika noch entschlossener als gewöhnlich zu verheeren und gleichzeitig eine Flotte nach Lesbos zu entsenden. Der Einfall nach Attika wurde durchgeführt, und zwar unter Führung des spartanischen Regenten Kleomenes; sie tat den Athenern großen Schaden, konnte sie damit aber nicht dazu zwingen, ihren Griff auf Mytilene zu lockern. Dieser hätte aber durch die 40 Schiffe gebrochen werden können, die unter dem Befehl des spartanischen Admirals Alkidas die Peloponnes verließen. Aber diese Flotte brauchte so lange, die Gewässer der Peloponnes zu überwinden, und machte auf ihrem Kurs nach Osten so wenig Fahrt, daß die Mytilenäer nicht mehr durchhielten und Friedensbedingungen von den Athenern erbitten mußten. Die Flotte des Alkidas kam eine Woche nach der Kapitulation von Mytilene in der östlichen Ägäis an und ankerte dann genau in der Straße von Chios vor dem asiatischen Festland. Hier drängte man Alkidas, wenigstens einen Versuch zu unternehmen, Mytilene wiederzugewinnen, in der Hoffnung, daß es noch nicht unwiderruflich unter athenischer Kontrolle stand. Der Admiral lehnte ab, er schloß sich auch nicht einem anderen ihm unterbreiteten Vorschlag an, er möge von einer ionischen Stadt Besitz ergreifen, sie zu seiner Basis machen und versuchen, Athen wichtiger Einkünfte zu berauben, die es von den asiatischen Tributpflichtigen erhielt. Alkidas gab Befehl, einige griechische Gefangene, die aufgegriffen worden waren, zu töten, und fuhr nach Ephesos. Als er hier eingelaufen war, erhielt er Besuch von samischen Verbannten, die darüber klagten, wenn die spartanische Politik einer »Befreiung von Hellas« die Hinrichtung von Griechen bedeute, die nur gezwungenermaßen Untertanen Athens waren, dann werde diese Politik höchstwahrscheinlich mehr Feindseligkeit als guten Willen in der griechischen Welt erwekken. Diese Warnung brachte Alkidas dazu, andere Gefangene freizulassen, aber er lehnte jetzt jegliche Verwicklung in die Angelegenheiten Kleinasiens ab und ließ die Segel zur Heimfahrt setzen.

Das ungewöhnlich düstere Bild, das die Darstellung des Thukydides von Alkidas zeichnet, ist vielleicht ein wenig im Lichte einer Inschrift zu modifizieren, die südlich von Sparta gefunden wurde. Der Text gibt eine Liste von Beitragszahlungen »zum Kriege« verschiedener Herkunft, von privater und staatlicher Seite. Unter den Staaten sind Ephesos und Melos namentlich aufgeführt. Diese Inschrift gehört vermutlich in das Jahr 427, und wenn das der Fall ist, gibt sie Einblick in die spartanischen Methoden, Geld zur Weiterführung des Krieges zu erlangen – sie hatten ja keine finanziellen Reserven und pflegten nicht Tribut von ihren Verbündeten einzufordern –, und bietet eine kleine Rechtfertigung für das hinhaltende Vorgehen des Alkidas. Seine verspätete Ankunft war vielleicht durch einen Aufenthalt auf Melos verursacht, und sein Ausweichen nach Ephesos läßt sich wohl durch die Geldmittel erklären, die aus dieser Gegend zugesagt worden waren.

Wenn Alkidas die Ämter eines Steuereinnehmers und eines Admirals in sich vereinigte, so ist zu hoffen, daß er in ersterem erfolgreicher war als in dem zweiten. Sein Geschwader brachte er in mitgenommener Verfassung in die Heimat zurück, und als er bei Kyllene in Elis vor Anker ging, schlossen sich ihm 13 Schiffe der Verbündeten an. Sparta erwog den Plan, eine Flotte nach Kerkyra zu senden, wo ein Bürgerkrieg ausgebrochen war. Die Spartaner hofften, wenn ihre Schiffe mit nur geringer Verzögerung in Kerkyra ankämen, könnten sie auf oligarchischer Seite entscheidend eingreifen, bevor die Athener eine Streitmacht in hinreichender Stärke in die Stadt gebracht hätten, um sie aufzuhalten. Alkidas war eindeutig nicht der Mann, einen derartigen Plan auszuführen. Trotzdem muß er in Sparta einflußreiche Freunde gehabt haben, denn sein Kommando wurde ihm verlängert, wobei Brasidas seinem Stab als Berater zugeteilt wurde. Bei ihrer Ankunft in Kerkyra focht die peloponnesische Flotte erfolgreich gegen eine geringe Anzahl athenischer und kerkyräischer Schiffe, aber trotz der dringenden Bitten des Brasidas weigerte sich Alkidas, den Sieg durch einen Angriff auf die Stadt Kerkyra auszunützen, und machte sich nach der Peloponnes davon, sobald sich ein frisches athenisches Geschwader näherte.

Der einzige spartanische Erfolg des Jahres 427 bestand darin, daß Platää zur Übergabe gezwungen wurde. Doch da Archidamos die Belagerung dieser Stadt zwei Jahre zuvor begonnen hatte, kann man diesen Erfolg nicht gerade glanzvoll nennen. Aus Sparta wurden fünf Beamte herangeschafft, um über die Platäer Strafen zu verhängen. Diese stellten jedem einzelnen Überlebenden einfach die Frage, ob er Sparta und seinen Verbündeten im Krieg einen Dienst geleistet habe. Die Platäer mahnten die Loyalität an, die ihre Väter 52 Jahre zuvor der griechischen Sache bezeigt hätten (vgl. S. 201), aber die spartanischen Beamten ließen sich von einer Abordnung aus Theben dazu überreden, nicht die Ausnahmeerscheinung einer neutralen Stadt hinzunehmen, die noch Mitglied des Attischen Seebunds war. Sie wiederholten ihre Frage, auf die die Platäer nur mit »Nein« antworten konnten, worauf sie zur Hinrichtung abgeführt wurden. Die Frauen der Platäer wurden in die Sklaverei verkauft, ein Jahr später machte man die Stadt dem Erdboden gleich.

Ein Versuch der Peloponnesier, im folgenden Sommer in Attika einzufallen, wurde durch eine ungewöhnliche Anzahl von Erdbeben zunichte gemacht, aber die Spartaner entfalteten eine Initiative in neuer Richtung, indem sie eine Kolonie in Herakleia in der Trachis anlegten. Sie hofften, diese Kolonie würde ihnen strategischen Vorteil bringen, da sie es ihnen ermöglichte, sich eine Basis für denkbare Angriffe auf Euböa und für Züge nach Thrakien zu schaffen. In der Folge erfüllte diese Kolonie nur zu einem Teil die Hoffnungen, die man in sie gesetzt hatte, denn nach wenigen Jahren befand sie sich infolge einer Mißwirtschaft in der Verwaltung im Niedergang.

Im Sommer 426 sandte Athen zwei Schiffsgeschwader aus, jedes unter dem Kommando eines bedeutenden Feldherrn. Nikias fuhr nach Melos, einem neutralen Staat, mit dem Ziel, ihn in das Reich zu zwingen, und als die Melier dies verweigerten, plünderte er ihre Insel. Demosthenes nahm 30 Schiffe auf eine Fahrt rund um die Peloponnes mit sich und schlug nach einigen Scharmützeln unterwegs in Naupaktos sein Standlager auf. Die Spartaner sahen sich genötigt, Ende September eine Streitmacht verbündeter Hopliten gegen diese Stadt zu entsenden. Demosthenes brachte 1000 akarnanische Hopliten heran, eine Verstärkung, die es ihm ermöglichte, das peloponnesische Heer abzuschlagen. Die Peloponnesier zogen sich nach Ätolien zurück und warteten dort, bis die korinthischen Kolonisten in Ambrakia bereit waren, ihre Streitkräfte mit ihnen zu vereinen. Im Lauf des Winters folgte eine Schlacht, in der Demosthenes den vereinigten peloponnesischen und ambrakiotischen Streitkräften eine nicht unbedeutende Niederlage beibrachte.

Beide darauffolgenden Sommer sahen aufsehenerregende athenische

Schläge, die den Krieg in nächste Nähe Spartas brachten. Im Jahre 425, als Agis, der Sohn des Archidamos, sein Heer nach Attika führte, befand sich ein Geschwader von 40 Schiffen auf der Fahrt nach Sizilien. Es unterstand der freien Verfügung des Demosthenes, dabei einen Plünderungszug rund um die Peloponnes durchzuführen. Das war an sich nichts Neues, aber bei dieser Gelegenheit zeigte sich Demosthenes entschlossen, etwas mehr zu unternehmen als einen bloßen Beutezug. Er wählte Pylos an der Westküste Messeniens, wo er landete und eine Basis errichtete, die er befestigte. Der kühne Streich gelang wider Erwarten. Die Spartaner waren quälend langsam in ihrem Vorgehen gegen Demosthenes, in der Tat ergriffen sie erst nach der Rückkehr des Agisheeres, das in aller Eile aus Attika abberufen wurde, wirkungsvolle Maßnahmen. Diese Saumseligkeit gab den Athenern Gelegenheit, Pylos zu einem festen Platz auszubauen. Doch als die Spartaner schließlich in beachtenswerter Stärke ankamen, unterschätzten sie ihre Aufgabe. Sie glaubten, wenn allen athenischen Verstärkungen, die über See kämen, jegliche Basis entzogen sei, dann würden sie in aller Ruhe die eilig erbauten Verteidigungsanlagen der Athener überwältigen können. Daher wurden 420 spartanische Hopliten mit den Heiloten, die ihre Diener waren, auf die kleine Insel Sphakteria übergesetzt, die einen Teil der Bucht blockiert. Dann griff man die athenische Stellung von Land- und Seeseite her gleichzeitig an, aber die Feinde hielten stand und gingen zwei Tage später zum Gegenangriff über, wobei sie die spartanischen Schiffe ausschalteten und sich zu Herren des Meeres in dieser Gegend machten. Diese Beherrschung der See bedeutete, daß die nach Sphakteria übergesetzten Spartaner nun abgeschnitten waren, da die athenischen Schiffe nach Belieben rund um das Inselchen fahren und jedermann daran hindern konnten, es zu verlassen oder dort zu landen.

Die Bestürzung, die diese Ereignisse in Sparta verursachten, klingt unglaubhaft, es sei denn, daß es unter den auf Sphakteria abgeschnittenen Hopliten viele Spartiaten mit guten Beziehungen gab. Bis zum Abschluß politischer Verhandlungen in Athen wurde ein Waffenstillstand geschlossen, aufgrund dessen die Spartaner ihre gesamte Flotte von 60 Kriegsschiffen auszuliefern hatten. Die spartanischen Abgesandten, die nach Athen gingen, glaubten, ihre Gegenspieler würden durchaus zum Abschluß eines allgemeinen Vertrages bereit sein, hatten ja die Athener vor nicht allzu langer Zeit von sich aus entsprechende Vorschläge gemacht (vgl. S. 225). Doch die Spartaner unterlagen, was den Zeitpunkt und was die Wesensart der athenischen

Volksversammlung betraf, einem Fehlurteil. Die Athener hatten im Jahre 430 Verhandlungen eröffnet, als sie unter der Pest litten und sich die bange Frage stellen mußten, ob sie den Krieg gegen ihre furchtbaren Feinde weiterführen könnten. Fünf Jahre später befanden sie sich in einer Zeit ansteigender Erfolge, es schien ihnen, als hätten sie bei einer Fortsetzung des Krieges nichts zu verlieren, die Spartaner hingegen alles. Außerdem war die athenische Volksversammlung unter den Einfluß des Kleon geraten, eines plumpen Demagogen, der indes große militärische Fähigkeiten besaß. Dieser Mann setzte die antispartanische Politik des Perikles fort, ohne die Notwendigkeit zu begreifen, in der Defensive verharren zu müssen. Er machte den Vorschlag, daß man über einen Vertrag reden könne, doch unter sehr harten Bedingungen: Die Hopliten auf Sphakteria müßten ausgeliefert und nach Athen gebracht werden; sie seien erst nach der Ratifizierung des Vertrags freizulassen, und unter den Bedingungen dieses Vertrags befand sich auch die Forderung nach einer Abtretung von Achaia und Troizen, ebenso wie von Nisaia und Pegai in der Megaris. Die spartanischen Gesandten entgegneten, sie könnten solche Bedingungen nicht in der Öffentlichkeit erörtern (natürlich nicht, denn sie mußten ja um die Rechte ihrer Verbündeten, nicht um ihre eigenen feilschen), Kleon aber wollte von internen Diskussionen nichts hören, und so wurden die Verhandlungen abgebrochen.

Mit der Heimkehr der spartanischen Abgesandten war der Waffenstillstand von Pylos zu Ende. Die Athener weigerten sich unter dem Vorwand von Verletzungen dieses Vertrags, die spartanischen Schiffe herauszugeben. Die Feindseligkeiten wurden nun erbitterter als zuvor wieder aufgenommen. Den Spartanern gelang es, Nachschub nach Sphakteria überzusetzen, so daß es nun die Athener waren, die sich in der Klemme zu fühlen begannen. Kleon verspottete seinen Feind Nikias, weil es ihm nicht gelinge, seinen Landsleuten durch eine Hilfsexpedition Erleichterung zu bringen, er fuhr selbst als Befehlshaber einer kleinen Streitmacht nach Pylos aus, in der festen Absicht, mit Demosthenes bei einem Angriff auf Sphakteria zusammenzuarbeiten. Eine überraschende Landung gelang, ein Vorposten wurde überwältigt und die Hauptmasse der Hopliten angegriffen. Was die spartanischen Verteidiger am meisten in Verwirrung brachte, war der Umstand, daß die Feinde nicht die gewohnte Hoplitentaktik anwendeten, in der die Spartaner die unübertroffenen Meister waren, sondern die Phalanx aus der Ferne mit Steinen und Pfeilen angriffen. Die Spartaner zogen sich auf eine befestigte Stellung zurück, hielten lange, düstere Stunden durch, bis sie von einem Angriff im Rücken gepackt wurden. Der unaufhörliche Sturmlauf brachte die schwindende Zahl der Überlebenden zur Erschöpfung, bis sie die griechische Welt damit verblüfften, daß sie sich den Athenern ergaben. Sie wurden nach Athen gebracht und als Geiseln im Gefängnis gehalten. Die Athener legten eine Garnison nach Pylos, die eine Anzahl Messenier dazu benützte, Überfälle auf lakonisches Gebiet zu unternehmen. So quälend diese für die Spartaner auch waren, nicht weniger war es ihre Furcht vor einem Heilotenaufstand. Obwohl sie mehrere Abordnungen in dem Bemühen nach Athen entsandten, die Freigabe der Geiseln zu erwirken, konnten sie die Athener nicht dazu bewegen, diese herauszugeben.

Während der Krieg bei Pylos geführt wurde, erlitt die Sache der Peloponnesier auch noch an einer anderen Front einen Rückschlag. Nikias stellte eine starke Streitmacht zusammen und unternahm einen Plünderungszug zu Lande und zur See in das Gebiet von Korinth. Derselbe Befehlshaber führte im Mai 424 einen ernsthaften Schlag gegen Sparta. Er wandte schließlich nur eine schon in den Perserkriegen empfohlene Strategie an (vgl. S. 191), wenn er ein Schiffsgeschwader, 2000 Hopliten und eine kleine Reitertruppe nahm und auf Kythera landete. Die Athener schlugen die spartanischen Periöken, die heranmarschierten, um mit ihnen zu kämpfen, und errichteten eine befestigte Stellung auf der Insel. Von dieser Basis aus unternahmen sie eine Anzahl Überfälle auf Küstenstädte wie Asine und Helos. Thukydides gibt in einem eindrucksvollen Kapitel (4,55) die Gründe für die Unfähigkeit Spartas an, die Feinde von Kythera zu vertreiben. Sie waren zur Verzweiflung getrieben durch die unerwartete Niederlage auf Sphakteria; zwei befestigte Plätze innerhalb des spartanischen Staates befanden sich in der Hand der Athener, vor allem aber mußten die Spartaner vor jeglicher Erhebung auf der Hut sein, die zu verfassungsrechtlichen Veränderungen führen konnte. Selbst auf militärischem Gebiet war ihre Unzulänglichkeit auf Sphakteria offenbar geworden. Sich ausschließlich auf die Hoplitentaktik zu verlassen war durchaus angebracht, solange sich die Feinde damit begnügten, die Schlachten in derselben Form auszukämpfen. Wenn sie es aber nicht taten, konnte sich dies allerletzten Endes als ernsthafter Nachteil für die spartanischen Hopliten erweisen. Infolgedessen befaßte man sich mit der Ausbildung von Reiterei und Bogenschützen, doch nur in sehr geringem Ausmaß. Inzwischen benützten die Athener ihre Basis auf Kythera dazu, den Spartanern weiteren Schaden zuzufügen, indem sie nach der Thyreatis fuhren, in der die Flüchtlinge aus Ägina angesiedelt waren (vgl. S. 225). Die spartanischen Garnisonstruppen zeigten sich nicht in der Lage, ihre Schützlinge vor Unheil zu bewahren, die Athener fuhren beide, Spartaner und Ägineten, als Gefangene nach Hause, wobei die ersteren zusammen mit den Hopliten von Sphakteria ins Gefängnis gelegt, die letzteren hingerichtet wurden.

Nur ein Mann in Sparta konnte den militärischen Ruf seiner Landsleute wiederherstellen, und dieser Mann war Brasidas. Er erkannte, daß ihre einzige Hoffnung darin lag, die Offensive zu übernehmen. In jenem Sommer, der die Besetzung Kytheras durch die Feinde gesehen hatte, berief er ein Heer der Verbündeten nach dem Isthmos zu einer Operation gegen die Städte in Thrakien und auf der Chalkidike ein, die einen Teil des Attischen Reiches bildeten. Als er sich auf dem Isthmos befand, erhielt er von einer Empörung in Megara Kunde. Die Führer der demokratischen Partei hatten zur Überwältigung der Oligarchen Hilfe aus Athen angefordert, und die Athener entsprachen dem mit allem Eifer, besetzten die Mauern zwischen Megara und Nisaia und nahmen die peloponnesische Garnison in Nisaia gefangen. Brasidas führte sein Heer heran, dem sich jetzt eine Truppe aus Böotien anschloß, und bewahrte Megara vor einer Besetzung durch die Athener. Auf beiden Seiten waren starke Hoplitenkräfte zur Stelle, aber die Athener waren zahlenmäßig unterlegen und dachten nicht daran, die Schlacht anzubieten, während Brasidas glücklich war, einen Sieg ohne Kampf errungen zu haben. Ein athenisches Vorhaben, eine demokratische Erhebung in Böotien auszunützen, endete mit einem verheerenden Mißerfolg, mit einer nicht unbedeutenden athenischen Niederlage bei Delion Anfang November.

Inzwischen befand sich Brasidas mit seinem Heer auf dem Marsch zu seinem ursprünglichen Operationsziel. Rasch durchquerte er Thessalien und kam nach Makedonien. Dort nahm es König Perdikkas auf sich, die Lieferungen für das peloponnesische Heer zur Hälfte zu bestreiten, und zwar als Entgelt für einen Beistand gegen seinen Nachbarn Arrhabaios. Der König meinte militärischen Beistand und zeigte sich befremdet, als sich Brasidas als Schiedsrichter anbot; er reduzierte deshalb den Umfang der Lieferungen, zu denen er bereit war. Brasidas zog weiter und erreichte Anfang September die Halbinsel Akte. Er machte es sich zu seiner ersten Aufgabe, die Stadt Akanthos von Athen abzuziehen. Seine Rede vor den Akanthiern enthielt zwar einige Drohungen, war aber im ganzen in verbindlichen Wendungen gefaßt; der Anspruch, »Befreier Griechenlands« zu sein, stimmte besser mit dem fairen Vorgehen eines Brasidas überein als mit der gelegentlichen Brutalität eines Alkidas. Allein durch seine Worte gewann Brasidas Akanthos dem Attischen Reich ab und reihte es unter die autonomen Verbündeten Spartas ein. Stageiros, einige Kilometer nördlich von Akanthos, schloß sich ebenfalls dem Peloponnesischen Bund an.

Im Spätjahr, als schon etwas Schnee fiel, zog Brasidas in einem Eilmarsch landeinwärts auf die athenische Kolonie Amphipolis zu. Teile der Bevölkerung waren bereits entschlossen, ihn willkommen zu heißen, den Rest gewann er durch eine maßvolle Proklamation für sich, indem er jedem, der es wünschte, freien Abzug innerhalb von fünf Tagen gewährte. Diese Proklamation stellte alle Parteien in Amphipolis zufrieden, sie öffneten Brasidas die Tore ihrer Stadt. Nun kam es auf die Athener zu, sich besorgt zu fühlen, als sie von diesen unblutigen Triumphen hörten, die durchaus den Abfall anderer attischer Verbündeter zur Folge haben konnten. Aber die Engstirnigkeit und Kurzsichtigkeit einer mächtigen Partei in Sparta versagte Brasidas jegliche Unterstützung aus der Heimat. Ihr Hauptmotiv war Eifersucht, doch man fühlte auch Rücksichtnahme für die spartanischen Gefangenen in Athen; außerdem hatten die Spartaner allgemein das Verlangen, dem Krieg ein Ende zu machen. Trotz des Ausbleibens von Unterstützungen setzte Brasidas seinen Winterfeldzug fort, wobei sein auffälligster Erfolg die Einnahme von Torone war.

Der Charakter des Krieges hatte eine Veränderung erfahren, teils durch den athenischen Mißerfolg in Böotien, teils auch durch die Tatkraft und die politische Mäßigung, die Brasidas an den Tag legte. Im Sommer 423 waren Sparta und auch Athen zum Frieden geneigt, sie schlossen einen Waffenstillstand mit einjähriger Dauer. Die athenischen Hoffnungen, der Abschluß dieses Waffenstillstands würde weiteren Abfall von ihrem Reich verhindern, erwiesen sich sogleich als unbegründet, denn abermals gingen zwei chalkidische Städte, Skione und Mende, zu Brasidas über. In Skione wurde er mit außerordentlichen Ehren empfangen, als Befreier Griechenlands bekränzt und wie ein Sieger in den Spielen behandelt, Ehrungen, welche ihm nicht in seiner Eigenschaft als Vertreter Spartas, sondern persönlich zuteil wurden. Brasidas machte geltend, Skione sei vor der Ratifizierung des Waffenstillstands abgefallen, aber die Athener waren, und zwar mit Recht, der Ansicht, daß der Abfall zwei Tage später stattgefunden habe. Empört über den Verrat Skiones entschlossen sie sich auf Antrag Kleons, so bald wie möglich Rache zu nehmen.

Zu diesem Zeitpunkt, da Brasidas nichts Dringenderes zu tun hatte, als in der Nähe Skiones den drohenden athenischen Angriff abzuwarten, forderte Perdikkas seine Hilfe für einen weiteren Feldzug gegen Arrhabaios an. Brasidas hatte keine Wahl, er mußte sich dem fügen. Er vereinte seine Streitkräfte mit Perdikkas und gewann einen entscheidenden Sieg. Aber ein mächtiges illyrisches Heer zog zur Unterstützung des Arrhabaios heran und nötigte Perdikkas und Brasidas sich zurückzuziehen. Der Rückzug war jedoch nicht genau abgestimmt, denn die makedonischen Streitkräfte unter Perdikkas flohen überstürzt und überließen es Brasidas, den Illyriern allein entgegenzutreten. Dies tat er, indem er seine Hopliten in einem Karree formierte und kleinere Abteilungen jüngerer Leute anwies, hervorzustürmen und Einzelangriffe zu führen, wie sie sich anboten. Diese seine Taktik nahm den feindlichen Angriffen die Schärfe, er konnte sein Heer in guter Ordnung herausmanövrieren. Die Mannschaft des Brasidas war der Meinung, sie sei von Perdikkas im Stich gelassen worden, während der König Brasidas als seinen Feind betrachtete und Schritte unternahm, ein Übereinkommen mit Athen zu erreichen.

Bei seiner Rückkehr nach Torone mußte Brasidas feststellen, daß eine athenische Flotte unter dem Befehl des Nikias angekommen war. Mende war gefallen, und Nikias schritt zur Belagerung von Skione, Perdikkas aber schloß ein formelles Abkommen mit den Athenern, aus dem letztere unmittelbaren Nutzen zogen. Endlich hatte man sich in Sparta dazu aufgerafft, Brasidas Verstärkungen zu senden, der spartanische Befehlshaber Ischagoras war mit einem Heer auf den Weg nach Thrakien aufgebrochen. Perdikkas suchte die Thessaler dazu zu bewegen, dieses Heer nicht durch ihr Gebiet ziehen zu lassen, aber trotzdem gelangte Ischagoras zu Brasidas mit zwei Statthaltern, die die Spartaner für ihre neuen Verbündeten ernannt hatten, Klearidas für Amphipolis und Pasitelidas für Torone.

Im letzten Jahr des Archidamischen Krieges blieb Thrakien weiterhin der Hauptschauplatz der Operationen. Sobald sich der Frühling 422 näherte, unternahm Brasidas einen erfolglosen Versuch, bei Nacht in Poteidaia einzudringen. Dieser wurde so leicht von der athenischen Garnison durchkreuzt, daß wir vermuten dürfen, es habe da einige Faktoren gegeben, die von Thukydides nicht beachtet wurden. Der wahrscheinlichste ist, daß Brasidas irrtümlicherweise glaubte, eine Partei innerhalb der Stadt sei bereit, sich zu seiner Unterstützung zu erheben. Unter diesen Umständen konnte er nicht mehr tun, als sein Heer in die Quartiere zurückzuführen.

Im Hochsommer erschien Kleon vor Skione mit 30 Schiffen, 1200 athenischen Hopliten, 300 Mann Reiterei und einigen verbündeten Truppen, kleine Zahlen, wenn man in Erwägung zieht, daß sie die Gewißheit haben mußten, auf Brasidas zu stoßen. Anstatt die gesamten Hilfsquellen des Staates für ihn aufs Spiel zu setzen, wollten ihm die Athener bei seinem Bestreben, Brasidas aus Thrakien zu vertreiben, anscheinend nur bescheidene Unterstützung gewähren. Kleon erfuhr auf diesem Zug genauso eine halbherzige Rückendeckung durch Athen wie Brasidas durch Sparta. Aus unklaren Gründen befand sich letzterer nicht in seiner Hauptbasis Torone. Der spartanische Statthalter war zu wenig beweglich und zu schwach in seinen Mitteln, um die Stadt vor dem Angriff Kleons retten zu können. Brasidas befand sich unterwegs, doch als er hörte, daß Torone gefallen war, zog er sein Heer nach Norden zurück. Kleon ließ eine Garnison in Torone, fuhr um die Halbinsel Akte herum und machte Eion zu seiner Basis, in der Absicht, einen Handstreich auf Amphipolis auszuführen. Brasidas stellte seine Truppen in erhöhtem Gelände auf der anderen Seite des Strymon auf und beobachtete die Bewegungen des Feindes. Als die Athener gegen Amphipolis vorrückten, führte er seine Streitkräfte in die Stadt hinein. Aber er ließ das Heer nicht ausrücken, um den direkten Zusammenstoß mit Kleon zu suchen. Statt dessen plante er ein Manöver, das jener Schlacht würdig war, die seine letzte sein sollte. In der Annahme, Kleon habe seinen Einzug in Amphipolis nicht bemerkt, entschloß er sich zu einem plötzlichen Ausfall mit 150 Spartiaten; dann, wenn Kleon vorrückte, diese winzige Streitmacht zu vernichten, sollte Klearidas mit dem übrigen Heer auftauchen und unerwartet über die Athener herfallen. Doch Kleon hatte ihn bemerkt, und da er nicht mit dem ganzen Heer des Brasidas kämpfen wollte, bevor nicht Verstärkungen aus Athen angekommen waren, ordnete er einen Rückzug an. Als sein rechter Flügel umschwenkte, ließ er die rechte Seite ungeschützt; genau in diesem Augenblick stürmte Brasidas mit seinen wenigen Hopliten vor, brachte das Zentrum in Verwirrung und schnitt die linke Flanke ab. Klearidas führte, seinen Anweisungen gemäß, den Rest des Heeres gegen die Athener, deren linker Flügel floh, während der rechte noch eine Zeitlang standhielt, wiewohl führerlos, denn Kleon war getötet worden, als er zu fliehen versuchte. Als der rechte Flügel ebenfalls geworfen war, geriet das gesamte athenische Heer in Auflösung und nahm, so gut es konnte, seinen Weg nach Eion. Brasidas hatte im Kampf eine tödliche Wunde erhalten und starb, kurz nachdem er die Nachricht von seinem großen Sieg erfahren

hatte. Sein Leichnam wurde in Amphipolis offiziell bestattet, die Bevölkerung der Stadt adoptierte ihn als ihren Gründer anstelle des Atheners Hagnon und richtete einen Kult zu seinen Ehren ein. Klearidas begann mit der friedlichen Neuordnung in der Stadt, und die athenische Flotte fuhr von Eion aus heim.
Die Friedensparteien in Athen und in Sparta bekamen jetzt Auftrieb, da die beiden Haupthindernisse für den Frieden, Kleon und Brasidas, in der Schlacht bei Amphipolis ausgeschaltet worden waren. Nikias in Athen und in Sparta König Pleistoanax, der jüngst erst aus der Verbannung (vgl. S. 216) zurückgekehrt war, ergriffen die Initiative zum Abschluß eines Vertrags. Die Motive, die die beiden Seiten zum Frieden bewogen, sind bei Thukydides 5,14 f. in aller Deutlichkeit dargelegt. Die spartanischen Niederlagen bei Pylos und auf Kythera waren ausgeglichen, wenn nicht mehr als das, durch die Mißerfolge der athenischen Waffen in Böotien und in Thrakien, und in Sparta gab es einen zusätzlichen Grund, da der Dreißigjährige Vertrag mit Argos (vgl. S. 216) am Auslaufen war. Die Spartaner schreckten vor der Aussicht zurück, weiterhin mit Athen Krieg führen zu müssen, während sie einen kriegerischen Gegner unmittelbar vor ihrer Haustür hatten. Die Verhandlungen setzten sich den Winter hindurch fort, im März 421 wurde ein Vertrag ratifiziert, der fünfzig Jahre gelten sollte. Die Dinge wurden zwischen den beiden Seiten für Thrakien dergestalt geregelt, daß Athen behalten sollte, was Kleon genommen hatte, und daß es Amphipolis zurückerhielt. Im Austausch dafür nahmen es die Athener auf sich, Pylos und Kythera zu räumen und alle Gefangenen herauszugeben, die irgendwo auf ihrem Territorium festgehalten wurden. Sparta und Athen als Einzelstädte gingen noch einen Schritt weiter, sie schlossen ein Defensivbündnis, das ebenfalls auf fünfzig Jahre anberaumt war. Die Gefahr eines Heilotenaufstands war den Spartanern niemals ganz aus dem Bewußtsein geschwunden. Eine Klausel in der Bündnisurkunde hielt fest, daß im Fall eines Sklavenaufstands die Athener alles in ihrer Macht Stehende tun würden, Sparta zu helfen, wobei man es nicht für notwendig hielt, eine entsprechende Klausel für eine Rebellion athenischer Sklaven einzufügen.

Weder der Friedensvertrag noch der Bündnisvertrag brachte irgendeine Garantie für einen andauernden Frieden mit sich. In erster Linie waren die Spartaner nicht in der Lage, ihre Versprechungen zu erfüllen. Als sie Klearidas anwiesen, Amphipolis herauszugeben, sagte dieser, er könne dies nicht gegen den Willen der Bewohner tun. So blieb Amphipolis vorerst unter spartanischer Kontrolle, während sich die Athener ihrerseits weigerten, Pylos herauszugeben. Zweitens aber entfremdete sich Sparta damit, daß es ein Übereinkommen mit Athen erreichte, einige seiner eigenen Verbündeten, woraus sich eine Neuordnung der politischen und militärischen Kräfte auf der Peloponnes ergab. Die Böotier, Korinther, Eleer und Megarer widersetzten sich einer Einstellung der Feindseligkeiten, und zwar aus guten Gründen. Sparta zog ja allein aus der Übereinkunft Nutzen, ohne allerdings ein einziges aller jener Ziele erreicht zu haben, um deretwillen seine Verbündeten ursprünglich auf den Krieg gedrängt hatten. So wie Korinth eine entscheidende Rolle gespielt hatte, um Sparta zu einer Kriegserklärung zu drängen, so ergriff es jetzt die Initiative, indem es ein neues Bündnissystem vorschlug. Korinth machte den Argivern das Angebot, sie sollten sich an die Spitze eines Bundes stellen und damit ihre alten Träume verwirklichen, die Hegemonie auf der Peloponnes zu erringen. Argos griff begierig nach dieser Gelegenheit. Mantineia mit seinen untertanen Städten und später Elis schlossen sich dem Bunde an, während sich Böotien und Tegea weigerten, die Verbindung mit Sparta aufzukündigen. Spartas größte Furcht war, Korinth könnte sich formell an Argos anschließen, weshalb eine spartanische Gesandtschaft versuchte, dem in Korinth zuvorzukommen. Doch die Korinther ließen sich im Augenblick auf nichts ein.

Die spartanischen Angelegenheiten befanden sich abermals in einem traurigen Zustand. Pleistoanax schien es geraten, in der Mittelpeloponnes Stärke zu zeigen, indem er ein kleines Gebiet von mantineischer Kontrolle befreite. Aber zur selben Zeit kehrten zwei Gruppen spartanischer Krieger nach Hause zurück. Die Heiloten, die tapfer mit Brasidas gefochten hatten, wurden freigelassen und auf einem Landstrich zwischen Lakonien und Elis angesiedelt. Aber die Gefangenen von Sphakteria, um deretwillen Sparta sich gedemütigt hatte, wurden ihres Bürgerrechts beraubt.

Der Sommer 421 verging mit diplomatischen Unterhandlungen zwischen Athen und Sparta, in denen sich die Athener darüber beklagten, daß Amphipolis immer noch nicht herausgegeben sei und daß einige wichtige Verbündete Spartas dem Vertrag nicht beigetreten seien. Der November brachte die Neuwahl eines Ephorenkollegiums, das zumindest zwei Mitglieder enthielt, die in starker Opposition zum Friedensvertrag standen und die Bildung eines antiathenischen Bundes erwogen, der Sparta, Böotien, Korinth und Argos umfassen sollte. Die Böotier waren in ihrem Vorgehen wie gewöhnlich sehr langsam, aber eine spartanische Abordnung kam nach Theben und brachte ein zweiseitiges Bündnis unter Dach und Fach. Dies verursachte in Athen infolge des Hasses auf Theben großes Ärgernis und schuf ein Klima, das eine antispartanische Bewegung begünstigte, denn genauso wie die neuen Ephoren in Sparta antiathenische Ansichten diskutierten, blieben auch in Athen Verdächtigungen gegen Sparta lebendig. Im folgenden Jahr war der bedeutendste Athener, der sich gegen Sparta aussprach, Alkibiades, der von nun an für mehrere Jahre einen mächtigen Einfluß auf den Verlauf der griechischen Geschichte ausüben sollte. Er redete einem athenischen Bündnis mit Argos das Wort, das sogleich gegen den Rat des Nikias geschlossen wurde, der noch immer die Meinung vertrat, daß ein Bündnis mit Sparta die beste Aussicht auf Sicherheit bot. Zwei andere peloponnesische Staaten, Mantineia und Elis, schlossen sich dem athenisch-argivischen Bündnis an, nicht aber die Korinther. Das athenisch-spartanische Bündnis war so zum toten Buchstaben geworden, es wurde jedoch nicht formell gekündigt.

Im Jahre 419 führte der zum athenischen Strategen gewählte Alkibiades in Abstimmung mit den Argivern ein kleineres Unternehmen in der nördlichen Peloponnes durch. Argos gab in diesem Sommer noch weitere Aggressionsabsichten kund. Es entsandte eine Truppe zur Plünderung des Gebiets von Epidauros, einem treuen Verbündeten Spartas, das eine Garnison spartanischer Truppen zur Verstärkung erhielt. Diese offensichtlich unbedeutenden Ereignisse bildeten das Vorspiel zu größeren militärischen Anstrengungen, die Sparta im Sommer 418 unternahm. König Agis zog mit einer großen Streitmacht, der tegeatische, böotische und korinthische Kontingente angehörten, gegen Argos zu Felde, denn Sparta hielt es für notwendig, nicht nur Epidauros beizustehen, sondern auch die eigene Autorität zu festigen, bevor die gesamte Peloponnes seiner Kontrolle entglitt. Die Argiver, die Verbündete aus Mantineia und Elis bei sich hatten, marschierten gegenüber dem Heere des Agis auf. Führende argivische Politiker machten Agis inoffiziell den Vorschlag, beide Seiten sollten einen viermonatigen Waffenstillstand schließen, und Agis nahm dies ebenso inoffiziell an. Dieser Vorfall zeigt die bedeutenden Sonderrechte, die ein Spartanerkönig besaß, wenn er sich im Felde befand. Obwohl die Verbündeten gegen die Weigerung des Agis zu kämpfen heftigen Unwillen äußerten, stellten sie seine Autorität nicht in Frage, sondern zerstreuten sich murrend in ihre jeweiligen Städte.

Inzwischen führte Alkibiades von Athen aus Verstärkungen heran, die jetzt Argos erreichten. Unter dem Eindruck seiner energischen Überredungskunst nahmen die Verbündeten von Argos, wiewohl nicht dieses selbst, den Krieg auf und rückten gegen Orchomenos vor, eine mit Sparta verbündete arkadische Stadt. Orchomenos kapitulierte, worauf sich die argivischen Verbündeten zu einem Handstreich auf Tegea anschickten. Die prospartanische Partei in dieser Stadt wandte sich mit einem dringenden Hilferuf an die Ephoren in Sparta, der eben zu der Zeit eintraf, als gegen Agis erbitterte Anschuldigungen erhoben wurden. Es war schlimm genug, so sagten die Spartaner, daß sich der König die Gelegenheit hatte entgehen lassen, einen Sieg über Argos zu erringen; noch schlimmer war, daß diese schwächliche Politik dem Feind den Weg nach Arkadien geöffnet und ihn in die Lage versetzt hatte, eine verbündete Stadt ohne Schwertstreich zu nehmen. Man schlug vor, Agis eine ungeheure Geldbuße aufzuerlegen und sein Haus dem Erdboden gleichzumachen. Die Vollstreckung dieser Maßnahmen wurde jedoch vorübergehend auf die Versicherung des Agis hin ausgesetzt, er werde für die Interessen der Stadt eine große Tat vollbringen. Trotzdem wurden zehn Spartiaten als ›Ratgeber‹ mit ihm in den Krieg gesandt.

Die Botschaft aus Tegea gab Agis zu seiner großen Tat Gelegenheit. Mit ungewöhnlicher Eile zog ein spartanisches Heer nach Tegea aus, der König berief verbündete Truppen aus Korinth, Böotien und Phokis. Durch dieses entschlossene Vorgehen rettete Agis Tegea und führte dann sein Heer in das Gebiet von Mantineia. Hier war man auf das Erscheinen des Feindes nicht gefaßt. Agis brachte sein Heer in aller Eile in Gefechtsordnung und schlug eine klassische Hoplitenschlacht, die ebenso durch spartanische Disziplinlosigkeit wie durch spartanische Kampfkraft gekennzeichnet war. Agis, der sich in der Mitte der Schlachtordnung befand, sah, daß sich sein linker Flügel auf den rechten zuschob und so in Gefahr geriet, von den Mantineiern, die den rechten Flügel des Feindes bildeten, umfaßt zu werden. Er befahl daher zwei Abteilungen, eine Querbewegung zum rechten Flügel auszuführen, aber die kommandierenden Offiziere gehorchten dem Befehl nicht. Infolgedessen wurden die Befürchtungen des Königs zur Gewißheit, sein linker Flügel wurde geworfen, aber das Zentrum führte seinen Angriff zu Ende, durchbrach die feindliche Linie und stellte die Lage wieder her. Die argivischen und athenischen Kontingente konnten entkommen, aber die Mantineier erlitten schwere Verluste. König Pleistoanax, der mit einem weiteren Heer von Sparta ausmarschiert war, befand sich noch unterwegs, als er vom Sieg des Agis hörte, und kehrte daraufhin um. Man schickte auch Boten zu den spartanischen Verbündeten, um ihnen zu sagen, daß ihre Dienste nun nicht mehr vonnöten seien. Agis hielt sich von der Verfolgung des geschlagenen Feindes zurück und führte sein Heer zur Feier der Karneen heim.

Der Erfolg bei Mantineia stellte den Ruf des Agis und den seiner Stadt wieder her. Der Sieg war in der Tat eine rein spartanische Sache, noch viel eindrucksvoller, zumindest in den Augen der peloponnesischen Staaten, als es die Leistungen eines Brasidas in weiter Ferne gewesen waren. Sparta sah im Herbst die ersten Früchte seines festen Auftretens reifen, als Argos sein Bündnis mit Mantineia, Elis und Athen aufsagte und einen Vertrag mit Sparta schloß. Im folgenden Jahr übernahm in Argos eine demokratische Partei die Macht und baute mit anthenischer Hilfe lange Mauern zum Meer. Die Spartaner reagierten diesmal nicht sehr schnell, erst im Winter nahm Agis ein Heer und riß die Mauern nieder.

Die Wiederherstellung des spartanischen Ansehens hätte es vielleicht der griechischen Welt ermöglicht, ein gewisses Maß an Gleichgewicht zu wahren oder sogar in Frieden zu leben, wäre da nicht der grandiose Eroberungsplan gewesen, den Athen im Sommer 415 in die Tat umzusetzen begann. Während des Archidamischen Krieges hatten die Athener mehrere Male in die Angelegenheiten Siziliens eingegriffen; jetzt rüsteten sie eine prächtige Armada aus, mit dem vorgegebenen Zweck, ihrem Verbündeten Segesta gegen die benachbarten Selinuntier Hilfe zu bringen, die mit Syrakus verbündet waren, der mächtigsten Griechenstadt auf Sizilien. Es war jedoch kein Geheimnis, daß die eigentliche Absicht Athens die Eroberung und Annexion ganz Siziliens war, eine Absicht, deren Verfolgung schließlich zur Wiederaufnahme des Krieges zwischen Athen und Sparta führen sollte. Alkibiades, der Hauptbefürworter der sizilischen Expedition, wurde zusammen mit Nikias und Lamachos zum Strategen bestimmt. Als die Flotte aus dem Piräus auslaufen wollte, wurde Alkibiades beschuldigt, skandalöse Religionsfrevel begangen zu haben, doch es wurde ihm trotzdem gestattet, mit der Flotte nach Sizilien zu fahren.

Fast vom ersten Augenblick an litt die sizilische Expedition unter der Unentschlossenheit und den Meinungsverschiedenheiten innerhalb des Oberkommandos. Anstatt geradewegs auf Syrakus zuzufahren und mit aller Kraft anzugreifen, verbrachten die Athener den ganzen Sommer mit Erkundungen und mit Versuchen, Unterstützung zu gewinnen. Erst im Oktober landeten sie in der Nähe von Syrakus. Gewiß, dann errangen sie einen Sieg, aber der Erfolg war nicht durchschlagend, und nach dieser Aktion fuhren sie in die Winterquartiere. Inzwischen wurden Schritte unternommen, Sparta und seine Verbündeten in den sizilischen Konflikt hineinzuziehen. Alkibiades wurde heimberufen, um sich gegen Anklagen zu verantworten, die in Athen gegen ihn eingebracht worden waren, aber er entkam dem ihn eskortierenden Schiff und fuhr geradewegs nach Sparta, wo er energisch für eine antiathenische Politik eintrat. Die Syrakusaner schickten ihrerseits Gesandte in die Peloponnes mit der Bitte um Hilfe gegen den athenischen Angriff. Sie wurden in Korinth enthusiastisch willkommen geheißen, da man dort ja immer bereit war, einen Schlag gegen den athenischen Imperialismus zu führen, und die Korinther schickten ihrerseits spontan Gesandte, um die syrakusanische Sache in Sparta zu befürworten. Die Spartaner hatten irgendeine Aktion gegen Athen erwogen, aber sie waren ihrer Gewohnheit nach zu langsam, um sich für einen endgültigen Plan zu entscheiden. Nun, da sie die Berichte der syrakusanischen Gesandten hörten und auch eine Rede des Alkibiades, ernannten sie einen äußerst fähigen und energischen Spartiaten, Gylippos, zum Oberkommandierenden in Syrakus, mit Anweisungen, seine Anordnungen in Verbindung mit den Korinthern und Syrakusanern zu treffen und, sobald es tunlich erschien, nach Syrakus auszufahren.

Gewisse Vorfälle im Sommer 414 zeigten, daß der direkte Zusammenstoß zwischen Sparta und Athen sehr nahe bevorstand. Sparta entsandte ein verbündetes Heer nach Argos, und eine athenische Flotte von 30 Schiffen kam, um der demokratischen Partei in dieser Stadt zu helfen. Diese Schiffe begnügten sich nicht mit defensiven Maßnahmen, sondern plünderten einige Küstengebiete Lakoniens, ein Vorgehen, das einen eindeutigen Bruch des Vertrags der Athener mit Sparta darstellte. Zur selben Zeit kam Gylippos nach Syrakus, nachdem er unterwegs einige zusätzliche Streitkräfte an sich gezogen hatte. Die Athener hatten damit begonnen, Mauern zu bauen, mit denen sie die Stadt einzuschließen hofften. Dabei verloren sie in einem Scharmützel ihren Strategen Lamachos, so daß Nikias allein im Oberkommando zurückblieb. Die Ankunft des Gylippos machte den Syrakusanern neuen Mut, sie errichteten eine Gegenmauer und bannten damit die Gefahr der völligen Einschließung. Nikias merkte, daß sich der Widerstand in bedrohlicher Weise versteifte, und erkannte, daß das ihm zur Verfügung stehende Heer nicht zureichte, dem Widerpart zu bieten. Er schrieb einen in sehr düsteren Wendungen abgefaßten Brief nach Athen mit der Anforderung von Verstärkungen. Diese genehmigte die athenische Volksversammlung im Dezember 414 und ernannte gleichzeitig Demosthenes und Eurymedon zu Kollegen des Nikias.

Im folgenden Frühling führte Agis sein Heer nach Attika. Die Spartaner waren zuversichtlicher Stimmung, weil sie die Athener in die Angelegenheiten Siziliens verstrickt sahen, und außerdem waren sie jetzt im Recht, wenn sie die Athener der Aggression beschuldigten, während sie im Archidamischen Krieg selbst die Angreifer gewesen waren. Das Verfahren, Jahr um Jahr in Attika einzufallen und die Ernten zu vernichten, hatte sich für die Athener als lästig, aber als alles andere denn existenzgefährdend erwiesen, weshalb es jetzt aufgegeben wurde. Agis rückte gegen Dekeleia vor, einen Ort etwa 18 Kilometer nördlich von Athen, den er in der Absicht befestigte, ihn das ganze Jahr hindurch zu besetzen und damit die Anwesenheit des Feindes in der Nähe der feindlichen Hauptstadt aufrechtzuerhalten. Das Fort Dekeleia nahm den Athenern nicht nur den Ertrag ihres Bodens, sondern bedrohte auch die Versorgungsroute von Euböa her.
In Syrakus übte Gylippos einen ständigen Druck auf das Heer der Belagerer aus. Er griff athenische Forts an, die an der Küste im Süden des Großen Hafens errichtet worden waren, und nahm sie. Als Demosthenes, der findigste unter den athenischen Strategen, syrakusanische Stellungen im Westen der Stadt angriff, wurde er unter schweren Verlusten zurückgeschlagen. Bei den Athenern schwand die Moral dahin. Sie machten keine Fortschritte, während im Gegensatz dazu ihre Hilfsmittel allmählich aufgezehrt wurden. Die Kollegen des Nikias rieten zum Abzug, aber schließlich nahmen sie seinen Rat an, auszuharren. Die Syrakusaner merkten den Zustand ihrer Feinde und schöpften Hoffnung, sie vertreiben, ja einen entscheidenden Sieg erringen zu können. Ein begrenzter syrakusanischer Angriff zur See verlief erfolgreich und verursachte Verzweiflung unter den Athenern, als sie bedachten, daß sich jetzt sogar ihre Seestreitkräfte als unterlegen erwiesen. Aber diese Niederlage war nur ein Vorspiel zu einer Entscheidungsschlacht im Großen Hafen, in die alle verfügbaren Triëren verwickelt waren. Die Syrakusaner errangen einen gewaltigen Sieg, womit sie Athen der glanzvollen Flotte beraubten, die mit so hohen Erwartungen ausgefahren war, und dem athenischen Heer vor Syrakus die Unterstützung von der Seeseite her nahmen. Es war klar, daß sich das Heer über Land auf irgendeine befreundete griechische Stadt zurückziehen mußte. Aber einen solchen Rückzug suchten die Syra-

kusaner mit allem Eifer zu verhindern, da sie fürchteten, das Heer könnte neu ausgestattet und ein zweites Mal gegen sie in Marsch gesetzt werden. Gylippos sandte Streifkorps aus, um Straßenblockaden zu errichten und die Athener auf dem Rückzug so weit wie möglich aufzureiben. Das Heer unter Nikias und der andere Teil, den Demosthenes befehligte, wurden voneinander getrennt, beide wurden, nachdem sie unerträglich hohe Verluste erlitten hatten, zur Übergabe gezwungen. Die Gefangenen, noch etwa 7000 an der Zahl, wurden hart behandelt, die Syrakusaner bestanden entgegen dem Protest des Gylippos darauf, Nikias und Demosthenes hinzurichten.

Die Spannkraft des athenischen Volkes zeigte sich niemals mit besserer Wirkung als in den Monaten, die auf die sizilische Katastrophe folgten. Sie gerieten nicht in Panik und baten nicht um Frieden, sondern dachten an die Organisation ihres Bundes und an die Befestigung von Sunion, um die Schiffahrtsroute zu sichern, auf der Versorgungsgüter nach Athen gebracht wurden. Im Augenblick mußten ihre Maßnahmen vom defensiven Standpunkt aus getroffen werden, aber es dauerte nicht lange, und sie schickten wieder kleine Flottenabteilungen aus, die den Peloponnesiern beträchtliche Verlegenheiten bereiteten.

Trotzdem lag die Initiative jetzt eindeutig bei Sparta: Es war seine Aufgabe, eine Lage auszunützen, in der sich die Verbündeten Athens sehr aufsässig zeigten und sogar neutrale Staaten dazu neigten, sich der spartanischen Sache anzuschließen. Aber gleichzeitig scheint sich die Lauterkeit dieser Sache getrübt zu haben. Wir hören nicht mehr von einer Mission Spartas, Griechenland zu befreien, vielmehr waren, so sagt Thukydides 8,2,4, die Spartaner »entschlossen, sich rückhaltlos dem Krieg zu widmen, da sie dachten, daß sie [...] mit der Niederwerfung Athens sogleich die unbestrittene Hegemonie über ganz Griechenland gewinnen könnten«. Wir wissen nicht, welche Einzelpläne die Spartaner für die weitere Fortsetzung des Krieges hatten, noch auch, ob es überhaupt welche gab. Doch sie begriffen zumindest die Notwendigkeit, in den beiden Bereichen harten Druck auszuüben, in denen sie den Athenern am meisten Schaden tun konnten: mit der aggressiven Verwendung des Forts Dekeleia und mit dem Aufbrechen des athenischen Bündnissystems. In Verfolg dieser Strategien kam Agis im Spätjahr nach Dekeleia. Zunächst brachte er einen spartanischen Beschluß zur Geltung, daß man von den Verbündeten einen Beitrag für eine Flotte fordern müsse, ohne die man unmöglich offensive Operationen gegen die Besitzungen Athens im Osten durchführen konnte. Dann empfing er in Dekeleia Abordnungen aus Euböa und von Lesbos, die den Wunsch ihrer Staaten zum Ausdruck brachten, von Athen abzufallen und sich den Spartanern anzuschließen. Er ernannte einen »Harmosten« für Lesbos; dies ist unseres Wissens das erste Mal, daß diese Bezeichnung für einen residierenden Beamten verwendet wurde, den Sparta zur Regierung eines seiner verbündeten Staaten aussandte. Inzwischen war eine Gesandtschaft aus Chios in Sparta eingetroffen, die mitteilte, daß die Chier ebenfalls auf spartanische Seite übertreten wollten.

Die Jahre 412 und 411 brachten für Athen eine fast ununterbrochene Reihe von Rückschlägen. Mehrere wichtige Staaten des Attischen Reiches gaben ihr Verlangen nach einem Abfall zu erkennen, doch auf sich allein gestellt, wäre Sparta kaum beweglich genug gewesen, auch nur den leisen Anstoß zu geben, der notwendig war, diese Staaten auf die andere Seite zu ziehen. Aber Sparta war nicht sich selbst überlassen, denn Alkibiades erwies sich wieder einmal als die treibende Kraft, die Sparta fehlte. Auf sein Betreiben hin fuhr eine peloponnesische Flotte unter spartanischem Befehl in den Osten, schürte einen Aufstand in Chios, brachte die ionischen Städte Milet und Knidos dazu, die Seiten zu wechseln und brach Rhodos aus dem athenischen Machtbereich heraus. Die Aufnahme von Rhodos in das spartanische Bündnissystem markiert einen deutlichen Wandel in der Politik. Zum ersten Mal wurde einem Verbündeten ein Tribut auferlegt, ein Vorgehen, das den Übergang vom Bund zum Reich nach athenischem Muster bezeichnet.

Wenn Alkibiades für die Spartaner durch seine kraftvolle Persönlichkeit ein Ansporn war, so gelang den Persern dasselbe mit ihrem Geld. Zwei persische Satrapen boten sich als Zahlmeister der Peloponnesier an, wenn diese in den ihnen unterstellten Teilen Kleinasiens intervenieren würden, Tissaphernes in Ionien und Pharnabazos am Hellespont. Tissaphernes, mit dem Sparta zuerst verhandelte, erwies sich als ein trügerischer, durchaus unzuverlässiger Verbündeter. Die Zahlungen, die er leistete, blieben hinter dem zurück, was er versprochen hatte, und die starke Flotte, die er von Phönikien heranzuführen unternahm, wurde niemals Wirklichkeit. Doch die Spartaner schlossen drei Verträge mit ihm, der als Generalbevollmächtigter des Königs auftrat. Im ersten versprach Persien, den Krieg auf spartanischer Seite zu führen, und als Gegenleistung erkannte Sparta die Oberhoheit Persiens über die Griechenstädte Kleinasiens an. Im zweiten verpflichtete sich der Perserkönig ausdrücklich, den verbündeten Streitkräften, die sich auf seine Einladung hin auf asiatischem Boden befanden,

Unterhalt zu gewähren. Im dritten aber wurde das Angebot der Unterhaltszahlungen durch Bedingungen eingeschränkt, die die Furcht des Tissaphernes vor einer ungezügelten spartanischen Macht widerspiegeln, und ebenso seine Entschlossenheit, den Krieg zwischen Sparta und Athen hinauszuzögern, indem er ihn auf einer niedrigen Ebene hielt. In dieser Politik folgte er dem Rat des Alkibiades, der im Spätjahr 412 an seinen Hof gekommen war, als er den Argwohn durchschaut hatte, den die Spartaner gegen ihn hegten. Alkibiades verfolgte wie gewöhnlich den Kurs, der ihm selber paßte, und da er seine Rückkehr ins politische Leben Athens plante, wollte er sich den Anspruch verschaffen, daß er bei dem Satrapen athenische Interessen gefördert hatte.

Das folgende Jahr war durch eine politische Umwälzung in Athen gekennzeichnet: Die demokratische Verfassung war einige Monate lang außer Kraft gesetzt, die Macht konzentrierte sich in den Händen von 400 Oligarchen, die König Agis in Dekeleia und den Ephoren in Sparta Angebote machten, aber keine ermutigende Antwort erhielten. Der Hellespont verdrängte Ionien als Hauptschauplatz der Operationen im Osten. Ein Heer unter spartanischem Befehl zog von Milet hinauf nach Abydos, das zu einer Erhebung und zum Anschluß an die spartanische Seite veranlaßt wurde. Eine athenische Flotte kam in großer Eile zum Hellespont, sah sich aber nicht in der Lage, Abydos wiederzunehmen, worauf sie Sestos zu ihrer Basis machte. Die spartanische Sache machte in Ionien wenige Fortschritte. Tissaphernes spielte weiterhin sein doppeltes Spiel, während sich der spartanische Admiral Astyochos als untätig und dumm erwies. Er wurde aus seinem Kommando entfernt und von Mindaros abgelöst, der mit 37 Schiffen zum Hellespont segelte, in der Hoffnung, mit Pharnabazos besser zu fahren.

Die Athener, von Parteiungen zerrissen und vieler Besitzungen im Osten beraubt, erlitten einen weiteren, weitaus ernsthafteren Schlag. Auf eine Einladung aus Euböa hin fuhr eine peloponnesische Flotte unter dem Kommando des Spartiaten Agesandridas von Epidauros nach Oropos, wobei sie unterwegs Ägina plünderte. Eine rasch zusammengestellte athenische Flotte kam in aller Eile nach Eretria, das Oropos gegenüberliegt, aber sie wurde von Agesandridas in die Flucht geschlagen, und ganz Euböa fiel daraufhin von Athen ab. Thukydides 8,96 gibt eine tiefgründige Analyse von dem, was da geschah und noch geschehen konnte. Die Athener befanden sich in tiefer Verzweiflung, denn ihr Heer auf Samos revoltierte, sie hatten keine Schiffe und keine

Bemannungen in Reserve, es gab Aufruhr in der eigenen Stadt, sie hatten eine Flotte verloren und nun obendrein auch noch Euböa. Sie hatten Angst vor einem drohenden peloponnesischen Angriff auf den Piräus, denn sie konnten nichts tun, um ihn zu verhindern. Und wenn die Peloponnesier, so sagt Thukydides, tatsächlich zum Piräus gefahren wären und ihn belagert hätten, dann hätten sie die athenischen Schiffe in den östlichen Gewässern gezwungen, heimzukehren und ihr gesamtes Seereich unverteidigt zu lassen. Aber »bei dieser Gelegenheit zeigten die Spartaner wie bei vielen anderen, daß sie der angenehmste Gegner für die Athener waren«.

Die Spartaner entwarfen keinerlei Pläne, Athen in einer Zangenbewegung zu fassen, dergestalt daß Agis von Dekeleia herabstieg und Agesandridas mit seiner siegreichen Flotte in den Piräus einlief. Das Volk der Athener tat genauso wie nach dem sizilischen Abenteuer einen Seufzer der Erleichterung und versuchte wiedergutzumachen, was es konnte. Die Vierhundert wurden abgesetzt, eine Volksversammlung wurde gebildet, die aus jenen Bürgern bestand, die die Mittel besaßen, mit ihrer eigenen Ausrüstung als Hopliten ins Feld zu ziehen. Gleichzeitig wurde die Entscheidung gefällt, Alkibiades zu begnadigen und ihn zurückzurufen, einen Mann, dessen Energien und Fähigkeiten der Stadt so dringend nötig waren. So entschloß sich Athen, das aus seinen Niederlagen so viel Mut zu schöpfen schien wie Sparta aus seinen Siegen, sich im Bereich des Hellespont zu behaupten. Nicht nur das eigene Ansehen, sondern wirtschaftliche Notwendigkeit gebot diese Strategie, denn mit dem Verlust Attikas und Euböas war Athen in starkem Maße von den Getreideschiffen abhängig, die an Byzanz vorbei und durch den Hellespont fuhren.

Die Athener gaben ihrer Flotte Anweisung, von Samos nach dem Hellespont zu fahren, wo sie auf peloponnesische Schiffe stieß, sie in einer Schlacht besiegte und sie nach Abydos zurückdrängte. Von ihrer Basis in Sestos aus fuhr die athenische Flotte in die Propontis ein und führte die Stadt Kyzikos, die sich empört hatte, in ihr Reich zurück.

Diese Unternehmungen im Hochsommer 411 standen am Beginn eines Zeitraums von vier Jahren, in dem die Athener viel von dem Boden gutmachten, den sie verloren hatten. Im Jahre 410 unternahm Mindaros mit seiner Flotte einen Handstreich auf Kyzikos, und Pharnabazos führte ein Heer heran. Alkibiades kam mit einer überlegenen Flotte und trieb die Peloponnesier an die Küste. Mindaros landete und bot eine Landschlacht an. Er wurde im Kampf getötet, der für die peloponnesische Seite einen katastrophalen Ausgang nahm. Die Athener erbeuteten oder vernichteten die gesamte Flotte, und Alkibiades hatte freie Hand, durch die Propontis zu fahren und am Bosporos eine Zollstation zu errichten. Hippokrates, der Stellvertreter des Mindaros, richtete einen verzweifelten Hilferuf an die spartanischen Behörden, der unterwegs abgefangen und in Athen vorgelesen wurde: »Unsere Schiffe sind zerstört, Mindaros ist tot. Die Männer haben Hunger. Wir wissen nicht, was tun.« Aber Pharnabazos tröstete die Spartaner wegen des Verlusts ihrer Schiffe, indem er darauf hinwies, diese könnten leicht dank der unbeschränkten Hilfsmittel des Persischen Reiches ersetzt werden. Die Worte des Pharnabazos liefern den Schlüssel für das Verständnis dieses Stadiums des Krieges. Wie viele Siege die Athener auch gewannen, sie konnten damit nur wenig zur Lockerung des Druckes beitragen, den Sparta auf ihre Wirtschaft auszuüben vermochte; sollten sie aber einmal ihre Flotte verlieren, so hatten sie wohl auch den Krieg verloren, denn sie waren nicht imstande, eine neue zu bauen. Tatsächlich behaupteten sich die Athener jedoch weiterhin zur See, ja im Jahre 408 hatten sie zwei Erfolge im Bosporos zu verbuchen, die für ihren Importhandel von lebenswichtiger Bedeutung waren. Zunächst landeten sie in der Nähe von Chalkedon und schlugen eine vereinigte Armee unter dem Befehl des Pharnabazos und des spartanischen Harmosten Hippokrates. Dann belagerten sie Byzanz, dessen Tore ihnen von einer proathenischen Partei aufgestoßen wurden.

Alkibiades hatte sich bei diesen Erfolgen abermals nützlich gemacht, so daß er in Anerkennung seiner Verdienste zum Strategen bestellt wurde. Man gestattete ihm die Rückkehr nach Athen, doch er verließ es bald wieder und machte Samos zu seiner Basis. Dasselbe Jahr 407 sah zwei wichtige Veränderungen auf seiten Spartas und seiner Verbündeten. Der Perserkönig Dareios bestellte seinen jüngeren Sohn Kyros dazu, die Kriegsanstrengungen mit Sparta zu koordinieren, und gleichzeitig wurde Lysander als spartanischer Admiral nach Rhodos gesandt, womit er seine lange Laufbahn als leitender Kopf und ausführende Hand der spartanischen Politik begann. Er begab sich zu Kyros nach Sardeis, erhielt einen großzügigen Geldbetrag und handelte Nachzahlungen für seine Schiffsbesatzungen aus. Später focht er eine Seeschlacht vor Notion nördlich von Ephesos an der ionischen Küste aus, in der er gegen die Flotte des Alkibiades deutlich die Oberhand behielt. Wegen dieses Rückschlags verlor Alkibiades die Gunst der Athener, er wurde durch Konon abgelöst. Lysander beendete sein Jahr als Oberbefehlshaber, 406 führte Kallikratidas das Amt des spartanischen Admirals. Wie es sein Vorgänger getan hatte, wandte er sich an Kyros, um Zahlungen für seine Mannschaft zu erhalten, aber man ließ ihn in Sardeis endlos lange warten. Verärgert begab er sich nach Milet, ohne Kyros gesehen zu haben, und entschloß sich, den Krieg wenn nötig auch ohne die Hilfe des Barbarengoldes zu führen. Er trieb in der Umgegend eine Geldsumme von privaten Beitragszahlern ein und begann seine Operationen auf Lesbos, indem er Methymna stürmte und die Schiffe des Konon im Hafen von Mytilene einschloß. Doch der Hauptteil der athenischen Flotte versammelte sich bei Samos und lief bald danach aus, um bei den sogenannten Arginuseninseln Stellung zu beziehen, die zwischen Lesbos und dem kleinasiatischen Festland liegen. Kallikratidas ließ Eteonikos mit 50 Schiffen in Mytilene zurück und fuhr in der Morgendämmerung des folgenden Tages einen tollkühnen Angriff auf die gesamte athenische Flotte, die in einer Weise aufgestellt war, daß sich ihre Linie nicht durchbrechen ließ, zumindest nicht von den Streitkräften, die Kallikratidas zur Verfügung standen. Kallikratidas ging über Bord, der rechte athenische Flügel schlug das spartanische Kontingent, worauf die Verfolgung der übrigen begann. Die Athener verloren 25 Schiffe, die Peloponnesier etwa 70. Als Eteonikos von der Niederlage hörte, sandte er seine Schiffe nach Chios und führte das Heer nach Methymna zurück.

Während des Winters schlugen sich die Truppen der spartanischen Verbündeten nach Chios durch. Mißstimmung machte sich im Heer breit, die Eteonikos unterdrückte, indem er Geld verteilte, das er von den Chiern erhalten hatte. Die Chier und andere spartanische Verbündete trafen sich in Ephesos und forderten die Wiederernennung des Lysander zum Admiral. Da die spartanische Verfassung dies verbot, wurde ein Kompromiß geschlossen, wonach Arakos den Titel »Nauarchos« führte, Lysander aber das tatsächliche Kommando.

Bei seiner Ankunft in Ephesos im Sommer 405 machte sich Lysander daran, die Seemacht Athens endgültig zu brechen. Er befahl Eteonikos, die unter seinem Kommando stehenden Truppen aus Chios heranzuführen, traf Maßnahmen für die Ausbesserung der Schiffe, die in Dienst gestanden waren, und baute auch neue. Lysander war ebensosehr Diplomat wie militärischer Führer, er wußte, wie man mit den Persern umzugehen hatte, und so gelang es ihm, von Kyros Geldmittel zu erhalten. Mit seiner verstärkten Flotte drang er in den Keramischen Golf gegenüber von Kos ein und stürmte eine mit Athen verbündete Stadt. Von hier fuhr er – die Gründe, weshalb er dies tat, sind unbekannt – nach Rhodos, doch bald nahm er seinen Weg nach dem Hellespont, und auch die Athener entsandten ihre Flotte in diesen Raum. Lysander machte Abydos zu seiner Basis und zog gegen Lampsakos, eine Stadt des Attischen Reiches, das er mit tatkräftiger Unterstützung durch eine Landstreitmacht unter spartanischem Kommando erstürmte. Inzwischen war die athenische Flotte nach Sestos gefahren, hatte Nachschub aufgenommen und segelte weiter nach Aigospotamoi am Hellespont, Lampsakos genau gegenüber. Hier führten die Athener ihre Flotte in Schlachtlinie auf, aber Lysander reagierte nicht, und so fuhren sie nach Aigospotamoi zurück. Genau dasselbe geschah in den folgenden drei Tagen, aber am nächsten, als die Athener wie gewöhnlich ihre Schiffe zur Küste zurückgenommen hatten, schickte Lysander Kundschafter aus, ihm zu berichten, was die Athener denn täten, nachdem sie in ihren Hafen gelangt waren. Sobald er hörte, daß sie sich weit von ihren Schiffen verstreuten, befahl er seinen eigenen Mannschaften, in voller Geschwindigkeit auf die Küste zuzuhalten und über die feindlichen Schiffe herzufallen. Lediglich neun attische Triëren, einschließlich der des Konon, konnten entkommen, die übrigen waren nicht vollständig oder überhaupt nicht bemannt, sie und ihre Besatzungen fielen kampflos in Lysanders Hände.

Mit einem einzigen brillanten Schlag hatte Lysander die athenische Flotte vernichtet. Er setzte seinen Siegeszug fort, indem er Byzanz und Chalkedon in das Bündnis mit Sparta zurückbrachte und über sie einen Harmosten einsetzte. Dann fuhr er nach Lesbos und brachte die gesamte Insel unter spartanische Kontrolle. Die wenigen noch übrigen athenischen Verbündeten zeigten sich jetzt, mit der einzigen Ausnahme Samos, zum Abfall entschlossen, und Eteonikos ging nach Thrakien, das er auf die Seite Spartas zog. Lysander selbst fuhr mit 200 Schiffen nach Athen, während König Pausanias ein peloponnesisches Heer nach Attika führte und in den Vorstädten Athens sein Lager aufschlug. Lysander vertrieb die Athener aus Melos und Ägina und berief die ursprünglichen Einwohner zurück, er plünderte Salamis und ankerte schließlich im Piräus, den er gegen die Einfahrt von Handelsschiffen abriegelte.

Mit beiden Spartanerkönigen auf attischem Boden und Lysanders Flotte im Piräus blieb den Athenern nichts anderes übrig, als um Frieden zu bitten in der Hoffnung, es würde ihnen wenigstens gestattet werden, ihre Langen Mauern unversehrt zu behalten. Ihre Gesandten wurden von Agis zurückgewiesen, der sie an die Ephoren in Sparta verwies, aber die Ephoren gestatteten ihnen nicht einmal, Lakonien zu betreten, bevor sie nicht mit annehmbaren Vorschlägen einschließlich des Einverständnisses, die Langen Mauern niederzulegen, gekommen seien. So schickten denn die Athener Männer mit unbeschränkter Vollmacht nach Sparta, um einen Vertrag nach den vom Überwinder festgelegten Bedingungen zu schließen. Ein Bundeskongreß kam in Sparta zusammen, auf dem eine Anzahl Städte, am deutlichsten Korinth und Theben, darauf bestand, daß Athen völlig zerstört werde. Aber die Struktur des Bundes unterschied sich jetzt von dem, was er 432 gewesen war. Damals hatten sich die Spartaner durch das Geschrei der Verbündeten dazu überreden lassen, in den Krieg zu ziehen; nun setzten sie sich über deren Meinung hinweg und weigerten sich, eine Stadt zu versklaven, die in anderer Zeit so viel Tatkraft für die panhellenische Sache entfaltet hatte. Die Bedingungen, die man den Athenern zudiktierte, waren trotzdem hart. Sie mußten ihre Langen Mauern zerstören und auch die Mauern des Piräus, politische Verbannte zurückberufen, alle Kriegsschiffe bis auf zwölf ausliefern, dieselben Freunde und Feinde wie Sparta haben und den Spartanern zu Lande und zur See folgen, wohin immer sie führen – wobei die beiden letzten Punkte festen Bestand der Verträge zwischen Sparta und seinen Bundesgenossen bildeten. Die athenische Volksversammlung nahm diese Bedingungen an, und die Zerstörung der Langen Mauern begann. Der Krieg wurde im Jahre 404 mit dem Abzug des Agis aus Dekeleia und einer Expedition des Lysander nach Samos zum formellen Abschluß gebracht. Dort gab er die Insel ihren früheren Bewohnern wieder und ernannte eine »Dekarchie« von Regierenden, über sie zu herrschen. Dann fuhr Lysander nach Sparta mit der ungeheuren Beute, die er gewonnen hatte, und einer großen Summe Geldes, die ihm Kyros als letztes Geschenk überließ.

Zwölftes Kapitel

Das Zeitalter der spartanischen Suprematie

(404–370 v. Chr.)

Im Sommer 404 war Lysander zum stärksten Mann in der stärksten Stadt geworden. Sein Sieg bei Aigospolamoi, den er mit so viel Eleganz und solcher Sparsamkeit in den Mitteln errungen hatte, reihte ihn unter die bedeutendsten Befehlshaber ein, die Sparta je hervorgebracht hatte. Nach dem Sieg war er von einer Stadt des zerbröckelnden Attischen Reiches zur anderen gefahren, hatte Frieden diktiert und spartanische Statthalter, »Harmosten«, und an einigen Orten oligarchische Zehnerbehörden, »Dekarchien«, eingesetzt. Gleichzeitig wurde von den Städten Tribut erhoben, genauso wie es die Athener einst getan hatten. Sparta, das den Krieg begonnen hatte, »um Griechenland zu befreien«, nahm jetzt die Einkünfte für sich in Anspruch, die ihm aus den Seestaaten der Ägäis zuflossen. Dies war der erste, und nur der erste, falsche Schritt, den es unmittelbar nach seinem Siege tat. Die unbestreitbare Vollständigkeit dieses Sieges verursachte ernsthafte verfassungsrechtliche Probleme. Nachdem Sparta die Griechenstädte nur dazu »befreit« hatte, um sie noch vollständiger in Unterwerfung zu halten, erkannten die Spartaner, daß ihr Staat keinen Apparat besaß, ein so weit gestreutes Reich zu verwalten. Daher der Notbehelf Lysanders, die Macht Dekarchien zu überantworten, ob dies nun im Einzelfall ein wirksames Regierungssystem garantierte oder nicht. Tatsächlich hatten die Dekarchien nicht sehr lange Bestand (wie lange, wissen wir nicht), aber die Harmosten verbanden weiterhin die Funktion eines zivilen Verwalters mit der eines Militärgouverneurs.

Schon die Persönlichkeit des Lysander bildete für die Spartaner ein akutes Problem, eines, das sie in ihrem eigenen Hause hatten. Einige unserer Quellen sagen, daß er auf Samos eine fast königliche Stellung hatte, als die Angelegenheiten dort geregelt waren, und daß er bei seiner Rückkehr nach Sparta den Versuch unternahm, das Königtum in eine Wahlmonarchie umzuwandeln, in der Hoffnung, es würde ihm zufallen. Wenn diese Pläne tatsächlich von Lysander ernsthaft erwogen wurden, so führten sie doch zu nichts, aber der Sieg, den er errungen hatte, verlieh ihm in Sparta gewiß außergewöhnliches Ansehen. Noch bevor er erneut in ein Amt bestellt wurde, nützte er seine

Autorität neben den Ephoren und den Königen aus, manchmal sogar im Gegensatz zu ihnen. In dieser Rolle sehen wir ihn zum erstenmal kurz nach der Kapitulation Athens. Die athenischen Oligarchen hatten einen weiteren Staatsstreich unternommen, sie schickten, um ihre Stellung zu stärken, Gesandte nach Sparta. Diese Gesandten wurden von Lysander empfangen, der Anordnungen für die Entsendung einer spartanischen Garnison und eines spartanischen Harmosten nach Athen traf. Unter spartanischem Schutz übten die Oligarchen ein abscheuliches Terrorregime aus. Bürgerkrieg brach zwischen ihnen und demokratischen Widerständlern aus, letztere nisteten sich im Piräus ein. Abermals wandte sich das oligarchische Regime an Lysander, und abermals entsprach er dem, diesmal indem er persönlich nach Attika reiste, während sein Bruder Libys den Piräus von der Seeseite her blockierte. Es schien, daß Lysander auf eine neue Karriere als Eroberer aus war, eine Aussicht, die zweifellos vielen Männern von Gewicht in Sparta mißfiel, vor allem aber dem Agiadenkönig Pausanias, der darüber entsetzt war, daß Lysander nicht nur seinen Ruf mehren, sondern Athen als seine persönliche Domäne ansehen könnte. Daher überredete Pausanias die Mehrheit des Ephorats dazu, ihn selbst mit einem Heer auszusenden, um die Kontrolle über die Lage zu gewinnen. Viele spartanische Verbündete beteiligten sich an diesem Feldzug, doch jetzt zeigte sich ein ernsthafter Riß im Peloponnesischen Bund, denn Theben und Korinth weigerten sich, ein Kontingent zu stellen. Allmählich wurden ihnen die ehrgeizigen spartanischen Pläne klar, sie glaubten, die Spartaner seien willens, die Stadt Athen zu übernehmen und sie als ihre eigene Festung zu verwenden.

Pausanias stellte sein Heer in der Nähe des Piräus auf, er befehligte selbst den rechten Flügel, den linken übertrug er Lysander. Er gebot zunächst den Aufrührern, sich zu zerstreuen. Als sie sich weigerten, griff er sie an, aber ihr kraftvoller Gegenangriff veranlaßte ihn, sich zurückzuziehen. Er nahm eine Umgruppierung seines Heeres vor und führte einen zweiten Angriff bis zum Ende durch, doch gleichzeitig ließ er wissen, wenn die Gegner Gesandte zu ihm schickten, würde er sie wohlwollend empfangen. Eiligst erschienen daraufhin die Gesandten, und Pausanias gewann die Unterstützung der Ephoren, eine Kommission von 15 Mitgliedern zu ernennen, um die verfeindeten Parteien miteinander zu versöhnen.

Die versöhnliche Haltung des Pausanias war in diesem Fall durchaus erfolgreich. Er hätte vielleicht ebenso in anderen Fällen damit Erfolg gehabt, hätte es nicht eine Partei in Sparta vorgezogen, Differenzen durch Anwendung brutaler Gewalt zu lösen. König Agis und sein Nachfolger Agesilaos waren die Vollstrecker dieser aggressiveren Politik. So brach Sparta zwischen 402 und 400 eine Auseinandersetzung mit dem Volk von Elis vom Zaun, mit der Begründung, sie hätten sich vordem mit Athen, Argos und Mantineia verbündet und spartanische Athleten daran gehindert, sich an den Olympischen Spielen zu beteiligen. Natürlich konnten die Eleer einem Heer unter Agis keinen wirksamen Widerstand entgegensetzen, wobei unter den spartanischen Verbündeten, die sich diesem Heer anschlossen, abermals weder Korinther noch Thebaner zu finden waren. Agis zwang das Volk von Elis, die spartanischen Forderungen zu erfüllen, aber er nahm ihnen nicht das Recht, die Olympischen Spiele zu veranstalten.

König Agis starb nach dem Abschluß des Feldzugs gegen Elis, die Nachfolge war zwischen seinem Bruder Agesilaos und seinem Sohn Leotychidas umstritten. Es gab Zweifel – vielleicht waren sie auch nur erfunden – an der legitimen Geburt des Leotychidas. Der Einfluß des Lysander erwies sich in diesem Fall als entscheidend. Er überredete »die Stadt« (eine Bezeichnung, die vermutlich den Rat, das Ephorat und die Volksversammlung sowie den anderen König umfaßt), Agesilaos in das Königsamt zu bestellen. Obwohl Lysander ehrlich gemeint haben mag, Agesilaos würde den besseren König abgeben, handelte er gewiß auch im Sinne seiner eigenen Interessen, wenn er die Kandidatur des Agesilaos förderte. In der Tat erwies sich Agesilaos ebensosehr als Imperialist, wie Lysander selbst einer war. Trotzdem war er nicht anders als Pausanias über das anmaßende Verhalten des Lysander verärgert, mehr als einmal mußte er ihn daran erinnern, wer da der König war und wer der einfache Bürger.

In den Anfängen der Regierung des Agesilaos wurden die Grundlagen des spartanischen Staates durch den Plan einer Revolution erschüttert. Dies war der ernsthafteste Versuch, die Verfassung zu beseitigen, der aus klassischer Zeit bezeugt ist (mit der Einschränkung freilich, daß wir nicht mit Sicherheit wissen, in welchem Ausmaß Lysander seine ehrgeizigen Träume in die Tat umgesetzt hatte). Die genauen Ziele der Verschwörung, die ein gewisser Kinadon leitete, nennt Xenophon, *Hellenika* 3,3,4–11, nicht mit aller Deutlichkeit. Xenophon sagt, Kinadon »war nicht einer von den Gleichen« (vgl. S. 137), und führt den Hinweis des Kinadon auf die Tatsache an, daß die Spartiaten jetzt nur eine kleine Minderheit der freien Bevölkerung bildeten. Hier haben wir eine lebendige Veranschaulichung für die schwindende Bevölkerungskraft der Spartiaten, die Aristoteles als mitverantwortlich für den Niedergang des spartanischen Staates angesprochen hat (vgl. S. 168). Doch während wir mit Gewißheit sagen können, Kinadon wollte das Monopol politischer Macht brechen, das die Spartaner genossen, wissen wir nicht, welcher Art Verfassung er anstelle der »lykurgischen« Ordnung den Vorzug gab. Er scheint seine Pläne gut ausgearbeitet zu haben, nur in einer Hinsicht nicht, in der der Absicherung. Nachrichten von der Verschwörung drangen den Ephoren zu Ohren, die das sehr ernst nahmen und veranlaßten, daß man Kinadon dazu beschwatze, die Namen seiner Verbündeten preiszugeben. Er leugnete die Anklage nicht, sondern antwortete, »er wolle nicht geringer sein als irgendeiner in Sparta« (*Hellenika* 3,3,11). Seine Worte könnten ein wirkungsvolles politisches Schlagwort darstellen, aber sie sind zu unbestimmt, als daß sie uns über sein geplantes Programm Aufschluß geben.

Inzwischen war Sparta abermals in die Angelegenheiten Asiens hineingezogen worden, und es ist auch nicht abzusehen, wie es Verwicklungen in dieser Gegend hätte vermeiden können angesichts der zahlreichen Griechenstädte dort, die auf die Spartaner als ihre Führer und Beschützer sahen. Kyros, der persische Prinz, der Sparta in den Endstadien des Krieges gegen Athen eine große Hilfe gewesen war (vgl. S. 248), stellte sich im Jahre 401 an die Spitze einer Erhebung gegen seinen Bruder Artaxerxes II. Das Heer des Kyros enthielt viele griechische Söldner, sein Zug bis nach Babylon bezeichnet die erste Verwendung griechischer Soldtruppen in großem Stil; in der Folge spielten diese in den Schlachten der Zeit eine zunehmend bedeutende Rolle, selbst in Schlachten, die zwischen griechischen Städten ausgefochten wurden. Sparta gab Kyros die Rückendeckung zur See, die er verlangte, aber sein Abenteuer endete mit seinem eigenen Tod und damit, daß ein griechisches Heer weit vom Meer entfernt gestrandet war. Als die Angehörigen dieses Heeres schließlich ihren Weg zurück zum Bosporos fanden, bildeten sie ein Korps kriegsgewohnter Veteranen, die zu Diensten standen, wo immer der Sold zureichend war.

Nachdem Artaxerxes den Aufstand unter Führung seines Bruders niedergeschlagen hatte, entsandte er Tissaphernes mit Generalvollmacht in den Südwesten Kleinasiens. Er forderte, die Griechen Ioniens sollten seine Untertanen sein, worauf diese so, wie es ihre Vorfahren oft getan hatten, Gesandte an die führende Griechenstadt mit einem Hilfegesuch gegen die Barbaren schickten. Sparta setzte zunächst Thibron mit einer beachtlichen Streitmacht in Marsch, die anscheinend nur sehr wenige Spartiaten enthielt – in der Tat standen jetzt nur sehr wenige Spartiaten zur freien Verfügung –, jedoch durch Männer verstärkt wurde, die am Feldzug des Kyros teilgenommen hatten. Thibrons Erfolg bei seinen militärischen Operationen erfüllte bei weitem nicht die Erwartungen, so daß er durch einen fähigeren spartanischen Befehlshaber, Derkylidas, ersetzt wurde, der Tissaphernes und Pharnabazos in die Defensive drängte und auf einer Friedenskonferenz Persien aufrief, die Unabhängigkeit der griechischen Städte auf asiatischem Boden zu respektieren. Die Perser forderten ihrerseits den Abzug des spartanischen Heeres.

Dies waren die Fortschritte des Derkylidas im Sommer 397. Im folgenden Jahr erhielten die leitenden Behörden in Sparta einen Bericht, man habe beobachtet, daß die Perser eine gewaltige Flotte in phönikischen Gewässern sammelten. Man berief einen Bundeskongreß nach Sparta, eine Versammlung, in der die außergewöhnliche Stellung des Lysander abermals offenkundig wurde. Er stellte den Antrag, eine Expedition der Verbündeten solle unter dem gemeinsamen Befehl seiner selbst und des Königs Agesilaos nach Asien entsandt werden. Das offenkundige Ziel dieses Zugs war natürlich, der persischen Drohung zuvorzukommen, aber Xenophon, *Hellenika* 3,4,2, bemerkt, daß Lysander ebenso hoffte, die Dekarchien wieder einsetzen zu können, die das Ephorat beseitigt hatte. Es ist nicht überraschend, daß Lysander die Feindseligkeit machtvoller Interessengruppen in Sparta erregte. Agesilaos, mit dem zusammen Lysander bestellt war, das Kommando in Asien zu teilen, sah diesen weder als Feind noch als Freund an, sondern als außergewöhnlich befähigten Bürger, den man nur gelegentlich an seine Stellung gemahnen mußte. Der König erwies sich auf diesem Feldzug wie auch auf zahlreichen nachfolgenden als ausgezeichneter militärischer Befehlshaber und gewitzter Stratege, doch er zeigte gelegentlich einen gewissen Größenwahn, den nicht einmal sein stärkster Lobredner, Xenophon, zu verbergen vermag. In mythischer Zeit war Agamemnon auf seinem Weg nach Troja in den böotischen Hafen Aulis eingelaufen. Agesilaos hielt es seiner eigenen Bedeutung für angemessen, dasselbe zu tun. Er kam mit einer einzigen Triëre nach Aulis und befand sich dabei, Opfer darzubringen, als ihn Reiter, die von den Führern des Böotischen Bundes entsandt waren, mit Gewalt an der Fortsetzung der heiligen Handlung hinderten und die Opfer vom Altar warfen. Daß ein Spartanerkönig auf befreundetem Boden derartig beleidigt wurde, zeigt deutlich, wie stark die Abneigung gegen Sparta in einigen Teilen Böotiens war. Aus Vorfällen wie diesen, wobei manche trivial oder gar lächerlich sind, müssen wir unsere Kenntnis von der weiten Kluft gründen, die sich zwischen Sparta und seinen drei mächtigsten Verbündeten, Athen, Korinth und Theben, auftat. Zweimal haben wir bereits (vgl. S. 253) die Weigerung Thebens und Korinths angemerkt, auf Spartas Anforderung hin Streitkräfte zu entsenden; jetzt haben wir den Schimpf, der Agesilaos in Böotien angetan wurde, und es muß etwa zur selben Zeit gewesen sein, daß einige Athener auf privatem Wege der Flotte des Konon Ausrüstungsmaterial schickten, vermutlich zum Einsatz auf persischer Seite gegen Sparta (*Hellenika Oxyrhynchia* 6 f.). Für den Augenblick fuhr Agesilaos von Aulis ab, voll Zorn gegen die Thebaner, dem er freien Lauf lassen sollte, bevor noch allzu viele Jahre vergangen waren.

Die erste Aktion des Agesilaos bei der Übernahme des Kommandos in Asien war die Verlängerung des Waffenstillstands, der zwischen Derkylidas und den persischen Satrapen geschlossen worden war. Tissaphernes brach auf der Stelle die Waffenstillstandsbedingungen und führte eine Reiterabteilung heran, die dem Heer des Agesilaos in Phrygien Schaden tat. Agesilaos besaß offenbar keine ausreichende Streitmacht, um gegen diesen verräterischen Feind vorzugehen, weshalb er in Ephesos überwinterte, seine Reiterei verstärkte und die ganze Stadt in eine »Kriegswerkstatt« verwandelte (Xenophon, *Hellenika* 3,4,17). Nun näherte sich die Kampagne 395; Lysander und seine kleine Gruppe Spartiaten waren durch andere ersetzt worden, und Agesilaos führte sein Heer in Richtung Sardeis. Die Einzelheiten dieses Marsches sind unklar, aber an irgendeiner Stelle in der Nähe des Flusses Paktolos zwang er ein persisches Heer, sich mit ihm zu schlagen, bevor es noch kampfbereit war. Die Perser widerstanden einem griechischen Reiterangriff, doch unter dem Druck der Hoplitenphalanx brachen sie zusammen. Artaxerxes rügte Tissaphernes persönlich für die persische Niederlage, er schickte einen neuen Satrapen, Tithraustes, ihn abzulösen und ihn hinzurichten. Tithraustes trat mit Agesilaos in Unterhandlungen, wobei er sagte, da nun Tissaphernes aus dem Wege sei, gebe es keinen Streitpunkt mehr zwischen Sparta und dem Persischen Reich; Agesilaos solle daher sein Heer in die Heimat führen, die griechischen Städte auf asiatischem Boden sollten autonom sein, unter der Vorbedingung, daß sie den traditionellen Tribut an den König Persiens entrichteten. Agesilaos entgegnete, er besitze keine Vollmacht, unter diesen Bedingungen ein Übereinkommen zu schließen, er wolle zunächst die Sache den Behörden in Sparta vorlegen. Während er auf eine Antwort aus Sparta wartete,

entschloß er sich, sein Heer nach Phrygien, der Satrapie des Pharnabazos, zu führen und dort den Winter zu verbringen. Bevor er nach Phrygien abmarschierte, ernannte er Peisandros zum Flottenbefehlshaber mit der Anweisung, eine Flotte für die Operationen im kommenden Frühjahr auszurüsten.
Mit seinem Einfall in Phrygien ergriff Agesilaos wiederum die Initiative, er verheerte das Land und versuchte, Provinzen von ihrer Anhänglichkeit an den Perserkönig abzubringen und Pharnabazos wie einen Nomaden in Bewegung zu halten. Aber als es zu einer Konferenz zwischen ihm und Pharnabazos kam, ließ sich Agesilaos von dem Charme dieses Mannes so einnehmen, daß er ihm anbot, sein Gebiet zu verlassen. Dies tat er zu Beginn des Frühjahrs 394. Er befand sich jetzt an der Spitze eines mächtigen Heeres, für das es indes nicht sehr viel zu tun gab. Wieder einmal zeigte Agesilaos, der tüchtige Schlachtengewinner, wie einfallslos er bei größeren Aufgaben war. Er entwikkelte den Plan, seine Streitkräfte noch mehr zu verstärken und sie auf einem grandiosen Zug in das Innere des Persischen Reiches zu führen, um Provinzen loszureißen, wie sie ihm in den Weg kamen. Doch es wurde ihm nicht Gelegenheit gegeben, diesen Plan in die Tat umzusetzen, denn im vorhergehenden Jahr waren die schwelenden antispartanischen Stimmungen innerhalb des Bundes aufgeflammt, Sparta sah sich plötzlich einer Koalition von Feinden gegenüber. Agesilaos erhielt Befehl, in die Heimat aufzubrechen, und gehorchte unverzüglich, wobei er einen Harmosten für Kleinasien bestellte und sein Heer auf dem Weg zurückführte, den Xerxes im Jahre 480 eingeschlagen hatte.

Leider können wir die innere Motivation für die Ereignisse im Griechenland des Jahres 395 heute nicht mehr in den Griff bekommen, doch der äußere Hergang läßt sich mit wenigen Worten erzählen. Theben, Korinth und Athen nahmen im Verein mit Argos eine so feindselige Haltung gegen Sparta ein, daß sich dieses gezwungen sah, gegen sie einen Schlag zu führen, falls sie ein mächtiges antispartanisches Bündnis schließen würden. Xenophon schreibt den Ausbruch antispartanischer Gefühle persischer Verräterei und einer persischen Bestechung zu. Seinem Bericht zufolge hatte sich Tithraustes der Dienste eines gewissen Timokrates von Rhodos versichert. Diesem Manne vertraute er eine große Menge Gold an, wobei er von ihm verlangte, es an verschiedene einflußreiche Persönlichkeiten in Griechenland zu verteilen, falls sie es unternehmen würden, jeweils ihre eigene Stadt in einen Krieg mit Sparta zu verstricken. Wir brauchen nicht daran zu zweifeln, daß Timokrates mit einem solchen Auftrag entsendet wurde, aber Tithraustes kann kaum erwartet haben und auch wir können es kaum glauben, daß diese Mission so erfolgreich war, daß sich im Verlauf eines einzigen Sommers Argos, Athen, Korinth und Theben, jede Stadt einzeln für sich, zum Krieg gegen Sparta entschlossen, daß Theben die geeignete Initiative zum Kriegsbeginn ergriff und Athen Hilfstruppen für Theben mobilisierte. Es ist unmöglich, daß Timokrates all dies in so kurzer Zeit erreichte, wieviel Geld er auch verteilt haben mag. Wir müssen eher an eine Verschwörung denken, die im Lauf einiger Jahre heranreifte, in Reaktion auf die anmaßende Haltung Spartas und seine Unbekümmertheit gegenüber den Ansprüchen und Rechten seiner Verbündeten. Die Rolle, die Timokrates spielte, vielleicht eine wichtige Rolle, bestand darin, bestechliche Politiker zu finden, die einer antispartanischen Politik erst dann wirksame Unterstützung zu geben bereit waren, wenn sie angemessen bezahlt wurden.

Der Krieg, der im Jahre 395 ausbrach und acht Jahre dauerte, ist unter der Bezeichnung Korinthischer Krieg bekannt, weil viele militärische Operationen auf dem Isthmos von Korinth oder in seiner Nähe durchgeführt wurden, doch in Wahrheit kam es in Mittelgriechenland zu den ersten größeren Kampfhandlungen. Die Thebaner provozierten den Krieg damit, daß sie in Phokis einfielen, worauf die Phoker, zu schwach, ihr Land aus eigener Kraft zu verteidigen, Sparta um Hilfe baten. Die Ephoren handelten ohne Verzögerung, sie schickten Lysander nach Phokis mit Anweisungen, ein Heer aus Phokern und anderen Verbündeten zu sammeln und dann nach Haliartos zu marschieren, einer kleinen Stadt in Böotien zwischen Theben und Orchomenes, wo er sich mit Pausanias an einem vorausbestimmten Tag treffen sollte. Lysander führte seine Befehle aus, ja er vollbrachte in der Tat mehr, als man von ihm verlangt hatte, denn auf seinem Marsch nach Haliartos veranlaßte er Orchomenos, den Böotischen Bund zu verlassen, dessen Haupt Theben war. Inzwischen wartete Pausanias in Tegea, während er ein Heer der Verbündeten sammelte.

Die Initiative war auf Sparta übergegangen, die Thebaner merkten, daß sie dem Ansturm eines starken spartanischen Heeres nicht würden Widerstand leisten können, es sei denn, von irgendeiner Seite her erschiene Hilfe. So ließen sie denn von ihrer alten Feindschaft zwischen ihrer Stadt und Athen und schickten mit einem Hilfegesuch Gesandte an die athenische Volksversammlung. Ein thebanischer

Sprecher trug nach Xenophon einen Katalog von Klagen gegen Sparta vor: Es habe den Eleern Land weggenommen, es habe seinen Verbündeten einen Anteil an der Kriegsbeute und einen Anteil an der Regierung eroberter Gebiete verweigert, kurz, es habe sich seinen Verbündeten gegenüber verhalten wie ein Herr gegenüber seinen Heiloten. Daraufhin beschloß die Volksversammlung einstimmig, den Thebanern all die feindseligen Handlungen zu vergeben, die sie sich in der Vergangenheit hatten zuschulden kommen lassen, und mit ihnen gemeinsame Sache gegen Sparta zu machen.

Lysander kam vor Pausanias nach Haliartos. Anstatt auf das Erscheinen des Königs zu warten, rückte er an die Mauern der Stadt heran und versuchte, diese dem Böotischen Bund abzuwerben. Eine thebanische Streitmacht rückte an, und in dem darauffolgenden Scharmützel fiel Lysander. Die Thebaner hatten in dem Kampf den kürzeren gezogen, aber ihre Stimmung hob sich wieder, als sie merkten, daß nicht nur Lysander gefallen war, sondern auch sein Heer sich zerstreute. Erneut gerieten sie durch die Ankunft des Pausanias in Verwirrung, aber sie faßten sich wieder, als er untätig blieb, und vor allem, als sie Verstärkung durch ein athenisches Heer erhielten. Pausanias suchte um Genehmigung nach, die Leichen Lysanders und anderer aufzunehmen. Die Thebaner gewährten dies unter der Bedingung, daß das spartanische Heer auf der Stelle abziehe. Pausanias nahm diese Bedingung an, aber bei seiner Rückkehr nach Sparta wurde er in einem Prozeß auf Leben und Tod vor Gericht gezogen, der Pflichtverletzung angeklagt, weil er zu spät zu dem Zusammentreffen mit Lysander gekommen war, und der Feigheit, weil er sich dem Kampf um die Leichen entzogen hatte. Er wurde zum Tode verurteilt, floh jedoch nach Tegea, wo er den Rest seines Lebens verbrachte, während sein Sohn Agesipolis nun das agiadische Königsamt übernahm. Nach Strabon 8,5,5 wurde der Sturz des Pausanias von dem anderen Königshaus betrieben. Nachdem er ins Exil gegangen war, soll er eine Abhandlung über die Gesetze des Lykurg geschrieben haben.

Im ersten Jahr des Korinthischen Krieges hatte Sparta wenig gewonnen und viel verloren, aber im folgenden Sommer funktionierte seine Kriegsmaschine wieder mit der gewohnten Perfektion, wiewohl der spartanische Erfolg zu Lande zu einem Teil durch eine Niederlage auf See aufgehoben wurde. Sparta griff seine Feinde von zwei Richtungen her an, zuerst durch eine Streitmacht, die die Ephoren aufstellten und nach Norden in korinthisches Gebiet entsandten, dann durch das hervorragende Heer des Agesilaos, das in südlicher Richtung nach Böotien hineinstieß. Der erste Zusammenstoß, der in der Nähe von Korinth ausgefochten wurde, war ein typischer Hoplitenkampf, in dem es sehr schwer war, über ein spartanisches Heer die Oberhand zu gewinnen. In diesem Falle wurden die verbündeten Streitkräfte auf der linken Seite der spartanischen Schlachtreihe geschlagen, aber die Spartaner selbst durchbrachen die Linie der Athener, die ihnen gegenüberstanden, schwenkten um und machten mit den Argivern, Thebanern und Korinthern kurzen Prozeß. Der spartanische Sieg in dieser Gegend war ein wirksamer Gegenschlag gegen die Vorstellung von einer Invasion Lakoniens, von der einige Heißsporne auf der anderen Seite nicht lassen wollten. Alles, was sich die Korinther jetzt erhoffen konnten, war, die Befestigung des Isthmos möglichst zu verstärken, in der Erwartung, dadurch würde jeglicher Vorstoß Spartas nach Attika und Böotien verhindert.

Was den Spartanern zu diesem Zeitpunkt fehlte, war eine Flotte, die es ihnen ermöglicht hätte, die Mauern des Isthmos zu umfahren und Truppen weiter nördlich an Land zu setzen, denn die Schiffe, die Agesilaos dem Peisandros anvertraut hatte (vgl. S. 258), gingen in einer Schlacht vor Knidos verloren. Peisandros, der nur unzulängliche, unzuverlässige Truppen zur Verfügung hatte, versuchte die feindliche Linie zu durchbrechen, die unter dem gemeinsamen Befehl des Pharnabazos und des Konon stand. Von einem großen Teil der Schiffe seiner Verbündeten im Stich gelassen, wurde Peisandros an die Küste gedrängt, wo er im Kampf bei seinem Schiff den Tod fand. Pharnabazos und Konon nutzten diesen Sieg energisch aus, sie fuhren zu mehreren Ägäisinseln, auf denen sie die spartanischen Harmosten vertrieben, womit sie überall enthusiastische Aufnahme fanden. Pharnabazos landete in Ephesos und schickte Konon mit einer kleinen Flotte nach Sestos, wobei er ihm versprach, er werde selbst zu Lande nach dem Hellespont kommen. Aber Derkylidas, der spartanische Harmost in Abydos, setzte nach Sestos über und achtete darauf, daß die Stadt loyal blieb. Er traf Anstalten, sie gegen alle Anstürmenden zu halten, so daß der Feind keinerlei Fortschritte gegen sie erzielen konnte. Jedenfalls hatte Pharnabazos Pläne entworfen, den Krieg viel näher an Sparta heranzutragen, Pläne, die er im folgenden Jahr verwirklichen sollte.

Inzwischen hatte Agesilaos sein Heer nach Griechenland zurückgeführt. Die antispartanischen Staaten stellten eine gewaltige Streitmacht auf, um ihm in der Ebene von Koroneia an der Straße von

Theben nach Phokis entgegenzutreten. Im feindlichen Heer befanden sich Kontingente aus Böotien, Euböa, Athen, Argos, Korinth und anderen Staaten. Die Krieger des Agesilaos stammten aus einem viel weiteren Gebiet der griechischen Welt und sogar von einigen Orten außerhalb. Die Spartiaten, die im Heer dienten, waren nun zu einem sehr kleinen Anteil geschmolzen, die Mehrzahl bestand aus *neodamodeis*, Perioken, Verbündeten und Männern aus Ionien und vom Hellespont. Doch sie hatten miteinander in Asien gefochten und sie waren miteinander der langen Straße des Rückwegs gefolgt und außerdem gut ausgerüstet und gut geführt. Wie es unter diesen Umständen zu erwarten war, errang Agesilaos einen bedeutenden Sieg. Die Spartaner und die Thebaner durchbrachen jeweils die feindliche Linie, dann wurden sie miteinander handgemein. Die Thebaner wurden geworfen, einige fanden Zuflucht im Helikongebirge, aber viele wurden auf der Flucht getötet. Wiewohl der Sieg des Agesilaos imponierend war, hatte er nur geringe politische oder strategische Bedeutung, mit der einen Ausnahme, daß er die feindliche Koalition daran hinderte, abermals die offene Feldschlacht mit einem spartanischen Befehlshaber zu suchen. Wie Agis nach der Schlacht bei Mantineia (vgl. S. 240) unternahm Agesilaos keinen Versuch, seinen Erfolg auszunützen, etwa indem er gegen Theben vorrückte, er entließ vielmehr sein Heer und fuhr nach Hause.

In den restlichen Jahren des Korinthischen Krieges war Sparta damit beschäftigt, die Pattsituation auf dem Isthmos zu durchbrechen und eine Übereinkunft mit Persien zu erreichen, die seine Suprematie, zumindest auf dem griechischen Festland, unangetastet ließ. Zu Lande machten die antispartanischen Staaten Korinth zu ihrer Basis, während sich die Spartaner auf Sikyon stützten. Größere Truppeneinheiten wurden nicht mehr ins Feld geführt, der Krieg wurde zu einer Sache des Garnisonsdienstes, dessen Hauptlast auf Korinth ruhte, und von Vorstößen kleineren Ausmaßes. Mehr und mehr hatten Söldnertruppen Anteil an den Kämpfen, die es noch gab. Die Interessen Spartas wurden durch drei Entwicklungen bedroht. Die erste und kurzfristig schädlichste war die Tätigkeit der Flotte unter Pharnabazos und Konon. Diese Befehlshaber errichteten eine Basis auf Melos, von der aus sie lakonisches Gebiet überfielen und eine Garnison nach Kythera legten. Pharnabazos kam zum Isthmos und verteilte Geld für die Weiterführung des Krieges gegen Sparta, er schickte auch Konon auf dessen eigenes Ansuchen hin in der Absicht nach Athen, die Langen Mauern wieder aufbauen zu lassen, die im Jahre 404 geschleift worden waren (vgl. S. 250 f.). Als die Arbeiten abgeschlossen waren, wurde Athen abermals zu einer Stadt, die sich verteidigen ließ, und bildete so eine zweite Bedrohung für Sparta, die im Augenblick allerdings nur potentiell war. Die dritte Bedrohung ergab sich aus der politischen Vereinigung zwischen Argos und Korinth. Da diese mit dem einzigen Ziel zustande kam, den Kampf gegen Sparta wirksamer zu gestalten, schlug sie nicht tiefe Wurzeln, aber sie war für Sparta besonders unangenehm, weshalb es auch am Ende des Krieges auf ihrer Auflösung bestand.

Die Spartaner scheinen keinen umfassenden strategischen Plan entwikkelt zu haben, mit ihrer schlimmen Lage fertig zu werden. Sie taten mehr, als ihren Besitzstand zu wahren, aber sie konnten sich nicht dazu überwinden, einen entscheidenden Schlag gegen das feindliche Bündnis zu führen. Zum Beispiel gelang es, in die Mauer zwischen Korinth und dem Meer eine Bresche zu schlagen, der spartanische Befehlshaber stieß hindurch und gewann eine Schlacht, aber nichts geschah, um diesen Vorteil auszunützen. Agesilaos hatte ebenfalls einigen Erfolg auf dem Vorgebirge westlich von Korinth, doch dies wurde ausgeglichen durch einen wütenden Angriff von Speerwerfern auf einen Teil seines Heeres, er mußte seine gelähmte Truppe bei Nacht heimführen, um dem Gespött der Einwohner zu entgehen. Wie es in alter Zeit geschehen war, fielen beide Spartanerkönige in argivisches Gebiet ein, und Agesilaos führte auf Bitten der Achäer eine Expedition nach Akarnanien.

Sparta erkannte, daß es gegen seine Feinde nur wenige Fortschritte machen konnte, solange Pharnabazos den Athenern so tatkräftige Unterstützung lieh. Es schickte daher Antialkidas als Botschafter zu Tiribazos, den prospartanischen Satrapen in Sardeis, mit Vorschlägen für einen Friedensvertrag zwischen den Spartanern und Artaxerxes (392). Antialkidas entsagte im Namen Spartas allen Ansprüchen auf griechische Städte in Kleinasien und machte den Vorschlag, alle griechischen Staaten sollten autonom sein. Gesandte der Hauptfeinde Spartas machten ebenfalls bei Tiribazos ihre Aufwartung. Sie lehnten alle Vorschläge Spartas ab, da diese ihre Interessen auf verschiedene Weise beeinträchtigen mußten: Athen hätte dann die Inseln Imbros, Lemnos und Skyros aufzugeben; Argos und Korinth müßten ihre Union auflösen; und Theben hätte seine Kontrolle über die anderen Städte Böotiens verloren. Tiribazos unternahm es, die Angebote zu Artaxerxes nach Susa hinaufzubringen, doch bevor er abreiste, legte er Konon, den Leiter der athenischen Delegation, in Fesseln und gab

Antialkidas heimlich Geld als Beitrag zur Ausrüstung einer neuen Flotte.
Während der Abwesenheit des Tiribazos schickte Artaxerxes einen neuen Satrapen namens Struthas, der kräftig gegen Sparta arbeitete. Um seinen Einfluß auszugleichen, entsandten die Spartaner Thibron als Flottenbefehlshaber, der von seiner Basis Ephesos aus in persisches Gebiet einfiel und eine Anzahl Städte auf seine Seite brachte, bis er schließlich bei einem unvermuteten persischen Angriff getötet wurde. Es lag nun an Sparta, Thibron in Kleinasien zu ersetzen und auch einem Hilfegesuch einer oligarchischen Partei auf Rhodos zu entsprechen. Die erste Flotte, die nach Rhodos entsandt wurde, erwies sich als unzureichend, sie mußte durch eine Anzahl Schiffe verstärkt werden, die Teleutias, der Bruder des Agesilaos, befehligte. Athen zeigte sich über die erstarkende Seemacht, die die Spartaner ins Feld führten, beunruhigt, daher erhielt Thrasybulos Befehl, eine Flottenexpedition in die östliche Ägäis zu führen. Gegen die spartanischen Streitkräfte auf Rhodos konnte er nichts ausrichten, daher fuhr er zum Hellespont, wo er einige Erfolge zu verzeichnen hatte. Nachdem Thrasybulos bei dem Unternehmen zu Tode gekommen war, wandten sich die spartanischen Streitkräfte zum Hellespont, um seine Arbeit in diesem Gebiet wieder ungeschehen zu machen, aber sie wurden von dem athenischen Strategen Iphikrates mit seinen Speerwerfern überwältigt, der spartanische Harmost fiel.
Das Eingreifen des Iphikrates hatte die abhängigen Gebiete in der Hellespontgegend für den Augenblick gesichert, aber andererseits war Athen in der Gefahr, die Kontrolle über die Gewässer rund um seine eigenen Küsten zu verlieren. Teleutias richtete sich auf Ägina ein und befuhr das Meer, um Schaden zu tun, soviel er nur konnte. Unter anderen Kriegstaten unternahm er einen kühnen Überfall auf den Piräus und fing Handelsschiffe vor Sunion ab.
Der Korinthische Krieg hätte sich noch länger hingeschleppt, aber Artaxerxes schuf im Jahre 387 die Möglichkeit, ihn zu beenden. In diesem Jahr kehrte Antialkidas mit Tiribazos aus Susa zurück und brachte die Vertragsbedingungen mit, die der Großkönig den griechischen Staaten auferlegte. Antialkidas war ebensosehr Admiral wie Diplomat. Als er erfuhr, daß die Athener am Hellespont die Oberhand gewonnen hatten, machte er eine starke Flotte seeklar, zu der Dionysios, der Tyrann von Syrakus, 20 Schiffe beisteuerte, und fuhr nach Abydos aus. Er fing die Schiffe des Feindes ab, machte sich selbst zum Herrn der See und hinderte die Handelsleute daran, nach Athen zu

fahren. In dieser Lage waren die Athener dankbar, den »Königsfrieden«, der auch als Frieden des Antialkidas bekannt ist, annehmen zu können. Sie konnten sich kaum von der attischen Küste wegbewegen, ohne von der Flotte des Teleutias angegriffen zu werden, ihre Zufuhren aus dem Schwarzmeergebiet waren abgeschnitten, und bei einer Fortsetzung des Krieges sahen sie sich dem Risiko einer noch katastrophaleren Niederlage als 404 ausgesetzt, nach der sie wenigstens ihre Unabhängigkeit hatten behalten dürfen. Argos merkte ebenfalls, daß es vom Königsfrieden seinen Nutzen haben werde, denn die spartanischen Einfälle auf sein Gebiet waren angesichts seiner offenkundigen Ohnmacht, sie zu verhindern, zuletzt zunehmend lästiger geworden. Auch die Spartaner selbst sahen einem Ende der Feindseligkeiten entgegen, die an ihren finanziellen Mitteln zehrten, da sie es erforderlich machten, Garnisonen auf dem Isthmos und in Orchomenos zu unterhalten.

Der Königsfrieden bestimmte, daß die Perser das gesamte Kleinasien für sich behalten und daß alle Griechenstädte außerhalb Asiens autonom sein sollten; außerdem drohte Artaxerxes, alle Kriegführenden anzugreifen, die sich weigerten, die Bestimmungen des Vertrags einzuhalten. Die von Artaxerxes vorgeschriebene Vereinbarung war als *koine eirene* bekannt, als »Allgemeiner Frieden«, durch den alle griechischen Staaten frei und gleichberechtigt wurden. Nach seinem Abschluß betrachtete man den Königsfrieden als wünschenswerte Norm, denn wann immer später in diesem Jahrhundert Verträge abgeschlossen wurden, hatten sie das Ziel, die griechische Welt zu dieser Norm zurückzuführen. Für die Griechen war es notwendig, wenngleich demütigend, sich für die Beilegung ihrer dauernden Differenzen an den Perserkönig zu wenden. Obwohl in einigen Staaten politisches Denken und politische Einrichtungen einen fortgeschrittenen Stand erreicht hatten, war es den Städten im allgemeinen doch nicht gelungen, ein entsprechendes System des ›Völkerrechts‹ zu entwickeln, um den Frieden aufrechtzuerhalten. Eide, die als bindend galten, hinderten nicht, daß Verträge beständig gebrochen wurden, wenn sie mit Eigeninteressen in Konflikt gerieten. Der Peloponnesische Bund, der theoretisch eine gesunde Basis für den Aufbau eines panhellenischen Bundes hätte bilden können, war von Sparta selbst mißbraucht worden, und die einzige Antwort lag, wie Artaxerxes erkannte, in der Auflösung aller Bündnissysteme. Agesilaos ernannte sich selbst zum Ausleger und Garanten des Königsfriedens, er bestand darauf, daß Korinth und Argos ihre Vereinigung beendeten und daß

Theben die Kontrolle über die anderen böotischen Städte aufgeben solle. Sparta benützte so den Frieden als ein Instrument, seine Feinde voneinander zu isolieren und seine Suprematie wiederzugewinnen.

In den nächsten drei Jahren nach Beendigung des Korinthischen Krieges schlug Sparta einen Kurs der Gegenvorwürfe ein, wobei es sich eifrig bemühte, diejenigen peloponnesischen Verbündeten zu bestrafen, die ihm im Kriege nicht ihre volle Unterstützung geliehen hatten. Agesilaos begünstigte diese Politik mit allen Kräften, er mag sogar ihr Erfinder gewesen sein. Die Spartaner statuierten an Mantineia ein Exempel, indem sie forderten, die Stadt solle ihre Mauern schleifen. Als sich diese weigerte, sammelte König Agesipolis ein Heer und zog in das Gebiet von Mantineia, wobei er das Land verwüstete. Die Mantineer beharrten auf ihrer Weigerung, worauf Agesipolis den Fluß aufstauen ließ, der durch die Stadt floß, und sie so zum Nachgeben zwang, als ihre Gebäude Gefahr liefen, durch das Hochwasser zerstört zu werden. So wurden die Mauern Mantineias schließlich doch niedergelegt, eine oligarchische Regierung mit starken prospartanischen Neigungen wurde an die Macht gebracht und die Stadt in die Dörfer aufgelöst, aus denen sie sich gebildet hatte.
Wie in vielen anderen Städten der Peloponnes gab es auch in Phleius eine spartafreundliche und eine spartafeindliche Partei. Eine Anzahl prospartanischer Bürger war vertrieben worden, die jetzt mit ihren Beschwerden nach Sparta kamen. Die Ephoren nahmen sich ihrer Sache an und verwiesen sie an die Behörden von Phleius. Diese hatten Angst, wenn sie die Forderung der Ephoren nicht erfüllten, würden sie das Schicksal der Mantineer erleiden, und gewährten daher den Verbannten die Rückkehr. Aber die Angelegenheit war damit noch nicht zu Ende, denn die Verbannten meinten, sie hätten nicht zurückerhalten, was ihnen zustehe, und wandten sich abermals an Sparta. Sie gewannen jetzt die Unterstützung des Agesilaos, der ein Heer nach Phleius führte und es zur Übergabe zwang. Dann legte er eine spartanische Garnison in die Stadt und ernannte Beauftragte, eine neue Verfassung zu schaffen.

Im Jahre 383 wurde Sparta tief in die innere Politik Thebens verstrickt. In ihrem Übereifer, einen Vorteil des Augenblicks ohne Erwägung möglicher Konsequenzen wahrzunehmen, setzten die Spartaner dabei eine Reihe von Ereignissen in Gang, die sie schließlich ihre Vorherrschaft in Griechenland kosten sollten. Das thebanische Abenteuer kam ganz zufällig zustande, als Nebenprodukt eines Zuges nach der Chalkidike. Abordnungen aus Akanthos und Apollonia waren nach Sparta gereist und berichteten, die Macht Olynths nehme ständig zu, es bestehe die Gefahr eines olynthisch-thebanisch-athenischen Dreibundes; außerdem würden ihre eigenen Städte letztlich, wenn auch gegen ihren Willen, in die olynthische Machtsphäre einbezogen, wenn nicht Sparta etwas unternehme, dies zu verhindern. Unter diesen Umständen war ein Zug im Rahmen des Königsfriedens leicht zu rechtfertigen, da Sparta den Anspruch erheben konnte, die Autonomie griechischer Städte zu wahren. Eine Versammlung des Peloponnesischen Bundes gab ihre Zustimmung zur Entsendung einer starken Streitmacht, von der ein Teil unter dem Befehl des Eudamidas auf der Stelle ausfuhr. Er schlug sein Hauptquartier in Poteidaia auf und wartete auf die Ankunft seines Bruders Phoibidas, der den Auftrag erhalten hatte, mit dem Gros des Heeres auf dem Landweg zu marschieren. Als Phoibidas mit seinem Heer nach Böotien kam, wurde seine Aufmerksamkeit jedoch auf Theben gelenkt. Damals war Theben in zwei starke Parteien gespalten, deren eine spartanische Interessen unterstützte, während die andere eine scharfe Opposition dagegen trieb. Der thebanische Oberbeamte Ismenidas war der Führer der antispartanischen Partei, während ein anderer Oberbeamter, Leontiadas, eindeutig prospartanisch eingestellt war. Dieser Leontiadas wandte sich nun an Phoibidas, er sagte ihm, es sei ihm möglich, eine kleine Zahl Hopliten auf die thebanische Akropolis zu führen; wenn man sie erst in Besitz habe, würde Sparta Herr über Theben sein. Der Anschlag gelang, Phoibidas richtete sich auf der Akropolis ein und brachte so Theben unter direkte spartanische Kontrolle. Ismenias wurde unter Arrest gestellt, seine Anhänger flohen nach Athen.

Dem Vorgehen des Phoibidas begegnete man im Ephorat und in der spartanischen Volksversammlung mit Mißbilligung, nicht aus moralischen Gründen, weil er eine andere Stadt in flagranter Mißachtung des Königsfriedens annektiert hatte, sondern weil die notwendige Autorisierung von seiten des spartanischen Staates fehlte. Aber auf den Rat des Agesilaos hin wurde das *fait accompli* in Sparta hingenommen, denn man meinte, es liege so sehr in spartanischem Interesse, einen Stützpunkt in Theben zu besitzen, daß man die von Phoibidas verursachte technische Panne übersehen sollte. Nachdem die Spartaner erst auf diesen Kurs eingeschwenkt waren, zogen sie, von ihrem Standpunkt aus durchaus logisch, Ismenias vor Gericht. Drei Richter aus Sparta und ein Richter aus jedem der verbündeten Staaten kamen nach

Theben und stellten Ismenias unter die Anklage, mit Persien zusammengearbeitet und von Artaxerxes Geld genommen zu haben. Die Richter befanden Ismenias schuldig, wozu sie ja schließlich verpflichtet waren, und verurteilten ihn zum Tode. Das Fehlen eines internationalen Gerichtshofs war nie so deutlich fühlbar wie damals, als Sparta zugleich Ankläger und Richter in eigener Sache war und außerdem Ismenias genau derselben ›Verbrechen‹ beschuldigte, die es selbst begangen hatte.
Bis zum Jahre 378 gab es keinerlei wirksame Maßnahme, die spartanische Besetzung Thebens rückgängig zu machen. In den dazwischenliegenden Jahren nahm sich Sparta der olynthischen Frage an, die der Vorfall in Theben unterbrochen hatte. Teleutias wurde als Harmost nach der Chalkidike entsandt, aber im zweiten Jahr seines Feldzugs wurde er getötet, sein Heer wurde geschlagen. Die spartanische Volksversammlung stimmte dafür, eine Expedition größeren Umfangs unter dem Befehl des Agesipolis zu entsenden, doch der König starb auf diesem Feldzug an einem Fieber, sein einbalsamierter Leichnam wurde nach Sparta zurückgesandt. Auf ihn folgte sein Bruder Kleombrotos, während sein Vater Pausanias noch immer in Tegea lebte: Er weihte einen Stein in Delphi zu Ehren des toten Sohnes, von dem die Basisinschrift noch erhalten ist. Die Spartaner lockerten den Druck auf Olynth nicht, schließlich kapitulierte die Stadt und schwur, ein aufrichtiger Verbündeter Spartas zu sein.

Im Jahre 379, nach Abschluß ihres olynthischen Feldzugs, befanden sich die Spartaner allem Anschein nach auf dem eigentlichen Höhepunkt ihrer Macht: Theben war unterworfen, Korinth vollständig loyal, die Argiver waren gedemütigt worden und gaben keinen Anlaß zur Unruhe mehr, und Athen fand sich ohne Verbündete, während jene spartanischen Verbündeten, die unfreundlicher Akte beschuldigt wurden, bestraft worden waren. So faßt Xenophon die Lage zusammen, korrekt, soweit wir sagen können, mit Ausnahme seiner Behauptung über Athen. Diese Stadt war in Wirklichkeit dabei, in aller Stille Verbündete zu werben, obwohl die Bildung eines formellen Bundes erst zwei Jahre später zustande kam. Xenophon (*Hellenika* 5,4,1) ist wie Herodot und Thukydides von dem Gegensatz zwischen glanzvollem Glück und darauffolgendem Fall fasziniert. Das Heer des Xerxes war im Stolz auf seine Kraft ausgezogen und war gebrochen und geschlagen heimgekehrt, und auch der Armada, die die Athener nach Sizilien entsandten, war es nicht anders ergangen. Und die Spartaner, die den Königsfrieden gebrochen hatten, als sie in anmaßender Weise die Akropolis in Theben besetzten, wurden in eben dieser Gegend überwältigt.

Die Gegenrevolution in Theben wurde von einem Mann in die Wege geleitet, der der Regierung nahestand, und zwar im Zusammenspiel mit thebanischen Verbannten, die nach Athen gegangen waren. Leontiadas und die prospartanischen Beamten wurden ermordet, die Verbannten zur Heimkehr aufgefordert. Noch immer hielt ein spartanischer Harmost die Akropolis besetzt. Er schickte nach Plataä und Thespiai um Hilfe, aber einige Platäer wurden unterwegs abgefangen und getötet, bevor sie die Stadt erreichen konnten. Der Harmost verlor die Nerven, er ordnete die Räumung der Akropolis unter den Bedingungen eines Waffenstillstands an, wofür er später in Sparta wegen Feigheit zum Tode verurteilt wurde.

So hatten die Spartaner eine Gelegenheit verloren, die Kontrolle über die Lage wiederzugewinnen. Eine zweite verloren sie im folgenden Winter, als die Ephoren ein Heer mobilisierten und es unter dem Befehl des Kleombrotos nach Theben entsandten. Er scheint ziellos und ergebnislos in Böotien herumgezogen zu sein, schließlich entließ er die Truppen auf dem Isthmos, hatte jedoch in Thespiai einen Harmosten namens Sphodrias zurückgelassen.

Insoweit waren die Thebaner ohne Schwierigkeiten davongekommen, doch sie mußten sich dessen bewußt sein, daß ihnen die Bestrafung bevorstand, sobald die Spartaner mit einem stärkeren Heer und einem fähigeren Befehlshaber wiederkehrten. Anstatt geradewegs auf Athen zuzugehen und um Hilfe zu bitten, suchten sie sich die Unterstützung Athens durch einen Trick zu sichern. Sie bewogen den Harmosten Sphodrias, einen dummen Angeber, in Attika einzufallen, und dies tat er denn auch an einem frühen Abend, wobei er sagte, er werde im Morgengrauen im Piräus sein. Doch der Tagesanbruch fand ihn lediglich eine kurze Strecke innerhalb des attischen Territoriums, das er Schritt um Schritt plünderte. Einige Spartaner, die sich zufällig in Athen aufhielten, wurden wütend um ihre Meinung zu diesem Übergriff befragt, sie antworteten jedoch, daß Sphodrias auf eigene Initiative handle und sicherlich für seinen Bruch der Disziplin in Sparta hingerichtet werden würde. Die Athener schenkten ihnen Glauben, aber ihre Entrüstung verstärkte sich noch, als Sphodrias, tatsächlich in einem Prozeß auf Leben und Tod angeklagt, dank dem Einfluß des Agesilaos freigesprochen wurde. Die Athener hegten aus naheliegenden historischen Gründen keinerlei Zuneigung für Theben, aber sie merkten, daß sie sich nun mit ihm verbünden mußten, um spartanischer Aggression Widerstand zu leisten. Auf athenischen Werften begann man ernsthaft mit dem Bau von Kriegsschiffen, während in Böotien Verteidigungsanlagen errichtet wurden. Diese Defensivmaßnahmen verursachten Agesilaos beträchtliche Schwierigkeiten, als er aus Sparta mit einem Heere kam. Er ließ sich auf Scharmützel mit den Thebanern ein, weiter geschah jedoch nichts. Der Harmost, den er in Thespiai zurückließ, wurde in einem späteren Kampf getötet.

Im Frühling 377 stellten die Athener ihr Bündnis mit Theben und anderen Staaten auf eine formelle Grundlage. Das Dekret, das dieses neue athenische Bündnissystem begründete, ist bei modernen Ausgrabungen entdeckt worden. Das Bündnis, so sagt es, sei entstanden, »damit die Spartaner den Griechen es gestatten, frei, autonom und in Frieden zu leben, in ungestörtem Besitz ihres Territoriums, und damit der Allgemeine Frieden, der von den Griechen und dem Perserkönig beschworen wurde, in Ewigkeit Gültigkeit habe«. Die Athener errichteten damit nicht ein imperiales System, wie sie es im 5. Jahrhundert geschaffen hatten, sondern eine Vereinigung von freien Staaten, in denen der alte ›Tribut‹ durch ›Beiträge‹ ersetzt wurde. Nach Diodor antworteten die Spartaner auf die wiedererstehende Macht Athens damit, daß sie ihren eigenen Bund straffer als zuvor organisierten, um die Aushebungen für den bevorstehenden Krieg mit Athen und Theben zu erleichtern.

Es folgten sechs Jahre einer schwer überschaubaren Kriegführung, 377 bis 371, in denen die Spartaner in Böotien nur wenige Fortschritte machten, während sie in Seeoperationen gegen Athen deutlich unterlegen waren. Aber das tiefe Mißtrauen, das in Athen gegenüber Theben herrschte, verhinderte es, daß die beiden Städte tatsächlich wirksame Aktionen gemeinsam unternahmen. Agesilaos führte eine Expedition nach Böotien durch, die den Thebanern viele Schwierigkeiten bereitete, aber im folgenden Sommer hielt ihn Krankheit daheim fest. Seine Stelle nahm Kleombrotos ein, der sich nicht einmal den Zugang nach Böotien erzwingen konnte. Seine unwirksame Kriegführung wurde auf einem Treffen des Peloponnesischen Bundes verurteilt, das auf den Bau einer Flotte drängte. Aber als die peloponnesische Flotte kampfbereit war, bot sie den athenischen Schiffen unter Timotheos, der ausgesandt war, die Peloponnes zu umfahren, nur wenig Widerstand: Er gelangte bis Kerkyra und brachte die Insel in den Machtbereich Athens, doch ohne politische Veränderungen zu fordern. Infolge eines

Waffenstillstands zwischen Athen und Sparta wurde Timotheos zurückbeordert, aber dann beklagten sich die Zakynthier in Sparta über die Behandlung, die ihre Bevölkerung durch ihn erfahren hatte. Die Spartaner behaupteten daraufhin, der Waffenstillstand sei gebrochen, und schickten eine weitere verbündete Flotte unter dem Befehl des Mnasippos aus, mit der Anweisung, auf die spartanischen Interessen im Nordwesten zu achten, vor allem auf Kerkyra. Mnasippos landete auf der Insel und schloß die Stadt ein, doch die Kerkyräer machten einen verzweifelten Ausfall gegen die Belagerer, und sie erleichterten den Druck, der auf ihnen lastete, indem sie Mnasippos und einige Männer aus seiner Truppe töteten. Der Rest räumte nun Kerkyra, als er erfuhr, daß Iphikrates mit einer weiteren athenischen Flotte nahe. Dieser vereinigte alle ihm verfügbaren Schiffe bei Kerkyra und fuhr nach Kephallenia, um sich auf einen Angriff auf lakonisches Gebiet vorzubereiten.

Im Jahre 374 trafen in Sparta Nachrichten von einer bedrohlichen Entwicklung in Thessalien ein. Polydamas von Pharsalos berichtete von den expansionistischen Absichten seines Nachbarn Iason von Pherai, doch Sparta konnte keine Truppen entbehren, um dessen ehrgeizigen Plänen Einhalt zu gebieten. Iason brachte Pharsalos in seinen Machtbereich, man wählte ihn zum »Oberherrn« (*tagos*) Thessaliens, er wurde daraufhin zu einem neuen, unberechenbaren Machtfaktor in der griechischen Welt, da er eine Flotte und ein starkes Heer zur Verfügung hatte. Doch zu diesem Zeitpunkt war die Aufmerksamkeit Spartas durch die Ereignisse in Böotien gefesselt. Die Schwäche des Kleombrotos zusammen mit Spartas Mißerfolgen zur See ermöglichte es Theben, zur Offensive überzugehen, vor allem da es jetzt in Epameinondas einen genialen Feldherrn und Staatsmann besaß. Nachdem die Thebaner die böotischen Städte in ein neues Bündnis gezwungen hatten, rückten sie gegen Phokis vor, worauf Sparta einem Hilferuf der Phoker entsprach und Kleombrotos mit dem Auftrag in jene Gegend entsandte, ein Heer der Verbündeten zu sammeln. Der fast unglaubhaft klingenden Darstellung des Xenophon entnehmen wir, daß er sich hier drei Jahre lang aufhielt, ohne irgend etwas Positives zu leisten, es sei denn, daß er, dies sei zugegeben, weitere thebanische Einfälle nach Phokis verhinderte. Die Thebaner wandten sich gegen Platää und Thespiai, doch mit diesen Angriffen erweckten sie schließlich in Athen eine deutliche Abneigung gegen den ganzen Kurs ihrer Politik. Die Athener entschlossen sich, sich mit aller Kraft für die Erneuerung des panhellenischen Friedens einzusetzen, sie schickten deshalb eine von Kallias geführte Abordnung nach Sparta und bewogen Theben und andere Staaten, an der Friedenskonferenz teilzunehmen. Die spartanische Volksversammlung stimmte für den Frieden, der vorsah, die Harmosten sollten überall abgezogen, Flotten und Heere entlassen und die Autonomie der Städte gewahrt werden. Alle Beteiligten stimmten diesen Bedingungen, dem sogenannten Kalliasfrieden, zu, aber am nächsten Tag stellten die Thebaner den Antrag, ihren Namen durch das Wort »Böotier« zu ersetzen, womit sie ihren Anspruch auf die Hegemonie in Böotien behaupteten. Agesilaos wollte von dieser Textänderung nichts hören, und die Thebaner reisten heim, vom Frieden ausgeschlossen und aller Verbündeten beraubt.

Alle vertragschließenden Parteien hielten sich an die Bedingungen des Friedens, nur Sparta gab seinen Rachegefühlen gegen Theben nach – wobei es bei diesem Anlaß allerdings formal im Recht war – und befahl Kleombrotos, mit seinem Heer nach Böotien zu ziehen. Der König rückte auf einem unerwarteten Marschweg nach Böotien ein und schlug in der Nähe von Leuktra auf thespischem Boden sein Lager auf. Beide Seiten wollten nun die Entscheidung erzwingen. Kleombrotos stellte seine Truppen in Richtung Norden auf, mit dem Rücken an einem Hügel; wie es Brauch war, übernahm er das Kommando auf dem rechten Flügel. Die Thebaner hatten, mit Ausnahme einiger Krieger aus dem Böotischen Bund, keine Verbündeten, die an ihrer Seite kämpften, aber Epameinondas traf zwei Maßnahmen, die sich für das peloponnesische Heer trotz seiner zahlenmäßigen Überlegenheit als vernichtend erweisen sollten. Zum einen brachte er eine Schwadron seiner ausgezeichneten Reiterei vor seinem linken Flügel in Stellung, in der Hoffnung, sie würde die Berittenen der Peloponnesier, die von mäßiger Qualität waren, vom Schlachtfeld fegen. Zum andern staffelte er den linken Flügel der thebanischen Hopliten ungeheuer tief, 50 Mann im Vergleich zu den 12 Reihen der Spartaner; Epameinondas wollte mit ihm unaufhaltsam in jenen Teil der gegnerischen Phalanx hineinstürmen, in dem der König Stellung bezogen hatte. Zwischen den beiden Heeren erstreckte sich ebener Boden, auf dem sich der thebanische Beritt äußerst vorteilhaft einsetzen ließ. Das Reitergefecht begann, als Kleombrotos noch dabei war, seine Hopliten in die Schlacht zu führen. Seine Reiterei wurde auf die Hopliten zurückgetrieben und brachte sie in Verwirrung, bevor noch der thebanische Keil in sie hineinfuhr. Der rechte Flügel der Spartaner war gebrochen, der König, einige seiner hochgeborenen Waffengefährten und weitere 400 Spartiaten fielen. Die spartanischen Verbündeten hatten keinen

Mut mehr, den Kampf fortzusetzen, als sie sahen, was Kleombrotos widerfahren war.

Als die Ephoren Nachricht von Leuktra erhielten, mobilisierten sie den Rest des spartanischen Heeres unter Archidamos, dem Sohn des Agesilaos. Bevor dieser jedoch Böotien erreichen konnte, war dort Iason an der Spitze eines mächtigen Söldnerheeres zur Stelle. Mit der Rückendeckung durch diese Streitmacht warf er sich zum Schiedsrichter in der böotischen Frage auf und riet Thebanern und Spartanern, einen Waffenstillstand zu schließen. Beide Seiten waren froh, diesen Rat annehmen zu können. Die Reste des peloponnesischen Heeres zogen in die Megaris ab, wo sie mit Archidamos zusammentrafen. Dieser unternahm keinen Versuch, vorzurücken, er führte beide Heere zum Isthmos zurück und entließ sie.

Die Schlacht von Leuktra zeigte mit erschreckender Deutlichkeit, wie tief der spartanische Staat und das spartanische Heer jetzt gesunken waren. Bis zu diesem Zeitpunkt hatten die Spartaner praktisch alle offenen Schlachten gewonnen, die sie zu Lande ausfochten, und zwar indem sie sich bedingungslos auf ihre großartige Hoplitenphalanx verließen. Schon in den Kämpfen des 5. Jahrhunderts hatten ihnen Reiter und Speerwerfer zugesetzt, jetzt aber, da ein Meister der Taktik Reiterei und Hopliten zu einer Kampftruppe von furchtbarer Schlagkraft integrierte, wußten die Spartaner keine Antwort und sahen sich auch nach keiner um. Selbst wenn ihnen ein Feldherr von einer dem Epameinondas vergleichbaren Veranlagung erstanden wäre, hätte er angesichts der jammervoll kleinen Anzahl von Bürgern, die zur Verfügung standen, am Ende wenig ausrichten können. Wenn wir bedenken, daß die als Verluste bei Leuktra gezählten 400 Spartiaten mehr als ein Fünftel der Gesamtbürgerschaft darstellten, erkennen wir, daß es unmöglich gewesen wäre, eine entscheidende Auseinandersetzung, die für Sparta das Verhängnis bedeutete, noch viel länger hinauszuschieben. Selbst mit der Unterstützung seiner Verbündeten war es völlig unfähig, die Thebaner zu schlagen, geschweige denn eine Aktion gegen die vereinigte Kraft der Thebaner und Thessaler in Erwägung zu ziehen.

Iason wurde im folgenden Jahr ermordet, womit der Weg frei war zur Einleitung einer kurzen Epoche, in der Theben zum führenden Staat in Griechenland wurde. Ob es nun die Spartaner merkten oder nicht, daß sie bei Leuktra ihre Suprematie endgültig verloren hatten, sie müssen dessen gewahr geworden sein, als sie im Jahre 370 Augenzeugen der militärischen Operationen auf der Peloponnes wurden. Mantineia beharrte darauf, seine Mauern wieder aufzubauen, und die Spartaner konnten es nicht daran hindern. Dann setzte Epameinondas auf die Peloponnes über, um die Unabhängigkeit eines neu gebildeten Arkadischen Bundes zu sichern, er überwachte auch die Gründung einer neuen Stadt namens Megalopolis, die die Bundeshauptstadt werden sollte. Epameinondas begnügte sich nicht damit, Sparta seines langdauernden Einflusses auf Arkadien zu berauben, denn in diesem Jahr oder vielleicht auch in einem der folgenden entriß er ihm das gesamte messenische Gebiet, das drei Jahrhunderte lang einen Teil des spartanischen Staates gebildet hatte, und errichtete eine neue Hauptstadt, Messene, an den Hängen des Berges Ithome. Bevor die Thebaner heimkehrten, vollendeten sie die Demütigung Spartas, indem sie in Lakonien einfielen und brennend und plündernd die Ufer des Eurotas entlangzogen. Heiloten wurde in aller Eile die Freiheit versprochen, wenn sie einen Platz in Reih und Glied einnähmen, und Verbündete trafen in hinreichender Stärke ein, um ein Eindringen der Thebaner in die Stadt Sparta zu verhindern. Die Feinde führten ihren Verheerungszug nach Süden weiter, sie überquerten den Eurotas bei Amyklai, dann wandten sie sich gegen Helos und setzten ihren Vorstoß mit einem Angriff auf Gytheion fort. Sparta mußte jetzt an Athen herantreten, es vor dem thebanischen Heer zu erretten. Die Athener hegten wenig Zuneigung für Sparta, jedoch noch weniger für Theben und hielten die Aussicht auf eine thebanische Hegemonie in Griechenland für unerträglich. Daher schickten sie ein Heer in die Peloponnes, aber zur Zeit seines Eintreffens war Epameinondas bereits in die Heimat abgezogen.

Sparta vermochte in der Folge niemals mehr ein Machtwort in den Angelegenheiten Griechenlands zu sprechen. Aber obwohl die Zeit der tatsächlichen Macht vorbei war, lebte die spartanische ›Idee‹ in Literatur und Denken Griechenlands mit gesteigerter Kraft weiter. Man kann das Thema Sparta nicht ohne einen kurzen Blick auf dieses seltsame Phänomen verlassen.

Dreizehntes Kapitel

Das Idealbild Spartas

Wie wir bereits gesehen haben (vgl. S. 13), tritt das Idealbild Spartas, die Legende vom ›lykurgischen‹ Staat, in Xenophons *Verfassung der Spartaner* mit aller Deutlichkeit hervor. In diesem Werk traf Xenophon die Unterscheidung zwischen dem lykurgischen Ideal, das keinerlei Mängel aufwies, und der zeitgenössischen Wirklichkeit, die durch das Eindringen von Reichtum und von Lebensgewohnheiten und Wertvorstellungen barbarischer Herkunft bestimmt war. Der Gegensatz zwischen Wirklichkeit und Ideal läuft wie ein roter Faden durch viele Aussagen über Sparta, die wir bei den antiken griechischen Autoren lesen. Obwohl Elemente der spartanischen Legende ohne Zweifel schon vor den Perserkriegen vorhanden waren, können wir ihre Entwicklung nur bis zu dieser Epoche zurückverfolgen. Sogleich stehen wir vor zwei wichtigen Spielformen: Das Ideal ist durch Leonidas verkörpert, den Grundtypus des spartanischen Kriegers, der sein Leben dem Staate weiht und vor allem vor zwei Dingen zurückschreckt: vor der Feigheit in der Schlacht und vor dem Ungehorsam gegen die Gesetze seines Landes. Auch Pausanias ist tief mit der lykurgischen Lebensform vertraut und bleibt untadelig, sogar heldenhaft, solange er ihr folgt. Aber sobald er sich abwendet, wird auch er zu einem Grundtypus: Der einfache Krieger, der einstens mit ungläubiger Verachtung auf den Luxus blickte, welcher sich ihm im Zelt des Mardonios darbot, ist am Ende durch ebendiesen Luxus verführt; der Bürger, der vordem mit seinem Staat verschmolzen war, bricht aus in privater Mission und arbeitet gegen seine Landsleute. Herodot hörte in Sparta von diesen Männern, deren Charakter und Lebenslauf in die Legende übergegangen waren, dem edlen König, der bei den Thermopylen fiel, und dem mit Makel behafteten Regenten, der in seiner eigenen Stadt einen schimpflichen Tod fand. Es ist, als habe man um diese beiden Gestalten eine moralische Geschichte gesponnen, die künftigen Generationen von Spartiaten als warnendes Beispiel dienen sollte, und diese Geschichte war gewürzt mit kurzen, markigen Aussprüchen, Veranschaulichungen der aufs Praktische gerichteten spartanischen Lebensklugheit von jener Art, wie wir sie in den später zusammengestellten »Apophthegmata der Lakedaimonier« in den *Moralia* des Plutarch finden.

So läßt sich eine Vermutung äußern über den ungefähren Zeitpunkt, zu dem sich die spartanische Legende herauskristallisierte, und über die Art und Weise, in der sie in der hellenischen Literatur Aufnahme fand. Die Spartaner gestalteten sie in den ersten Jahrzehnten des 5. Jahrhunderts, und Herodot verbreitete sie in seinem Geschichtswerk. Doch hier erhebt sich eine schwierigere Frage: Warum welkte die einmal entstandene Legende vom idealen Sparta nicht am Ende des 5. Jahrhunderts dahin, als die Spartaner offensichtlich nicht mehr am lykurgischen Kosmos festhielten? Oder, wenn die Macht der Propaganda es fertigbrachte, selbst jetzt noch die Legende am Leben zu erhalten, wie konnte sie dann die verheerenden spartanischen Niederlagen von 371 und 362 überdauern, nach denen Sparta nur geringe Möglichkeiten hatte, die Meinung der anderen Griechen zu beeinflussen? Um diese Fragen zu beantworten, müssen wir die Vorlieben und Vorurteile jener Autoren kennen, die in erster Linie für die Weitergabe der spartanischen Legende im 5. und 4. Jahrhundert verantwortlich waren. Diese Autoren waren alle Athener oder zumindest Männer, die nach Athen kamen, um hier zu leben und zu arbeiten. Was sahen sie in Sparta – dem strikten Gegensatz zu ihrer eigenen Stadt, wie Thukydides überzeugend nachweist –, das sie dazu brachte, sich mit ihrem ganzen Ansehen hinter die Legende zu stellen? Um es mit einem Ausdruck zu sagen, es war das Prinzip der Ordnung. Die bedeutenderen Prosaschriftsteller des klassischen Athen waren alles andere als begeisterte Anhänger der extremen Demokratie, entweder standen sie wie Thukydides auf Seiten einer gemäßigten demokratischen Verfassung mit eingeschränkten Freiheiten oder sie nahmen sich wie Platon überhaupt nicht Zeit für das, was sie als tumultuarische Exzesse der athenischen Demokraten ansahen.

Thukydides gibt seine Parteilichkeit bei mehreren Gelegenheiten zu erkennen. Für ihn personifizierten sich die schlimmsten Erscheinungen der Demokratie in der Gestalt des Kleon. Nachdem dieser seine Mitbürger durch brutale Reden und gewalttätige Aktionen seinem Willen gefügig gemacht hatte, verwandte er seine Machtstellung dazu, persönlichen Rachegelüsten nachzugehen. In den Augen des Thukydides war ein solcher Mann nicht besser als ein Tyrann, er ist der Meinung, daß die vollkommene Ausgewogenheit in einer Versammlung erreicht wird, die eine auserwählte Anzahl von Bürgern umfaßt. So findet die Versammlung der Fünftausend seine Unterstützung

(8,97,2), die nach dem Verlust von Euböa im Jahre 411 eingerichtet worden war (vgl. S. 247): »Während ihrer ersten Phase hatten die Athener offensichtlich ihre beste Verfassung, zumindest in der Zeit meines Lebens; da gab es eine maßvolle Mischung aus den Wenigen und den Vielen.« Doch die athenische Versammlung der Fünftausend war eine kurzlebige Einrichtung, Sparta war es, das den wünschenswerten Kompromiß zu einer dauerhaften Erscheinung des politischen Systems gestaltete. Dieser Ansicht gibt Thukydides in einer Rede der Männer von Chios Ausdruck (8,24,4): »Einzig die Chier haben nebst den Spartanern unter den Völkern, die ich kenne, sich die Selbstkontrolle erhalten, nachdem sie zu Wohlstand gelangt waren, und je mächtiger ihre Stadt wurde, desto mehr stärkten sie ihre Regierung.« An der folgenden Stelle (1,18,1) spricht Thukydides noch direkter von der Stabilität spartanischer Politik: »Der spartanische Staat hat zu einem früheren Zeitpunkt als irgendein anderer gute Gesetze erhalten, er ist niemals unter die Herrschaft eines Tyrannen gefallen; 400 Jahre oder etwas weniger hatten die Spartaner dieselbe Verfassung.« Er setzt die »lykurgische« politische Ordnung auf ein viel zu frühes Datum, aber der entscheidende Punkt ist, daß er die stabilen Einrichtungen Spartas auf eine weit zurückliegende Phase der geschichtlichen Überlieferung zurückführt.

Am stärksten beeindruckt Thukydides die Unveränderlichkeit spartanischer Regierungsorgane. Aber diese Bewunderung verstrickt ihn in einen Zwiespalt, dessen er sich wohl kaum bewußt geworden ist. Immer wieder berichtet er in seinem Geschichtswerk von Episoden, die von der Stärke jener Tendenzen zeugen, die den harmonischen spartanischen Staat zu untergraben suchten. Die mächtigste dieser Kräfte scheint die Furcht vor den Heiloten gewesen zu sein, aber ebenso wirksam waren die Spannungen zwischen verschiedenen Interessengruppen im Staat, die allein die häufigen Inkonsequenzen spartanischer Politik erklären können.

Der spartanische Staat war in der Tat politisch stabil, allerdings in dem begrenzten Sinn, daß die Regierungsorgane in einem sehr langen Zeitraum ihre äußere Form ohne jegliche Veränderung beibehielten. Aber die Verknöcherung, die einsetzte, war schließlich ein Unheil für das Wohl des Staates, da es keine verfassungsrechtlichen Wege gab, auf denen dringend notwendige Reformen hätten eingeleitet werden können. Außerdem war die politische Stabilität nicht immer mit dem verbunden, was wir psychische Stabilität nennen könnten, denn abgesehen von ihrer hysterischen Furcht vor einem Heilotenaufstand – eine

Gefahr, die sie durch ihr eigenes Zutun so stark anfachten – gelang es den Spartanern manchmal nicht, jene Gelassenheit angesichts eines Unglücks zu zeigen, die man in Athen findet: Der Verlust einiger weniger hundert Hopliten verursachte in Sparta größere Niedergeschlagenheit als bei den Athenern der Untergang des ganzen sizilischen Expeditionsheeres. Aber trotz alldem blickt Thukydides auf den »lykurgischen« Staat und findet ihn rühmenswert: Seine Gesetze, die in allem und jedem das Leben der Bürger genau regelten, haben Sparta eine ausgewogene Ordnung beschert, die keinen Raum läßt für Tyrannei auf der einen und für Pöbelherrschaft auf der anderen Seite. Thukydides billigt es den Spartanern zu, daß die theoretischen Vorzüge ihrer Verfassung die vielen praktischen Mängel aufwiegen, und damit führt er nicht nur die spartanische Legende weiter, sondern zeigt auch, daß er selbst in ihren Zauberbann geraten war.

Ein Abstand von zwanzig oder dreißig Jahren trennt das Werk des Thukydides von der Niederschrift des großen Dialogs aus Platons Reifezeit, der *Politeia.* Wie Thukydides übernahm Platon die Vorstellung von einem spartanischen Idealstaat und kannte gleichzeitig die sittliche Entartung der spartanischen Gesellschaft nach dem Sieg über Athen. Sokrates skizziert in der *Politeia* einen imaginären Staat, der, da er sich auf die Grundsätze der Tugend gründet, auch Tugend in den einzelnen Bürgern befördern soll. Die Bürger sollen sich in drei Gruppen gliedern, wobei die oberste Klasse die »Wächter« umfaßt, die die eigentlichen Herrscher im Staate sind. Dann kommen die Krieger, die mit der Verteidigung des Staates und mit der Überwältigung von Übeltätern betraut sind, und schließlich gibt es all die anderen, die sich in der Produktion, im Handel, in Geldgeschäften und so weiter betätigen. Sokrates mißt der genetischen Auslese, der Erziehung und der körperlichen Ausbildung der Wächterklasse die größtmögliche Bedeutung bei; wir werden noch sehen, daß diese Einrichtungen in manchen Einzelheiten denen des »lykurgischen« Sparta ähneln. Doch bevor wir noch zu diesen Einzelheiten kommen, erkennen wir, wie wenig sich das Vorgehen des Sokrates im Prinzip von jenem unterscheidet, das dem Lykurg zugeschrieben wird: Sokrates versucht, eine ganze Gesellschaft nach festen, unverrückbaren Grundsätzen zu formen, genauso wie es einst Lykurg getan haben soll, und wie bewundernswert und genau diese Grundsätze auch formuliert sein mögen, der historische Staat des Lykurg und der erdachte des Sokrates tragen beide den Keim ihres Niedergangs in sich.

Wenn wir die allmähliche Entfaltung des sokratischen Idealstaats im dritten, vierten und fünften Buch der *Politeia* sorgfältig beobachten, treffen wir leicht verständliche Hindeutungen auf Sparta an, selbst wenn der Name Sparta kaum je erwähnt ist. Die Ausbildung der Wächter besteht zu einem wesentlichen Teil in einer flexiblen Art gymnastischer Übungen, die sie auf den Krieg und auf das Ertragen von Mühen und Härten vorbereiten, außerdem muß ihre Nahrung einfach sein, ihr Leben frei von sexuellen Verirrungen (*Politeia* 3,404 a–e). Dasselbe gilt natürlich auch für die Spartiaten. Eine weitere Ähnlichkeit mit Sparta erkennt man in der Anweisung für die Wächter, Kinder auszusetzen, die mit Mängeln behaftet sind, ob es sich bei diesen nun um körperliche, geistige oder moralische handelt (3,410 a). Wie die Spartiaten, so sollen auch die Wächter ihre Mahlzeiten gemeinsam einnehmen und zusammenleben wie Krieger auf dem Feldzug, wobei noch hinzukommt, daß sie keinen Umgang mit Gold oder Silber haben, denn schon das Vorhandensein dieser Metalle würde sie beflecken (3,417 a–b). Die Wächter sollen nicht in eigenen Angelegenheiten ins Ausland reisen, ebensowenig wie dies den Bürgern Spartas gestattet war (4,420 a), und genauso wie unwürdigen Spartiaten das Bürgerrecht aberkannt werden konnte, soll ein Wächter in eine der beiden anderen Klassen überführt werden können. Die Wächter sollen Frauen und Besitz gemeinsam haben; der Einheit und Harmonie des Staates kommt eine alles bestimmende Bedeutung zu, wobei jeder einzelne zu seinem Wohlergehen in der Art beiträgt, die ihm seine eigene Natur gebietet. Wenn der Staat erst eingerichtet ist, wird er in hohem Maße konservativ sein, wobei die Wächter dafür Sorge zu tragen haben, daß Neuerungen in den gymnastischen Übungen und in der Musik verhindert werden (4,423 c–424 b). Die jungen Leute haben ehrfürchtig zu schweigen in Gegenwart der Älteren, sie haben sich zu erheben, wenn jene eintreten oder den Raum verlassen (4,425 b). Die Frauen der Wächter sollen genauso wie die Töchter der Spartiaten dem Beispiel der Männer folgen und sich leicht bekleidet in gymnastischen Übungen betätigen (5,452 b). Durchaus typisch für das spartanische System ist auch die Bestimmung des Sokrates, daß Krieger, die das Glied verlassen, ihre Waffen wegwerfen oder ähnliche Akte der Feigheit begehen, aus der Klasse der Wächter in die der Werkleute oder Bauern zu entfernen sind (5,468 a).

Indem sich Platon durch den Mund des Sokrates für eine Gesellschaft ausspricht, die so viele Berührungspunkte mit Sparta hat, hat er an der Fortdauer der spartanischen Legende großen Anteil. Am stärksten sprach ihn bei Sparta die Tatsache an, daß der einzelne kein Recht auf Eigenleben hatte, daß seine Interessen mit denen des Staates völlig identisch waren. In Platons Augen war es die Verleugnung dieses gesunden Grundsatzes, welche zur extremen Demokratie führte, die für ihn auf eine Anarchie hinauslief. Aber Platon erkannte mit großer Klarheit den Prozeß des Niedergangs im spartanischen Staat, von dem er befürchtete, er würde auch auf seinen Idealstaat Schatten werfen. Er zeichnet diesen Niedergang an einer Stelle von großer Lebendigkeit und Eindruckskraft nach. Leidenschaftliche Erregung kommt im Staat zum Ausbruch, Streit entsteht zwischen zwei Parteien, deren eine neuen, üblen Wegen zuneigt, dem Erwerb von Eigentum, Gold und Silber, während die andere versucht, zur alten Verfassung zurückzukehren. Dieser Streit wird durch einen Kompromiß geschlichtet, der dazu führt, daß einige gesunde Erscheinungen beibehalten, doch einige weniger wünschenswerte neu aufgenommen werden. Die beiden Seiten stimmen dahin überein, den ursprünglichen Brauch gemeinsamen Eigentums aufzugeben, sie teilen jetzt das Land in Lose für den privaten Besitz, sie knechten die freie Bevölkerung, deren Beschützer sie vordem gewesen waren, und machen sie zu Periöken oder Sklaven; schließlich überwachen sie ihre Sklaven ebenso streng, wie sie sich mit dem Krieg beschäftigen (*Politeia* 8,547b–c). Diese Beschreibung des Niedergangs ist nicht als ein Fragment der tatsächlichen Geschichte Spartas zu verstehen, sie zeigt vielmehr, was unweigerlich geschehen muß, wenn ein bestimmter Stand in der politischen Entwicklung erreicht ist. Doch die tadelnswerten Ergebnisse des Kompromisses ähneln sehr stark gewissen bekannten Aspekten Spartas, d. h. des »lykurgischen« Sparta sogar noch vor der Entartung, die am Ende des 5. Jahrhunderts eingesetzt hatte.

Sokrates fährt mit seiner unbarmherzigen Analyse fort, wenn er das Bild eines Staates malt, der noch der alten Schlichtheit anhängt, zum Teil aber einen neuen Weg der Eigensucht, Habgier und Heimtücke verfolgt. Noch haben die Krieger Achtung vor den Behörden, noch halten sie sich vom Landbau, von künstlerischer Tätigkeit und allen Formen der Geschäftemacherei fern, noch essen sie in ihren Gemeinschaftshäusern und betätigen sich in athletischen und soldatischen Übungen. Andererseits wird das geistige Potential des Staates zum Narren gemacht, kluge Männer haben keinen Zutritt mehr zu einem hohen Amt, vielmehr gelangt der Staat unter den Einfluß einfacher Geister, passionierter Führernaturen, die sich besser auf das Kriegführen verstehen als auf die Förderung friedlicher Künste. Mit solchen

Leuten in entscheidender Position entsteht eine unbändige Gier nach Gold, doch da die Gesetze seinen Besitz verbieten, muß man sich an ihm selbst und an den Annehmlichkeiten, die man mit ihm erkaufen kann, im Geheimen erfreuen. Was aber brachte den Staat von seiner einstigen Größe in einen so üblen Zustand? Die Tatsache, daß die Bürger unter Zwang, nicht aus Überzeugung den Gesetzen gehorchten. Doch die Gesetze, wiewohl an sich in ihrem Wirkungsbereich trefflich, ließen immerzu ein lebenswichtiges Element der menschlichen Persönlichkeit völlig außer acht: Die Hinneigung zum Krieg hat die höheren Künste vertrieben, körperliche Ausbildung drängt sich an die Stelle von Philosophie und Musik (*Politeia* 8,547d–548c).

Als Platon diese Fragen in den *Gesetzen* wieder aufgriff, zeigte er eine viel größere Vorliebe für die »gemischte« Verfassung Spartas, ohne jedoch seine Ansicht aufzugeben, daß die Spartaner einen falschen Weg einschlugen, indem sie die gesamte Tätigkeit des Staates auf das Erringen militärischer Siege ausrichteten. Gleichzeitig zeigt die neue Stadt, deren Gründung in den *Gesetzen* behandelt wird, eine unverkennbare Ähnlichkeit mit Sparta, so daß man sagen kann, daß für Platon unter allen Städten, die es in Griechenland gab, Sparta mehr verheißungsvolle Ansätze aufwies als irgendeine andere, selbst wenn diese nur unvollkommen in die Wirklichkeit umgesetzt wurden. Die Diskussion in den *Gesetzen* befaßt sich mit einer Anzahl von Rechtsnormen und Regierungsgrundsätzen für eine gedachte Kolonie. Teilnehmer sind ein Athener, der für Platon selbst spricht, ein Spartaner und ein Kreter. Platon vertritt jetzt die Auffassung, daß es ursprünglich zwei Arten von Verfassung gegeben habe, Monarchie und Demokratie, aber die beste bestehe aus einer Mischung dieser beiden (*Nomoi* 3,693d–e). Die spartanische Verfassung scheint tatsächlich eine vorbildliche Ausgewogenheit zu bieten, denn das Ephorat ist ein tyrannisches Element, und doch, von einem anderen Gesichtspunkt aus betrachtet, ist der spartanische Staat in hohem Maße demokratisch. Doch er ist auch wieder eine Aristokratie, aber auch eine Monarchie, und zwar eine sehr alte (4,712d–e).

Die Anlage und einige praktische Einrichtungen der neuen Kolonie erinnern unweigerlich an Sparta, wiewohl, bemerkenswert genug, die Verfassung eher nach athenischem Vorbild geschaffen ist als nach dem spartanischen. Geprägte Münze soll völlig fehlen, die schwächenden Auswirkungen des Überseehandels sollen dadurch vermieden werden, daß die Kolonie in einiger Entfernung vom Meer errichtet wird, Autarkie soll das Bedürfnis nach Importen überflüssig machen. Das verfügbare Land ist in 5040 Güter zu teilen, und die Bürger sollen so weit wie möglich gleich großes Eigentum besitzen, auf alle Fälle ist für ihre Besitztümer ein Minimum und ein Maximum vorzuschreiben. Die Bürger sollen ferner in ihren Gemeinschaftshäusern essen, Respekt vor den Älteren und vor den Behörden soll erzwungen werden; Knaben und Mädchen haben sich einem vom Staat vorgeschriebenen und überwachten System der körperlichen Ertüchtigung zu unterziehen (*Nomoi* 5,743 d–745 c; 762 c–766 b). In den *Gesetzen* bewundert Platon wie in der *Politeia* die konsequente Weise, in der in Sparta Einzelinteressen den Interessen des Staates untergeordnet waren, so daß trotz des demokratischen Elements, das in der spartanischen Verfassung unleugbar vorhanden ist, die anarchischen Tendenzen einer reinen Demokratie eingeschränkt werden konnten. Platons Einwände gegen das spartanische System als Ganzes bleiben dieselben: Es ist das eines Feldlagers, nicht das einer Bevölkerung, die miteinander in städtischen Siedlungen lebt; das einzige Ziel der staatlich kontrollierten Erziehung ist die Ausbildung zum Krieger, Unterweisungen in Politik und in den Künsten werden nicht in Betracht gezogen (*Nomoi* 2,666 e–667 a).

Die Ansichten, die Platons größter Nachfolger, Aristoteles, über Sparta vertrat, wurden in einem früheren Kapitel behandelt (vgl. S. 167 f.). Aristoteles war gegenüber Sparta nicht weniger kritisch, als es Platon gewesen war. Trotzdem warf er seine gewichtige Stimme für einen bedeutsamen Aspekt der spartanischen Legende in die Waagschale, nämlich für die Stabilität und Dauerhaftigkeit spartanischer Einrichtungen. Die Entwicklung der Legende läßt sich weiterführen, wenn wir zwei athenische Autoren des 4. Jahrhunderts prüfen, die Redner Isokrates und Lykurgos. Ihre geistigen Fähigkeiten waren, verglichen mit denen eines Platon oder Aristoteles, unerheblich, doch aus ebendiesem Grunde können sie uns einiges über den Einfluß der spartanischen Legende auf die Athener sagen, die im 4. Jahrhundert mit politischen Geschäften zu tun hatten. Drei Werke, die man aus dem sehr langen Wirken des Isokrates auswählen mag, zeigen dieselben zwiespältigen Antworten auf die spartanische Legende, die wir bereits bei Thukydides und Platon bemerkt haben. Isokrates unterscheidet sich von Platon darin, daß er in der athenischen Lebensform verhaftet ist, eine Einstellung, der er im *Panegyrikos* Ausdruck gibt, der um 380 veröffentlicht wurde. Er beklagt die Unterhandlungen Spartas, die zum Königsfrieden führten, und seine Ausnutzung dieses Friedens; Athen ist die Stadt, in der der Ruhm von Hellas seine

Heimstatt hat, Athen muß die Selbstachtung der Griechen wiederherstellen, indem es einen vereinigten Heerzug gegen das Persische Reich anführt. Gleichberechtigter Führer muß Sparta sein, aber ein Sparta, das sich von seinen üblen Neigungen befreit hat und zu den alten, in den Perserkriegen bewährten Tugenden zurückgekehrt ist.

Im *Panegyrikos* spricht Isokrates mit Verärgerung und Zorn über die eigensüchtigen politischen Machenschaften Spartas, die der ruhmreichen Stellung so unähnlich sind, die es einstmals für die panhellenische Freiheit eingenommen hat. Im Jahre 366, in das der *Archidamos* des Isokrates gehört, war die spartanische Suprematie vorbei, Theben galt als der gemeinsame Feind Spartas und Athens. Der *Archidamos* ist eine fiktive Rede, die der spartanische Prinz dieses Namens, der Sohn des Agesilaos (vgl. S. 273), auf einem Kongreß der Verbündeten gehalten haben soll. Sein Thema ist des Epameinondas Freiheitsgewährung für Messenien und seine Gründung Messenes (vgl. S. 274), zwei Maßnahmen, die den Spartanern mehr als alles andere weh taten. Archidamos argumentiert, Sparta habe einen Anspruch auf Messenien, der auf die Zeit zurückgeht, als die Messenier ihren König Kresphontes töteten und die Söhne des Königs ihr Land dafür den Spartanern übergaben, daß sie Kresphontes rächten. Und was die Thebaner betrifft, was sind sie denn eigentlich? Ein Volk, das nur sehr spät Bedeutung erlangte, uralte Freunde der Barbaren und neuerdings aggressiver Akte gegen griechische Städte schuldig. In solchen Wendungen rechtfertigt der Archidamos des Isokrates die vergangene Geschichte Spartas und zugleich seine gegenwärtige Not. Bedeutet diese Rede also eine völlige Abkehr von der Stellung, die Isokrates im *Panegyrikos* eingenommen hat? Es ist eher so, daß sich seitdem die Ereignisse in Griechenland überstürzten: Im Jahre 380 sahen viele Athener, vielleicht die meisten, in Sparta einen plumpen, unaufgeklärten Eisenfresser, der sich seine überragende Stellung durch eine Verschwörung mit Persien gesichert hatte, aber vierzehn Jahre später war durch eine unvorhersehbare Wende Theben der Feind geworden, so daß es für Isokrates leicht war, seinen Blick weiter zurück zu richten und an die Beiträge zu erinnern, die Sparta einst für die Wohlfahrt und Sicherheit der Griechen geleistet hatte.

In seinem *Panathenaikos*, im höchsten Alter geschrieben und 339 veröffentlicht, kehrt Isokrates zum Thema des *Panegyrikos* zurück. Abermals führt ihn sein Lobpreis Athens dazu, Sparta anzuschwärzen, eine Stadt, wie er in einem eindrucksvollen Satz (41) erwähnt, »die die meisten Leute nur in bescheidenem Umfang rühmen, wiewohl einige von Sparta sprechen, als führte dort ein Geschlecht von Halbgöttern die Regierung«. Die Heftigkeit des nun folgenden Angriffs übersteigt noch die des *Panegyrikos*, dann aber führt Isokrates mit einem erstaunlichen literarischen Trick, dessen Sinn bis heute nicht ganz klar geworden ist, einen Schüler ein, um den spartanischen Standpunkt vorzutragen! Dieser Trick mag in der Tat töricht sein, aber Isokrates hätte keinesfalls zu ihm seine Zuflucht genommen, wäre er nicht in gewissem Maße von der spartanischen Legende gepackt gewesen. Es war durchaus natürlich für einen Mann wie Isokrates, der in eine wohlhabende athenische Familie hineingeboren wurde, sich über die Größe seiner Heimatstadt zu verbreiten, aber kaum weniger natürlich, die Leistungen Spartas, wiewohl grollend, zu bewundern. Und diese Leistungen werden von dem »Schüler« in Wendungen gezeichnet, die uns inzwischen völlig vertraut geworden sind. Sie umfassen zunächst und vor allem die Ausformung einer Gesellschaft, die so harmonisch ist, daß politischer Streit und Revolution – in unausgesprochenem Gegensatz zu den Verhältnissen in Athen – völlig unbekannt bleiben, und zweitens die Pflege der Tapferkeit in einem Maße, das über das hinausgeht, was irgendeine andere griechische Stadt erreicht hat (*Panathenaikos* 255–259). Dieser zweite Aspekt findet die enthusiastische Zustimmung des athenischen Politikers Lykurgos in seiner Rede *Gegen Leokrates*, die er im Jahre 330 gehalten hat. Er befaßte sich nicht mit dem zeitgenössischen Sparta, sondern mit der selbstbewußten Festigkeit, die die Spartaner in früheren Zeiten besaßen; ihre kompromißlose Haltung gegenüber Verrätern und Feiglingen lieferte dafür einen schlagenden Beweis (129–130).

Die bestimmenden Wesenszüge der spartanischen Legende waren zu Lebzeiten des Isokrates so endgültig formuliert, daß man sie später nicht mehr aus den Augen verlor. In der zweiten Hälfte des 3. Jahrhunderts wurde die Legende vom »lykurgischen« Sparta zu Hilfe gerufen, um Mißstände abzustellen, die in Sparta selbst entstanden waren, und sie blieb ungeschwächt, ja wurde noch mächtiger als zuvor, obwohl die auf Reformen abzielende Bewegung am Ende erfolglos war. Zwei Spartanerkönige, der Eurypontide Agis IV. (er regierte 244–241) und der Agiade Kleomenes III. (236–222), leiteten die Reformen ein. Ihre Geschichte hat Phylarchos erzählt, ein athenischer Autor mit starken prospartanischen Neigungen, der die beiden Könige als Heldengestalten schilderte, die Sparta auf die Bahnen des Lykurg zurückführen wollten, aber von eigensüchtigen Gegnern vernichtet wurden. Phylarchs Bericht bildet die Grundlage für die Lebensbeschreibungen des Agis und Kleomenes bei Plutarch, dessen durchaus voreingenommene Darstellung praktisch unsere einzige Informationsquelle für die Reformbewegung bildet. Agis setzte es sich zum Ziel, den Bevölkerungsrückgang durch Zuweisung von 4500 Gütern an Spartiaten und 15 000 an Perioken aufzuhalten, wobei die Zahl der Spartiaten durch Bürgerrechtserteilung an geeignete Perioken und Fremde aufgefüllt werden sollte. Gleichzeitig sollten alle Schulden gestrichen werden. Interessanterweise bilden, wenn wir Phylarch glauben wollen, die Bestimmungen des Lykurg das Richtmaß: Agis spricht die Gesetze des Lykurg an, um seine Reformen zu rechtfertigen, und dasselbe tut der Agiadenkönig Leonidas II. in Opposition zu ihm. Letztlich obsiegten Leonidas und seine Partei, bevor die Reformen des Agis voll in die Tat umgesetzt werden konnten, und Agis selbst wurde zu Tode gebracht.

Als Kleomenes III. auf Leonidas folgte, erkannte er, daß lediglich weitreichende politische Veränderungen es ermöglichen könnten, die sozialen Schäden zu heilen. Die Reform, die er als erste vorschlug, war nichts weniger als die Abschaffung des Ephorats. Diese setzte er durch, doch mit gewaltsamen Mitteln, von denen er allerdings sagte, er verabscheue sie. Wieder einmal bemerkt Phylarchos, daß das Vorgehen durch den Hinweis auf Lykurg gerechtfertigt wurde. Kleomenes stellte nämlich fest, daß das Ephorat später entstanden war als das Königtum und der Rat, die zusammen die Regierung in lykurgischer Zeit gebildet hatten; die Ephoren, so fuhr Kleomenes fort, waren zunächst von den Königen für die Zeit ihrer Abwesenheit auf Feldzügen ernannt worden, um die Tagesgeschäfte der Stadt zu führen, aber mit der Zeit wurden sie unerträglich mächtig, wobei sie ein Hindernis für alle Reformen bildeten, wie dringend diese auch nötig waren (Plutarch, *Leben des Kleomenes* 10,1–3). Als die Ephoren abgetreten waren, brachte Kleomenes die Veränderungen durch, die Agis verheißen hatte. Die Einrichtungen des »lykurgischen« Sparta lebten wieder auf, soweit sie praktikabel erschienen: Die Zahl der Bürger wurde auf 4000 angehoben, indem man Perioken zuwählte, die Agoge wurde in ihrer vollen Härte wieder eingeführt, athletische Übungen und gemeinsame Mahlzeiten nahmen ihre alte Stelle im Leben der Bürger ein. Das neue »lykurgische« System dauerte jedoch nur fünf Jahre, denn des Kleomenes kraftvolle Führerschaft erweckte im Achäischen Bund die Furcht vor dem Wiedererstehen einer Militärmacht Sparta auf der Peloponnes. Der Makedonenkönig Antigonos Doson wurde ins Land gerufen, er führte ein Heer nach Lakonien, schlug Kleomenes in einer Schlacht und zwang ihn, in die Verbannung zu gehen. Antigonos zog nach Sparta und hob alle Reformen auf, die Kleomenes eingeführt hatte.

Es ist unnötig, auf den Einfluß hinzuweisen, den die romantische, idealisierte Version der lykurgischen Legende auf das Denken eines Agis und Kleomenes ausübte. Vielleicht ist die Beobachtung von größerem Interesse, daß die Taten und Worte der Reformer, wie sie von Phylarchos aufgezeichnet wurden, ihrerseits die Weiterentwicklung der Legende beeinflußt haben. Wir lesen in Plutarchs *Leben des Lykurgos*, daß der Gesetzgeber seine Reformen in derselben gewaltsamen Art durchsetzte, die Kleomenes anzuwenden für nötig befand. Und außerdem gibt es Ähnlichkeiten im stilistischen Ausdruck zwischen dem *Leben des Lykurgos* und dem *Leben des Agis*, die es nahelegen, daß der Bericht vom Lebenslauf des Lykurg neu geformt worden ist, so daß er zu dem des jungen Königs paßte.

In der Zeit der Römischen Republik hatte Sparta einen unversöhnlichen Feind in Gestalt des Polybios von Megalopolis. Mehrere Male ergriff Polybios in seinem Geschichtswerk die Gelegenheit, die Handlungsweise Spartas zu verdammen, vor allem jene Taten, die es während der Suprematie des 4. Jahrhunderts verübt hatte. Für Polybios sind ebenso wie für Xenophon derartige Handlungen tadelnswert, weil sie einen Abfall von den Einrichtungen des Lykurg darstellen, vor allem von dem politischen System, das er in Sparta begründet hatte. Die spartanische Verfassung interessiert Polybios nicht so sehr an sich, sondern, wie wir bereits oben (S. 14) gesehen haben, weil sie mit der römischen den Charakter einer ›Mischverfassung‹ teilt, die die besten Elemente anderer Systeme aufgenommen und die schlechtesten vermieden hat.

Die Kaiserzeit sah eine Entwicklung in Sparta, die wir erstaunlich finden könnten, wenn wir nicht bereits von der romantischen Legende und dem Ausmaß wüßten, in dem sie spätere Generationen gefangennahm. Das kaiserzeitliche Sparta war natürlich nicht in höherem Maße frei und unabhängig als irgendeine andere Stadt in Griechenland, aber aus Respekt vor seiner besonderen Vergangenheit wurde es ihm gestattet, gewisse Ehrentitel zu führen und einer Lebensweise nachzugehen, von der man annahm, sie rufe die Stadt des Lykurg zurück. Die zahlreichen Inschriften römischer Zeit im Orthiaheiligtum zeigen, daß irgendwann die Agoge wieder auflebte, zumindest in dem Ausmaß, daß man die alten Namen der Altersklassen wiederverwendete (vgl. S. 160). Die wichtigsten Wettbewerbe, an denen die Knaben teilnahmen, waren Tierhetze und Gesang, wobei die Sieger Inschriftensteine im Heiligtum der Göttin weihten (vgl. S. 60). Im 3. Jahrhundert nach Christus wurde zur Bequemlichkeit der Zuschauer, die die Wettbewerbe und auch die Geißelung der Knaben sahen, ein Theater errichtet. So kam es, daß das Volk von Sparta, das seiner politischen Macht völlig beraubt war und längst seine Könige und Ephoren verloren hatte, Jahrhunderte lang einen kleinen Teil seiner lykurgischen Erbschaft pflegen konnte. Dafür war zweifellos in gewissem Umfang literarische Gelehrsamkeit verantwortlich, aber es spielte auch der Umstand eine Rolle, daß man an den Ufern des Eurotas den Touristen eine populäre Attraktion bieten wollte. Ein interessanter literarischer Hinweis auf die Lebensverhältnisse im Sparta der Kaiserzeit findet sich bei Philostratos in seiner Lebensbeschreibung des Neupythagoreers Apollonios von Tyana, der im Verlauf seiner Reisen auch nach Sparta kam:

> »Als er den Taygetos überquerte, sah er Sparta in betulicher Geschäftigkeit, darum bemüht, dem altererbten Verfahren des Lykurg voll Eifer zu folgen. Er hielt es für angebracht, sich mit den spartanischen Behörden über Dinge zu unterhalten, über die sie ihn befragen wollten. So fragten sie ihn denn bei seiner Ankunft, in welcher Weise man Götter verehren solle. ›Wie Herren‹, war seine Antwort. ›Und wie die Heroen?‹ ›Wie Väter.‹ Ihre dritte Frage lautete: ›Und wie sollen Menschen verehrt werden?‹ ›Eure Frage‹, so entgegnete er, ›ist der Spartaner unwürdig‹« (*Leben des Apollonios* 4,21).

Die prägnanten, echt ›lakonischen‹ Bemerkungen, die Apollonios zugeschrieben werden, erinnern an den großen Vorrat von Aussprüchen, die bei Plutarch erhalten sind. Sie haben zusammen mit Plutarchs »Einrichtungen der Spartaner« und vor allem mit seinem *Leben des Lykurgos* die spartanische Legende abgerundet und bereichert. Da Plutarch in der Renaissance eine weitverbreitete Lektüre war, ist er in bedeutendem Maße für die Überlieferung der Legende in die Neuzeit verantwortlich.

Verzeichnis der Abkürzungen

AA	*Archäologischer Anzeiger* (Berlin)
ABSA	*The annual of the British School at Athens* (London)
AC	*Acta classica* (Kapstadt)
AClass	*L'antiquité classique* (Brüssel)
Acme	*Acme: Annali della Facoltà di filosofia e lettere dell'Università di Milano* (Mailand)
AD	*Archaiologikon deltion* (Athen)
AE	*Archaiologike ephemeris* (früher *EA*)(Athen)
Aegyptus	*Aegyptus: Rivista italiana di egittologia e di papirologia* (Mailand)
AeR	*Atene e Roma* (Florenz)
AfR	*Archiv für Religionswissenschaft* (Leipzig/Berlin)
AJA	*American journal of archaeology* (Princeton)
AJAH	*American journal of ancient history* (Harvard)
AJP	*American journal of philology* (Baltimore)
AM	*Mitteilungen des Deutschen Archäologischen Instituts: Athenische Abteilung* (Athen)
Ant	*Die Antike: Zeitschrift für Kunst und Kultur des klassischen Altertums* (Berlin)
AO	*The sanctuary of Artemis Orthia at Sparta, ed. by R. M. Dawkins,* London 1929 (Hellenic Society suppl. paper, 5)
AR	*Archaeological reports* (veröffentlicht mit *JHS*) *(London)*
Archaeologia	*Archaeologia, or: Miscellaneous tracts relating to antiquity* (London)
AS	*Ancient society* (Löwen)
ASAA	*Annuario della Scuola archeologica di Atene* (Rom)
ASI	*Ancient society and institutions: Studies presented to V. Ehrenberg on his 75th birthday*, ed. by E. Badian, Oxford 1966
Athenaeum	*Athenaeum: Studi periodici di letteratura e storia dell'antichità* (Pavia)
AuA	*Antike und Abendland* (Hamburg)
AZ	*Archäologische Zeitung* (Berlin)
BAGB	*Bulletin de l'Association Guillaume Budé* (Paris)
BCH	*Bulletin de correspondance hellénique* (Paris)
BJ	*Bonner Jahrbücher des Rheinischen Landesmuseums* (Bonn)
BJRL	*Bulletin of the John Rylands Library* (Manchester)
CAH	*The Cambridge ancient history*, Cambridge 1923–1975
CFC	*Cuadernos de filología clásica* (Madrid)
CM	*Classica et mediaevalia* (Kopenhagen)
CP	*Classical philology* (Chicago)
CQ	*The classical quarterly* (Oxford)
CR	*The classical review* (Oxford)
CSCA	*California studies in classical antiquity* (Berkeley / Los Angeles)
EA	*Ephemeris archaiologike* (Athen)
EE	*Epistemonike epeteris* (Saloniki)
Emerita	*Emerita: Revista de linguistica y filología clásica* (Madrid)
Eos	*Eos: Commentarii Societatis Philologae Polonorum* (Lwow)
Eranos	*Eranos: Acta philologica suecana* (Göteborg)

Gnomon	*Gnomon: Kritische Zeitschrift für die gesamte klassische Wissenschaft* (München)
GRBS	*Greek Roman and Byzantine studies* (Durham, N. C.)
Gymnasium	*Gymnasium: Zeitschrift für Kultur der Antike und humanistische Bildung* (Heidelberg)
Helikon	*Helikon: Rivista di tradizione e cultura classica* (Messina)
Hermes	*Hermes: Zeitschrift für klassische Philologie* (Wiesbaden)
Historia	*Historia: Zeitschrift für alte Geschichte* (Wiesbaden)
HZ	*Historische Zeitschrift* (München/Berlin)
JDAI	*Jahrbuch des Deutschen Archäologischen Insituts* (Berlin)
JHS	*The journal of Hellenic studies* (London)
JOAI	*Jahreshefte des Österreichischen Archäologischen Institutes* (Wien)
JP	*Journal of philology* (Cambridge/London)
JWG	*Jahrbuch für Wirtschaftsgeschichte* (Berlin)
Kadmos	*Kadmos: Zeitschrift für vor- und frühgriechische Epigraphik* (Berlin)
Klio	*Klio: Beiträge zur alten Geschichte* (Berlin)
Ktema	*Ktema: Civilisations de l'orient, de la Grèce et de Rome antiques* (Straßburg)
LCM	*Liverpool classical monthly* (Liverpool)
LEC	*Les études classiques* (Namur)
LS	W. den Boer, *Laconian studies*, Amsterdam 1954
Maia	*Maia: Rivista di letterature classiche* (Genua)
MDOG	*Mitteilungen der Deutschen Orient-Gesellschaft* (Berlin)
Meander	*Meander: Revue de civilisation du monde antique* (Warschau)
MH	*Museum Helveticum* (Basel)
Mnemosyne	*Mnemosyne: Bibliotheca classica batava* (Leiden)
PAAH	*Praktika tes en Athenais Archaiologikes Hetaireias* (Athen)
Paideuma	*Paideuma: Mitteilungen zur Kulturkunde* (Frankfurt a. M.)
PBA	*Proceedings of the British Academy* (London)
PCPS	*Proceedings of the Cambridge Philological Society* (Cambridge)
Pel	*Peloponnesiaka* (Athen)
Philologus	*Philologus: Zeitschrift für das klassische Altertum* (Berlin)
Phoenix	*The phoenix: The journal of the Classical Association of Canada* (Toronto)
PP	*La parola del passato* (Neapel)
PRIA	*Proceedings of the Royal Irish Academy* (Dublin)
PW	*Philologische Wochenschrift* (Leipzig)
QS	*Quaderni di storia* (Bari)
QU	*Quaderni Urbinati di cultura classica* (Urbino)
RA	*Revue archéologique* (Paris)
RAL	*Rendiconti dell'Accademia dei Lincei* (Rom)
REA	*Revue des études anciennes* (Paris)
REG	*Revue des études grecques* (Paris)
REH	*Revue des études historiques* (Paris)
RFC	*Rivista di filologia classica* (Turin)
RhM	*Rheinisches Museum für Philologie* (Frankfurt a. M.)
RIL	*Rendiconti dell'Istituto Lombardo* (Mailand)
RM	*Mitteilungen des Deutschen Archäologischen Instituts: Römische Abteilung* (Rom)
RP	*Revue de philologie, de littérature et d'histoire anciennes* (Paris)

RSA	*Rivista storica dell'antichità* (Bologna)
SA	*Skandinavisches Archiv: Zeitschrift für Arbeiten skandinavischer Gelehrten* (Lund)
SBAW	*Sitzungsberichte der Bayerischen Akademie der Wissenschaften* (München)
SCI	*Scripta classica Israelica* (Jerusalem)
SIFC	*Studi italiani di filologia classica* (Florenz)
SMEA	*Studi micenei ed egeo-anatolici* (Rom)
SOAW	*Sitzungsberichte der Österreichischen Akademie der Wissenschaften* (Wien)
TAPA	*Transactions (and proceedings) of the American Philological Association* (Philadelphia/Missoula)
VDI	*Vestnik drevney istorii* (Moskau)
WS	*Wiener Studien* (Wien)
YCS	*Yale classical studies* (New Haven)
ZA	*Živa antika* (Skopje)

Bibliographie

Erstes Kapitel

Die Geologie Lakoniens: A. Philippson, *Der Peloponnes: Versuch einer Landeskunde auf geologischer Grundlage* I, Berlin 1891. – Die Geographie Lakoniens: A. Philippson, *Die griechischen Landschaften* III,2, Frankfurt a. M. 1959.

Verschiedene Bezeichnungen für die Spartaner und ihr Land: A. J. Toynbee, *Some problems in Greek history*, Oxford 1969, 168–171.

Die literarischen Quellen: Kommentare zu Herodot: R. W. Macan [nur Buch 4–9], London 1895–1908; H. Stein, Berlin [6]1906; W. W. How / J. Wells, Oxford 1912, s. a. B. Niese, *Hermes* 42 (1907) 419–468. – Kommentare zu Thukydides: W. H. Forbes [nur Buch 1], Oxford 1895; A. W. Gomme / A. Andrewes / K. J. Dover, Oxford 1945–81. – Kommentar zu den *Hellenica Oxyrhynchia*: I. A. F. Bruce, Cambridge 1967. – Zu Xenophon: J. K. Anderson, *Xenophon*, London 1974. – Zu Ephoros: R. Laqueur, *Hermes* 46 (1911) 161–206, 321–354; G. L. Barber, *The historian Ephorus*, Cambridge 1935; R. Drews, *AJP* 84 (1963) 244–255. – Kommentar zur *Politik* des Aristoteles: W. L. Newman, Oxford 1887–1902; s. a. P. Cloché, *LEC* 11 (1942) 289–313. – Kommentar zu Polybios: F. W. Walbank, Oxford 1957–79. – Kommentar zu Pausanias: J. G. Frazer, London [2]1913. – Kommentar zu Plutarchs *Leben des Lykurgos*: E. Kessler, *Plutarchs Leben des Lykurgos*, Berlin 1910; s. a. K. Ziegler, *RhM* 76 (1927) 20–53.

Reisende in Lakonien: B. Randolph, *The present state of the Morea called anciently Peloponnesus*, London [3]1689 [zit. S. 8]; W. Gell, *Narrative of a journey in the Morea* I, London 1823 [zit. S. 327–330]; W. M. Leake, *Travels in the Morea* I, London 1830 [zit. S. 135 f.]; E. Puillon Boblaye, *Recherches géographiques sur les ruines de la Morée*, Paris 1835; Bory de Saint-Vincent, *Expédition scientifique de Morée: section des sciences géographiques*, Paris 1836; L. Ross, *Reisen und Reiserouten durch Griechenland* I, Berlin 1841; E. Curtius, *Peloponnesos: Eine historisch-geographische Beschreibung der Halbinsel* I, Gotha 1852; W. Mure, *Journal of a tour in Greece and the Ionian Islands* II, Edinbourgh 1842 [zit. S. 246 f.]; W. G. Clark, *Peloponnesus: notes of study and travel*, London 1858 [zit. S. 164 f.]; E. Meyer (Hrsg.), *Heinrich Schliemann: Briefwechsel* II, Berlin 1958 [zit. S. 295 f.].

Topographische Untersuchungen in Sparta vor der großen Zeit der Ausgrabungen: H. K. Stein, *Topographie des alten Sparta*, Glatz 1890; K. Nestorides, *Topographia tes archaias Spartes*, Athen 1892; N. E. Crosby, *AJA* 8 (1893) 335–373.

Zweites Kapitel

Homer. Das Königreich des Menelaos im Schiffskatalog: R. Hope Simpson / J. F. Lazenby, *The Catalogue of the Ships in Homer's Iliad*, Oxford 1970, 74–81. – Der homerische Menelaos: W. Kullmann, *Die Quellen der Ilias*, Wiesbaden 1960, 93–95. – Die homerische Helena: F. Focke, *Gymnasium* 65 (1958) 383–401; J. Th. Kakridis, *Homer revisited*, Lund 1971, 25–53; M. L. West, *Immortal Helen*, London 1975; L. L. Clader, *Helen: the evolution from divine to human in Greek epic tradition*, Leiden 1976; H. Homeyer, *Die spartanische Helena*, Wiesbaden 1977. – Homer und die mykenische Zeit: H. L. Lorimer, *Homer and the monuments*, London 1950; T. B. L. Webster, *From Mycenae to Homer*, London 1958; dt. *Von Mykene bis Homer*, München, 1960 [u. ö.]; *Archaeologia Homerica*, Göttingen 1967 ff.; J. Bouzek, *Homerisches Griechenland*, Prag 1969; L. A. Stella, *Tradizione micenea e poesia dell'Iliade*, Rom 1978.

Die mykenische Kultur. Allgemeine Übersichten: W. D. Taylour, *The Mycenaeans*, London 1964; G. E. Mylonas, *Mycenae and the Mycenaean age*, Princeton 1966; E. T. Vermeule, *Greece in the Bronze Age*, Chicago ²1972; F. Schachermeyr, *Die ägäische Frühzeit* II, Wien 1976; J. Chadwick, *The Mycenaean World*, Cambridge 1976; dt. *Die mykenische Welt*, Stuttgart 1979. – Tonfiguren: E. French, *ABSA* 66 (1971) 101–187. – Siegel: A. Sakellariou, *Mykenaike sphragidoglyphia*, Athen 1966. – Tholoi: A. J. B. Wace, *ABSA* 25 (1921–23) 283–402; O. Pelon, *Tholoi, tumuli et cercles funéraires*, Paris 1977. – Kammergräber: A. J. B. Wace, *Archaeologia* 82 (1932). – Häuser und Paläste: A. W. Lawrence, *Greek architecture*, Harmondsworth, ³1973, 65–82. – Zerstörungen und Wanderung: P. Ålin, *Das Ende der mykenischen Fundstätten auf dem griechischen Festland*, Lund 1962; V. R. d'A. Desborough, *CAH* II, 2 (³1975), 658–671.

Sparta in mykenischer Zeit. Zusammenfassung: H. Waterhouse, *ABSA* 51 (1956) 168–171. – Überblick: H. Waterhouse / R. Hope Simpson, *ABSA* 55 (1960) 67–107. – Amyklaion: Chr. Tsountas, *EA* (1892) 1–18; E. Fiechter, *JDAI* 33 (1918) 126 f.; E. Buschor / W. von Massow, *AM* 52 (1927) 10–12, 38 f., 46. – Palaiopyrgos: P. Friedländer, *AM* 34 (1909) 71 f. – Vaphio: Chr. Tsountas, *EA* (1889) 136–172 [Ausgrabungsbericht]; A. J. Evans, *The Palace of Minos* III, London 1930, 127–129 [Dolchklinge]; K. Müller, *JDAI* 30 (1915), 325–336 [Goldbecher]; J. G. Younger, *AJA* 77 (1973) 338–340 [Siegel]. – Analipsis: K. A. Romaios, *PAAH* (1954), 270–286. – Agios Stephanos: W. D. Taylour [u. a.], *ABSA* 67 (1972) 205–270. – Melathria: K. Demacopoulou-Papantoniou, *ABSA* 66 (1971) 95–100 [mykenischer Krug]; *AE* (1977) 29–60 [Ausgrabungsbericht]. – Das mykenische Haus auf dem Menelaionhügel: Chr. Tsountas, *EA* (1889) 130 f.; R. M. Dawkins, *ABSA* 16 (1909/10) 4–11; H. W. Catling, *AR* 20 (1973/74) 14–16; 21 (1974/75) 12–15; 22 (1975/76) 13–15; 23 (1976/77) 24–35.

Die dorischen Siedlungen. Überblick über die griechischen literarischen Zeugnisse: G. Busolt, *Griechische Geschichte* I, Gotha ²1893, 201–262. – Einwände gegen die Historizität der dorischen Einwanderung: G. Grothe, *A history of Greece* II, Neuausg. London 1883, 1–7; K. J. Beloch, *RhM* 45 (1890) 555–598. – Die Dorier als Zerstörer der mykenischen Welt: V. Milojčić, *AA* (1948/49) 12–36; P. A. L. Greenhalgh, *AC* 21 (1978) 1–38. – Die Dorier als Eindringlinge in die mykenische Welt rund ein Jahrhundert nach der Zeit der Verheerungen: V. R. d'A. Desborough, *The last Mycenaeans and their successors*, Oxford 1964, 251 f. – Die Dorier als Unterschicht in der Bevölkerung der mykenischen Welt: J. Chadwick, *PP* 31 (1976) 103–117; C. G. Thomas, *SMEA* 19 (1978) 77–87.

Drittes Kapitel

Das Dunkle Zeitalter: A. M. Snodgrass, *The Dark Age of Greece*, Edinburgh 1971.

Griechische Kulte im allgemeinen: L. R. Farnell, *The cults of the Greek states* I–V, Oxford 1896–1909; U. von Wilamowitz-Moellendorf, *Der Glaube der Hellenen*, Berlin 1931/32; M. P. Nilsson, *Greek popular religion*, New York 1940;

Geschichte der griechischen Religion, München [3]1967. – Heroenkulte: L. R. Farnell, *Greek hero cults and ideas of immortality*, Oxford 1921; J. M. Cook, in: *Geras A. Keramopoullou*, Athen 1953, 112–118; J. N. Coldstream, *JHS* 96 (1976) 8–17. – Lakonische Kulte: S. Wide, *Lakonische Kulte*, Leipzig 1893.

Die Akropolis von Sparta: A. M. Woodward, *ABSA* 26 (1923–25) 240–276; 28 (1926/1927) 37–48. – Tempel der Athene Chalkioikos: G. Dickins, *ABSA* 13 (1906/07) 137–154; 14 (1907/08) 142–146. – Theater: A. M. Woodward, *ABSA* 26 (1923–25) 119–158; 27 (1925/26) 175–209; 28 (1926/27) 3–36; 30 (1928–30) 151–240; H. Bulle, *SBAW* 5 (1937).

Stadtmauern: A. J. B. Wace, *ABSA* 12 (1905/06) 284–288; 13 (1906/07) 5–16.

Gräber: Chr. A. Christou, *AD* 19/A' (1964) 123–163.

Das Heiligtum an der Straße nach Megalopolis: G. Dickins, *ABSA* 13 (1906/07) 169–173. – Das Heroon: A. J. B. Wace, *ABSA* 12 (1905/06) 288–294. – Der Altar am Eurotas: G. Dickins, *ABSA* 12 (1905/06) 295–302.

Das Heiligtum der Artemis Orthia. Zusammenfassende Ausgrabungsberichte, Kunstgegenstände, Inschriften, Kult: *AO*. – Nachträge: R. M. Dawkins, *JHS* 50 (1930) 298 f. – Rezension der *AO*: E. Kunze, *Gnomon* 9 (1933) 1–14. – Kult: R. C. Bosanquet, *ABSA* 12 (1905/06) 331–343; A. Thomsen, *AfR* 9 (1906) 397–416. – Knabenwettbewerbe: M. N. Tod, *AM* 29 (1904) 50–56. – Die beiden ersten Phasen des Heiligtums: E. Kirsten, *BJ* 158 (1958) 170–176. – Chronologie: J. Boardman, *ABSA* 58 (1963) 1–7. – Die Bedeutung der eisernen »Sicheln«: J. Boardman, *JHS* 91 (1971) 136 f. – Darstellungen der Artemis Orthia: B. Palma, *ASAA* 52/53 (1974/75) 301–307. – Der Name »Orthia« und seine Varianten: D. D. Lipourles, *EE* 10 (1968) 363–399.

Apollon Karneios: W. Otto, *Paideuma* 7 (1959/60) 25–30. – Karneen, Hyakinthien, Gymnopaidien: M. P. Nilsson, *Griechische Feste von religiöser Bedeutung*, Leipzig 1906, 118–142. – Hyakinthien: C. F. Unger, *Philologus* 37 (1877) 13–33; Br. Schröder, *AM* 29 (1904) 24–31; B. C. Dietrich, *Kadmos* 14 (1975) 133–142; C. Gallavotti, *QU* 27 (1978) 183–194. – Gymnopaidien: F. Bölte, *RhM* 78 (1929) 124–130; H. T. Wade-Gery, *CQ* 43 (1949) 79–81.

Die Ausgrabungen im Amyklaion: Chr. Tsountas, *EA* (1892) 1–26; A. N. Skias, *PAAH* (1907) 104–107; E. Fiechter, *JDAI* 33 (1918) 107–245; E. Buschor / W. von Massow, *AM* 52 (1927) 1–85.

Das Agamemnon-Alexandra-Heiligtum. Die Inschriftenstele: G. Löschcke, *AM* 3 (1878), 164–171. – Grabungsberichte: Chr. A. Christou, *PAAH* (1956) 211 f.; (1960) 228–231; (1961) 177 f.

Der Kult des Zeus Agamemnon: I. Harrie, *AfR* 23 (1925) 259–269; U. von Wilamowitz-Moellendorf, *Kleine Schriften* IV, Berlin 1962, 298 f.

Das Problem der Kultkontinuität: R. V. Nicholls, in: *Auckland classical essays presented to E. M. Blaiklock*, Auckland 1970, 1–37; P. Lévêque, *PP* 28 (1973) 23–50; B. C. Dietrich, *The origins of Greek religion*, Berlin 1974, 191–289; W. Burkert, *Griechische Religion der archaischen und klassischen Epoche*, Stuttgart 1977, 88–98.

Viertes Kapitel

Dichtung im archaischen Sparta: K. Hinze, *RhM* 83 (1934) 39–52; F. Stoessl, in: *Eumusia, Festgabe für E. Howald*, Zürich 1947, 92–114.

Tyrtaios. Text (mit der hier übernommenen Numerierung der Fragmente): M. L.

West, *Iambi et elegi graeci* II, Oxford 1972, 149–163. – Text und Übersetzung: J. M. Edmonds, *Elegy and iambus* I, London 1931 (Loeb Classical Library), 51–79. – Text mit italienischem Kommentar: C. Prato, *Tyrtaeus*, Rom 1968. – Der politische Hintergrund und die Wertwelt: W. Jaeger, *Paideia* I, Berlin ^{4}1959, 125–139. – Die Lesung *argaleon–harpaleon*: C. Prato, *QU* 2 (1966) 115–119.

Terpandros: B. A. von Groningen, *Mnemosyne* 18 (1955) 177–191.

Alkman. Text (mit der hier übernommenen Numerierung): D. L. Page, *Poetae melici graeci*, Oxford 1962, 1–91; *Supplementum lyricis graecis*, Oxford 1974, 1–3. – Text und Übersetzung: J. M. Edmonds, *Lyra graeca* I, London ^{2}1928 (Loeb Classical Library), 44–135. – Text mit italienischem Kommentar: A. Garzya, *Alcmane, i frammenti*, Neapel 1954. – Allgemeine Untersuchungen: C. M. Bowra, *Greek lyric poetry from Alcman to Simonides*, Oxford ^{2}1961, 16–73; H. Fränkel, *Dichtung und Philosophie des frühen Griechentums*, München ^{2}1962, 179–191; C. Calame, *Les chœurs de jeunes filles en Grèce archaïque*, Rom 1977. – Alkmans Geburtsort, seine gesellschaftliche Stellung: J. A. Davison, *From Archilochus to Pindar*, London 1968, 173–176. – Die Datierung des Alkman: M. L. West, *CQ* 59 (1965) 188–194; F. D. Harvey, *JHS* 87 (1967) 62–73. – Nr. 41: Scaligers Lesung *rhepei* anstatt *herpei* ist übernommen. – Nr. 17: V. Ehrenberg, *Hermes* 68 (1933) 288–305. – Nr. 89: R. Pfeiffer, *Hermes* 87 (1959) 1–6 [Pfeiffers *hyla* anstatt *phyla* ist Z. 3 gelesen]. – Nr. 56: F. M. Pontani, *Maia* 3 (1950) 36. – Nr. 58, 59: F. G. Sirna, *Aegyptus* 53 (1973) 28–70. – Nr. 1: D. L. Page, *Alcman, the Partheneion*, Oxford 1951; M. Puelma, *MH* 34 (1977) 1–55 [in Nr. 1, Z. 77, ist *tèrei* anstatt *teirei* gelesen]. – Nr. 3: W. Peek, *Philologus* 104 (1960) 163–180; F. J. Cuartero, *CFC* 4 (1972) 367–382.

Fünftes Kapitel

Protogeometrische Keramik: W. von Massow, *AM* 52 (1927) 46–49; V. R. d'A. Desborough, *Protogeometric pottery*, Oxford 1952, 283–290. – Zwei Scherben aus Thouria: R. Hope Simpson, *ABSA* 52 (1957) 245.

Geometrische Keramik: W. von Massow, *AM* 52 (1927) 49–53; J. P. Droop, *AO*, 54–66; E. A. Lane, *ABSA* 34 (1933/34) 101–107; J. N. Coldstream, *Greek Geometric pottery*, London 1968, 214–219.

Keramik des 7./6. Jahrhunderts. Allgemeine Untersuchungen: J. P. Droop, *JHS* 30 (1910) 1–34; *AO*, 70–113; O. Waldhauer, *JDAI* 38/39 (1923/24) 28–37; E. A. Lane, *ABSA* 34 (1933/34) 115–189; E. Homann-Wedeking, *Archaische Vasenornamentik*, Athen 1938, 56–67; B. B. Shefton, *ABSA* 49 (1954) 299–310; P. Pelagatti, in: *Enciclopedia dell' arte antica, classica e orientale* IV, Rom 1961, 445–450; R. M. Cook, *Greek painted pottery*, London ^{2}1972, 93–101; C. M. Stibbe, *Lakonische Vasenmaler des 6. Jh.s v. Chr.*, Amsterdam 1972. – Der Naukratismaler: G. P. Schaus, *AJA* 83 (1979) 102–106. – Die Arkesilasschale: F. Chamoux, *Cyrène sous la monarchie des Battiades*, Paris 1953, 258–263. – Der Reitermaler: C. Rolley, *BCH* 83 (1959) 275–284. – Die rhodische Hydria: L. Laurenzi, in: *Clara Rhodos* VIII, Rhodos 1936, 85–95. – Lakonische Keramik aus Olympia: W. Gauer, *Olympische Forschungen* VIII, Berlin 1975, 136, 137, 169, 210. – Lakonische Keramik aus Perachora: B. B. Shefton, in: *Perachora* II, hrsg. von T. J. Dunbabin, Oxford 1962, 378–385. – Lakonische Keramik aus Samos: E. Walter-Karydi, *Samos* VI, 1, Bonn 1973, 28, 32, 42, 43; C. M. Stibbe, *AM* 91 (1976) 63–74; H. P. Isler, *Samos* IV, Bonn 1978, 102, 103, 166, 167. – Lakonische

Keramik aus Tokra: J. Boardman / J. Hayes, *Excavations at Tocra* I, London 1966, 81–95; II, London 1973, 39–41. – Lakonische Keramik im Museum Tarent: P. Pelagatti, *ASAA* 33/34 (1955/56) 11–44. – Zusammenhänge zwischen lakonischer Kunst und östlicher Ägäis: E. Langlotz, *AM* 77 (1962) 115–117.

Reliefkeramik. Allgemeines: A. de Ridder, *BCH* 22 (1898) 439–471; 497–519; F. Courby, *Les vases grecs à reliefs*, Paris 1922; J. Schäfer, *Studien zu den griechischen Reliefpithoi*, Kallmünz 1957. – Lakonische: A. J. B. Wace, *ABSA* 12 (1905/06) 292; A. M. Woodward, *ABSA* 27 (1925/26) 199–201; Chr. A. Christou, *AD* 19/A' (1964) 164–265.

Bronzehydrien: K. A. Neugebauer, *RM* 38/39 (1923/24) 371–383; *AA* (1925) 177–203; L. Polites, *AE* (1936) 147–174; G. Vallet / F. Villard, *BCH* 79 (1955) 70–74; C. Rolley, *BCH* 87 (1963) 459–484.

Gorgonen: Th. G. Karagiorga, *AD* 19/A' (1964) 116–122.

Bronzekratere: K. A. Neugebauer, *RM* 38/39 (1923/24), 383–393. – Der Vix-Krater: P. Amandry, *RA* 43 (1954) 125–140; R. Joffroy, *Le trésor de Vix*, Paris 1954; A. Rumpf, in: *Charites, Studien zur Altertumswissenschaft*, hrsg. von K. Schauenburg, Bonn 1957, 127–135; L. H. Jeffery, *The local scripts of archaic Greece*, Oxford 1961, 191 f.

Kleinbronzen und Terrakotten. Die frühesten Formen: E. Kunze, *AM* 55 (1930) 141–162. – Lakonische Kleinkunst: E. Langlotz, *Frühgriechische Bildhauerschulen*, Nürnberg 1927, 86–98; R. J. H. Jenkins, *ABSA* 33 (1932/33), 66–79; *Dedalica*, Cambridge 1936; E. Homann-Wedeking, *AuA* 7 (1958) 63–72; R. A. Higgins, *Greek terracottas*, London 1967, 23 f.; G. Kaulen, *Daidalika*, München 1967. – Bronzespiegel: Th. G. Karagiorga, *AD* 20/A' (1965) 96–109. – Der Bronzeknabe vom Amyklaion: P. Wolters, *JDAI* 11 (1896) 1–10. – Bronzejüngling aus Messenien: C. Leon, *AM* 83 (1968) 175–185.

Relieftafeln: H. Dressel / A. Milchhoefer, *AM* 2 (1877) 443–474; A. Furtwängler, *La Collection Sabouroff* I, Berlin 1883–87, 25–37; M. N. Tod / A. J. B. Wace, *A catalogue of the Sparta Museum*, Oxford 1906, 102–118; M. Andronikos, *Pel* 1 (1956), 253–314.

Elfenbeinarbeiten. Allgemeine Untersuchung: E.-L. I. Marangou, *Lakonische Elfenbein- und Beinschnitzereien*, Tübingen 1969. – Orientalische Vorgänger: F. Poulsen, *Der Orient und die frühgriechische Kunst*, Leipzig/Berlin 1912, 111–116. – Das Parisurteil: R. Hampe, in: *Neue Beiträge zur klassischen Altertumswissenschaft. Festschrift zum 60. Geburtstag von B. Schweitzer*, Stuttgart 1954, 77–86.

Die sog. Leonidasstatue: A. M. Woodward, *ABSA* 26 (1923–25) 253–266; G. Karo, *Greek personality in archaic sculpture*, Cambridge (Mass.) 1948, 156–158.

Sechstes Kapitel

Das archaische Sparta: G. L. Huxley, *Early Sparta*, London 1962; F. Kiechle, *Lakonien und Sparta*, München 1963; C. Mossé, *PP* 28 (1973) 7–20; L. H. Jeffery, *Archaic Greece*, London 1976, 111–132.

Quellen für die Beziehungen zu Messenien: T. Lenschau, *Philologus* 91 (1936) 289–307; J. Kroymann, *Sparta und Messenien*, Berlin 1937; E. Schwartz, *Philologus* 92 (1937) 19–46; L. R. Shero, *TAPA* 69 (1938) 500–531; F. Jacoby, *Die Fragmente der griechischen Historiker* IIIa, Leiden 1943, 109–181; W. den Boer, *Historia* 5 (1956) 162–177; F. Kiechle, *Messenische Studien*, Kallmünz 1959; L. Pearson, *Historia* 11 (1962) 397–426; H. T. Wade-Gery, *ASI*, 289–302.

Quellen für die Beziehungen zu Argos: T. Lenschau, *Philologus* 91 (1936) 385–395; A. Andrewes, *CQ* 45 (1951) 39–45; R. A. Tomlinson, *Argos and the Argolid*, London 1972, 67–86; T. Kelly, *A history of Argos to 500 B. C.*, Minneapolis 1977, 72–129. – Pheidon: O. Viedebantt, *Philologus* 81 (1926) 208–232; T. Lenschau, *Philologus* 91 (1936) 385–396; D. W. Bradeen, *TAPA* 78 (1947) 223–241; A. Andrewes, *CQ* 43 (1949) 74–77; G. L. Huxley, *BCH* 82 (1958) 588–601.

Tarent: P. Wuilleumier, *Tarente des origines à la conquête romaine*, Paris 1939; T. J. Dunbabin, *The western Greeks*, Oxford 1948; J. Bérard, *La colonisation grecque de l'Italie méridionale et de la Sicile dans l'antiquité*, Paris ^{2}1957, 162–175; *Taranto nella civiltà della Magna Grecia*, Atti del Decimo Convegno di Studi sulla Magna Grecia, Neapel 1971; P. Faure, *La vie quotidienne des colons grecs de la mer Noire à l'Atlantique au siècle de Pythagore, VIe siècle avant J.-C.*, Paris 1978; dt. *Die griechische Welt im Zeitalter der Kolonisation*, Stuttgart 1981; J. Boardman, *The Greek Oversees*, London ^{3}1980; dt. *Kolonien und Handel der Griechen*, München 1981. – Tempel: R. Koldewey / O. Puchstein, *Die griechischen Tempel in Unteritalien und Sicilien*, Berlin 1899, 55. – Kulte: G. Giannelli, *Culti e miti della magna Grecia*, Florenz ^{2}1963, 15–59, 241–246. – Grabdenkmäler: H. Klumbach, *Tarentiner Grabkunst*, Reutlingen 1937; E. Kirsten, *Ant* 14 (1938) 159–166. – Terrakotten: A. J. Evans, *JHS* 7 (1886) 1–50; H. Herdejürgen, *Die tarentinischen Terrakotten des 6. bis 4. Jh.s v. Chr. im Antikenmuseum Basel*, Basel 1971. – Die sitzende Göttin: H. Herdejürgen, *Die thronende Göttin aus Tarent in Berlin*, Waldsassen 1968. – Münzen: B. V. Head, *Historia nummorum*, Oxford 1911, 53–69; C. M. Kraay, *Archaic and classical Greek coins*, London 1976, 174–176.

Die Einführung der Hoplitenphalanx: H. L. Lorimer, *ABSA* 42 (1947) 76–138; M. P. Nilsson, *Opuscula selecta* II, Lund 1952, 897–907; A. M. Snodgrass, *JHS* 85 (1965) 110–122; M. Detienne, in: *Problèmes de la guerre en Grèce ancienne*, hrsg. von J.-P. Vernant, Paris / Den Haag 1968, 119–142; P. A. Cartledge, *JHS* 97 (1977) 11–27; J. Salmon, *JHS* 97 (1977) 84–101.

Beziehungen zu Arkadien: C. Callmer, *Studien zur Geschichte Arkadiens*, Lund 1943, 60–77; L. Moretti, *RFC* 74 (1946) 87–103. – Die spartanisch-tegeatische Inschrift: F. Jacoby, *Abhandlungen zur griechischen Geschichtsschreibung*, Leiden 1956, 342 f. – Die Gebeine des Tisamenos: D. M. Leahy, *Historia* 4 (1955) 26–38. – Die angebliche Niederlage der Spartaner bei Orchomenos: D. M. Leahy, *Phoenix* 12 (1958) 141–165. – Die Schlacht der Vorkämpfer in der Thyreatis: L. Moretti, *RFC* 76 (1948) 204–213.

Siebentes Kapitel

Der spartanische Staat: U. Kahrstedt, *Griechisches Staatsrecht* I, Göttingen 1922, 1–344; G. Busoldt / H. Swoboda, *Griechische Staatskunde* II, München 1926, 633–737. – Die Entwicklung des Staates: T. Lenschau, *Klio* 30 (1937) 269–289; G. Bockisch, *Beiträge zu Entstehung des Staates*, Berlin 1974, 123–133; P. A. Cartledge, *PRIA* 80 (1980) 91–108. – Das politische System: A. Andrewes, *Probouleusis*, Oxford 1954, *ASI*, 1–20; W. G. Forrest, *Phoenix* 21 (1967) 11–19; R. Sealey, *CSCA* 2 (1969) 247–269. – Vergleich zwischen spartanischer und athenischer Verfassung: F. Paenhuysen, *BAGB* (1964) 342–355. – Mögliche phönikische Elemente in der spartanischen Verfassung: R. Drews, *AJP* 100 (1979) 45–58.

Die Periöken: F. Hampl, *Hermes* 72 (1937) 1–49.
Die Spartiaten und ihre Güter: U. Kahrstedt, *Hermes* 54 (1919) 279–294; V. Ehrenberg, *Hermes* 59 (1924) 23–72; D. Asheri, *Historia* 12 (1963) 1–21; D. Lotze, *JWG* (1971/72) 63–76. – Das »Gesetz des Epitadeus«, das den Spartiaten die Übertragung ihres Gutes auch außerhalb der Familie gestattete: D. Asheri, *Athenaeum* 49 (1961) 45–68; G. Marasco, *AClass* 49 (1980) 131–145. – *Obai* und *phylai*: L. Pareti, *RAL* 19 (1910) 455–473; A. J. Beattie, *CQ* 45 (1951) 46–58; M. A. Levi, *Quattro studi spartani*, Mailand 1956, 28–42.
Die Heiloten: D. Lotze, *Metaxy eleutheron kai doulon*, Berlin 1959, 26–47; J. Ducat, *AS* 9 (1978) 5–46. – Heiloten im Heeresdienst: K.-W. Welwei, *Unfreie im antiken Kriegsdienst* I, Wiesbaden 1974, 108–161. – *Mothakes*: D. Lotze, *Historia* 11 (1962) 427–435. – *Neodamodeis*: R. F. Willets, *CP* 49 (1954) 27–32; T. Alfieri Tonini, *RIL* 109 (1975) 305–316.
Die Funktionen der Könige: P. Cloché, *LEC* 17 (1949) 113–138, 343–381; D. J. Mosley, *Athenaeum* 49 (1971) 433–435; C. G. Thomas, *Historia* 23 (1974) 257–270. – Das Doppelkönigtum: A. D. Momigliano, *AeR* 13 (1932) 3–11; G. Giarrizzo, *PP* 5 (1950) 192–201. – Die beiden Königshäuser: T. Lenschau, *RhM* 88 (1939) 123–145.
Entstehung und Funktionen des Ephorats: G. Dum, *Entstehung und Entwicklung des spartanischen Ephorats*, Innsbruck 1878; Ed. Meyer, *Forschungen zur alten Geschichte* I, Halle 1892, 244–261; E. von Stern, *Zur Entstehung und ursprünglichen Bedeutung des Ephorats in Sparta*, Berlin 1894; S. Witkowski, *Eos* 35 (1934) 73–86; W. Norwin, *CM* 3 (1940) 86–118; W. den Boer, *LS*, 197–212. – Die Auswahl der Ephoren: P. A. Rahe, *Historia* 29 (1980), 385–401.
Die Lykurglegende: S. Wide, *SA* 1 (1892) 90–130; A. Szegedy-Maszak, *GRBS* 19 (1978) 199–209. – Lykurg als Gesetzgeber: V. Ehrenberg, *Neugründer des Staates*, München 1925, 5–54; *Epitymbion H. Swoboda*, Reichenberg 1927, 19–28.
Text der Großen Rhetra: M. Treu, *Hermes* 76 (1941) 22–42; A. von Blumenthal, *Hermes* 77 (1942) 212–215; F. R. Adrados, *Emerita* 22 (1954) 271–277; C. Pavese, *RFC* 95 (1967) 129–133; A. G. Tsopanakis, *La rhètre de Lycurgue*, Saloniki 1954; A. G. T., in: *Europa: Festschrift E. Grumach*, Berlin 1967, 303–319.
Interpretation und Folgen der Großen Rhetra: K. J. Neumann, *HZ* 60 (1907) 1–80; H. Rudolph, in: *Festschrift B. Snell*, München 1956, 61–76; H. T. Wade-Gery, *Essays in Greek history*, Oxford 1968, 37–85; D. Butler, *Historia* 11 (1962) 385–396; W. G. Forrest, *Phoenix* 17 (1963) 157–179; A. H. M. Jones, *ASI*, 165–175; P. Oliva, *ZA* 16 (1966) 123–134; N. G. L. Hammond, *Studies in Greek history*, Oxford 1973, 47–103; K. Bringmann, *Historia* 24 (1975) 513–538; E. Lévy, *Ktema* 2 (1977) 85–103.

Achtes Kapitel

Die gemeinschaftlichen Mahlzeiten und die Agoge: M. P. Nilsson, *Opuscula selecta* II, Lund 1952, 826–869. – Die Agoge: W. den Boer, *LS*, 233–298; A. Brelich, *Paides e parthenoi* I, Rom 1969, 112–207; L. Piccirilli, *Historia* 30 (1981) 1–10.
Die Frauen: P. A. Cartledge, *CQ* 75 (1981) 84–105.
Anspruchslosigkeit: H. W. Stubbs, *CQ* 44 (1950) 32–37; A. J. Holladay, *CQ* 71 (1977) 111–126. – Eisengeld: B. Laum, *Das Eisengeld der Spartaner*, Braunsberg 1925.

Handarbeit im spartanischen Staat: R. T. Ridley, *Mnemosyne* 27 (1974) 281–292; G. Berthaume, *Mnemosyne* 29 (1976) 360–364; P. A. Cartledge, *LCM* 1 (1976) 115–119.

Bildung im spartanischen Staat: P. A. Cartledge, *JHS* 98 (1978) 25–37; T. A. Boring, *Literacy in ancient Sparta*, Leiden 1979.

Homosexuelle Beziehungen: E. Bethe, *RhM* 62 (1907) 438–475; A. Semenov, *Philologus* 70 (1911) 146–150; K. J. Dover, *Greek homosexuality*, London 1978, 179–188.

Altersklassen in der Agoge: A. Diller, *AJP* 62 (1941) 499–501; H.-I. Marrou, *REA* 48 (1946) 216–230; A. Billheimer, *TAPA* 78 (1947) 99–104; R. Meister, *SOAW* 241/5 (1963).

Die Krypteia: H. Jeanmaire, *REG* 26 (1913) 121–150.

Bevölkerung: E. Cavaignac, *Klio* 12 (1912) 261–280; L. Ziehen, *Hermes* 68 (1933) 218–237.

Gesellschaftliche Probleme: P. Oliva, *Sparta and her social problems*, Amsterdam/Prag 1971.

Neuntes Kapitel

Die griechische Tyrannis: M. E. White, *Phoenix* 9 (1955) 1–18; A. Andrewes, *The Greek tyrants*, London 1956; H. Berve, *Die Tyrannis bei den Griechen*, München 1967; C. Mossé, *La tyrannie dans la Grèce antique*, Paris 1969. – Chilon und der Rylands-Papyrus: D. M. Leahy, *BJRL* 38 (1956) 406–435. – Die angebliche Spartanergesandtschaft zu Lygdamis: D. M. Leahy, *JHS* 77 (1957) 272–275.

Kleomenes: Th. Lenschau, *Klio* 31 (1938) 412–429; I. H. M. Hendriks, *Mnemosyne* 33 (1980) 340–346. – Dorieus: A. Schenk von Stauffenberg, *Historia* 9 (1960) 181–215; V. Merante, *Historia* 19 (1970) 272–294.

Der Peloponnesische Bund: G. Busolt, *Die Lakedaimonier und ihre Bundesgenossen* I, Leipzig 1878; G. Niccolini, *RIL* 38 (1905) 538–557; J. A. O. Larsen, *CP* 27 (1932) 136–150; 28 (1933) 257–276; 29 (1934) 1–19; D. M. Leahy, *CP* 49 (1954) 232–243 [Ägina]; E. Will, *Korinthiaka*, Paris 1955, 607–663 [Korinth]; K. Wikkert, *Der Peloponnesische Bund von seiner Entstehung bis zum Ende des Archidamischen Krieges*, Königsberg 1961; T. J. Fegueira, *CP* 76 (1981) 1–24 [Ägina].

Aristagoras und der Ionische Aufstand: G. de Sanctis, *RFC* 59 (1931) 48–72; J. A. S. Evans, *AJP* 84 (1963) 113–128; J. Neville, *CQ* 73 (1979) 268–275.

Zehntes Kapitel

Nachweise für einen Messenischen Krieg um 490: W. P. Wallace, *JHS* (1954) 32–35. – Die Datierung der Inschrift auf der spartanischen Weihgabe in Olympia: L. H. Jeffery, *JHS* 69 (1949) 26–30. – Spartanische Beziehungen zu Arkadien im frühen 5. Jh.: A. Andrewes, *Phoenix* 6 (1952) 1–5. – Die spartanischen Beziehungen zu Athen: J. Wolski, *Meander* 18 (1963) 187–200.

Der Krieg mit Xerxes: G. B. Grundy, *The great Persian War and its preliminaries*, London 1901; G. Giannelli, *La spedizione di Serse da Terma a Salamine*, Mailand 1924; C. Hignett, *Xerxes' invasion of Greece*, Oxford 1963. – Die Politik des Xerxes gegenüber Athen und Sparta: F. Schachermeyr, *HZ* 172 (1951) 1–35. – Der Bund der griechischen Staaten gegen Persien: P. A. Brunt, *Historia* 2 (1953/

1954) 135–163. – Die Schlacht bei den Thermopylen und die Entscheidung des Leonidas, auszuharren: F. Miltner, *Klio* 28 (1935) 228–241; H. M. Last, *CR* 57 (1943) 63–66; J. R. Grant, *Phoenix* 15 (1961) 14–27; A. Dascalakis, *Problèmes historiques autour de la bataille de Thermopyles*, Paris, 1962; J. A. S. Evans, *GRBS* 5 (1964) 231–237; G. R. Phillip, *Gymnasium* 75 (1968) 1–45; R. Hope Simpson, *Phoenix* 26 (1972) 1–11. – Die Schlachten bei den Thermopylen und bei Artemision: W. K. Prentice, *TAPA* 51 (1920) 5–18; J. A. S. Evans, *Historia* 18 (1969) 389–406. – Herodots Bericht über die Bestattungen der Spartaner nach Plataä: R. F. Willetts, *Mnemosyne* 33 (1980) 272–277.

Der Attische Seebund und das Attische Reich: H. Nesselhauf, *Klio* Beih. 30 (1933); G. E. M. de Ste. Croix, *Historia* 3 (1954/55) 1–41; D. W. Bradeen, *Historia* 9 (1960) 257–269; R. Meiggs, *The Athenian empire*, Oxford 1972.

Das Leben des Pausanias: J. Wolski, *Eos* 47 (1954) 75–94; M. E. White, *JHS* 84 (1964) 140–152; A. Lippold, *RhM* 108 (1965) 320–341; C. W. Fornara, *Historia* 15 (1966) 257–271; A. E. Parshikov, *VDI* 103 (1968) 126–138; A. A. Schieber, *SCI* 4 (1978) 1–9; *Athenaeum* 68 (1980) 396–405. – Pausanias und Themistokles: P. J. Rhodes, *Historia* 19 (1970) 387–400. – Die spätere Laufbahn des Themistokles und seine Verbindung mit Argos: W. G. Forrest, *CQ* 54 (1960) 221–241.

Das Erdbeben in Sparta: R. Sealey, *Historia* 6 (1957) 368–371. – Kimons Expedition(en) zur Unterstützung Spartas vor Ithome: G. A. Papantoniou, *AJP* 72 (1951) 176–181. – Die Datierung des Falls von Ithome: G. Klaffenbach, *Historia* 1 (1950) 231–235; S. Accame, *RFC* 80 (1952) 113–119; D. M. Lewis, *Historia* 2 (1953/54) 412–418; J. Scharf, *Historia* 3 (1954/55) 153–162; D. W. Reece, *JHS* 82 (1962) 111–120; M. L. Lang, *GRBS* 8 (1967) 267–273.

Megaras Austritt aus dem Peloponnesischen Bund: R. P. Legon, *Phoenix* 22 (1968) 211–221.

Die Schlacht von Tanagra: D. W. Reece, *JHS* 70 (1950) 75 f.; K. R. Walters, *AJAH* 3 (1978) 188–191.

Der spartanische Zug nach Delphi und sein Hintergrund: G. Zeilhofer, *Sparta, Delphoi und die Amphiktyonen im 5. Jh. v. Chr.*, Erlangen 1959, 43–50.

Elftes Kapitel

Die Ursachen des Krieges und die Ereignisse unmittelbar zuvor: H. Nissen, *HZ* 27 (1889) 385–427; G. Dickins, *CQ* 5 (1911) 238–248; G. B. Grundy, *CQ* 7 (1913) 59–62; A. Andrewes, *CQ* 53 (1959) 223–239; D. Kagan, *The outbreak of the Peloponnesian War*, Ithaca/London 1969; G. E. M. de Ste. Croix, *The origins of the Peloponnesian War*, London 1972; R. Sealey, *CP* 70 (1975) 89–109; E. Bar-Hen, *AS* 8 (1977) 21–31; C. A. Powell, *AClass* 49 (1980) 87–114. – Tagungen der spartanischen und der athenischen Volksversammlung kurz vor Kriegsausbruch: A. H. M. Jones, *PCPS* 182 (1952/53) 43–46; E. F. Bloedow, *Historia* 30 (1981) 129–143. – Diplomatische Tätigkeit kurz vor Kriegsausbruch: G. Pasquali, *SIFC* 5 (1927) 299–315; H. Nesselhauf, *Hermes* 69 (1934) 286–299.

Der Archidamische Krieg. Allgemeines: D. Kagan, *The Archidamian War*, Ithaca/London 1974. – Die spartanische Strategie: P. A. Brunt, *Phoenix* 19 (1965) 255–280; I. Moxon, *RSA* 8 (1978) 7–26. – Das Megarische Psephisma: P. A. Brunt, *AJP* 72 (1951) 269–282; T. E. Wick, *AClass* 46 (1977) 74–99. – Die Rolle Megaras: T. E. Wick, *Historia* 28 (1979) 1–14. – Politische Parteien auf Lesbos: T. J. Quinn, *Historia* 20 (1971) 405–417. – Die Spartaner und Lesbos: G. Bockisch,

Klio 43–45 (1965) 67–73. – Die spartanische Inschrift zu den Beiträgen »für den Krieg«: M. Fränkel, *RhM* 57 (1902) 534–543; F. E. Adcock, *Mélanges G. Glotz* I, Paris 1932, 1–6. – Der Pylosfeldzug: U. v. Wilamowitz-Moellendorff, *Kleine Schriften* III, Berlin 1969, 406–419; J. B. Wilson, *Pylos 425 B.C.*, Warminster 1979. – Der Amphipolisfeldzug: J. Papastavru, *Klio* Beih. 37 (1936) 15–23. – Die Charakterisierung der spartanischen Befehlshaber bei Thukydides: H. D. Westlake, *Individuals in Thucydides*, Cambridge 1968, 122–165; *GRBS* 21 (1980) 333–339. – Thukydides und der Brasidasfeldzug in Thrakien: L. Bodin, *Mélanges O. Navarre*, Toulouse 1935, 47–55; A. L. Boegehold, *CP* 74 (1979) 148–152. – Das spartanisch-athenische Bündnis: U. v. Wilamowitz-Moellendorff, *Kleine Schriften* III, 380–405.

Der Feldzug des Agis im Jahre 418: W. J. Woodhouse, *King Agis of Sparta and his campaign in Arkadia in 418 B.C.*, Oxford 1933; D. Kagan, *CP* 57 (1962) 209–218; G. L. Cooper III, *TAPA* 108 (1978) 35–40.

Der Dekeleische Krieg. Chronologie: D. P. Orsi, *QS* 2 (1975) 127–144; 4 (1976) 169–181; N. Robertson, *Historia* 29 (1980) 282–301. – Die Tätigkeit Lysanders: D. Lotze, *Lysander und der Peloponnesische Krieg*, Berlin 1964; J.-F. Bommelaer, *Lysander de Sparte: histoire et traditions*, Paris 1981. – Die Spartaner in Ionien: G. Bockisch, *Helikon* 8 (1968) 139–160. – Die Schlacht bei Notion: G. de Sanctis, *RFC* 59 (1931) 222–229.

Die spartanische Seemacht: K. J. Beloch, *RhM* 34 (1879) 117–130. – Spartanische Harmosten: G. Bockisch, *Klio* 46 (1965) 129–239. – Die spartanischen Beziehungen zu Persien: M. Amit, *RSA* 4 (1974) 55–63; D. M. Lewis, *Sparta and Persia*, Leiden 1977.

Zwölftes Kapitel

Die spartanische Suprematie: H. W. Parke, *JHS* 50 (1930) 37–79. – Spartanische Politik am Ende des 5. Jahrhunderts: S. Luria, *Klio* 21 (1927) 404–420; R. E. Smith, *CP* 43 (1948) 145–156; C. D. Hamilton, *AJP* 91 (1970) 294–314; W. E. Thompson, *RSA* 3 (1973) 47–58. – Die Harmosten: G. Bockisch, *Klio* 46 (1965) 129–239.

Die Schlacht im Piräus: S. Accame, *RFC* 66 (1938) 346–356.

Die Dekarchien: E. Cavaignac, *REH* 90 (1924) 285–316; A. Andrewes, *Phoenix* 25 (1971) 206–216.

Die Verschwörung des Kinadon: E. David, *Athenaeum* 67 (1979) 239–259.

Das Leben des Agesilaos: R. E. Smith, *Historia* 2 (1953/54) 274–288; G. L. Cawkwell, *CQ* 70 (1976) 62–84. – Die Feldzüge des Agesilaos in Kleinasien: C. Dugas, *BCH* 34 (1910) 58–95. – Die Schlacht von Sardeis: F. Cornelius, *Klio* 26 (1933) 29–31; J. K. Anderson, *CSCA* 7 (1974) 27–53.

Die Abhandlung des Pausanias: E. David, *PP* 34 (1979) 94–116.

Die Schlacht bei Korinth: E. Cavaignac, *REA* 27 (1925) 273–278; J. Roy, *PP* 26 (1971) 439–441.

Der Korinthische Krieg. Allgemeine Untersuchungen: P. Treves, *RFC* (1937) 113–140; 278–283; *Athenaeum* 26 (1938) 65–84; 164–193; S. Accame, *Ricerche intorno alla guerra corinzia*, Neapel 1951; C. D. Hamilton, *Sparta's bitter victories: Politics and diplomacy in the Corinthian War*, Ithaca/London 1979. – Ursprünge und Ausbruch des Krieges: Th. Lenschau, *PW* 53 (25. 11. 33) 1325–28; I. A. F. Bruce, *Emerita* 28 (1960) 75–86; D. Kagan, *PP* 16 (1961) 321–341. –

Chronologie: E. Aucello, *Helikon* 4 (1964) 29–45. – Der Zusammenschluß von Korinth und Argos: G. T. Griffith, *Historia* 1 (1950) 236–256. – Die Operationen des Antialkidas am Hellespont: F. Graefe, *Klio* 28 (1935) 262–270; P. Meloni, *RAL* 4 (1949) 189–203.

Der Königsfrieden. Allgemeine Untersuchungen: U. Wilcken, *Über Entstehung und Zweck des Königsfriedens*, Berlin 1942; V. Martin, *MH* 6 (1949) 127–139; G. L. Cawkwell, *CQ* 75 (1981) 69–83. – Entstehung: E. Aucello, *Helikon* 5 (1965) 340–380. – Quellen: M. A. Levi, *Acme* 8/2–3 (1955) 105–111. – Die Auswirkung des Friedens auf die griechische Welt: R. Seager, *Athenaeum* 62 (1974) 36–63. – Die Vorstellung von einem ›Allgemeinen Frieden‹: A. D. Momigliano, *RFC* 62 (1934) 482–514; T. T. B. Ryder, *Koine Eirene: General peace and local independence in ancient Greece*, Oxford 1965.

Spartas Beziehungen zu Theben nach dem Königsfrieden: E. von Stern, *Geschichte der spartanischen und thebanischen Hegemonie vom Königsfrieden bis zur Schlacht bei Mantinea*, Dorpat 1884; J. Buckler, *Historia* 20 (1971) 506–508; *Eranos* 78 (1980) 179–185; A. MacDonald, *Historia* 21 (1972) 38–44; D. G. Rice, *YCS* 24 (1975) 95–130; H. M. Hack, *AJP* 99 (1978) 210–227; V. J. Gray, *CQ* 74 (1980) 306–326. – Spartanische Politik 386–379: D. G. Rice, *Historia* 23 (1974) 164–182. – Der Waffenstillstand von 374: A. G. Roos, *Mnemosyne* 2 (1949) 265–285.

Der zweite Attische Seebund. Allgemeine Untersuchungen: G. Busolt, *Der zweite athenische Bund*, Leipzig 1875; V. Ehrenberg, *Hermes* 64 (1929) 322–338. – Beziehungen zu Theben: A. P. Burnett, *Historia* 11 (1962) 1–17.

Mnasippos und Iphikrates: D. J. Mosley, *RSA* 3 (1973) 65–68.

Die Friedenskonferenz von 371: H. Swoboda, *RhM* 49 (1894) 321–352.

Der Frieden des Kallias: W. E. Thompson, *Historia* 30 (1981) 164–177.

Die Schlacht bei Leuktra. Chronologie: P. Pédech, *RSA* 2 (1972) 1–6. –

Das spartanische Heer: G. Busolt, *Hermes* 40 (1905) 387–449. – Die Thespier: J. Buckler, *WS* 90 (1977) 76–79. – Der spartanische Rückzug: S. Van de Maele, *REG* 93 (1980) 204 f. – Die nachfolgende politische Unruhe in Sparta: E. David, *Athenaeum* 68 (1980) 299–308.

Der Arkadische Bund: J. Roy, *Historia* 20 (1971) 569–599. – Die Gründung von Megalopolis: E. Lanzillotta, *RSA* 5 (1975) 26–46.

Dreizehntes Kapitel

Das Idealbild Spartas im Altertum: F. Ollier, *Le mirage spartiate* I–II, Paris 1933–43; G. Mathieu, *RP* 72 (1946) 144–152; P. H. Epps, in: *Studies in honor of Ullman*, St. Louis 1960, 35–47; E. N. Tigerstedt, *The legend of Sparta in classical antiquity* I–III, Stockholm 1965–78. – Herodot und Sparta: B. Niese, *Hermes* 42 (1907) 419–468. – Platon und Sparta: G. R. Morrow, *Plato's Cretan city*, Princeton 1960. – Platons *Gesetze* und die spartanischen Syssitien: E. David, *AJP* 99 (1978) 486–495. – Aristoteles und Sparta: P. Cloché, *LEC* 11 (1942) 289–313. – Isokrates und Sparta: P. Cloché, *REA* 35 (1933) 129–145. – Phylarchos und Sparta: T. W. Africa, *Phylarchus and the Spartan revolution*, Berkeley / Los Angeles 1961. – Polybios und Sparta: F. W. Walbank, *ASI* 303–312.

Das Idealbild Spartas im neuzeitlichen Europa: E. Rawson, *The Spartan tradition in European thought*, Oxford 1969.

Zeittafel

v. Chr.

um 1450	Errichtung der Vaphiotholos
um 1450–1200	Das mykenische Haus beim Menelaion
um 1100	Ende der mykenischen Zeit; Beginn des »Dunklen Zeitalters«
um 900–750	Protogeometrische Keramik
um 800–700	Erste Phase des Orthiaheiligtums
um 750–650	Geometrische Keramik
um 736–716?	Erster Messenischer Krieg
716	Erster spartanischer Sieg in Olympia
706	Gründung von Tarent
um 700–570	Zweite Phase des Orthiaheiligtums
675?	Stiftung der Karneen
669?	Niederlage bei Hysiai im Kampf gegen Argos
um 650–480	Archaische Keramik
um 650	Tyrtaios; Zweiter Messenischer Krieg
um 610	Alkman
um 570	Dritte Phase des Orthiaheiligtums
um 560	Bündnis mit Tegea
um 555	Ephorat des Chilon
um 550	Errichtung des Apollonthrones in Amyklai; Eroberung der Thyreatis
546	Fall von Sardeis
um 525	Expedition nach Samos
521	Thronbesteigung des Dareios
um 514–510	Unternehmungen des Dorieus
um 510–505	Einfälle nach Attika; Absetzung der Peisistratiden
um 505	Erste Versammlung des Spartanischen (Peloponnesischen) Bundes
um 500	Erbauung des Menelaion
um 499	Besuch des Aristagoras in Sparta
498–494	Der Ionische Aufstand
um 494	Niederlage der Argiver durch Kleomenes
491	Die spartanische Intervention in Ägina; Absetzung des Damaratos und Einsetzung des Leotychidas
490	Persische Invasion in Griechenland; Schlacht bei Marathon, messenischer Aufstand?; Tod von Kleomenes?
um 486	Tod des Dareios und Thronbesteigung des Xerxes; Prozeß des Leotychidas

480	Zweite persische Invasion; die Schlachten bei den Thermopylen und bei Artemision; Schlacht von Salamis; Themistokles in Sparta
479	Die Schlachten von Platää und Mykale
478	Die Unternehmungen gegen Sestos und Byzanz
477	Gründung des Attischen Seebundes; Rückberufung des Pausanias
476?	Vertreibung des Pausanias aus Byzanz
464	Erdbeben in Sparta; Heilotenaufstand; Belagerung von Ithome
460?	Fall von Ithome; Ansiedlung von Messeniern in Naupaktos
459?	Austritt Megaras aus dem Peloponnesischen Bund
458?	Bau der Langen Mauern in Athen
457	Schlacht von Tanagra
454	Der Schatz des Attischen Seebunds wird nach Athen überführt
451	Beginn eines fünfjährigen Waffenstillstands zwischen dem Peloponnesischen Bund und Athen
um 450	Beginn des Dreißigjährigen Friedens zwischen Sparta und Argos; Perikles schlägt einen panhellenischen Frieden vor
um 448	Der Heilige Krieg
446	Rückkehr Megaras in den Peloponnesischen Bund; peloponnesischer Einfall in Attika; Verbannung des Pleistoanax
445	Beginn des Dreißigjährigen Friedens zwischen dem Peloponnesischen Bund und Athen
435–433	Krieg zwischen Korinth und Kerkyra
433	Athenisches Ultimatum an Poteidaia
432	Megarisches Psephisma? Abfall Poteidaias von Athen; der Krieg gegen Athen wird von der spartanischen Volksversammlung und vom Peloponnesischen Bund beschlossen
431	Beginn des Archidamischen Krieges; thebanischer Überfall auf Platää; peloponnesischer Einfall in Attika; Vertreibung der Ägineten
430	Peloponnesischer Einfall in Attika; Pest in Athen; Seezug des Perikles gegen die Peloponnes; peloponnesische Unternehmung gegen Zakynthos
429	Belagerung von Platää; athenische Siege im Golf von Korinth; Fall von Poteidaia; peloponnesischer Zug gegen Akarnanien; Tod des Perikles
428	Peloponnesischer Einfall in Attika; Abfall Mytilenes
427	Peloponnesischer Einfall in Attika; Einnahme Platääs; Mißerfolg der peloponnesischen Flotte bei dem Versuch, Mytilene zu retten
426	Peloponnesischer Einfall in Attika durch Erdbeben vereitelt; Gründung der spartanischen Kolonie Herakleia; peloponnesische Niederlage in Akarnanien

425	Peloponneischer Einfall in Attika; der Konflikt in Pylos; athenischer Angriff auf Korinth
424	Einnahme Kytheras durch Nikias; athenische Landung in der Thyreatis; Nisaia von den Athenern genommen; ihr Angriff auf Megara durch Brasidas vereitelt; mehrere Städte in Thrakien und auf der Chalkidike gehen zu Brasidas über; athenische Niederlage bei Delion
423	Einjähriger Waffenstillstand zwischen Sparta und Athen
422	Kleons Zug nach Thrakien; seine Niederlage bei Amphipolis; Tod des Kleon und Brasidas
421	Fünfzigjähriger Vertrag und Verteidigungsbündnis zwischen Sparta und Athen; Ende des Archidamischen Krieges
420	Athenisches Bündnis mit Argos, Elis und Mantineia
419	Argivischer Angriff auf Epidauros
418	Einfall des Agis in die Argolis; Schlacht bei Mantineia
415	Die sizilische Expedition der Athener
414	Zusammenstoß zwischen Spartanern und Athenern auf der Peloponnes; Ankunft des Gylippos in Syrakus
413	Beginn des Dekeleischen Krieges; peloponnesischer Einfall in Attika; Befestigung Dekeleias; athenische Verstärkungen nach Sizilien entsandt; größere athenische Niederlage vor Syrakus; Verlust des athenischen Heeres
412	Aufstand athenischer Verbündeter; Verträge zwischen Sparta und Persien
411	Abfall von Rhodos, Abydos und Euböa; die athenische Flotte im Hellespont
410	Schlacht von Kyzikos
408	Einnahme von Byzanz und Chalkedon durch die Athener
407	Kyros koordiniert die Operationen mit Sparta
406	Schlacht von Notion; Schlacht bei den Arginusen
405	Schlacht von Aigospotamoi
404	Kapitulation Athens; Schleifung der Langen Mauern; Ende des Dekeleischen Krieges
403	Spartanische Garnison in Athen; Schlacht im Piräus
um 402–400	Spartas Streit mit Elis
um 400	Regierungsantritt des Agesilaos
399	Thibron Harmost in Kleinasien
397	Verschwörung des Kinadon; Vertrag des Derkylidas mit den Persern
395	Zug des Agesilaos nach Kleinasien; Schlacht bei Sardeis; Beginn des Korinthischen Krieges; Schlacht bei Haliartos; Tod des Lysander; Verbannung des Pausanias
394	Schlacht bei Korinth; Schlacht von Koroneia; Schlacht bei Knidos

393	Wiederaufbau der Langen Mauern in Athen
392	Zusammenschluß von Argos und Korinth; Antialkidasgesandtschaft nach Susa
390–388	Erfolge des Thrasybulos und Iphikrates am Hellespont; Teleutias beherrscht das Meer rund um Attika
387	Vorschläge des Artaxerxes für einen allgemeinen Frieden; Operationen des Antialkidas am Hellespont
386	Der Königsfrieden (Frieden des Antialkidas); Ende des Korinthischen Krieges
385	Auflösung Mantineias
382	Besetzung der Akropolis von Theben durch die Spartaner
379	Einnahme Olynths
378	Vertreibung der Spartaner aus Theben
377	Zweiter Attischer Seebund; Krieg zwischen ihm und dem Peloponnesischen Bund
374	Iason zum thessalischen Tagos gewählt; vorläufiger Friede zwischen Sparta und Athen
371	Frieden des Kallias; Schlacht bei Leuktra; Tod des Kleombrotos
371–369	Ermordung des Iason; thebanischer Einfall in Lakonien; Errichtung des Arkadischen Bundes; Wiedererrichtung Mantineias; Gründung von Megalopolis und Messene

Tafelnachweis

1 Das moderne Sparta vor dem Taygetosgebirge. Foto: Konrad Helbig.
2 Blick gegen das Parnongebirge, vom Amyklaion aus gesehen. Foto: Konrad Helbig.
3 Das mykenische Haus auf dem Menelaionhügel.
4 Das Menelaion mit dem Taygetosgebirge im Hintergrund.
5 Heiligtum der Artemis Orthia. Foto: Konrad Helbig.
6 Das Amyklaion. Stützmauer.
7 Lakonische Schale aus Tarent. Thunfische und Delphine. Museum Tarent, Nr. 4805. Museumsfoto.
8 Lakonische Schale aus Etrurien (Naukratismaler). Zeus Lykaios. Paris, Louvre, Nr. E 668. Museumsfoto.
9 Lakonische Schale aus Etrurien (Naukratismaler). Symposion. Paris, Louvre, Nr. E 667. Museumsfoto.
10 Lakonische Schale aus Etrurien (Arkesilasmaler). Arkesilas. Paris, Bibliothèque Nationale, Nr. 189. Museumsfoto.
11 Lakonische Schale aus Etrurien (Arkesilasmaler). Atlas und Prometheus. Museum Vatikan, Nr. XXVI.17.60. Museumsfoto.
12 Lakonische Schale aus Boiotien (Chimairamaler). Chimaira. Heidelberg, Archäologisches Institut. Institutsfoto.
13 Lakonische Schale unbekannter Herkunft (Reitermaler). Reiter. London, Britisches Museum, Nr. B 1. Museumsfoto.
14 Lakonische Schale aus Sikyon (Reitermaler). Komasten. London, Britisches Museum, Nr. B 3. Museumsfoto.
15 Lakonische Hydria aus Rhodos (Jagdmaler). Schlachtszene. Museum Rhodos, Nr. 15373. Museumsfoto.
16 Dieselbe. Komasten. Museum Rhodos, Nr. 15373. Museumsfoto.
17 Reliefamphore aus einem spartanischen Grab. Jagdszene, Kampfszene. Museum Sparta.
18 Lakonischer (?) Bronzekrater von Vix. Gorgonenhenkel, Teil einer Prozession von Kriegern und Pferden. Museum Chatillon-sur-Seine.
19 Tonkopf von der spartanischen Akropolis. Museum Sparta.
20 ›Dädalischer‹ Tonkopf aus dem Orthiaheiligtum. Oxford, Ashmolean Museum.
21 Mykenischer Krug aus Melathria. Krieger. Museum Sparta.
22 Bronzestatuette vom Amyklaion. Athen, Nationalmuseum.
23 Bronzestatuette von der spartanischen Akropolis. Museum Sparta.
24 Kalksteinrelief vom Orthiaheiligtum. Museum Sparta.
25 Bronzestatuette vom Menelaion. Museum Sparta.
26 Bronzestatuette aus Olympia. Zeus? Museum Olympia, B 3010. Vgl. E.

Kunze (Hrsg.), *VII. Bericht über die Ausgrabungen in Olympia*, Berlin: de Gruyter, 1961.
27 Bronzestier von der spartanischen Akropolis. Museum Sparta.
28 Auswahl aus Bleifiguren vom Orthiaheiligtum. Museum Sparta.
29 Teil der Statuette auf dem Henkel des lakonischen (?) Bronzekraters von Vix. Museum Chatillon-sur-Seine.
30 Bronzestatuette aus dem Orthiaheiligtum. Museum Sparta.
31 Bronzespiegel und Statuette vom Taygetosgebirge. Museum Sparta.
32 Marmorrelief von Chrysapha. Heroisierte Verstorbene. Ost-Berlin, Pergamon-Museum.
33 Marmorrelief aus der modernen Stadt. Dioskuren. Museum Sparta.
34 Terrakottamaske vom Orthiaheiligtum. Museum Sparta. Foto: Konrad Helbig.
35 Reste der Marmorstatue eines Kriegers (Leonidas?). Museum Sparta.

Register